사회통합 프로그램
종합평가
영주용·귀화용
한 권으로 끝내기

시대에듀

머리말

대한민국은 바다와 육지에 모두 인접한 반도 국가로 지리적·환경적 요소들을 가지고 있어 예로부터 자연스럽게 다른 나라와 교류해 왔습니다. 그 과정에서 새로운 문화를 적극적으로 받아들여 국내에 정착시켰고, 이는 오늘날 대한민국의 문화와 사회를 구성하는 바탕이 되었습니다. 가까운 중국이나 일본 이외에도 다양한 국가의 사람들이 한국에 들어와 대한민국의 역사를 함께해 왔으며, 현대에 와서는 우리 땅에 뿌리를 내리고 자신이 가진 역량을 발휘하고자 하는 외국인이 점점 늘어나고 있습니다. 한국에 체류하는 외국인이 증가하는 만큼 입국 초기부터 체계적인 사회통합교육으로 이민자들의 언어적·사회적 소통 능력을 증진시키는 것이 중요해졌습니다.

이를 위해 법무부에서는 이민자들의 안정적인 한국 사회 정착을 위한 '사회통합프로그램'이라는 이민자 대상 교육 프로그램을 시행하고 있습니다. 그리고 그중 사회통합프로그램 종합평가는 한국 영주권과 한국 국적을 취득하기 위해 반드시 봐야 하는 시험입니다. 그래서 저희는 수험생이 혼자서도 시험에 대비할 수 있도록 개정된 공인 교재의 이론과 기출 동형 모의고사가 수록된 『사회통합프로그램 종합평가 한 권으로 끝내기』를 출간하였습니다. 이 책의 특징은 다음과 같습니다.

첫째 시험에 나오는 문법·어휘·읽기를 확인 학습과 함께 제공하여 실력을 다질 수 있도록 하였습니다.

둘째 대한민국 국민으로서 반드시 알아야 할 한국 문화 중 핵심만 쏙쏙 뽑아 정리하였습니다.

셋째 변경된 공인 교재를 완벽히 반영한 한국 사회 이해를 수록하였습니다.

넷째 3회분의 모의고사를 풀면서 자신의 실력을 완벽하게 점검할 수 있도록 하였습니다.

다섯째 귀화 면접심사의 예상 문제와 기출문제를 수록하여 귀화 면접까지 한 번에 준비할 수 있도록 하였습니다.

마지막으로 이 책으로 공부하는 모든 분의 합격과 즐거운 한국 생활을 기원합니다.

편저자 씀

HOW TO APPLY

한눈에 보는 사회통합프로그램 평가 신청 방법

❶ 사회통합프로그램 평가 홈페이지 (www.kiiptest.org)에 접속 후 로그인

❷ 사전평가/중간평가/종합평가(영주용·귀화용) 중 선택하여 신청

❸ 평가 지역과 날짜, 장소 선택

❹ 평가 응시료 결제

❺ 접수 내역 확인

INFORMATION

사회통합프로그램 안내

※ 모든 규정과 세부 내용은 변경될 수 있으니 자세한 사항은 관련 홈페이지를 참고하시기 바랍니다.

✦ 사회통합프로그램이란?

❶ 대한민국에 체류하는 이민자가 한국 사회의 구성원으로 적응·자립하는 데 필요한 기본 소양을 체계적으로 함양할 수 있도록 마련한 교육임.

❷ 법무부 장관이 지정한 운영기관에서 소정의 교육을 이수한 이민자에게 체류허가와 영주권·국적 부여 등 이민 정책과 연계한 혜택을 제공하여 이민자 사회통합 정책의 핵심적인 역할을 수행하도록 함.

✦ 사회통합프로그램 이수 혜택

❶ **귀화 신청 시 혜택**
- 귀화용 종합평가 합격 인정: 귀화용 종합평가 합격자
- 귀화 면접심사 면제: 2018년 3월 1일 이후부터 귀화용 종합평가 합격자만 해당

❷ **영주자격 신청 시 혜택**
- 기본 소양 요건 충족 인정
- 실태조사 면제

❸ **그 외 체류자격 신청 시 혜택**
- 가점 등 점수 부여
- 한국어 능력 등 입증 면제

❹ **사증(VISA) 신청 시 혜택**
- 한국어 능력 등 입증 면제

✦ 참여 대상

❶ 외국인등록증 또는 거소신고증을 소지한 합법 체류 외국인 또는 귀화자
❷ 국적 취득일로부터 3년이 경과하지 않은 귀화자

✦ 사회통합프로그램 교육 과정 및 이수 시간

❶ 한국어와 한국 문화(0~4단계)
- 사전평가 결과에 따라 교육 단계 배정, 한국어능력시험(TOPIK) 등급 소지자는 프로그램에서 동일 수준의 단계를 인정받아 교육 단계 배정
- 0단계(기초), 1단계(초급1), 2단계(초급2), 3단계(중급1), 4단계(중급2)로 구성

❷ 한국 사회 이해(5단계)
- 기본 과정과 심화 과정으로 구성
- 각 과정 이수 후 영주용 종합평가, 귀화용 종합평가 응시

단계	한국어와 한국 문화					한국 사회 이해	
	0단계	1단계	2단계	3단계	4단계	5단계	
과정	기초	초급1	초급2	중급1	중급2	기본	심화
이수 시간	15시간	100시간	100시간	100시간	100시간	70시간	30시간
평가	없음	1단계 평가	2단계 평가	3단계 평가	중간평가	영주용 종합평가	귀화용 종합평가
사전평가 점수	구술시험 3점 미만 (필기점수 무관)	3~20점	21~40점	41~60점	61~80점	81~100점	-

❸ 그 외 교육
- 시민 교육: 이민자의 사회 적응을 위하여 각 분야별 전문기관이 개발한 맞춤형 교육(생활 법률 교육, 마약 예방 교육, 범죄 예방 교육 등 총 8개)이 운영되고 있으며, 법무부 사전 승인을 받아 다양한 시민 교육이 추가될 수 있습니다.
- 지자체 연계 프로그램: 각 지방자치단체의 이민자 대상 문화, 교육, 체험 프로그램 중 사회통합에 기여하는 우수 프로그램을 사회통합프로그램 지자체 연계 프로그램으로 지정하여 참여가 가능합니다.
- 이민자 멘토 교육: 한국에 성공적으로 정착한 이민자가 사회통합프로그램에 참여 중인 이민자의 멘토가 되어 한국 사회 적응을 위한 경험을 공유하는 강연 형식의 상호 소통 교육입니다.

※ 위 교육 참여 시 사회통합프로그램 교육 단계의 출석 시간으로 인정됩니다.

✦ 사회통합프로그램 교육 단계별 신청 방법

1. 신청 기간 내에 사회통합정보망 홈페이지에서 로그인 후 '사회통합프로그램 과정 신청' 메뉴 클릭

⬇

2. 조회된 리스트 중 해당 과정을 개설한 기관명, 과정 기간, 과정 및 단계 등을 확인하여 수강할 과정 선택

⬇

3. 과정 정보(강사명, 시간, 장소 등)를 확인 후 신청 버튼 클릭(단, 과정 신청 인원이 정원보다 초과되었을 경우 '대기 신청' 버튼 클릭)

⬇

4. 신청 후 과정 신청 및 배정 대기, 신청 반려 상태 등 확인 가능

※ 사회통합프로그램 과정은 온라인으로만 신청할 수 있습니다.

✦ 사회통합프로그램 평가 단계

INFORMATION

사회통합프로그램 종합평가 안내

✦ 종합평가 종류

❶ 영주용 종합평가(KIPRAT)
❷ 귀화용 종합평가(KINAT)

✦ 신청 대상

❶ 영주용 종합평가
- 사회통합프로그램 5단계 기본 과정(70시간)을 수료한 사람
- 사회통합프로그램 5단계 기본 과정(70시간)을 수료하지 않았으나 사전평가에서 85점 이상 득점한 날로부터 2년 이내인 사람

❷ 귀화용 종합평가
- 사회통합프로그램 5단계 전체 과정(기본 + 심화)을 수료한 사람
- 2016년 7월 17일 이전 반복 수료에 의한 이수 완료자
- 2018년 3월 1일 이후 귀화허가를 신청한 사람

✦ 평가 방법(CBT · PBT 동일)

시험 종류 \ 구분	문항 유형	문항 수	배점(총 100점)	답안지
필기시험 (40문항, 60분)	객관식(50분)	36문항	65점*	OMR카드
	작문형(10분)	4문항(통합하여 1문항)	10점(4문항×2.5점)	200자 원고지
구술시험 (5문항, 약 10분)	구술형	5문항	25점(5문항×5점)	구술시험 채점표

★ 객관식 배점 구분은 변경될 수 있습니다. (14문항×1.5점, 22문항×2점 등)

✦ 합격 기준

❶ **합격 기준**: 100점 만점에 60점 이상 득점
❷ **평가 결과 확인**: 평가 후 사회통합정보망(마이페이지) 또는 사회통합프로그램 평가(성적조회)에서 점수와 합격 여부 확인

NOTICE

CBT · PBT 답안 작성 방법 미리 보기

✦ CBT 답안 작성 방법

수험생은 반드시 자신의 시험 접수증(수험표)과 신분증을 지참해야 합니다.

❶ 접수한 평가 일자와 평가 장소에서 응시하시기 바랍니다. 평가 당일 시작 20분 전까지는 반드시 입실해야 하며, 시험 시작 이후에는 시험장에 들어갈 수 없습니다. 감독관의 안내를 듣고 배정된 좌석에 앉아 지시를 따라야 합니다.

❷ CBT 객관식 답안은 화면에 나오는 번호를 클릭(❶)하거나 오른쪽에 보이는 번호를 클릭(❷)하여 입력할 수 있습니다.
   ※ 개인의 부주의로 입력되지 않은 문항에 대한 책임은 본인에게 있습니다.

❸ CBT 주관식 답안과 구술시험 답안은 컴퓨터 키보드를 이용하여 직접 입력할 수 있습니다.

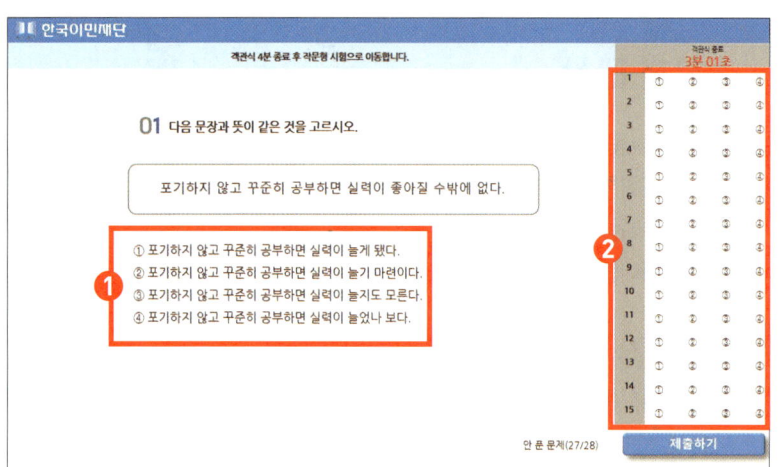

✦ PBT 답안 작성 방법

수험생은 반드시 자신의 시험 접수증(수험표), 신분증, 필기구(컴퓨터용 검은색 사인펜, 수정테이프 등)를 지참해야 합니다.

❶ 접수한 평가 일자와 평가 장소에서 응시하시기 바랍니다. 평가 당일 입실 마감 전(12시 30분)까지 반드시 입실해야 하며, 지정된 좌석에 앉아 감독관의 지시에 따라야 합니다.

❷ 답안지의 모든 표기 사항은 평가 당일 감독관이 지급하는 컴퓨터용 검은색 사인펜으로만 작성해야 합니다.

❸ 올바른 OMR 답안지 기재 방법을 숙지하여 답안을 작성해야 합니다.
   ※ 잘못된 필기구 사용과 답안지의 불완전한 마킹으로 인한 답안 작성 오류는 본인에게 책임이 있습니다.

❹ 평가 종료 후 감독관의 지시가 있을 때까지 퇴실할 수 없으며, 지급된 모든 문제지와 답안지는 반드시 제출해야 합니다.

✦ 주의사항

❶ 신분증(외국인등록증, 주민등록증, 여권, 한국 운전면허증, 사진이 첨부된 체류허가 신청확인서)을 지참하지 않으면 평가에 응시할 수 없습니다.
   ※ 신분증 사본, 사진 촬영본 등 원본이 아닐 경우 응시할 수 없습니다.

❷ 시험 시간 중에는 화장실을 이용할 수 없으므로 유의하시기 바랍니다.

❸ 전자기기(휴대폰, 스마트 워치 등)를 사용하거나 대리 응시 등 감독관의 지시를 따르지 않고 부정행위를 할 경우 퇴실해야 하며, 1년 동안 사회통합프로그램에 참여할 수 없습니다.

✦ 구술시험 안내

❶ 구술시험은 필기시험과 같은 날, 필기시험이 끝난 후 실시됩니다.

❷ 구술시험은 약 10분 동안 진행됩니다.

❸ 구술시험 대기실에서 구술시험 채점표 2장을 받습니다.

❹ 받은 채점표에 자신의 이름을 영어로 정확하게 적고, 외국인등록번호, 일시, 지역을 바른 글씨로 적습니다.

구술시험 채점표

☐ 평가구분: 종합평가

성명	Hong Gil Dong	일시	20○○.○○.○○.	구술 시험관	성명	
외국인등록번호	91○○○○-5○○○○○○	지역	서울		서명	

※ 제시된 그림은 예시입니다. 실제 평가장의 상황에 따라 자세한 내용은 달라질 수 있습니다.

❺ 구술시험 채점표를 작성한 뒤, 채점표와 신분증을 가지고 순서가 될 때까지 기다립니다.

❻ 순서가 되면 구술시험 채점표와 신분증을 들고 평가장에 들어갑니다.

❼ 평가장에 들어갈 때는 예의 바르게 인사를 하고, 감독관에게 구술시험 채점표와 신분증을 제출합니다.

❽ 정해진 자리에 앉아 감독관의 지시에 따라 문제지를 읽고, 질문에 대답합니다.

❾ 구술시험이 끝난 뒤에는 감독관에게 인사를 합니다.

❿ 평가장을 나올 때 신분증을 반드시 돌려받아야 합니다.

ANALYSIS

유형으로 보는 '한국어와 한국 문화'

※ 영주용 종합평가와 귀화용 종합평가의 유형별 문항 수는 서로 다릅니다.

✦ 총 16문항(영주용 기준)

1 문맥에 맞는 어휘 찾기

※ 다음 (   )에 가장 알맞은 것을 고르시오.

친구들 모두 이번 시험에 (   ).

① 발견했다　　　　　② 도착했다　　　　　③ 저장했다　　　　　④ 합격했다

이렇게 풀어요 먼저 빈칸 앞뒤의 단어를 보고 빈칸에 어떤 어휘가 와야 할지 생각한 뒤에, 선택지에서 알맞은 단어를 찾습니다.
이렇게 대비해요 평소에 다양한 동사와 형용사, 부사와 명사의 뜻을 잘 알아 놓으세요.

2 문맥에 맞는 조사나 어미 찾기

※ 다음 (   )에 가장 알맞은 것을 고르시오.

가: 내일도 친구를 만나요?
나: 내일은 (   ) 못 만날 것 같아요.

① 비가 와서　　　　　② 비가 올수록　　　　　③ 비가 오는데　　　　　④ 비가 왔다가

이렇게 풀어요 먼저 빈칸 앞뒤 내용을 잘 읽고 그 내용이 빈칸의 내용과 어떤 관계가 있을지 생각합니다. 선택지의 어휘는 같고 조사나 어미만 달라지므로 문맥에 알맞은 조사나 어미를 찾습니다.
이렇게 대비해요 평소에 다양한 조사와 연결어미, 종결어미 등의 쓰임을 잘 알아 놓으세요.

3 알맞은 어미를 넣어 문장 완성하기

※ 다음을 한 문장으로 알맞게 연결한 것을 고르시오.

포기하다 / 꿈을 이룰 수 없다

② 포기한다면 꿈을 이룰 수 없을 것이다.

이렇게 풀어요 주어진 표현들을 읽고 어떤 어미와 결합해야 자연스럽게 하나의 문장이 될 수 있을지 생각해 봅니다. 잘 모르겠다면 선택지를 순서대로 읽고 가장 자연스러운 문장을 골라도 좋습니다.
이렇게 대비해요 평소에 다양한 조사와 연결어미, 종결어미 등의 쓰임을 잘 알아 놓으세요.

4 빈칸에 들어갈 문장 찾기

13 다음 (   )에 가장 알맞은 것을 고르시오. ｜아침에 '나'에게 일어났던 일 제시｜

① 발목을 다치면 고생을 심하게 한다.
② 벌을 받은 것 같기도 하고 마음이 복잡했다.
③ 저녁 시간에는 다칠 수 있으므로 항상 조심해야 한다.
④ 성격이 급하면 남들보다 다칠 수 있는 일이 많이 생긴다.

이렇게 풀어요 빈칸 앞뒤 내용도 잘 읽어야 하지만 글의 전체 내용을 포함하는 내용이 빈칸에 오는 경우도 있으므로 문맥을 잘 파악하며 글을 읽습니다.
이렇게 대비해요 평소에 글을 읽으며 내용의 흐름을 파악하는 연습을 해 보세요.

5 광고/포스터/그래프 등의 그림을 보고 맞는/틀린 정보 찾기

14 다음 광고를 보고 알맞은 것을 고르시오. ｜신입사원 모집 안내 광고 제시｜

① 업무 내용
② 접수 방법
③ 접수 기간
④ 지원 자격

이렇게 풀어요 먼저 문제와 선택지를 읽고, 제시된 그림과 비교하며 정답과 관련 없는 선택지에 ×표 하여 빠르게 정답을 찾습니다.
이렇게 대비해요 평소에 다양한 광고/포스터/그래프 등을 보면서 필요한 정보를 빠르게 찾는 연습을 해 보세요.

6 읽기 문항(제목 찾기, 글의 내용과 같은/다른 것 찾기 등)

15 윗글의 제목으로 가장 알맞은 것을 고르시오.

① 노키즈존 식당의 문제점
② 공공장소에서 예절 지키기
③ 노키즈존 확산에 대한 불평
④ 다른 사람을 배려하기

이렇게 풀어요 문제와 선택지를 먼저 읽고, 어디에 중점을 두어 글을 읽어야 할지 생각합니다. 그 다음 글을 읽으며 정답과 관련 없는 선택지에 ×표 하여 빠르게 정답을 찾습니다.
이렇게 대비해요 글을 읽으며 주제를 파악하는 연습, 핵심 내용을 정리하는 연습을 해 두세요. 또한 글을 읽으면서 이 글이 결론적으로 하고자 하는 말이 무엇인지 파악하는 연습을 해 보세요.

ANALYSIS

영역으로 보는 '한국 사회 이해'

※ 영주용 종합평가와 귀화용 종합평가의 영역별 문항 수는 서로 다릅니다.

◆ 총 20문항(영주용 기준)

1 사회

이렇게 풀어요

출제 문항 수가 가장 많은 영역입니다. 한국 사회의 여러 가지 모습을 정리해 두고, 외국인을 위한 사회 제도에는 어떤 것들이 있는지도 알아 둡니다. 태극기나 무궁화와 같은 한국의 상징물은 중요하므로 꼭 정리해 두세요.

중요 키워드 *키워드에 대한 내용을 머릿속으로 간단히 정리해 두세요.*

태극기, 무궁화, 애국가, 국경일, 한글, 확대가족, 핵가족, 1인 가구, 워라밸, 대중교통, 스마트폰, 전세, 월세, 도시화, 귀농·귀촌, 집들이, 저출산(저출생)·고령화, 사회보험, 공공부조, 사회 복지 서비스, 건강 보험 제도

2 교육

이렇게 풀어요

한국의 교육과 관련된 여러 가지 제도와 사회 현상이 출제됩니다. 자녀 교육과 관련된 복지 제도는 실생활에서도 꼭 알아 두어야 하는 내용이니 꼼꼼히 공부해 두세요.

중요 키워드 *키워드에 대한 내용을 머릿속으로 간단히 정리해 두세요.*

의무 교육, 국민행복카드, 사교육, 무상 교육, 평생 교육, 어린이집, 유치원, 대학수학능력시험(수능), 교육열

3 문화

이렇게 풀어요

대중문화와 주거 문화 등 한국만의 독특한 문화에는 어떤 점이 있는지 알아 둡니다. 전통 음식·가옥·의복, 설날·추석과 같은 명절, 전통문화와 한국인들의 특징은 중요하므로 꼭 정리해 두세요.

중요 키워드 *키워드에 대한 내용을 머릿속으로 간단히 정리해 두세요.*

김치, 한옥, 한복, 한식, 명절(설날, 정월 대보름, 단오, 추석, 한식), 여가 문화, 종교, 결혼, 장례, 돌잔치, 환갑, 대중문화, 한류, 전통 가치(효, 예절, 상부상조, 공동체), 연고(학연, 지연, 혈연)

4 정치

이렇게 풀어요

선거와 정당, 정치 과정과 시민 참여의 중요성, 외교와 국제 관계, 남북통일 등 한국의 정치와 외교 관계를 알아 둡니다. 선거 제도와 지방자치제와 같은 정치 제도는 중요하므로 꼭 정리해 두세요.

중요 키워드 *키워드에 대한 내용을 머릿속으로 간단히 정리해 두세요.*

헌법 제1조, 민주주의, 4·19 혁명, 5·18 민주화 운동, 6월 민주 항쟁, 4대 선거원칙, 지방자치제, 사전 투표, 청와대, 행정부(정부), 입법부(국회), 사법부(법원), 헌법 재판소, 남북정상회담

5 경제

이렇게 풀어요

출제 문항 수는 가장 적지만 내용이 낯설어 어려울 수 있습니다. 20-50클럽, 금융실명제, 예금자 보호 제도와 같은 한국의 경제 관련 용어는 꼭 정리해 두어 시험에 나왔을 때 당황하지 않도록 합니다. 또 한국의 경제 제도가 실생활에 어떻게 적용되고 있는지도 알아 둡니다. 한국의 경제 성장 과정과 부동산, 저축 상품 등은 중요하므로 꼭 정리해 두세요.

중요 키워드 — 키워드에 대한 내용을 머릿속으로 간단히 정리해 두세요.

한강의 기적, 외환위기, 첨단 산업, OECD, 금융기관, 금융실명제, 예금자 보호 제도, 전통 시장, 상설 시장, 온라인 쇼핑, 실업률, 비정규직, 한국소비자원, 소비자상담센터

6 법

이렇게 풀어요

범죄가 일어나거나 재산·가족과 관련해서 문제가 일어났을 때, 권리를 침해당했을 때 법을 통해 문제를 해결하는 방법을 상황별로 알아 둡니다. 대한민국 국민의 자격, 권리, 의무 등은 중요하므로 꼭 정리해 두세요.

중요 키워드 — 키워드에 대한 내용을 머릿속으로 간단히 정리해 두세요.

체류, 권리, 의무, 외국인 등록, 영주권, 재한외국인처우기본법, 국적, 귀화, 국민선서, 혼인신고, 출생신고, 차용증, 등기부 등본, 경범죄, 민법과 형법, 재판, 삼심 제도, 검찰과 경찰, 이혼, 소송, 기본권, 대한법률구조공단, 국가인권위원회, 국민권익위원회

7 역사

이렇게 풀어요

시대별로 골고루 출제될 수 있습니다. 고조선, 고구려, 백제, 신라, 고려, 조선의 시대별로 중요한 내용을 기억해 둡니다. 이순신, 유관순, 김구 등 역사적으로 위대한 인물들은 출제 가능성이 높으므로 인물이 활약한 시대 상황과 한 일 등을 꼭 정리해 두세요.

중요 키워드 — 키워드에 대한 내용을 머릿속으로 간단히 정리해 두세요.

고조선, 단군, 삼국(신라, 고구려, 백제), 광개토대왕, 통일 신라, 불국사, 발해, 고려, 팔만대장경판, 조선, 이성계, 훈민정음, 임진왜란, 병자호란, 대한제국, 일제강점기, 3·1절, 8·15 광복, 6·25 전쟁, 위인, 독립운동가, 이순신, 세종대왕, 유관순, 김구

8 지리

이렇게 풀어요

비교적 출제 문항 수가 적지만, 소홀히 보아서는 안 되는 영역입니다. 수도권, 강원, 충청, 경상, 전라, 제주 등의 지역별 특징과 관광 명소를 알아 두세요.

중요 키워드 — 키워드에 대한 내용을 머릿속으로 간단히 정리해 두세요.

사계절, 미세 먼지, 장마, 태풍, 꽃샘추위, 수도권, 강원도, 충청도, 경상도, 전라도, 제주도, 독도, 관광지, 지역 축제, 문화유산, 동고서저

STRUCTURES

이 책의 구성과 특징

한국어 (문법·어휘·읽기)

문법·어휘·읽기 영역에서 종합평가 합격에 꼭 필요한 내용만을 뽑아 정리하였습니다. QUIZ와 확인학습으로 공부한 내용을 확인해 봅시다.

한국 문화

광범위한 한국 문화 중 반드시 알아야 할 내용만 선별하여 정리하였습니다. 문화 돋보기와 어휘 확장하기에 수록된 내용을 살펴보며, 한국 문화에 대하여 깊이 있게 학습해 봅시다.

한국 사회 이해

종합평가 문제 중 절반이 '한국 사회 이해' 영역에서 출제됩니다. 이에 변경된 공인 교재를 완벽하게 반영하였습니다. 실전 모의고사를 풀기 전에 확인학습 문제로 실력을 점검해 봅시다.

※ 심화 문제는 따로 표시하였습니다.

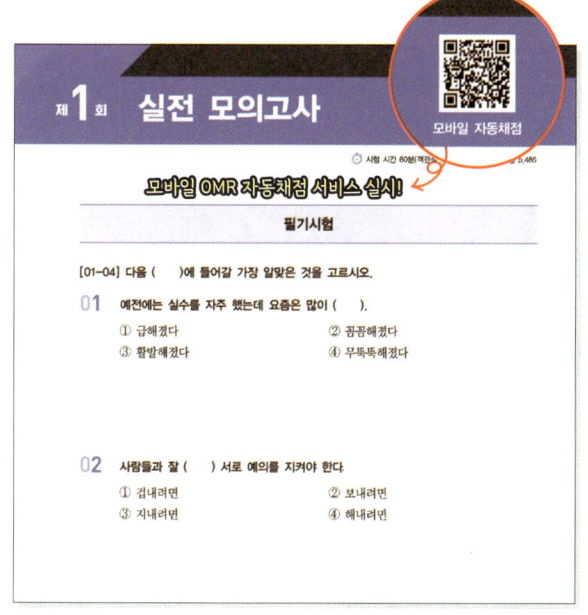

실전 모의고사

기출 동형의 실전 모의고사 3회분을 수록하였습니다. 귀화용의 경우 기본 문제와 심화 문제가 모두 출제되기 때문에 귀화용 시험을 준비하는 분들을 위해 심화 문제를 추가하였습니다. 실제 시험처럼 시간을 재면서 풀어 봅시다.

부록

그동안 출제된 내용을 토대로 귀화 면접심사의 기출문제를 복원·수록하였습니다. 실제 면접처럼 질문에 어떻게 답할지 소리 내어 연습해 봅시다.

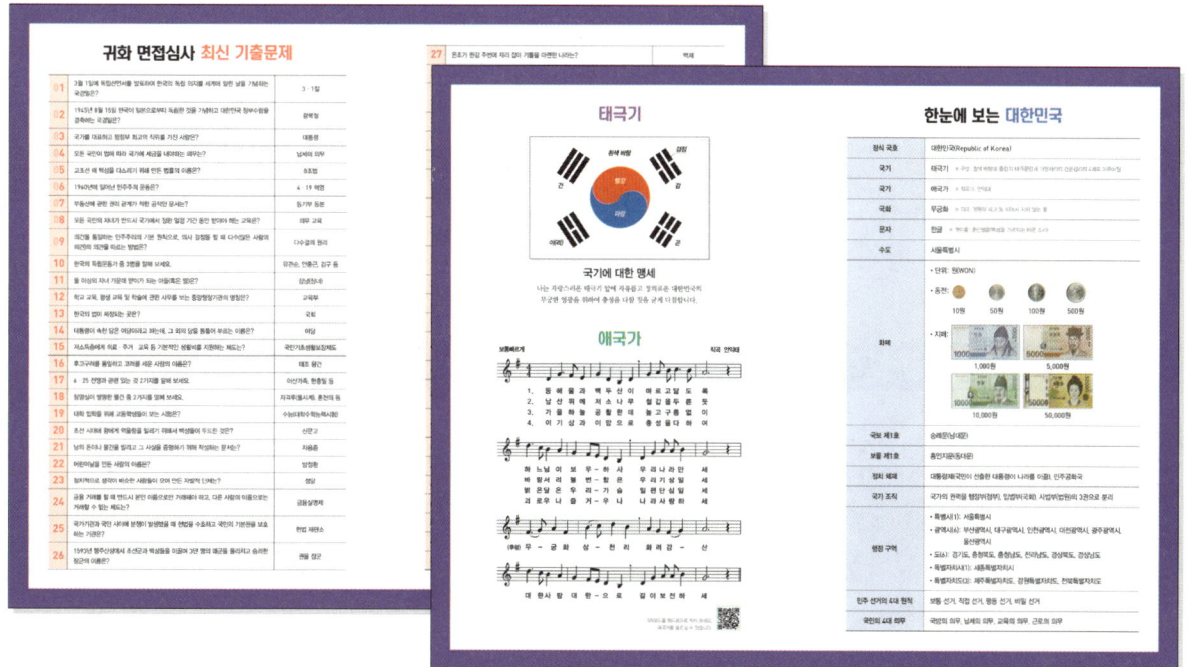

'한눈에 보는 대한민국'과 귀화 면접심사 최신 기출문제

꼭 알아야 할 대한민국의 정보를 한눈에 볼 수 있게 정리하였습니다. 또한 귀화 면접심사 최신 기출문제를 복원·수록하여 면접에 어떤 주제가 나오는지 살펴볼 수 있도록 하였습니다.

CONTENTS

이 책의 목차

제1편 | 한국어와 한국 문화

제1장 한국어 · 3
제2장 한국 문화 · 93

제2편 | 한국 사회 이해

제1장 사회 · 161
제2장 교육 · 210
제3장 문화 · 230
제4장 정치 · 266
제5장 경제 · 294
제6장 법 · 324
제7장 역사 · 367
제8장 지리 · 404

제3편 | 실전 모의고사

제1회 실전 모의고사 · 431
제2회 실전 모의고사 · 449
제3회 실전 모의고사 · 466

제4편 | 정답 및 해설

제1회 정답 및 해설 · 485
제2회 정답 및 해설 · 495
제3회 정답 및 해설 · 506

부록

제1장 귀화 면접심사 안내 · 517
제2장 귀화 면접심사 최신 기출문제 · · · · · · · · · · · · · · · 532

태극기

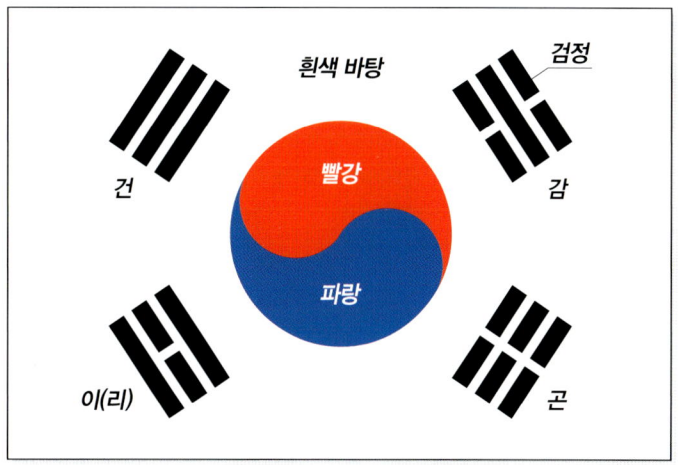

국기에 대한 맹세

나는 자랑스러운 태극기 앞에 자유롭고 정의로운 대한민국의
무궁한 영광을 위하여 충성을 다할 것을 굳게 다짐합니다.

애국가

보통빠르게　　　　　　　　　　　　　　　　　　작곡 안익태

1. 동해물과 백두산이 마르고닳도록
2. 남산위에 저소나무 철갑을두른듯
3. 가을하늘 공활한데 높고구름없이
4. 이기상과 이맘으로 충성을다하여

하느님이 보우-하사 우리나라만 세
바람서리 불변-함은 우리기상일 세
밝은달은 우리-가슴 일편단심일 세
괴로우나 즐거-우나 나라사랑하 세

(후렴) 무-궁화 삼-천리 화려강-산
대한사람 대한-으로 길이보전하 세

QR코드를 핸드폰으로 찍어 보세요.
애국가를 들으실 수 있습니다.

한눈에 보는 대한민국

정식 국호	대한민국(Republic of Korea)
국기	태극기　※ 구성: 흰색 바탕에 중앙의 태극문양과 가장자리의 건곤감리의 4괘로 이루어짐
국가	애국가　※ 작곡가: 안익태
국화	무궁화　※ 의미: 영원히 피고 또 피어서 지지 않는 꽃
문자	한글　※ 옛이름: 훈민정음(백성을 가르치는 바른 소리)
수도	서울특별시
화폐	• 단위: 원(WON) • 동전: 10원, 50원, 100원, 500원 • 지폐: 1,000원, 5,000원, 10,000원, 50,000원
국보 제1호	숭례문(남대문)
보물 제1호	흥인지문(동대문)
정치 체제	대통령제(국민이 선출한 대통령이 나라를 이끎), 민주공화국
국가 조직	국가의 권력을 행정부(정부), 입법부(국회), 사법부(법원)의 3권으로 분리
행정 구역	• 특별시(1): 서울특별시 • 광역시(6): 부산광역시, 대구광역시, 인천광역시, 대전광역시, 광주광역시, 울산광역시 • 도(6): 경기도, 충청북도, 충청남도, 전라남도, 경상북도, 경상남도 • 특별자치시(1): 세종특별자치시 • 특별자치도(3): 제주특별자치도, 강원특별자치도, 전북특별자치도
민주 선거의 4대 원칙	보통 선거, 직접 선거, 평등 선거, 비밀 선거
국민의 4대 의무	국방의 의무, 납세의 의무, 교육의 의무, 근로의 의무

제1편
한국어와 한국 문화

제1장 한국어
제2장 한국 문화

합격의 공식
온라인 강의

YouTube 접속 ➔ 사회통합프로그램 study 채널 검색 ➔ 구독
➔ [종합평가 한 권으로 끝내기] 재생 목록 click!

합격의 공식
온라인 강의

YouTube 접속 ➔ 사회통합프로그램 study 채널 검색 ➔ 구독
➔ [종합평가 한 권으로 끝내기] 재생 목록 click!

제1장 한국어

1. 문법

(1) 연결어미

연결어미는 어간에 붙어 다음 말을 연결해 주는 역할을 합니다. 한국어의 연결어미가 사용되는 상황에 대해 알아 두면 문장을 이해하기가 더욱 쉬울 것입니다. 예문과 함께 다양한 연결어미를 알아 둡시다.

① 동사/형용사 + -(으)ㄹ 텐데

강한 확신을 가지고 추측하여 그와 관련되는 내용을 말할 때 씁니다.

- 친구들이 **기다릴 텐데** 빨리 가 보세요.
- 시험이 **어려울 텐데** 열심히 공부해야 해요.

② 동사 + -느라고

앞의 내용이 뒤에 오는 내용의 원인이나 목적일 때 씁니다. 뒤의 내용에는 보통 부정적인 뜻이 옵니다.

- 아까 낮잠을 **자느라고** 전화가 온 줄 몰랐어.
- 요즘 이사를 **준비하느라고** 바빠서 연락을 못했습니다.

③ 동사/형용사 + -아/어도

㉠ 앞 내용의 가정이나 사실이 뒤 내용과 관계가 없거나 영향을 끼치지 않을 때 씁니다.

- 몸이 **아파도** 학교에 가야 합니다.
- 나는 아무리 많이 **먹어도** 배가 나오지 않는다.

㉡ '괜찮다/되다/좋다' 등과 함께 쓰여 허락의 뜻을 나타낼 때 씁니다.

- 이제 집에 **가도** 좋다.
- 책상 위에 있는 연필을 **써도** 되나요?

④ 동사 + -자마자

앞의 내용이 일어난 뒤 곧바로 뒤의 내용이 일어남을 나타낼 때 씁니다.

- 친구를 **만나자마자** 밥을 먹으러 갔어요.
- 이 옷은 가게에서 **보자마자** 마음에 들어서 바로 산 옷이에요.

⑤ 동사/형용사 + -(으)려면

㉠ 어떤 행동을 할 의도나 의향을 가정할 때 씁니다.

건강을 **유지하려면** 규칙적인 운동과 균형 잡힌 식사를 해야 합니다.

㉡ 미래에 일어날 일을 가정할 때 씁니다.

작은 씨앗이 열매를 **맺으려면** 오랜 세월이 필요해요.

㉢ 어떤 상황에 대한 바람을 나타낼 때 씁니다.

비가 **오려면** 오고 **말려면** 말지.

⑥ 동사/형용사 + -(으)ㄴ/는데도

앞의 상황에 상관없이 뒤에 오는 상황이 일어날 때 씁니다.

- 이 식당은 음식 값이 **비싼데도** 항상 사람이 많아요.
- 석민이에게 약속 시간을 몇 번이나 **알려 주었는데도** 또 지각을 하였다.

⑦ 동사 + -도록

㉠ 앞의 내용이 뒤에 오는 내용의 목적이 될 때 씁니다. '-게'로 바꿔 쓸 수 있습니다.

- 마감 시간에 **늦지 않도록** 미리 서류를 준비해 주십시오.
  (마감 시간에 **늦지 않게** 미리 서류를 준비해 주십시오.)

㉡ '어느 정도의 시간에 이를 때까지'의 뜻을 나타낼 때 씁니다.

새벽이 다 **되도록** 불도 끄지 않고 있으면 어떡하니?

⑧ 동사/형용사 + -(으)ㄹ수록

앞의 동작이나 상태가 더해 감을 나타낼 때 씁니다. '-(으)면'과 결합하여 더욱 강하게 표현할 수 있습니다.

- 한국어는 **공부할수록** 재미있습니다.
- 여행을 **하면 할수록** 견문이 넓어집니다.

⑨ 동사/형용사 + -든지 (동사/형용사 + -든지)
　㉠ 앞의 내용이나 뒤의 내용 중에서 하나를 선택할 때 씁니다.

> 집에는 요리 재료가 없으니까 **외식하든지 시켜 먹든지** 합시다.

　㉡ 여러 사실 중 어느 것을 선택해도 상관이 없을 때 씁니다.

> 무슨 일을 **하든지** 열심히 하는 것이 중요합니다.

⑩ 동사/형용사 + -더라도
　앞의 내용처럼 가정하거나 인정해도 그 내용이 뒤의 내용에는 영향을 미치지 않거나 뒤 내용에서 기대가 어긋날 때 씁니다.

> 문제가 **쉽더라도** 잘 생각해서 대답하십시오.

⑪ 동사/형용사 + -더니
　㉠ 과거의 사실이나 상황에 이어 뒤의 상황이 일어남을 나타낼 때 씁니다.

> 아침부터 으슬으슬 **춥더니** 기침이 나기 시작해요.

　㉡ 과거에 경험하여 알게 된 사실과 다른 사실이 있음을 나타낼 때 씁니다.

> 어제는 공원에 사람이 그렇게 **많더니** 오늘은 한산하다.

　㉢ 과거의 어떤 사실에 대하여 그와 관련된 또 다른 사실이 있음을 나타낼 때 씁니다.

> 하림 씨가 몸이 계속 안 **좋더니** 병원에 입원한 모양이야.

⑫ 동사 + -았/었더니
　㉠ 과거에 일어났던 일이 뒤에 오는 내용의 원인이 될 때 씁니다.

> - 어제 하루 종일 **돌아다녔더니** 피곤하네요.
> - 열심히 공부를 **했더니** 시험 결과가 잘 나왔어요.

　㉡ 과거의 사실이나 상황과 다른 새로운 사실이나 상황이 있음을 나타낼 때 씁니다.

> 집에 **왔더니** 택배가 와 있었어요.

⑬ 동사/형용사 + -길래
앞의 내용이 원인이 되어 뒤의 내용이 일어남을 나타낼 때 씁니다.

- 얼마나 배가 **고팠길래** 이 많은 음식을 다 먹었니?
- 오늘 날씨가 **춥다길래** 모자와 장갑을 챙겨 왔어요.

⑭ 동사 + -느니
앞과 뒤의 내용이 모두 마음에 들지 않지만 상대적으로 뒤의 내용이 더 나을 때 씁니다. 주로 '차라리'와 함께 쓰일 때가 많습니다.

- 살을 빼려고 밥을 **굶느니** 운동을 하겠다.
- 야근을 **하느니 차라리** 아침에 일찍 와서 일을 하겠다.

⑮ 동사/형용사 + -았/었더라면
㉠ 과거의 상황을 반대로 가정하여 과거에 완료된 사실을 후회하거나 다행스럽게 생각할 때 씁니다.

- 일찍 **떠났더라면** 어둡기 전에 도착했을 텐데. (후회)
- 자야 씨가 **도와주지 않았더라면** 고생할 뻔했어요. (다행)

㉡ 이미 일어난 일에 대한 후회나 아쉬움을 나타낼 때 씁니다.

- 돌아가신 할머니께서 제가 우승하는 모습을 **보셨더라면** 기뻐하셨을 거예요.
- 그렇게 헤어질 줄 **알았더라면** 따뜻한 말 한마디 더 했을 텐데.

⑯ 동사/형용사 + -(ㄴ/는)다면
어떤 상황이나 사실을 가정할 때 씁니다.

- 동물과 대화를 **할 수 있다면** 무슨 말을 하고 싶어요?
- 어머니께서 이 소식을 **들으신다면** 정말 기뻐하실 겁니다.

더 알아보기

관형사형 어미

- 동사/형용사 + -던

  어떤 일이 과거에 지속적 혹은 반복적으로 일어났거나 사건이나 동작이 과거에 완료되지 않고 중단되었을 때 씁니다.

  > 이 옷은 제가 어렸을 때부터 **입던** 옷이에요.

- 동사/형용사 + -았/었던

  어떤 일이 과거에 일어났음을 회상할 때 씁니다. '-았/었-'이 결합되었을 때에는 '동사/형용사 + -던'보다 '완료'의 의미가 더 두드러집니다.

  > 그 병원은 내가 어렸을 때 **갔던** 곳이야.

QUIZ

※ 다음 문장의 밑줄 친 부분이 맞으면 ○, 틀리면 ×를 표시하시오.

1. 어머니께서 <u>기다리느라고</u> 빨리 가 보세요.   ( )
2. 저는 아무리 공부를 <u>해도</u> 성적이 좋지 않아요.   ( )
3. 그 동화책은 내가 어렸을 때 <u>읽는</u> 책이에요.   ( )
4. <u>걸어가든지</u> 버스를 타든지 어서 정해요.   ( )
5. 열심히 <u>준비한다면</u> 이번 공연이 멋졌을 텐데.   ( )
6. 문제가 <u>쉽더라도</u> 잘 생각해서 대답하십시오.   ( )

※ 다음 중 문장에 알맞은 단어를 골라 ○표 하시오.

7. 어제부터 으슬으슬 (춥더니, 춥지만) 기침이 나기 시작해요.
8. 요리는 (배우도록, 배울수록) 어려워요.
9. 집에 (도착하자마자, 도착하면) 바로 잠이 들었어요.
10. 그곳에 또 (가길래, 가느니 차라리) 집에서 잠을 자겠어요.

| 정답 |

1 × 2 ○ 3 × 4 ○ 5 × 6 ○ 7 춥더니 8 배울수록 9 도착하자마자
10 가느니 차라리

확인학습

[01-07] 다음 글의 ( )에 들어갈 가장 알맞은 것을 고르시오.

01

> 가: 어제 모임에 왜 안 왔어요?
> 나: 미안해요. ( ) 못 갔어요.

① 야근해도   ② 야근하도록   ③ 야근하자마자   ④ 야근하느라고

해설 모임에 못 간 까닭을 말하는 내용이 들어가야 하므로 앞의 내용이 뒤에 오는 내용의 원인이나 목적일 때 '동사 + -느라고'를 쓴 '야근하느라고'가 알맞다.
　① 동사/형용사 + -아/어도: 앞의 내용을 가정하지만 뒤의 내용에 영향을 미치지 않음을 나타낼 때 쓴다.
　② 동사 + -도록: 앞의 내용이 뒤에 오는 내용의 목적이 될 때 쓴다.
　③ 동사 + -자마자: 앞의 내용이 일어난 뒤 곧바로 뒤의 내용이 일어남을 나타낼 때 쓴다.

02

> 가: 이 모자 정말 귀엽네요. 작아 보이는데 요즘도 이 모자를 써요?
> 나: 아니요, 제가 어렸을 때 ( ) 모자고 지금은 안 들어가요.

① 쓰던   ② 쓰려면   ③ 쓸수록   ④ 쓴다면

해설 어렸을 때의 사실을 나타내는 내용이므로 어떤 일이 과거에 지속적 혹은 반복적으로 일어났거나 어떤 일이 완료되지 않았음을 회상할 때 '동사/형용사 + -던'을 쓴 '쓰던'이 알맞다.
　② 동사 + -(으)려면: 앞의 내용이 일어나기 위해서는 뒤의 내용을 필요로 함을 나타낼 때 쓴다.
　③ 동사/형용사 + -(으)ㄹ수록: 앞의 동작이나 상태가 더해 감을 나타낼 때 쓴다.
　④ 동사/형용사 + -(ㄴ/는)다면: 어떤 상황이나 사실을 가정할 때 쓴다.

03

> 가: 이 책은 뭐예요?
> 나: 서점에 들렀는데 싸게 ( ) 사왔어요.

① 팔길래   ② 팔더니   ③ 판다면   ④ 팔았더라면

해설 앞의 내용이 원인이 되어 뒤의 내용이 일어남을 나타낼 때 '동사/형용사 + -길래'를 쓴 '팔길래'가 알맞다.
　② 동사/형용사 + -더니: 앞의 내용이 뒤에 오는 내용의 원인이나 조건이 됨을 나타낼 때 쓴다.
　③ 동사/형용사 + -(ㄴ/는)다면: 어떤 상황이나 사실을 가정할 때 쓴다.
　④ 동사/형용사 + -았/었더라면: 과거의 상황을 반대로 가정하여 과거에 완료된 사실을 후회함을 나타낼 때 쓴다.

04

가: 날씨가 많이 따뜻해졌지?
나: 그래도 꽃이 (   ) 아직 멀었어.

① 필수록   ② 피어서   ③ 피려면   ④ 피는데도

해설 날씨가 많이 따뜻해졌지만 꽃이 피기 위해서는 시간이 더 필요하다는 의미로, 미래에 일어날 일을 가정할 때 '동사/형용사 + -(으)려면'을 쓴 '피려면'이 알맞다.

05

가: 에릭이 달리는 걸 봤는데 정말 빠르더라고요.
나: 에릭이 아무리 (   ) 현수보다는 느릴 거예요. 현수는 육상 선수거든요.

① 빠르더니   ② 빠르더라도   ③ 빠르다길래   ④ 빨랐더라면

해설 에릭이 얼마나 잘 달리든 관계없이 현수가 더 잘 달린다고 하였으므로, 앞의 내용처럼 가정을 하여도, 그 내용이 뒤의 내용에는 영향을 미치지 않음을 나타낼 때 '동사/형용사 + -더라도'를 쓴 '빠르더라도'가 알맞다.

06

그 회사에 (   ) 정말 기분이 좋을 거야.

① 들어가도록   ② 들어간다면   ③ 들어갔길래   ④ 들어갈수록

해설 기분이 좋을 것이라고 예상하고 있으므로, 앞에는 회사에 들어가는 상황을 가정하는 내용이 와야 한다. 어떤 상황이나 사실을 가정할 때 '동사/형용사 + -(ㄴ/는)다면'을 쓴 '들어간다면'이 알맞다.

07

가: 이 책의 내용은 어때요?
나: 글쎄요, 두 달 전에 (   ) 책인데 기억이 안 나네요.

① 볼   ② 보는   ③ 봤던   ④ 봤더라면

해설 두 달 전이고, 기억이 안 난다고 했으므로 과거의 일을 나타내는 내용이 와야 한다. 어떤 일이 과거에 일어났음을 회상할 때 '동사/형용사 + -았/었던'을 쓴 '봤던'이 알맞다.
① 동사/형용사 + -ㄹ: 앞말이 관형어의 기능을 하게 만들고 추측, 예정, 의지, 가능성 등을 나타낼 때 쓴다.
② 동사/형용사 + -는: 앞말이 관형어의 기능을 하게 만들고 사건이나 동작이 현재 일어남을 나타낼 때 쓴다.

정답 04 ③ 05 ② 06 ② 07 ③

(2) 종결어미

종결어미는 한 문장을 끝낼 때 쓰는 말을 뜻합니다. 종결어미에 따라 문장은 평서형·감탄형·의문형·명령형·청유형으로 구분할 수 있습니다. 아래는 알고 있어야 할 종결어미입니다. 다양한 종결어미를 예문과 함께 알아 둡시다.

① 동사/형용사 + -잖아요

어떤 상황에 대해 말하는 사람이 상대방에게 확인하거나 수정해 주듯이 말할 때 씁니다. 뒤에 이어지는 문장은 앞의 내용에 따르는 내용이 오는 경우가 많습니다.

- 가: 오늘 왜 이렇게 힘이 없지?
  나: 아까 점심을 **굶었잖아요**.
- 흐엉 씨는 이따 친구와 약속이 **있잖아요**. 5분 뒤에 일어나야 돼요.

② 동사/형용사 + -기는요

상대방의 말을 부인할 때 씁니다. 뒤에는 반박하는 내용이 오는 경우가 많습니다.

가: 매덕스 씨는 책을 좋아하시는 것 같아요.
나: **좋아하기는요**. 책만 펴면 잠이 쏟아지는걸요.

③ 동사 + -(으)ㄹ래요

㉠ 상대방의 의사를 묻거나 자신의 의지를 표현할 때 씁니다.

가: 우리 영화 보러 **갈래요**?
나: 아니요, 저는 집에 가서 **쉴래요**.

㉡ 상대방에게 부드럽게 요청이나 부탁을 할 때 씁니다.

제가 이번 역에서 내리려고 하는데 좀 **비켜 주실래요**?

④ 형용사 + -(으)ㄴ가요, 동사 + -나요

상대방에게 어떤 사실이나 의견을 물어볼 때 씁니다. 공손하고 부드러운 느낌입니다.

- 헬레나 씨는 한국에 언제 **왔나요**?
- 이 거리는 언제나 이렇게 **깨끗한가요**?

⑤ 동사/형용사 + -더라고요

과거에 직접 느끼거나 경험한 사실을 말할 때 씁니다.

> • 요즘 시현 씨가 운동을 열심히 **하더라고요**.
> • 오늘부터 세일이어서 백화점에 사람이 **많더라고요**.

⑥ 동사/형용사 + -(ㄴ/는)대요

㉠ 다른 곳에서 얻은 정보를 상대방에게 전할 때 씁니다.

> • 서영이는 오늘 학교에 못 **온대요**.
> • 책에서 읽었는데 물을 너무 차갑게 해서 마시는 것은 **좋지 않대요**.

㉡ 상대방이 들은 내용에 대해 물어볼 때 씁니다.

> 케이시는 언제 미국으로 **돌아간대요**?

⑦ 동사 + -(으)래요, 동사 + -재요

㉠ 다른 곳에서 들은 명령이나 제안을 상대방에게 전할 때 씁니다.

> • 내일 꼭 준비물을 **챙겨 오래요**. (명령)
> • 이번 가을에 제주도에 여행을 **가재요**. (제안)

㉡ 상대방이 들은 명령이나 제안을 물어볼 때 씁니다.

> • 몇 시부터 세탁기 사용을 **하지 말래요**? (명령)
> • 소은 씨가 내일 발레 공연을 **보러 가재요**? (제안)

⑧ 동사/형용사 + -(ㄴ/는)다면서요

들은 내용을 확인할 때 씁니다.

> • 리사 씨는 한국 음식을 **좋아한다면서요**?
> • 현주 씨가 다음 주에 여행을 **간다면서요**?

QUIZ

※ 다음 문장의 밑줄 친 부분이 맞으면 ○, 틀리면 ×를 표시하시오.

1. 저 내일 시험이 <u>있지만요</u>. 오늘은 공부를 해야 돼요.　　　　　　　(　)
2. 민서는 사과보다 귤을 더 <u>좋아한대요</u>.　　　　　　　　　　　　　　(　)
3. 날씨가 추워서 감기 걸린 사람이 <u>많을래요</u>?　　　　　　　　　　　(　)

※ 다음 중 문장에 알맞은 단어를 골라 ○표 하시오.

4. 가: 민수가 오늘 좀 아파 보여요.
   나: (아프기는요, 아프잖아요). 아까 축구를 하면서 놀던데요.
5. 가: 오늘 점심은 무엇을 먹을래요?
   나: 저는 오늘 김치찌개를 (먹는대요, 먹을래요).
6. 스티브는 아직 한글을 쓰는 것에 (서툴재요, 서툴다면서요)?

| 정답 |

1 ×　2 ○　3 ×　4 아프기는요　5 먹을래요　6 서툴다면서요

확인학습

[01–07] 다음 글의 (   )에 들어갈 가장 알맞은 것을 고르시오.

01

가: 요즘 기운도 없고 아무것도 하기 싫어요.
나: 그러면 내일 저랑 기분 전환하러 여행 (   )?

① 가요　　② 갈래요　　③ 가나요　　④ 가잖아요

해설 여행을 갈 것인지 묻는 내용이므로 상대방의 의사를 물을 때 '동사 + -(으)ㄹ래요'를 쓴 '갈래요'가 알맞다.
① 동사/형용사 + -아/어요: 어떤 상황에 대하여 설명할 때 쓴다.
③ 동사 + -나요: 상대방에게 어떤 사실이나 의견을 물어볼 때 쓴다.
④ 동사/형용사 + -잖아요: 듣는 사람이 알고 있는 사실을 말할 때 쓴다.

02

가: 서류는 내고 오셨어요?
나: 네, 그런데 접수하는 곳에 사람이 정말 (   ).

① 많대요　　② 많은가요　　③ 많기는요　　④ 많더라고요

해설 접수하는 곳에 대하여 설명하고 있으므로 과거에 직접 느끼거나 경험한 사실을 말할 때 '동사/형용사 + -더라고요'를 쓴 '많더라고요'가 알맞다.
① 동사/형용사 + -(ㄴ/는)대요: 상대방에게 다른 곳에서 얻은 정보를 전할 때 쓴다.
② 형용사 + -(으)ㄴ가요: 상대방에게 어떤 사실이나 의견을 물어볼 때 쓴다.
③ 동사/형용사 + -기는요: 상대방의 말을 부정할 때 쓴다.

03

가: 아까 현진 씨가 무슨 말을 했어요?
나: 내일이 신청 마감일이라고 잊지 말고 (   ).

① 신청하나요　　② 신청한대요　　③ 신청했어요　　④ 신청하래요

해설 현진 씨에게 들은 말을 전하는 내용이 와야 하므로, 상대방에게 다른 곳에서 들은 명령이나 제안을 전할 때 '동사 + -(으)래요'를 쓴 '신청하래요'가 알맞다.

정답 01 ②　02 ④　03 ④

04

가: 바야르 씨가 오늘 (　　　)?
나: 네, 생각보다 일이 일찍 끝났다고 했어요.

① 오너라　　② 올래요　　③ 오기는요　　④ 온다면서요

해설 바야르 씨가 온다는 사실을 듣고 그 사실이 진짜인지 묻는 것이므로 들은 내용을 확인할 때 '동사/형용사 + -(ㄴ/는)다면서요'를 쓴 '온다면서요'가 알맞다.
① 동사 + -거/너라: 명령할 때 사용한다.

05

가: 어제 혜진 씨를 만났지요? 만나서 뭘 (　　　)?
나: 혜진 씨가 떡볶이를 좋아해서 함께 떡볶이를 먹으러 갔어요.

① 먹었나요　　② 먹었대요　　③ 먹었거든요　　④ 먹었냐니요

해설 어제 무엇을 먹었는지 묻는 내용이 와야 하므로 상대방에게 어떤 사실이나 의견을 물어볼 때 '동사 + -나요'를 쓴 '먹었나요'가 알맞다.
③ 동사/형용사 + -거든요: 앞의 내용에 대해 말하는 사람이 생각한 이유나 원인, 근거를 나타낼 때 쓴다.
④ 동사/형용사 + -냐니요: 상대방의 질문에 놀람을 표현할 때 쓴다.

06

가: 필립 씨가 어딜 저리 바삐 가는 거죠?
나: 어제 들었다시피 오늘 면접이 (　　　). 면접 시간에 늦었나 봐요.

① 있을래요　　② 있기는요　　③ 있잖아요　　④ 있어야지요

해설 필립 씨가 바삐 가는 이유를 '가'와 '나'가 모두 알고 있는 내용이므로, 듣는 사람이 알고 있는 사실을 말할 때 '동사/형용사 + -잖아요'를 쓴 '있잖아요'가 알맞다.

07

가: 월요일에 새로운 팀장님이 (　　　).
나: 저도 들었어요. 누가 오실지 기대돼요.

① 오시래요　　② 오신대요　　③ 오시잖아요　　④ 오시냐니요

해설 '가'가 새로운 팀장님이 오신다는 내용을 듣고 '나'에게 전하고 있으므로, 다른 곳에서 얻은 정보를 전할 때 '동사/형용사 + -(ㄴ/는)대요'를 쓴 '오신대요'가 알맞다.

04 ④　05 ①　06 ③　07 ② **정답**

(3) 복합 연결표현

복합 연결표현은 둘 이상의 문법적 요소가 복합적으로 쓰여서 두 말을 연결하는 역할을 합니다. 아래는 알고 있어야 할 복합 연결표현입니다. 다양한 문법적 요소가 어떻게 결합하여 쓰이는지 예문을 통해 알아 둡시다.

① 동사 + -는 동안

어떤 행위나 상황이 어느 한때로부터 다른 때까지 지속되는 시간을 나타낼 때 씁니다.

> 집으로 **가는 동안** 계속 민서 씨와 통화를 했어요.

② 동사 + -기가 무섭게

앞의 내용이 일어나자마자 바로 다음 내용이 일어날 때 씁니다. 연결어미 '-자마자'와 바꿔 쓸 수 있습니다.

> • 집에 **들어오기가 무섭게** 밥부터 먹었어요. (집에 **들어오자마자** 밥부터 먹었어요.)
> • 휴대 전화를 **켜기가 무섭게** 벨이 울렸어요. (휴대 전화를 **켜자마자** 벨이 울렸어요.)

③ 동사 + -(으)ㄴ 채(로)

'이미 있는 상태 그대로 변하지 않고'의 뜻을 나타낼 때 씁니다. 앞의 내용이 지속되는 상태에서 뒤의 내용이 이루어짐을 나타냅니다.

> • 아기는 과자를 손에 **쥔 채** 잠이 들었어요.
> • 문을 **열어 놓은 채로** 잤더니 감기가 들었어요.

④ 동사 + -기 위해서

어떤 일의 의도나 목적을 나타낼 때 씁니다. 앞의 내용을 이루려고 뒤의 내용을 할 때 씁니다.

> 이 시험에 **합격하기 위해서** 그동안 열심히 노력했어요.

⑤ 동사 + -(으)ㄹ 겸

앞에 나오는 여러 목적을 가지고 뒤의 행동이 일어날 때 씁니다. 보통 '-(으)ㄹ 겸 -(으)ㄹ 겸'의 형태로 많이 사용합니다.

> 산책도 **할 겸** 친구도 **볼 겸** 해서 여기로 왔습니다.

⑥ 동사/형용사 + -(으)ㄴ/는 데다가

앞의 내용에 뒤의 내용이 덧붙어서 일어남을 나타낼 때 씁니다.

- 요즘 일할 사람이 **없는 데다가** 할 일이 많아져서 힘들어요.
- 해나는 성격이 **좋은 데다가** 아는 것도 많아서 인기가 많아요.

⑦ 동사/형용사 + -(으)ㄹ 테니까

앞의 내용에 대해 강하게 확신하거나 자신의 의지를 나타낼 때 씁니다. 뒤에는 제안하거나 명령하는 내용이 옵니다.

- 내일은 **추울 테니까** 외투를 꼭 챙기세요. (확신)
- 제가 차를 **가져올 테니까** 아침 일찍 갑시다. (의지)

⑧ 동사/형용사 + -(으)ㄹ까 봐

어떤 행위나 상황에 대한 걱정스러운 추측을 나타낼 때 씁니다.

- 결혼식에 비가 **올까 봐** 걱정했어요.
- 어른 앞에서 **실수할까 봐** 얼마나 긴장했는지 몰라요.

⑨ 동사/형용사 + -(으)ㄹ 정도로

어떤 일이 일어날 만한 수준을 나타낼 때 씁니다. '-(으)ㄹ 만큼'과 바꿔 쓸 수 있습니다. 뒤에는 앞의 내용과 비슷한 상황의 설명이 옵니다.

- 수현이의 어머니는 언니라고 해도 **믿을 정도로** 젊어 보이신다.
  (수현이의 어머니는 언니라고 해도 **믿을 만큼** 젊어 보이신다.)

⑩ 동사 + -는 바람에

부정적인 결과의 원인을 나타낼 때 씁니다.

- 오늘 늦잠을 **자는 바람에** 학교에 지각을 했어요.

⑪ 동사 + -(으)ㄴ/는 김에

앞의 내용을 하는 기회에 함께 뒤의 내용을 할 때 씁니다. 원래의 목적은 앞의 내용이며 앞의 내용에 덧붙여서 뒤의 내용을 할 때 씁니다.

- 부엌을 **수리하는 김에** 화장실도 고쳤어요.
- 여기까지 **온 김에** 친구를 만나고 가야겠어요.

⑫ 명사 + (으)로 인해서

앞의 내용의 결과나 영향으로 뒤의 내용이 일어날 때 씁니다.

> 지나친 실적 **강요로 인해서** 직원들의 불만이 늘었습니다.

⑬ 동사/형용사 + -(으)ㄹ 뿐만 아니라

앞의 내용에 더하여 뒤의 내용이 일어날 때 씁니다. '-(으)ㄴ/는 데다가'와 바꿔 쓸 수 있습니다.

> • 이 우산은 **튼튼할 뿐만 아니라** 가격도 싸요.
>   (이 우산은 **튼튼한 데다가** 가격도 싸요.)

⑭ 동사/형용사 + -(으)나 마나

어떤 일이 일어나거나 일어나지 않거나 다름이 없는 상황임을 나타낼 때 씁니다.

> • 음식 모양을 보니 **먹어 보나 마나** 맛이 없을 것 같아요.
> • 민수는 어찌나 잘 어지럽히는지 방 청소를 **하나 마나**예요.

⑮ 동사/형용사 + -(으)ㄴ/는 탓에

앞의 내용이 뒤에 오는 내용의 원인이나 이유가 될 때 씁니다. 주로 부정적인 의미를 나타냅니다.

> • 승재는 **게으른 탓에** 살이 쪘어요.
> • 집이 **넉넉하지 못한 탓에** 대학에 갈 기회를 놓치고 말았습니다.

QUIZ

※ 다음 문장의 밑줄 친 부분이 맞으면 ○, 틀리면 ×를 표시하시오.

1. 제가 버스 정류장에 <u>도착한 채</u> 버스가 왔어요.   (   )
2. 병원에서 진료를 <u>받는 동안</u> 계속 아파서 울었어요.   (   )
3. 제인 씨에게 <u>연락하기 위해서</u> 몇 번이나 전화를 했어요.   (   )
4. 그 마트는 상품이 <u>많은 데다가</u> 가격도 싸서 늘 사람이 많아요.   (   )
5. 오늘 아침을 <u>안 먹을까 봐</u> 배가 고파요.   (   )

※ 다음 중 문장에 알맞은 단어를 골라 ○표 하시오.

6. 이왕 나선 (김에, 바람에) 은행에도 가 보려고요.
7. 길이 (막히는 탓에, 막힐 정도로) 제시간에 도착하지 못할 것 같아요.
8. 심한 (가뭄으로 인해서, 가뭄일 테니까) 식수가 끊어졌어요.

|정답|

1 ×   2 ○   3 ○   4 ○   5 ×   6 김에   7 막히는 탓에   8 가뭄으로 인해서

확인학습

[01~07] 다음 글의 ( )에 들어갈 가장 알맞은 것을 고르시오.

01 날씨가 너무 추워서 물병을 밖에 ( ) 얼어 버렸어요.

① 내놓을까 봐 ② 내놓을 테니까
③ 내놓기 위해서 ④ 내놓기가 무섭게

해설 물병이 얼어 버리는 일 바로 전에 행동이 나와야 하므로, 앞의 내용이 일어나자마자 바로 다음 내용이 일어날 때 '동사 + -기가 무섭게'를 쓴 '내놓기가 무섭게'가 알맞다.
① 동사/형용사 + -(으)ㄹ까 봐: 그러한 행위가 발생하는 것 또는 그러한 상황이 될 것을 염려할 때 쓴다.
② 동사/형용사 + -(으)ㄹ 테니까: 앞의 내용에 대해 강하게 확신하거나 자신의 의지를 나타낼 때 쓴다.
③ 동사 + -기 위해서: 어떤 일의 의도나 목적을 나타낼 때 쓴다.

02 영준이가 하루 종일 잠을 ( ) 피곤했나 보다.

① 잘까 봐 ② 자는 탓에
③ 잘 정도로 ④ 자는 바람에

해설 하루 종일 잠을 잘 만큼 피곤한 수준임을 나타내는 내용이 와야 하므로, 어떤 일이 일어날 만한 수준을 나타낼 때 '동사/형용사 + -(으)ㄹ 정도로'를 쓴 '잘 정도로'가 알맞다.
② 동사/형용사 + -(으)ㄴ/는 탓에: 앞의 내용이 뒤에 오는 내용의 원인이나 이유가 될 때 쓴다.
④ 동사 + -는 바람에: 앞의 내용이 뒤에 오는 내용의 부정적인 원인이 될 때 쓴다.

03 이미 ( ) 밥이나 먹고 가자.

① 늦을까 봐 ② 늦은 채로
③ 늦은 탓에 ④ 늦은 김에

해설 어차피 늦었기 때문에 밥이라도 먹고 가자는 내용이므로 앞의 내용을 하는 기회와 함께 뒤의 내용을 할 때 '동사 + -(으)ㄴ/는 김에'를 쓴 '늦은 김에'가 알맞다.
② 동사 + -(으)ㄴ 채(로): 앞의 내용이 지속되는 상태에서 뒤의 내용이 이루어질 때 쓴다.
③ 동사/형용사 + -(으)ㄴ/는 탓에: 앞의 내용이 뒤에 오는 내용의 원인이나 이유가 될 때 쓴다.

정답 01 ④ 02 ③ 03 ④

04 창문을 열어 놓고 (　　) 안으로 비가 다 들어왔다.

① 나갈 테니까　　② 나가는 김에
③ 나가는 바람에　　④ 나갈 뿐만 아니라

해설 창문을 열어 놓고 나간 행동이 비가 들어온 결과의 원인이 되어야 하므로, 앞의 내용이 뒤에 오는 내용의 부정적인 원인이 될 때 '동사 + -는 바람에'를 쓴 '나가는 바람에'가 알맞다.

05 켄타 씨는 뭐든지 대충 해서 (　　) 또 실수할 거예요.

① 혼낼 테니까　　② 혼내나 마나
③ 혼내기 때문에　　④ 혼낸다는 점에서

해설 혼내는 행동이 또 실수하는 것에 영향을 미치지 않으므로, 어떤 일이 일어나거나 일어나지 않거나 다름이 없음을 나타낼 때 '동사/형용사 + -(으)나 마나'를 쓴 '혼내나 마나'가 알맞다.
③ 동사/형용사 + -기 때문에: 어떤 일의 까닭을 나타낼 때 쓴다.
④ 동사/형용사 + -(ㄴ/는)다는 점에서: 여러 특징 중 하나가 뒤에 나오는 일의 원인이 될 때 쓴다.

06 (　　) 불면증을 호소하는 사람이 많아요.

① 열대야로써　　② 열대야는커녕
③ 열대야라든가　　④ 열대야로 인해서

해설 열대야가 불면증의 원인이 되므로, 앞의 내용의 결과나 영향으로 뒤의 내용이 일어날 때 '명사 + (으)로 인해서'를 쓴 '열대야로 인해서'가 알맞다.
① 명사 + (으)로써: 무엇이 어떤 일의 수단이나 방법임을 나타낼 때 쓴다.
② 명사 + 은/는커녕: 앞의 것은 물론 뒤의 내용도 안 될 때 쓴다. 뒤에는 부정표현이 온다.
③ 명사 + (이)라든가: 비슷한 종류의 말을 나열할 때 쓴다.

07 이 책은 구성이 (　　) 가격도 싸서 잘 팔립니다.

① 좋을 겸　　② 좋은 데다가
③ 좋은 바람에　　④ 좋을 테니까

해설 구성이 좋은 것과 가격이 싼 것이 동시에 일어나고 있는 일이므로, 앞의 내용에 관련된 뒤의 내용이 덧붙어서 일어남을 나타낼 때 '동사/형용사 + -(으)ㄴ/는 데다가'를 쓴 '좋은 데다가'가 알맞다.
① 동사 + -(으)ㄹ 겸: 앞에 나오는 여러 목적을 가지고 뒤의 행동이 일어날 때 쓴다.

(4) 복합 종결표현

복합 종결표현은 두 가지 요소가 복합적으로 쓰여 문장을 끝내는 역할을 합니다. 아래는 알고 있어야 할 복합 종결표현입니다. 다양한 문법적 요소가 어떻게 결합하여 쓰이는지 예문을 통해 알아 둡시다.

① 동사/형용사 + -(으)ㄴ/는지 알다/모르다

어떠한 내용에 대해 알거나 모르고 있음을 나타낼 때 씁니다.

- 여기 퇴근 시간이 **언제인지 아세요**?
- 찌개를 끓이고 있는데 얼마나 **끓여야 하는지 모르겠어요**.

② 동사/형용사 + -(으)ㄹ 수밖에 없다

㉠ 그것 말고는 다른 방법이나 가능성이 없음을 나타낼 때 씁니다.

- 무엇이든지 한계가 **있을 수밖에 없어요**.
- 지갑을 잃어버려서 집에 **걸어갈 수밖에 없어요**.

㉡ 어떤 일 외에 다른 일이 일어나지 못함을 나타낼 때 씁니다.

- 그렇게 오랫동안 야근을 했으니 건강이 **나빠질 수밖에 없어요**.
- 빌은 한국에 오래 살았고 한국어 연습도 많이 해서 한국어를 **잘할 수밖에 없어요**.

③ 동사/형용사 + -(으)ㄹ 만하다

㉠ 어떤 일을 할 정도로 가치가 있음을 나타낼 때 씁니다.

- 지연이가 한 행동을 보면 영웅이라 **불릴 만하다**.
- 단편 소설 중에서 초등학생이 **읽을 만한** 것 좀 추천해 줄래?

㉡ 앞말이 뜻하는 행동을 하는 것이 가능함을 나타낼 때 씁니다.

- 매일 야근하니까 **피곤할 만해**.
- 처음 만들어 본 부침개인데 **먹을 만해요**.

④ 동사 + -아/어 버리다

어떤 행동이 이미 끝났음을 나타낼 때 씁니다. 또는 어떤 일이 일어나서 아쉬운 감정을 갖게 되었거나 부담을 덜게 되었음을 나타냅니다.

- 미뤘던 일을 **해치워 버리니** 속이 다 시원해요.
- 아끼던 도자기를 떨어뜨려서 도자기가 **깨져 버렸어요**.

⑤ 동사 + -(으)ㄹ 걸 그랬다
지난 행동을 후회하며 하지 않은 일을 가정할 때 씁니다.

- 이럴 줄 알았으면 아까 밥을 **먹을 걸 그랬어요**.
- 배송이 너무 느리네요. 택배를 미리 **보낼 걸 그랬어요**.

⑥ 동사 + -아/어 놓다/두다
어떤 동작이 끝난 상태가 그대로 유지됨을 나타낼 때 씁니다.

- 이름을 **써 놓고** 들어가세요.
- 손수건은 서랍에 **넣어 두었어요**.

⑦ 동사 + -아/어 있다
어떤 일이 끝나지 않고 그 상태가 지속되고 있음을 나타낼 때 씁니다.

- 아이가 날리던 연이 나무에 **걸려 있다**.
- 연희가 떠난 뒤에도 수현이는 계속 **앉아 있었다**.

⑧ 동사/형용사 + -다고/냐고 하다
어떤 일에 대해 다른 사람이 물어본 것이나 다른 사람에게 들은 내용을 전달할 때 씁니다.

- 진영이가 어제 어디에 **갔었냐고 했어요**.
- 발표회는 다음 주 금요일에 **열린다고 했어요**.

⑨ 동사/형용사 + -(으)ㄴ/는 척하다
그럴듯하게 꾸미는 태도나 행동을 나타낼 때 씁니다.

- 그 남자는 늘 열심히 **일하는 척합니다**.
- 알고도 **모르는 척할** 수밖에 없었습니다.

⑩ 동사/형용사 + -(으)ㄹ 뻔하다
㉠ 어떤 일이 실제로 일어나지는 않았지만 그럴 가능성이 매우 높았음을 나타낼 때 씁니다.

- 운전을 하면서 핸드폰을 보다가 사고가 **날 뻔했어요**.

㉡ 과거의 어떤 상태를 과장하여 나타낼 때 씁니다.

- 아침을 못 먹고 왔더니 배가 고파서 **죽을 뻔했어**!

⑪ 동사 + -(으)라고 하다
　㉠ 다른 곳에서 들은 명령을 상대방에게 전달할 때 씁니다.

> 사장님이 오늘은 4시까지만 **근무하라고 하셨어요**.

　㉡ 다른 사람에게 명령한 내용을 상대방에게 알려 줄 때 씁니다.

> 아까 민수에게 책을 꼭 **가져오라고 했어요**.

⑫ 동사 + -자고 하다
　다른 곳에서 들은 권유를 상대방에게 전달할 때 씁니다.

> 프랭크가 이따 마치고 영화를 보러 **가자고 했어요**.

⑬ 동사 + -(으)려던 참이다
　의도를 가지고 어떤 행동을 하려고 하는 순간을 나타낼 때 씁니다.

> 안 그래도 전화를 **하려던 참이었다**.

⑭ 얼마나 동사/형용사 + -(으)ㄴ/는지 모르다
　어떤 일을 강조하여 매우 그러함을 나타낼 때 씁니다.

> • 집까지 데려다 주셔서 얼마나 **고마운지 몰라요**.
> • 피곤해서 그런지 주말마다 얼마나 많이 **자는지 몰라요**.

⑮ 동사/형용사 + -(으)ㄹ 줄 알았다/몰랐다
　어떤 일을 예상했거나 예상하지 못했음을 나타낼 때 씁니다.

> • 저는 발표회에 사람이 많이 **올 줄 알았어요**.
> • 그 작던 수민이가 이렇게 키가 **컸을 줄 몰랐어요**.

⑯ 동사 + -게 하다
　다른 사람에게 어떤 일을 하도록 시키는 것을 나타낼 때 씁니다.

> • 피터에게 회의 준비를 **하게 했어요**.
> • 아버지께서 술을 마시지 **못하게 하셨어요**.

⑰ 형용사 + -(으)ㄴ가 보다, 동사 + -나 보다
어떤 일에 대해 추측할 때 씁니다. 앞이나 뒤에 추측을 하게 된 근거가 옵니다.

> • 꽃이 핀 것을 보니 봄이 **왔나 보다**.
> • 모두 젬마 씨를 칭찬하는 걸 보니 젬마 씨가 정말 **착한가 봐요**.

⑱ 동사 + -(으)려야 동사 + -(으)ㄹ 수 없다
어떤 일에 대한 의도를 가지고 있더라도 그 일을 할 능력이나 가능성, 또는 생각이 없음을 나타낼 때 씁니다.

> • 시험이 너무 어려워서 **합격하려야 합격할 수 없어요**. (가능성)
> • 당신의 부탁은 도저히 **들어주려야 들어줄 수 없어요**. (생각)

⑲ 동사/형용사 + -(으)ㄹ 리가 없다
어떤 일이 일어날 가능성이 없음을 확신할 때 씁니다.

> 잭슨 씨가 나탈리보다 일찍 **도착했을 리가 없어요**.

⑳ 동사 + -곤 하다
어떤 일이 반복적으로 일어남을 나타낼 때 씁니다.

> • 우리 가족은 여름마다 바다로 피서를 **가곤 했어요**.
> • 저 가게는 응원하는 야구팀이 이길 때마다 행사를 **열곤 해요**.

㉑ 동사/형용사 + -(으)ㄹ지도 모르다
어떤 일이 일어날 것을 추측할 때 씁니다.

> 이렇게 가다간 경영이 **어려워질지도 몰라요**.

㉒ 동사/형용사 + -(으)ㄴ/는 셈이다
앞의 근거로 볼 때 결국 어떤 결과에 해당한다는 것을 나타낼 때 씁니다.

> 사과 여섯 쪽 중에 다섯 쪽을 제가 먹었으니 제가 거의 다 **먹은 셈이에요**.

㉓ 동사/형용사 + -기 마련이다

어떤 동작이나 사실 등이 자연스럽거나 당연함을 나타낼 때 씁니다. 따라서 일반적인 규칙이나 진리에 쓰이며 격언이나 속담에 많습니다.

- 팔은 안으로 **굽기 마련이다**.
- 주머니에 돈이 있으면 **쓰기 마련이다**.

QUIZ

※ 다음 문장의 밑줄 친 부분이 맞으면 ○, 틀리면 ×를 표시하시오.

1. 열이 너무 나서 오늘은 조퇴를 <u>할 수밖에 없어요</u>. ( )
2. 위층에서 자꾸 뛰어서 시끄럽긴 한데 아직은 <u>견딜 만해요</u>. ( )
3. 볼 때마다 책을 읽으시는 걸 보니 책을 <u>좋아하게 했어요</u>. ( )

※ 다음 중 문장에 알맞은 단어를 골라 ○표 하시오.

4. 그 영화는 너무 지루해서 (보려야 볼 수 없어요, 보곤 해요).
5. 소희가 그 사실을 (알 리가 없어요, 알 걸 그랬어요).
6. 씨를 뿌리면 (거두기 마련이다, 거둔 셈이다).
7. 어쩌면 선생님께서 (그만두실지도 몰라요, 그만두지 마세요).

| 정답 |

1 ○ 2 ○ 3 × 4 보려야 볼 수 없어요 5 알 리가 없어요 6 거두기 마련이다
7 그만두실지도 몰라요

확인학습

[01-07] 다음 글의 ( )에 들어갈 가장 알맞은 것을 고르시오.

01 지금 버스가 끊겨서 택시를 ( ).

① 탄 척했어요
② 탔냐고 했어요
③ 탈 걸 그랬어요
④ 탈 수밖에 없어요

해설 버스가 끊겼기 때문에 나머지 선택사항은 택시를 타는 것뿐이므로, 어떤 일 외의 다른 방법이 없음을 나타낼 때 '동사/형용사 + -(으)ㄹ 수밖에 없다'를 쓴 '탈 수밖에 없어요'가 알맞다.
① 동사/형용사 + -(으)ㄴ/는 척하다: 그럴듯하게 꾸미는 태도나 행동을 뜻할 때 쓴다.
② 동사/형용사 + -냐고 하다: 어떤 일에 대해 상대방에게 물어보거나 들은 내용을 간접적으로 나타낼 때 쓴다.
③ 동사 + -(으)ㄹ 걸 그랬다: 지난 행동을 후회하며, 하지 않은 일을 가정할 때 쓴다.

02 아침에 내린 비로 땅은 아직도 ( ).

① 젖을 뻔했다
② 젖은 척했다
③ 젖어 있었다
④ 젖으라고 했다

해설 아침에 내린 비에 땅이 젖은 상태가 계속되고 있음을 나타내야 하므로, 어떤 일이 끝나지 않고 그 상태가 지속되고 있음을 나타낼 때 '동사 + -아/어 있다'를 쓴 '젖어 있었다'가 알맞다.
① 동사/형용사 + -(으)ㄹ 뻔하다: 어떤 일이 실제로 일어나지는 아니하였지만 그럴 가능성이 매우 높았음을 나타낼 때 쓴다.
④ 동사 + -(으)라고 하다: 다른 곳에서 들은 명령을 상대방에게 전달할 때 쓴다.

03 윤미가 이따 같이 옷을 사러 ( ).

① 가 있어요
② 가곤 해요
③ 갈 뻔했어요
④ 가자고 했어요

해설 윤미가 옷을 같이 사러 가자는 말을 했음을 전하는 내용이 와야 하므로, 다른 곳에서 들은 권유를 상대방에게 전달할 때 '동사 + -자고 하다'를 쓴 '가자고 했어요'가 알맞다.
② 동사 + -곤 하다: 어떤 일이 반복적으로 일어남을 나타낼 때 쓴다.

04 저번에 그렇게 혼났는데 선영이가 그곳에 또 ( ).

① 가려던 참이에요
② 가기 마련이에요
③ 갔을지도 몰라요
④ 갔을 리가 없어요

정답 01 ④ 02 ③ 03 ④ 04 ④

해설 전에 혼났기 때문에 선영이가 가지 않을 것을 예상하는 내용이 와야 하므로, 어떤 일이 일어날 가능성이 없음을 확신할 때 '동사/형용사 + -(으)ㄹ 리가 없다'를 쓴 '갔을 리가 없다'가 알맞다.
① 동사 + -(으)려던 참이다: 어떤 행동을 하려고 하는 순간을 나타낼 때 쓴다.
② 동사/형용사 + -기 마련이다: 어떤 동작이나 사실 등이 자연스럽거나 당연함을 나타낼 때 쓴다.
③ 동사/형용사 + -(으)ㄹ지도 모른다: 어떤 일이 일어날 것을 추측할 때 쓴다.

05 코를 골면서 자는 걸 보니 지현이가 참 (   ).

① 피곤한가 보다 ② 피곤하게 한다
③ 피곤한 줄 몰랐다 ④ 피곤할 리가 없다

해설 자는 모습을 보고 지현이가 피곤한 것을 추측하는 내용이 와야 하므로, 어떤 일에 대해 추측할 때 '형용사 + -(으)ㄴ가 보다'를 쓴 '피곤한가 보다'가 알맞다.
② 동사 + -게 하다: 다른 사람에게 어떤 일을 하도록 시키는 것을 나타낼 때 쓴다.
③ 동사/형용사 + -(으)ㄹ 줄 알았다/몰랐다: 어떤 일을 예상했거나 예상하지 못했음을 나타낼 때 쓴다.

06 한 시간에 60명 정도면 꽤 (   ).

① 모이곤 해요 ② 모인 셈이에요
③ 모이는지 몰라요 ④ 모이자고 했어요

해설 꽤 모였다는 것을 평가하는 내용이 와야 하므로, 앞의 근거로 볼 때 결국 어떤 결과에 해당한다는 것을 나타낼 때 '동사/형용사 + -(으)ㄴ/는 셈이다'를 쓴 '모인 셈이에요'가 알맞다.
③ 동사/형용사 + -(으)ㄴ/는지 알다/모르다: 어떠한 내용에 대해 알거나 모르고 있음을 나타낼 때 쓴다.

07 이 음식은 너무 맛이 없어서 (   ).

① 먹을 만해요 ② 먹어 놓았어요
③ 먹으려는 셈이다 ④ 먹으려야 먹을 수 없어요

해설 음식이 맛이 없어서 먹고 싶어도 먹을 수 없음을 나타내야 하므로, 어떤 일에 대한 의도를 가지고 있더라도 그 일을 할 능력이나 가능성, 또는 생각이 없음을 나타낼 때 '동사 + -(으)려야 동사 + -(으)ㄹ 수 없다'를 쓴 '먹으려야 먹을 수 없어요'가 알맞다.
① 동사 + -(으)ㄹ 만하다: 어떤 일을 할 정도로 가치가 있음을 나타낼 때 쓴다.
② 동사 + -아/어 놓다: 어떤 동작이 끝난 상태가 그대로 오래 보존됨을 나타낼 때 쓴다.

정답 05 ① 06 ② 07 ④

(5) 조사

한국어는 조사가 발달한 언어입니다. 조사는 체언이나 부사, 어미에 붙어 그 말과 다른 말과의 문법적 관계를 표시하거나 그 말의 뜻을 도와줍니다. 아래는 알고 있어야 할 조사입니다. 다양한 조사를 예문과 함께 익혀 봅시다.

① 명사 + (이)라도

만족스럽지는 않지만 그 중에서 괜찮은 것을 나타낼 때 씁니다.

> 음료수가 없으면 **물이라도** 한 잔 주세요.

② 명사 + (이)나마

부족하다고 생각하면서도 할 수 없이 허용하거나 인정함을 나타낼 때 씁니다.

> 헌 **우산이나마** 있으니 다행이다.

③ 명사 + (이)야말로

어떠한 것을 강조하여 확인하는 뜻을 나타낼 때 씁니다.

> **용서야말로** 소중한 가치이자 덕목이다.

④ 명사 + 치고

㉠ '하나도 빠짐없이 모두' 그렇다는 뜻을 나타낼 때 씁니다. 뒤에는 부정표현이 옵니다.

> **성공한 사람치고** 성실하지 않은 사람이 없다.

㉡ 예외적임을 나타낼 때 씁니다.

> 민정이는 **운동선수치고** 달리기가 느린 편이에요.

⑤ 명사 + 대로

㉠ 앞에 오는 말이나 상황, 방법, 내용에 근거하여 달라짐이 없음을 나타낼 때 씁니다.

> 이렇게 나올 거면 **법대로** 합시다.

㉡ 서로 따로따로 구별됨을 나타낼 때 씁니다.

> 긴 것은 **긴 것대로** 모아 두세요.

ⓒ '대로'는 '-(으)ㄴ/는', '-(으)ㄹ' 뒤에서 의존명사로 쓰이기도 합니다.

> 핑계 대지마. **먹은 대로** 살이 찌는 거야.

⑥ 명사 + 뿐

ⓐ 보통 '뿐이다'의 형태로 쓰이며, 다만 그것만이고 그 이상은 아닐 때 또는 오직 그러하다는 것만 한정함을 나타낼 때 씁니다.

> 제가 할 수 있는 외국어는 **영어뿐입니다**.

ⓑ '뿐만 아니라'의 구성으로 쓰이며, 앞말을 포함하여 다른 것도 포함될 때 씁니다.

> 한국의 양궁은 **한국뿐만 아니라** 세계적으로 유명해요.

⑦ 명사 + 밖에

ⓐ 반드시 뒤에 부정을 나타내는 말이 오며, 오직 그 명사만 해당될 때 씁니다.

> 주머니에는 **천 원밖에** 없어요.

ⓑ 명사 '밖'과 조사 '에'가 결합한 '밖에'와 구분해야 합니다. 띄어쓰기도 다릅니다.

> - 그 아이가 있을 곳은 **식당밖에** 없다. (명사 '식당' + 조사 '밖에')
> - 안 쓰는 물건들은 **식당 밖에** 내놨어요. (명사 '밖' + 조사 '에')

QUIZ

※ 다음 중 문장에 알맞은 단어를 골라 ○표 하시오.

1. (소설가치고, 소설가야말로) 감수성이 풍부하지 않은 사람이 없어요.
2. 비행기가 없으니 (기차라도, 기차까지) 타고 가야겠어요.
3. 지영이는 (공부밖에, 공부라든가) 몰라요.

|정답|
1 소설가치고   2 기차라도   3 공부밖에

확인학습

[01-05] 다음 글의 (   )에 들어갈 가장 알맞은 것을 고르시오.

01

> 가: 시끄럽게 하지 마.
> 나: 누가 할 소리! (   ) 조용히 좀 해.

① 너치고　　　　　　　　② 너대로
③ 너밖에　　　　　　　　④ 너야말로

해설 상대방에게 조용히 할 것을 강조하여 말하는 내용이므로, 어떠한 것을 강조하여 확인하는 뜻을 나타낼 때 '명사 + (이)야말로'를 쓴 '너야말로'가 알맞다.
① 명사 + 치고: 모두 그러함을 나타낼 때, 또는 예외적임을 나타낼 때 쓴다.
② 명사 + 대로: 앞에 오는 말에 근거하거나 달라짐이 없음을 나타내거나 따로따로 구별됨을 나타낼 때 쓴다.
③ 명사 + 밖에: 반드시 뒤에 부정을 나타내는 말이 오며, 오직 그 명사뿐임을 나타낼 때 쓴다.

02 비가 이렇게 쏟아지는데 낡은 (   ) 있어서 다행이에요.

① 우산처럼　　　　　　　② 우산대로
③ 우산이나마　　　　　　④ 우산이니까

해설 우산이 낡아서 마음에 안 들지만 비가 오기 때문에 할 수 없이 받아들이는 내용이므로, 마음에 부족한 생각을 가지고 있으면서도 할 수 없이 허용하거나 인정함을 나타낼 때 '명사 + (이)나마'를 쓴 '우산이나마'가 알맞다.
① 명사 + 처럼: 어떤 것과 모양이나 정도가 닮음을 나타낼 때 쓴다.
④ 명사 + (이)니까: 앞에 오는 말이 뒤에 오는 말의 이유나 원인임을 나타낼 때 쓴다.

03 배가 많이 고프면 이 (　　) 드실래요?

① 초콜릿만큼 ② 초콜릿조차
③ 초콜릿으로서 ④ 초콜릿이라도

해설 허기를 채우는 데는 충분하지 않지만 마땅한 것이 없으므로 초콜릿이나마 먹으라는 뜻이므로, 여러 사물 중에 썩 마음에 드는 것을 택할 수 없지만 그것이나마 선택함을 나타낼 때 '명사 + (이)라도'를 쓴 '초콜릿이라도'가 알맞다.
① 명사 + 만큼: 어떤 것과 수량이나 정도가 닮음을 나타낼 때 쓴다.
② 명사 + 조차: 어떤 정도가 심한 상황에서 가장 기본적인 것조차 포함될 때 쓴다.
③ 명사 + (으)로서: 어떤 지위나 자격을 나타낼 때 쓴다.

04 글을 잘 쓰는 (　　) 책읽기를 싫어하는 사람이 없다.

① 사람치고 ② 사람대로
③ 사람한테 ④ 사람마다

해설 글을 잘 쓰는 사람들은 책읽기를 싫어하지 않는다는 뜻이므로, '하나도 빠짐없이 모두' 그렇다는 뜻을 나타낼 때 '명사 + 치고'를 쓴 '사람치고'가 알맞다.
③ 명사 + 한테: 어떤 행위의 대상을 나타낼 때 쓴다.
④ 명사 + 마다: '저마다', '각각'의 뜻을 나타낼 때 쓴다.

05 역시 저를 알아주는 사람은 (　　) 없어요.

① 앤디 씨하고 ② 앤디 씨밖에
③ 앤디 씨조차 ④ 앤디 씨에게

해설 자신을 알아주는 사람은 앤디 씨뿐이라는 뜻이므로, 오직 그 명사뿐임을 나타낼 때 '명사 + 밖에'를 쓴 '앤디 씨밖에'가 알맞다.
① 명사 + 하고: 여러 개를 나열해서 말할 때 쓴다.
④ 명사 + 에게: 어떤 행위의 대상을 나타낼 때 쓴다.

정답 03 ④ 04 ① 05 ②

(6) 기타 문법

① 사동사

문장의 주체가 자기 스스로 행동이나 동작을 하지 않고, 남에게 그 행동이나 동작을 시키는 것을 나타내는 동사입니다. '보이다, 밝히다, 알리다, 신기다, 피우다, 낮추다' 등이 있습니다.

> 팽이치기는 팽이를 채로 쳐서 **돌리는** 놀이입니다.

② 피동사

남에 의해 행하여지는 동작을 나타내는 동사입니다. '보이다, 잡히다, 물리다, 안기다' 등이 있습니다.

> - 벽에 **걸린** 액자가 참 인상적이네요.
> - 문이 갑작스럽게 **열리고** 선생님이 뛰어들어 오셨어요.

③ 'ㄷ, 르, ㅂ, ㅅ' 불규칙 동사

㉠ 'ㄷ' 불규칙 동사: 뜻을 나타내는 어간이 'ㄷ'으로 끝나고 '-아/어요, -았/었어요, -아/어서' 등의 모음 어미와 결합되면 'ㄷ'이 'ㄹ'로 불규칙하게 바뀌는 동사입니다. '싣다, 듣다, 걷다, 묻다, 일컫다, 긷다, 깨닫다' 등이 있습니다.

> - 짐은 짐칸에 **실어요**. (싣- + -어요 → 실어요)
> - 그 소식은 어제 **들었다**. (듣- + -었다 → 들었다)
> - **걸어서** 여기까지 왔어요. (걷- + -어서 → 걸어서)
> - 역까지 어떻게 가는지 **물었어요**. (묻- + -었어요 → 물었어요)

㉡ '르' 불규칙 동사: 뜻을 나타내는 어간이 '르'로 끝나고 '-아/어요, -았/었어요, -아/어서' 등의 모음 어미와 결합되면 '르'가 'ㄹㄹ'로 불규칙하게 바뀌는 동사입니다. '다르다, 모르다, 자르다, 빠르다' 등이 있습니다.

> - 메이와 난 **달라요**. (다르- + -아요 → 달라요)
> - 정말 그 사실을 **몰랐어요**? (모르- + -았어요 → 몰랐어요)
> - 동산에 **올라서** 아래를 내려다보니 기분이 좋다. (오르- + -아서 → 올라서)
> - 순영이는 어머니 생일선물을 정성 들여 **골랐어요**. (고르- + -았어요 → 골랐어요)
> - 이웃집의 초인종을 연달아 **눌렀더니** 웬 꼬마가 나왔어요. (누르- + -었더니 → 눌렀더니)
> - 빌은 성실하지 않아서 아무리 일을 잘해도 인정받긴 **글렀어**. (그르- + -었어 → 글렀어)

ⓒ 'ㅂ' 불규칙 동사: 뜻을 나타내는 어간이 'ㅂ'으로 끝나고 '-아/어요, -았/었어요, -아/어서' 등의 모음 어미와 결합되면 'ㅂ'이 'ㅗ/ㅜ'로 불규칙하게 바뀌는 동사입니다. '덥다, 가깝다, 굽다, 귀엽다, 어렵다, 돕다, 무겁다, 아름답다, 뜨겁다' 등이 있습니다. 그러나 '굽다(한쪽으로 휘다), 입다, 잡다, 좁다, 뽑다' 등은 바뀌지 않습니다.

- 지난여름은 정말 **더웠어요**. (덥- + -었어요 → 더웠어요)
- 학교가 집에서 **가까워서** 좋아요. (가깝- + -아서 → 가까워서)
- 어머니께서 과자를 **구워서** 주셨어요. (굽- + -어서 → 구워서)
- 이 시험은 통과하기가 정말 **어려워요**. (어렵- + -어요 → 어려워요)
- 친구들이 모두 **도와서** 일을 일찍 마쳤어요. (돕- + -아서 → 도와서)
- 이 가방은 너무 **무거워서** 당신이 들 수 없어요. (무겁- + -어서 → 무거워서)

ⓓ 'ㅅ' 불규칙 동사: 뜻을 나타내는 어간이 'ㅅ'으로 끝나고 '-아/어요, -았/었어요, -아/어서' 등의 모음 어미와 결합되면 'ㅅ'이 탈락하는 동사입니다. '짓다, 잇다, 긋다, 낫다' 등이 있습니다.

- 흐엉 씨가 나에게 화난 표정을 **지었다**. (짓- + -었다 → 지었다)
- 선미는 영희가 넘어오지 않도록 선을 **그었다**. (긋- + -었다 → 그었다)

QUIZ

※ 다음 중 문장에 알맞은 단어를 골라 ○표 하시오.

1. 올 겨울은 너무 (춥어서, 추워서) 밖에 나갈 수가 없어요.
2. 이제 배가 (불러서, 불어서) 그만 먹어야겠어요.
3. 얼른 (낫아서, 나아서) 건강해지길 바랄게요.
4. 모기에 (물린, 물인) 곳이 여기구나.

| 정답 |

1 추워서 2 불러서 3 나아서 4 물린

확인학습

[01-05] 다음 글의 (   )에 들어갈 가장 알맞은 것을 고르시오.

01 전기가 들어오지 않아 촛불을 (   ) 휴대 전화를 찾았다.

① 밝혀 ② 밝여 ③ 발겨 ④ 밝이어

[해설] 촛불을 켜서 밝게 하였으므로 사동사를 써서 '밝혀(밝히다)'가 알맞다.

02 이 문은 오래되어서 잘 (   ) 않아요.

① 열지 ② 열리지 ③ 열이지 ④ 열어지

[해설] '문을 열다'라는 일이 사람에 의해서 일어나므로 피동사를 써서 '열리지(열리다)'가 알맞다.

03 저기 나뭇가지에 (   ) 연이 보이니?

① 걸린 ② 걸인 ③ 거린 ④ 걸어진

[해설] 연이 바람 같은 다른 것에 의해 나뭇가지에 매달려 있으므로 피동사를 써서 '걸린(걸리다)'이 알맞다.

04 제가 그동안 얼마나 바보였는지 이제야 (   ).

① 깨달았어요 ② 깨단았어요
③ 깨다랐어요 ④ 깨다닸어요

[해설] 어간이 'ㄷ'으로 끝나고 바로 뒤의 어미가 '-았/었어요'로 시작하면 'ㄷ'이 'ㄹ'로 불규칙하게 바뀌므로, '깨달았어요(깨닫다)'가 알맞다.

05 바쁘실 텐데 (   ) 고맙습니다.

① 돕아주셔서 ② 도워주셔서
③ 돕바주셔서 ④ 도와주셔서

[해설] 앞말의 어간이 'ㅂ'으로 끝나고 뒤의 말이 '-아/어서'로 시작하면 'ㅂ'이 'ㅗ/ㅜ'로 불규칙하게 바뀌므로, '도와주셔서(도와주다)'가 알맞다.

정답 01 ① 02 ② 03 ① 04 ① 05 ④

2. 어휘

(1) 동사

문장에서 주어의 움직임이나 상태 또는 과정을 나타내는 품사입니다. 형용사나 서술격 조사(이다)와 함께 활용하기도 합니다. 출제되는 문제 유형으로는 빈칸에 어울리는 의미의 동사를 고르는 것과 문맥에 맞게 연결어미나 종결어미로 활용하는 것, 반의어 찾기 등이 있습니다.

※ 유 는 유의어, 반 은 반의어, 다 는 다의어입니다.

가르치다	지식이나 기능, 이치 등을 깨닫게 하거나 익히게 하다.
	예문 어머니가 아이에게 한글을 가르쳤다.
	유 지도하다, 교육하다, 타이르다　　반 배우다

가리키다	손가락 등으로 어떤 방향이나 대상을 집어서 보이거나 말하거나 알리다.
	예문 그는 손으로 지하철역을 가리켰다.
	유 일컫다

가입하다	조직이나 단체에 들어가다.
	예문 봉사활동 동아리에 가입했다.
	유 들다, 들어가다　　반 탈퇴하다

갈아타다	타고 가던 것에서 내려 다른 것으로 바꾸어 타다.
	예문 학교에 가기 위해서는 버스를 갈아타야 한다.

걱정하다	안심이 되지 않아 마음을 졸이다.
	예문 감기에 걸린 친구를 걱정한다.
	유 애태우다, 우려하다　　반 안심하다

결심하다	할 일에 대하여 어떻게 하기로 마음을 굳게 정하다.
	예문 이번 방학에는 매일 운동하기로 결심했다.
	유 굳히다, 마음을 먹다, 마음을 정하다

결정하다	행동이나 태도를 확실하게 정하다.
	예문 감독은 고민 끝에 그를 선발로 결정했다.
	유 정하다

극복하다	어려움이나 고생 따위를 이겨 내다.	
	예문 친구와의 갈등을 극복하고 다시 사이가 좋아졌다.	
	유 이기다, 뛰어넘다	

금지하다	법이나 규칙, 명령을 통해 어떤 행위를 하지 못하게 하다.	
	예문 다른 반 학생의 출입을 금지한다.	
	유 막다, 제한하다	반 허락하다, 허가하다

기억하다	이전의 인상이나 경험을 머릿속이나 마음속에 간직하거나 도로 생각해 내다.	
	예문 지난여름에 만난 친구를 기억한다.	
	유 생각하다, 알다	반 잊어버리다

낭비하다	시간이나 재물 등을 함부로 쓰다.	
	예문 물을 낭비하면 안 된다.	
	유 허비하다	반 절약하다, 아끼다

노력하다	목적을 이루기 위하여 몸과 마음을 다하여 애를 쓰다.	
	예문 과학자들은 새로운 기술을 개발하기 위해 노력한다.	
	유 애쓰다, 힘쓰다	

대출하다	돈이나 물건을 빌려주거나 빌리다.	
	예문 도서관에서 소설책을 대출한다.	
	유 빌리다	반 반납하다

도착하다	목적한 곳에 다다르다.	
	예문 비행기가 공항에 도착했다.	
	반 출발하다, 떠나다	

동의하다	생각이나 의견을 같이하다.	
	예문 흐엉 씨는 민수 씨의 말에 동의했다.	
	유 맞장구치다, 찬성하다	반 반대하다

맡다1	어떤 일에 대한 책임을 지고 담당하다.
	예문 아들이 반에서 반장을 맡았다.
	유 담당하다 다 맡다2: 코로 냄새를 느끼다.

머뭇거리다	말이나 행동 따위를 선뜻 결심하여 행하지 못하고 자꾸 망설이다.
	예문 수진 씨는 말하는 것을 머뭇거렸다.
	유 주저하다, 망설이다

미루다	정한 시간이나 기일을 넘기거나 나중으로 늘이다.
	예문 숙제를 내일로 미룬다.
	유 연기하다 반 당기다

발급하다	증명서 따위를 발행하여 주다.
	예문 구청에서는 여권을 발급한다.
	유 끊다

발생하다	어떤 일이나 사물이 생겨나다.
	예문 겨울에는 산불이 발생하지 않도록 조심해야 한다.
	유 생기다, 일어나다

번지다	① 액체가 묻어서 차차 넓게 젖어 퍼지다.
	예문 책에 물을 흘려 글씨가 번졌다.
	② 병이나 불, 전쟁 따위가 차차 넓게 옮아가다.
	예문 교실에 감기가 번졌다.
	유 확산되다, 퍼지다

벌다	일을 하여 돈 따위를 얻거나 모으다.
	예문 진호 씨는 방학 때 아르바이트로 돈을 번다.
	유 마련하다

보태다	모자라는 것을 더하여 채우다.
	예문 안야 씨는 고향 집에 생활비를 보태고 있다.
	유 거들다, 더하다, 채우다 반 덜다

사라지다	현상이나 물체의 자취 따위가 없어지다.	
	예문 하늘에 있던 먹구름이 사라졌다.	
	유 없어지다	반 나타나다

설명하다	어떤 일이나 대상의 내용을 상대가 알 수 있도록 말하다.	
	예문 선생님께서 한글의 자음을 설명해 주셨다.	
	유 말하다	

성취하다	목적한 바를 이루다.	
	예문 안야 씨는 원하던 꿈을 드디어 성취했다.	
	유 성공하다, 이루다	반 실패하다

수입하다	다른 나라에서 상품이나 기술을 국내로 사들이다.	
	예문 한국은 석유를 수입한다.	
	반 수출하다	

숨기다	어떤 사실이나 행동을 남이 모르게 감추다.	
	예문 호진이는 학교에서의 일을 부모님께 숨긴다.	
	유 감추다	반 드러내다, 표현하다

시들다	꽃이나 풀 따위가 생기가 없어지다.	
	예문 창가에 있던 장미가 시들었다.	
	유 죽다, 지다	반 피다, 살아나다

신청하다	단체나 기관에 어떤 일이나 물건을 알려 청구하다.	
	예문 흐엉 씨는 학교에 장학금을 신청했다.	
	유 청하다, 청구하다	

안내하다	어떤 내용을 소개하여 알려 주다.	
	예문 외국인에게 한국의 문화를 안내하다.	
	유 알리다	

안심하다	모든 걱정을 떨쳐 버리고 마음을 편히 가지다.
	예문 아버지는 돌아온 아이를 보고 안심했다.
	유 안도하다　　　　반 걱정하다

어울리다	함께 사귀어 잘 지내거나 분위기에 끼어들어 휩싸이다.
	예문 진희 씨는 모든 사람과 잘 어울린다.
	유 걸맞다, 어우러지다

이끌다	목적하는 곳으로 가도록 같이 가면서 따라오게 하다.
	예문 아이들을 이끌고 동물원에 간다.
	유 끌다, 주도하다　　　　반 따르다

이루다	뜻한 대로 되게 하다.
	예문 수민 씨는 기자가 되는 꿈을 이뤘다.
	유 달성하다, 마치다　　　　반 실패하다

이해하다	깨달아 알다.
	예문 안야 씨는 새로 시작한 드라마의 내용을 이해했다.
	유 알다, 파악하다

잡수시다	'잡수다(먹다)'의 높임말
	예문 할머니, 저녁 잡수셨어요?
	유 드시다(들다)

저장하다	물건이나 재화 등을 모아서 간수하다.
	예문 시골에서는 장독대에 김치를 저장한다.
	유 두다, 저축하다

절약하다	함부로 쓰지 않고 꼭 필요한 데에만 써서 아끼다.
	예문 흐엉 씨는 용돈을 절약하여 저축한다.
	유 아끼다, 줄이다　　　　반 낭비하다, 허비하다

조사하다	사물을 명확히 알기 위해 자세히 살펴보거나 찾아보다.
	예문 한국의 경제 상황에 대하여 조사하다.
	유 살펴보다, 알다, 연구하다

주도하다	나서서 행동하며 중심이 되어 이끌다.
	예문 레이첼 씨가 한국 문화 탐방 모임을 주도한다.
	유 이끌다

주문하다	상품이나 서비스의 제공을 요구하다.
	예문 이제 커피를 주문합시다.
	유 청하다

주의하다	마음에 새겨 두고 조심하다.
	예문 어른 앞에서는 행동에 주의해야 한다.
	유 삼가다, 조심하다

증가하다	양이나 수치가 늘다.
	예문 올해는 한국어학당의 학생 수가 증가했다.
	유 늘어나다, 많아지다　　반 감소하다

지키다	규정, 약속, 예의 등을 어기지 않고 행동하다.
	예문 아버지는 아이들과의 약속을 꼭 지킨다.
	유 따르다　　반 어기다

집중하다	한 가지 일에 모든 힘을 쏟다.
	예문 용준 씨는 시험을 볼 때 집중한다.
	유 몰두하다, 골몰하다　　반 한눈팔다

참석하다	모임이나 회의 따위의 자리에 참여하다.
	예문 대통령은 올해 열리는 국제회의에 참석한다.
	유 참가하다　　반 불참하다, 빠지다

축소하다	모양이나 규모 따위를 줄여서 작게 하다.	
	예문 농어촌 지역 학교에서는 교실 수를 축소하고 있다.	
	유 줄이다	반 확대하다

취직하다	일정한 직업을 잡아 직장에 나가다.	
	예문 우리 형은 식당에 종업원으로 취직했다.	
	유 들어가다, 취업하다	

치르다	무슨 일을 겪어 내다.	
	예문 지수 씨는 내년에 졸업 시험을 치른다.	
	유 겪다, 치다, 시행하다	

퇴근하다	일터에서 근무를 마치고 돌아가거나 돌아오다.	
	예문 김 선생님은 수업이 끝나자마자 퇴근했다.	
	유 나가다	반 출근하다

포함하다	어떤 사물이나 현상 가운데 들어가게 하다.	
	예문 철호 씨네 가족은 철호 씨를 포함하여 넷이다.	
	유 넣다, 함유하다	반 빼다, 제외하다

피하다	원치 않는 일을 당하거나 어려운 처지에 놓이지 않도록 하다.	
	예문 비를 피하기 위해 건물로 들어갔다.	
	유 달아나다, 멀리하다	반 맞서다

한눈팔다	당연히 보아야 할 곳을 보지 않다.	
	예문 동생은 한눈팔며 걷다가 넘어졌다.	
	반 집중하다	

합격하다	일정한 조건을 갖추어 어떠한 자격이나 지위를 얻다.	
	예문 안야 씨는 대학에 합격했다.	
	유 들어가다, 붙다	반 탈락하다

확인하다	틀림없이 그러한가를 알아보거나 인정하다.
	예문 우유를 살 때에는 소비 기한을 반드시 확인한다.
	유 검토하다

환영하다	오는 사람을 기쁜 마음으로 반갑게 맞다.
	예문 공항에 도착하면 친구들이 나와서 환영한다.
	유 마중하다, 맞다

QUIZ

※ 다음 문장의 밑줄 친 부분이 맞으면 ○, 틀리면 ×를 표시하시오.

1. 아이가 우리 안의 호랑이를 <u>가리켰다</u>. ( )
2. 감기에 걸린 어머니를 <u>안심한다</u>. ( )
3. 오늘까지 내야 할 국어 숙제를 내일로 <u>당겼다</u>. ( )
4. 미래에 물이 부족하지 않도록 물을 <u>절약해야 한다</u>. ( )
5. 친구가 공항에 <u>도착해서</u> 나에게 전화를 걸었다. ( )

※ 다음 단어의 뜻을 바르게 연결하시오.

6. 단장하다 •   • ㉠ 인적이 드물어 한적하고 쓸쓸하다.
7. 사고하다 •   • ㉡ 얼굴, 머리, 옷차림 따위를 곱게 꾸미다.
8. 성취하다 •   • ㉢ 타고 가던 것에서 내려 다른 것으로 바꾸어 타다.
9. 갈아타다 •   • ㉣ 목적한 바를 이루다.
10. 한산하다 •   • ㉤ 생각하고 궁리하다.

|정답|

1 ○ 2 × 3 × 4 ○ 5 ○ 6 ㉡ 7 ㉤ 8 ㉣ 9 ㉢ 10 ㉠

확인학습

[01-10] 다음 글의 ( )에 들어갈 가장 알맞은 것을 고르시오.

01 흐엉 씨의 아들은 이번 대학교 시험에 ( ).

① 먹었다　　　② 피했다　　　③ 합격했다　　　④ 도망갔다

해설 ③ 합격했다(합격하다): 일정한 조건을 갖추어 어떠한 자격이나 지위를 얻다.
　　① 먹었다(먹다): 음식을 입을 통해 배 속에 넣다.
　　② 피했다(피하다): 원하지 않는 일을 당하거나 어려운 처지에 놓이지 않도록 하다.
　　④ 도망갔다(도망가다): 피하거나 쫓기어 달아나다.

02 옆집에서 송아지가 ( ) 떡을 돌렸다.

① 가서　　　② 만나서　　　③ 환영해서　　　④ 태어나서

해설 ④ 태어나서(태어나다): 사람이나 동물이 형태를 갖추어 세상에 나오다.
　　① 가서(가다): 한 곳에서 다른 곳으로 장소를 이동하다.
　　② 만나서(만나다): 둘이 서로 마주 보다.
　　③ 환영해서(환영하다): 오는 사람을 기쁜 마음으로 반갑게 맞다.

03 선생님께서 칠판을 ( ).

① 가리켰다　　　② 고생했다　　　③ 극복했다　　　④ 낭비했다

해설 ① 가리켰다(가리키다): 손가락으로 어떤 방향이나 대상을 집어서 보이거나 말하거나 알리다.
　　② 고생했다(고생하다): 어렵고 고된 일을 겪다.
　　③ 극복했다(극복하다): 악조건이나 고생을 이겨 내다.
　　④ 낭비했다(낭비하다): 시간이나 재물을 헤프게 쓰다.

04 미술관에서는 사진 촬영을 ( ).

① 단장한다　　　② 금지한다　　　③ 노력한다　　　④ 도착한다

해설 ② 금지한다(금지하다): 법, 규칙, 명령으로 어떤 행위를 하지 못하게 하다.
　　① 단장한다(단장하다): 얼굴, 머리, 옷차림을 곱게 꾸미다.
　　③ 노력한다(노력하다): 목적을 이루기 위해 몸과 마음을 다하여 애쓰다.
　　④ 도착한다(도착하다): 목적한 곳에 다다르다.

정답 01 ③　02 ④　03 ①　04 ②

05 바트 씨는 선생님의 질문에 (　) 얼굴이 빨개졌다.

① 쉬워서　　　　　　　　② 당황해서
③ 익숙해서　　　　　　　④ 동의해서

해설　② 당황해서(당황하다): 놀라거나 다급하여 어찌할 바를 모르다.
　　　① 쉬워서(쉽다): 하기가 어렵거나 힘들지 않다.
　　　③ 익숙해서(익숙하다): 어떤 일을 여러 번 하여 서투르지 않다.
　　　④ 동의해서(동의하다): 같은 의견을 가지다.

06 행정복지센터에서 주민등록등본을 (　).

① 번다　　　　　　　　　② 보탠다
③ 밝혀낸다　　　　　　　④ 발급한다

해설　④ 발급한다(발급하다): 증명서 등을 발행하여 주다.
　　　① 번다(벌다): 일을 하여 돈을 얻거나 모으다.
　　　② 보탠다(보태다): 모자라는 것을 더하여 채우다.
　　　③ 밝혀낸다(밝혀내다): 진리, 가치, 옳고 그름을 판단하여 드러내다.

07 친구가 선물해 준 책을 감명 깊게 (　).

① 골랐다　　　　　　　　② 버렸다
③ 읽었다　　　　　　　　④ 만들었다

해설　③ 읽었다(읽다): 글을 보고 담긴 뜻을 알다.
　　　① 골랐다(고르다): 여럿 중에서 가려내거나 뽑다.
　　　② 버렸다(버리다): 필요 없는 물건을 내던지거나 쏟거나 하다.
　　　④ 만들었다(만들다): 노력이나 기술을 들여 목적하는 것을 이루다.

08 의사는 병원에서 환자를 (　).

① 때린다　　　　　　　　② 치료한다
③ 걱정한다　　　　　　　④ 이해한다

해설　② 치료한다(치료하다): 병이나 상처를 잘 다스려 낫게 하다.
　　　① 때린다(때리다): 손이나 물건으로 아프게 치다.
　　　③ 걱정한다(걱정하다): 안심이 되지 않아 속을 태우다.
　　　④ 이해한다(이해하다): 깨달아 알다.

09 바닥에 물을 쏟으면 걸레로 ( ).

① 닦는다　　　② 내린다　　　③ 모은다　　　④ 끓인다

해설 ① 닦는다(닦다): 때, 먼지 같은 것을 없애기 위해 문지르다.
　　② 내린다(내리다): 눈, 비, 이슬 등이 오다.
　　③ 모은다(모으다): 따로 있는 것을 한데 합치다.
　　④ 끓인다(끓이다): 액체가 몹시 뜨거워지게 하다.

10 회사에 갈 때는 지하철과 버스를 모두 ( ).

① 간다　　　② 탄다　　　③ 단다　　　④ 산다

해설 ② 탄다(타다): 탈것이나 짐승의 등에 몸을 얹다.
　　① 간다(가다): 한 곳에서 다른 곳으로 장소를 이동하다.
　　③ 단다(달다): 물건을 일정한 곳에 걸다.
　　④ 산다(사다): 값을 내고 물건이나 권리를 자기 것으로 만들다.

[11-15] 다음 밑줄 친 부분과 의미가 반대인 것을 고르시오.

11 이 선생님은 고등학교에서 과학을 <u>가르친다</u>.

① 배운다　　　② 가입한다　　　③ 안심한다　　　④ 저장한다

해설 가르친다(가르치다): 지식이나 기능, 이치를 깨닫게 하거나 익히게 하다.
　　① 배운다(배우다): 새로운 지식이나 교양을 얻다.
　　② 가입한다(가입하다): 조직이나 단체에 들어가다. (↔ 탈퇴하다)
　　③ 안심한다(안심하다): 모든 걱정을 떨치고 마음을 편히 가지다. (↔ 걱정하다)
　　④ 저장한다(저장하다): 물건이나 재화를 모아서 간수하다. (↔ 버리다)

12 수지 씨는 <u>절약하는</u> 습관이 있다.

① 아끼는　　　② 보태는　　　③ 제한하는　　　④ 낭비하는

해설 절약하는(절약하다): 함부로 쓰지 않고 꼭 필요한 데만 써서 아끼다.
　　④ 낭비하는(낭비하다): 시간이나 재물을 헛되이 쓰다.
　　① 아끼는(아끼다): 물건, 돈, 시간을 함부로 쓰지 않다. (↔ 낭비하다)
　　② 보태는(보태다): 무엇을 더하여 채우거나 많아지게 하다. (↔ 덜다)
　　③ 제한하는(제한하다): 일정한 한도를 정하거나 그 한도를 넘지 못하게 하다. (↔ 허락하다)

정답 09 ① 10 ② 11 ① 12 ④

13 앤디 씨의 아버지는 독감으로 <u>입원했다</u>.

① 기억했다 ② 태연했다
③ 퇴원했다 ④ 떨어졌다

해설 입원했다(입원하다): 병을 고치기 위해 일정한 기간 동안 병원에 머물다.
③ 퇴원했다(퇴원하다): 일정 기간 병원에 머물던 환자가 병원에서 나오다.
① 기억했다(기억하다): 이전의 인상이나 경험을 의식 속에 간직하거나 도로 생각해 내다. (↔ 잊어버리다)
② 태연했다(태연하다): 머뭇거릴 상황에서 아무렇지도 않다. (↔ 당황하다)
④ 떨어졌다(떨어지다): 위에서 아래로 내려지다. (↔ 올라가다)

14 올해 여름에는 모기의 수가 <u>증가할</u> 것이다.

① 감소할 ② 참석할
③ 늘어날 ④ 많아질

해설 증가할(증가하다): 양이나 수치가 늘다.
① 감소할(감소하다): 양이나 수치가 줄다.
② 참석할(참석하다): 모임이나 회의 자리에 참여하다. (↔ 빠지다)
③ 늘어날(늘어나다): 부피나 분량이 원래보다 커지거나 길어지거나 많아지다. (↔ 줄어들다)
④ 많아질(많아지다): 수나 양 등이 적지 아니하고 일정한 기준을 넘게 되다. (↔ 감소하다)

15 우리 일행은 나를 <u>포함하여</u> 여섯 명이다.

① 피하여 ② 제외하여
③ 한산하여 ④ 집중하여

해설 포함하여(포함하다): 어떤 사물이나 현상 가운데 들어가게 하다.
② 제외하여(제외하다): 따로 떼어 내어 함께 헤아리지 않다.
① 피하여(피하다): 원하지 않는 일을 당하거나 어려운 처지에 놓이지 않도록 하다. (↔ 맞서다)
③ 한산하여(한산하다): 인적이 드물어 한적하고 쓸쓸하다. (↔ 복잡하다)
④ 집중하여(집중하다): 한 가지 일에 모든 힘을 쏟다. (↔ 한눈팔다)

(2) 형용사

문장에서 사물의 성질이나 상태를 나타내는 품사입니다. 동사와 마찬가지로 활용이 가능하지만 일부 어미로는 활용이 불가능합니다. 출제되는 문제 유형으로는 빈칸에 어울리는 의미의 형용사를 고르는 것과 문맥에 맞게 연결어미나 종결어미로 활용하는 것, 반의어 찾기 등이 있습니다.

간단하다	단순하고 간략하다.
	예문 미나 씨는 친구들에게 한국에 대해 간단하게 설명한다.
	반 복잡하다
게으르다	행동이 느리고 움직이거나 일하기 싫어하다.
	예문 그는 밥 먹기도 귀찮아할 만큼 게으르다.
	반 부지런하다
겸손하다	남을 존중하고 자기를 내세우지 않다.
	예문 압둘라 씨는 항상 남을 배려하고 겸손하다.
	반 거만하다
곤란하다	사정이 몹시 딱하고 어렵다.
	예문 그 질문에는 대답하기가 곤란하다.
	유 난감하다, 난처하다, 어렵다, 힘들다 　 반 쉽다
곱다	모양, 생김새, 행동 등이 산뜻하고 아름답다.
	예문 지안 씨의 한복이 곱다.
	유 아름답다, 예쁘장하다 　 반 나쁘다, 밉다
깨끗하다	사물이 더럽지 않다.
	예문 산 속의 공기는 도시와는 다르게 깨끗하다.
	유 산뜻하다, 청결하다 　 반 꾀죄죄하다, 더럽다, 지저분하다
난감하다	이렇게 하기도 저렇게 하기도 어려워 처지가 매우 딱하다.
	예문 그녀는 약속이 겹쳐 난감하다.
	유 곤란하다, 난처하다, 막막하다

낱말	뜻 및 예문		
낯익다	여러 번 보아서 눈에 익거나 친숙하다.		
	예문 왠지 낯익은 사람이 보였는데 안야 씨의 동생이었다.		
	유 익숙하다, 친숙하다		반 낯설다, 생소하다
느긋하다	마음에 흡족하여 여유가 있고 넉넉하다.		
	예문 공부를 많이 한 철수는 시험 직전에도 느긋했다.		
	반 급하다, 성급하다, 조급하다		
다정하다	정이 많다.		
	예문 로즈 씨는 항상 다정하다.		
	유 살갑다		반 무뚝뚝하다
당당하다	모습이나 태도가 자신있고 떳떳하다.		
	예문 갑작스러운 질문에도 당당하게 대답했다.		
	유 떳떳하다		
드물다	어떤 일이 일어나는 일이 잦지 아니하다.		
	예문 시골길은 사람이 드물다.		
	유 귀하다, 적다		반 수두룩하다
따뜻하다	덥지 않을 정도로 온도가 알맞게 높다.		
	예문 봄 햇살이 따뜻하다.		
	유 따스하다, 푹하다		반 냉랭하다, 싸늘하다, 쌀쌀하다
떠들썩하다	여러 사람이 큰 소리로 마구 떠들어 매우 시끄럽다.		
	예문 소풍을 온 아이들로 공원이 떠들썩하다.		
	유 소란하다, 시끄럽다		반 조용하다
뚜렷하다	엉클어지거나 흐리지 않고 아주 분명하다.		
	예문 한국은 사계절이 뚜렷하다.		
	유 분명하다		

모자라다	기준이 되는 양이나 정도에 미치지 못하다.	
	예문 링컨 씨는 요즘 바빠서 잠이 모자라다.	
	유 부족하다	반 남다
복잡하다	복작거리어 혼잡스럽다.	
	예문 크리스마스 때 명동 거리는 복잡하다.	
	유 붐비다, 어수선하다	반 한적하다
부드럽다	닿거나 스치는 느낌이 거칠거나 뻣뻣하지 않다.	
	예문 오랜만에 먹는 소고기가 부드럽다.	
	유 유연하다	반 거칠다
부족하다	필요한 양이나 기준에 미치지 못하다.	
	예문 수잔 씨는 수학 시험에서 시간이 부족했다.	
	유 모자라다	반 충분하다, 풍부하다
뿌듯하다	기쁨이나 감격이 마음에 가득 차서 벅차다.	
	예문 잘 자란 벼들을 보니 마음이 뿌듯하다.	
	유 보람차다, 만족스럽다	
서운하다	마음에 모자라 아쉽거나 섭섭한 느낌이 있다.	
	예문 지호는 어머니가 밥을 조금 주어 서운하다.	
	유 섭섭하다, 아쉽다	
서투르다	어떤 것에 미숙하거나 잘하지 못하다.	
	예문 흐엉 씨는 아직 한국어가 서투르다.	
	유 어색하다, 어설프다	반 능숙하다, 익다, 익숙하다
선명하다	산뜻하고 뚜렷하여 다른 것과 혼동되지 않는다.	
	예문 새로운 카메라로 찍은 사진은 선명하다.	
	유 분명하다, 생생하다, 깨끗하다	

수월하다	까다롭거나 힘들지 않아 하기 쉽다.	
	예문 과학 숙제는 그나마 수월하다.	
	유 무난하다, 손쉽다	

알뜰하다	일이나 살림을 정성스럽게 하여 빈틈이 없다.	
	예문 결혼식을 가족 모임으로 알뜰하게 치렀다.	
	유 살뜰하다, 알뜰살뜰하다	반 헤프다

어둡다	빛이 없어 밝지 아니하다.	
	예문 밤늦게 집에 돌아가는 길이 어둡다.	
	유 캄캄하다	반 밝다

어색하다	잘 모르거나 별로 만나고 싶지 않던 사람과 마주하여 자연스럽지 않다.	
	예문 오랜만에 집에 간 바트 씨는 가족들이 어색했다.	
	유 낯설다, 서먹하다	반 자연스럽다

유능하다	어떤 일을 남보다 잘하는 능력이 있다.	
	예문 새로 들어온 직원은 유능하다.	
	반 무능하다	

유리하다	이익이 있다.	
	예문 홈에서 경기하는 팀이 더 유리하다.	
	유 유익하다, 이롭다	반 불리하다

유치하다	수준이 낮거나 미숙하다.	
	예문 경호의 장난은 매우 유치하다.	
	유 치졸하다	반 성숙하다

자세하다	사소한 부분까지 구체적이고 분명하다.	
	예문 이 내비게이션은 안내가 매우 자세하다.	
	유 꼼꼼하다, 세밀하다	반 간단하다

정직하다	마음이 바르고 곧다.	
	예문 정우 씨는 항상 정직하다.	
	유 바르다, 솔직하다	
조용하다	아무 소리도 들리지 않고 고요하다.	
	예문 도서관에서는 떠들 수 없어서 아주 조용하다.	
	유 잔잔하다, 차분하다	반 떠들썩하다, 시끄럽다, 요란하다
죄송하다	죄스러울 정도로 미안하다.	
	예문 친구 아버지의 차를 긁어 죄송했다.	
	유 미안하다	
지저분하다	정돈이 되어 있지 아니하고 어수선하다.	
	예문 아이들이 등교하고 난 후의 집은 지저분하다.	
	유 너저분하다, 꾀죄죄하다	반 깨끗하다
철저하다	빈틈이나 부족함이 없다.	
	예문 해밍턴 씨는 마라톤 준비에 철저했다.	
	유 꼼꼼하다	반 소홀하다
충분하다	모자람 없이 넉넉하다.	
	예문 과자는 모든 사람이 먹기에 충분하다.	
	유 남다, 넉넉하다	반 부족하다
친절하다	대하는 태도가 매우 정겹고 고분고분하다.	
	예문 수잔 씨는 항상 모든 사람에게 친절하다.	
	유 부드럽다, 자상하다	반 불친절하다
태연하다	아무렇지 않은 듯하다.	
	예문 윌리 씨는 어떤 상황에서든 태연하다.	
	유 태평하다	반 불안하다, 초조하다

특별하다	보통과 구별되게 다르다.	
	예문 잭 씨와 수지 씨의 인연은 특별하다.	
	유 다르다, 특이하다	반 평범하다
편안하다	편하고 걱정 없이 좋다.	
	예문 일을 마치고 집에 돌아온 헤니 씨는 편안했다.	
	유 좋다, 편하다	반 불안하다, 불편하다
평범하다	뛰어나거나 색다른 것 없이 보통이다.	
	예문 그녀의 외모는 평범하다.	
	유 무난하다	반 유별나다, 특별하다
피곤하다	몸이나 마음이 지쳐 고달프다.	
	예문 언니는 아기를 키우느라 항상 피곤하다.	
	유 고단하다, 지치다, 피로하다	반 생생하다
필요하다	반드시 요구되는 것이 있다.	
	예문 은행 업무를 보기 위해서는 통장이 필요하다.	
	유 요구되다	반 불필요하다
한가하다	여유가 있다.	
	예문 주말에 집에 있으면 한가하다.	
	유 여유롭다	반 바쁘다, 분주하다, 복잡하다
해롭다	해가 되는 점이 있다.	
	예문 패스트푸드는 건강에 해롭다.	
	유 나쁘다, 유해하다	반 이롭다
화목하다	서로 뜻이 맞고 정답다.	
	예문 필립 씨의 가정은 화목하다.	
	유 평화롭다, 정답다	

흔하다	쉽게 접할 수 있다.	
	예문 여름에는 수박이 <u>흔하다</u>.	
	유 많다	반 귀하다, 적다

희미하다	분명하지 못하고 어렴풋하다.	
	예문 작년 겨울 여행의 기억이 <u>희미하다</u>.	
	유 불투명하다, 흐릿하다	반 선명하다, 생생하다, 뚜렷하다

QUIZ

※ 다음 문장의 밑줄 친 부분이 맞으면 ○, 틀리면 ×를 표시하시오.

1. 담배는 건강에 <u>유해하다</u>.　　　　　　　　　　　　　　(　)
2. 일이 바빠서 <u>한가하다</u>.　　　　　　　　　　　　　　　(　)
3. 도서관에서는 모두들 <u>떠들썩하다</u>.　　　　　　　　　　(　)
4. 늦은 시간에는 어두워서 돌아다니면 <u>위험하다</u>.　　　　(　)
5. 출근 시간에 지하철은 사람이 <u>드물다</u>.　　　　　　　　(　)

※ 다음 단어의 뜻을 바르게 연결하시오.

6. 간단하다　·　　　　　　· ㉠ 익숙하지 않거나 친하지 아니하여 어색하다.
7. 낯익다　　·　　　　　　· ㉡ 여러 번 보아서 눈에 익거나 친숙하다.
8. 서먹하다　·　　　　　　· ㉢ 어떤 일을 남보다 잘하는 능력이 있다.
9. 유능하다　·　　　　　　· ㉣ 단순하고 간략하다.
10. 지루하다　·　　　　　　· ㉤ 시간이 오래 걸리거나 같은 상태가 지속되어 따분하다.

|정답|

1 ○　2 ×　3 ×　4 ○　5 ×　6 ㉣　7 ㉡　8 ㉠　9 ㉢　10 ㉤

확인학습

[01-10] 다음 글의 ( )에 들어갈 가장 알맞은 것을 고르시오.

01 데니엘 씨는 ( ) 모든 동료들이 좋아한다.

① 유능해서 ② 지루해서 ③ 죄송해서 ④ 더러워서

해설 ① 유능해서(유능하다): 어떤 일을 남보다 잘하는 능력이 있다.
② 지루해서(지루하다): 시간이 오래 걸리거나 같은 상태가 오래 지속되어 따분하다.
③ 죄송해서(죄송하다): 죄스러울 정도로 미안하다.
④ 더러워서(더럽다): 때나 찌꺼기가 있어 지저분하다.

02 새로 나온 휴대 전화 화면이 정말 ( ).

① 덥다 ② 드물다 ③ 그지없다 ④ 선명하다

해설 ④ 선명하다: 산뜻하고 뚜렷하여 다른 것과 혼동되지 않는다.
① 덥다: 공기의 온도가 높다.
② 드물다: 어떤 일이 일어나는 일이 잦지 않다.
③ 그지없다: 끝이 없다.

03 스텔라 씨는 입국 심사를 ( ) 통과했다.

① 어둡게 ② 슬프게 ③ 서운하게 ④ 수월하게

해설 ④ 수월하게(수월하다): 까다롭거나 힘들지 않아 하기 쉽다.
① 어둡게(어둡다): 빛이 없어 밝지 아니하다.
② 슬프게(슬프다): 원통한 일을 겪거나 불쌍한 일을 보고 마음이 아프다.
③ 서운하게(서운하다): 마음에 모자라 아쉽거나 섭섭한 느낌이 있다.

04 통장을 만들어 준 은행 직원이 ( ).

① 고독했다 ② 깨끗했다 ③ 친절했다 ④ 평범했다

해설 ③ 친절했다(친절하다): 대하는 태도가 매우 정겹고 고분고분하다.
① 고독했다(고독하다): 세상에 혼자 있는 것처럼 매우 외롭고 쓸쓸하다.
② 깨끗했다(깨끗하다): 사물이 더럽지 않다.
④ 평범했다(평범하다): 뛰어나거나 색다른 것 없이 보통이다.

05 진호 씨는 경찰로서 직업의식이 (   ).

① 피곤하다　　② 투철하다　　③ 자세하다　　④ 의기소침하다

해설　② 투철하다: 일의 이치에 밝고 정확하다.
　　　① 피곤하다: 몸이나 마음이 지쳐 고달프다.
　　　③ 자세하다: 사소한 부분까지 구체적이고 분명하다.
　　　④ 의기소침하다: 기운이 없어지고 풀이 죽다.

06 이번 결혼기념일은 (   ) 지나갔다.

① 조용하게　　② 겸손하게　　③ 부족하게　　④ 정직하게

해설　① 조용하게(조용하다): 아무 소리도 들리지 않고 고요하다.
　　　② 겸손하게(겸손하다): 남을 존중하고 자기를 내세우지 않다.
　　　③ 부족하게(부족하다): 필요한 양이나 기준에 미치지 못하다.
　　　④ 정직하게(정직하다): 마음이 바르고 곧다.

07 형사는 지난 수사가 (   ) 계속 다시 살펴보았다.

① 천해서　　② 흔해서　　③ 해로워서　　④ 찜찜해서

해설　④ 찜찜해서(찜찜하다): 마음에 꺼림칙한 느낌이 있다.
　　　① 천해서(천하다): 지위가 낮다.
　　　② 흔해서(흔하다): 보통보다 자주 있어서 쉽게 접할 수 있다.
　　　③ 해로워서(해롭다): 해가 되는 점이 있다.

08 실수로 교실 창문을 깨서 선생님께 (   ) 사과를 드렸다.

① 간단하다고　　② 게으르다고　　③ 죄송하다고　　④ 철저하다고

해설　③ 죄송하다고(죄송하다): 죄스러울 정도로 미안하다.
　　　① 간단하다고(간단하다): 단순하고 간략하다.
　　　② 게으르다고(게으르다): 행동이 느리고 움직이거나 일하기 싫어하다.
　　　④ 철저하다고(철저하다): 빈틈이나 부족함이 없다.

정답　05 ②　06 ①　07 ④　08 ③

09 그 영화는 천만 관객을 달성했지만 (   ).

① 지루했다   ② 따뜻했다   ③ 건장했다   ④ 희미했다

해설 ① 지루했다(지루하다): 시간이 오래 걸리거나 같은 상태가 지속되어 따분하다.
② 따뜻했다(따뜻하다): 덥지 않을 정도로 온도가 알맞게 높다.
③ 건장했다(건장하다): 몸이 튼튼하고 기운이 세다.
④ 희미했다(희미하다): 분명하지 못하고 어렴풋하다.

10 저 아이돌 가수는 미국에서도 (   ).

① 편하다   ② 유명하다   ③ 중요하다   ④ 이상하다

해설 ② 유명하다: 이름이 널리 알려져 있다.
① 편하다: 몸이나 마음이 거북하거나 괴롭지 않다.
③ 중요하다: 귀중하고 요긴하다.
④ 이상하다: 정상적인 상태와 다르다.

[11-15] 다음 밑줄 친 부분과 의미가 반대인 것을 고르시오.

11 가지와 같은 보라색 채소들은 건강에 <u>이롭다</u>.

① 나쁘다   ② 유익하다   ③ 특별하다   ④ 다정하다

해설 이롭다: 이익이 있다.
① 나쁘다: 좋지 않다.
② 유익하다: 이롭거나 도움이 될 만한 것이 있다. (↔ 무익하다)
③ 특별하다: 보통과 구별되게 다르다. (↔ 평범하다)
④ 다정하다: 정이 많다. (↔ 무뚝뚝하다)

12 방학 기간에는 공항이 매우 <u>복잡하다</u>.

① 가깝다   ② 급하다   ③ 한가하다   ④ 시끄럽다

해설 복잡하다: 복작거리어 혼잡스럽다.
③ 한가하다: 여유가 있다.
① 가깝다: 어느 한 곳에서 다른 곳까지의 거리가 짧다. (↔ 멀다)
② 급하다: 지체할 틈이 없이 빨리 처리해야 하는 상태이다. (↔ 느긋하다)
④ 시끄럽다: 듣기 싫게 떠들썩하다. (↔ 조용하다)

13 새로 지어진 건물은 내진 설계가 되어 있어 <u>안전하다</u>.

① 무겁다 ② 위험하다
③ 아름답다 ④ 필요하다

해설 안전하다: 위험이 생기거나 사고가 날 염려가 없다.
② 위험하다: 해로움이나 손실이 생길 우려가 있다.
① 무겁다: 무게가 나가는 정도가 크다. (↔ 가볍다)
③ 아름답다: 대상이 균형과 조화를 이루어 눈과 귀에 즐거움과 만족을 준다. (↔ 추하다)
④ 필요하다: 반드시 요구되는 바가 있다. (↔ 불필요하다)

14 저 배우의 연기는 매우 <u>자연스럽다</u>.

① 거만하다 ② 능숙하다
③ 수수하다 ④ 어색하다

해설 자연스럽다: 억지로 꾸미지 아니하여 이상하지 않다.
④ 어색하다: 격식이나 규범 등에 맞지 않아 자연스럽지 않다.
① 거만하다: 잘난 체하며 남을 얕본다. (↔ 겸손하다)
② 능숙하다: 능하고 익숙하다. (↔ 서투르다)
③ 수수하다: 좋지도 나쁘지도 않고 어지간하다. (↔ 화려하다)

15 할아버지께서 해 주신 말씀이 <u>옳다</u>.

① 그르다 ② 환하다
③ 뚜렷하다 ④ 똑똑하다

해설 옳다: 사리에 맞고 바르다.
① 그르다: 어떤 일이 사리에 맞지 않다.
② 환하다: 빛이 비치어 맑고 밝다. (↔ 어둡다)
③ 뚜렷하다: 엉클어지거나 흐리지 않고 아주 분명하다. (↔ 흐릿하다)
④ 똑똑하다: 사리에 밝고 총명하다. (↔ 어리석다)

정답 13 ② 14 ④ 15 ①

(3) 명사

명사란 사람이나 사물의 이름을 나타내는 품사입니다. 명사는 문장에서 주로 주어나 목적어와 같이 서술어 대상의 역할을 합니다. 이때 명사는 조사의 도움을 받는데 어떤 조사가 붙느냐에 따라 문장에서의 역할도 다양하게 변합니다. 명사를 학습할 때는 최대한 많은 단어를 익히는 것이 중요합니다. 출제되는 문제 유형으로는 빈칸에 어울리는 의미의 명사를 고르는 것과 반의어 찾기 등이 있습니다.

가능성	앞으로 실현될 수 있는 성질이나 정도
	예문 그는 더욱 발전할 가능성이 있다.
	유 기회, 실현성 　　　　반 불가능성

가사	살림살이에 관한 일
	예문 안야 씨는 집에서 가사에 전념한다.
	유 집안일

간호	다쳤거나 앓고 있는 환자나 노약자를 보살피고 돌봄
	예문 어머니는 아들의 간호에 지극정성이었다.
	유 병시중, 간병

개방적	태도나 생각이 열려 있는 것
	예문 매트 씨는 개방적인 환경에서 자랐다.
	반 폐쇄적

격차	빈부, 임금, 기술 등이 서로 벌어져 다른 정도
	예문 도시와 농촌 간에 빈부 격차가 문제이다.
	유 틈

경쟁률	경쟁의 비율
	예문 요즘에는 취업 경쟁률이 매우 높다.

공통점	둘 또는 여럿 사이에 두루 통하는 점
	예문 나와 언니는 공통점이 많다.
	유 동일점, 유사점 　　　　반 차이점

공해	산업, 교통 발달에 의해 사람 또는 생물이 입게 되는 여러 가지 피해
	예문 각종 공해로 환경 오염이 심해진다.

관심	어떤 것에 마음이 끌려 주의를 기울임
	예문 도경이는 지안이에게 관심이 있다.
	유 이목, 흥미 / 반 무관심

구입	물건을 사들임
	예문 인터넷 구입은 편리하고 저렴하다.
	유 구매, 매입 / 반 판매

규칙	여러 사람이 다 같이 지키기로 한 법칙
	예문 게임 규칙을 잘 들으세요.
	유 규율, 법칙, 원칙, 질서 / 반 불규칙

낙천적	세상과 인생을 즐겁고 좋은 것으로 여기는 것
	예문 그녀는 어려운 생활 속에서도 낙천적인 기질을 지녔다.
	유 낙관적 / 반 비관적

난방	실내의 온도를 높여 따뜻하게 하는 일
	예문 집을 볼 때에는 난방이 잘 되는지 봐야 한다.
	반 냉방

낭비	시간이나 재물 등을 헛되이 씀
	예문 그는 돈 낭비가 심하다.
	유 사치 / 반 검소, 절약, 절제

내향적	성격이 내성적이고 비사교적인 것
	예문 알베르토 씨는 세심하면서 내향적이었다.
	유 내성적 / 반 외향적

능동적	스스로 일으키거나 움직이는 것	
	예문 모든 국민이 투표에 **능동적**으로 참여했다.	
	유 자발적	반 수동적
대량	아주 많은 분량이나 수량	
	예문 공장은 **대량** 주문으로 분주하다.	
	유 다량	반 소량
대중	수많은 사람의 무리	
	예문 대통령 후보자는 **대중** 앞에서 연설했다.	
	유 군중, 민중, 시민	
면접	직접 만나서 인품, 언행을 평가하는 시험	
	예문 그 회사의 **면접**은 어렵기로 유명하다.	
	유 면접시험	
무료	요금이 없음	
	예문 미세 먼지가 심해 대중교통이 **무료**이다.	
	유 공짜, 무상	반 유료
보상	남에게 진 빚 또는 빌린 것을 갚음	
	예문 깨진 그릇에 대한 **보상**으로 설거지를 했다.	
	유 변상	
보수적	전통적인 것을 옹호하며 유지하려는 것	
	예문 그는 의외로 **보수적**인 면이 있었다.	
	반 진보적	
부정	반대하거나 아니하다고 단정함	
	예문 그 사람은 긍정도 **부정**도 하지 않았다.	
	유 부인	반 긍정

분실물	자기도 모르는 사이에 잃어버린 물건
	예문 잃어버린 물건은 **분실물** 센터에 가서 찾아보세요.
	유 유실물
비관적	슬퍼하거나 절망스럽게 여기는 것
	예문 **비관적**인 태도는 삶을 더욱 우울하게 만든다.
	유 절망적 반 낙관적
사고방식	어떤 문제에 대하여 생각하는 방법이나 태도
	예문 나와 그 사람은 **사고방식**이 서로 다르다.
선배	같은 분야에서 지위, 나이, 학문 따위가 자기보다 많거나 앞선 사람
	예문 모모 씨는 스키 동아리 **선배**와 결혼했다.
	유 연장자, 윗사람 반 후배
선진	발전 단계나 진보 정도가 다른 것보다 앞섬. 또는 앞선 사람
	예문 그 기업은 **선진** 기술을 도입했다.
	유 선배 반 낙후, 후진
손해	물질적으로나 정신적으로 밑짐
	예문 태풍으로 재산상 **손해**가 크다.
	유 불이익, 타격, 해 반 덕, 이익
송년회	연말에 한 해를 보내며 베푸는 모임
	예문 호근 씨는 친구들과 **송년회**를 했다.
습관	어떤 행위를 되풀이하는 과정에서 저절로 익혀진 행동
	예문 지아 씨는 손톱을 무는 **습관**이 있다.
	유 버릇
예매	정해진 때가 되기 전에 미리 삼
	예문 명절에는 기차표 **예매**를 서둘러야 한다.
	유 예약

원인	어떤 사물이나 상태를 변화시킨 근본이 된 일이나 사건
	예문 어제 일어난 교통사고의 원인은 브레이크 고장이었다.
	유 요인, 이유　　　　　반 결과

임금	노동의 대가로 받는 보수
	예문 그녀는 열심히 일했지만 임금을 받지 못했다.
	유 급여

장점	좋거나 잘하거나 긍정적인 점
	예문 그의 항상 웃는 얼굴은 장점이다.
	유 강점　　　　　반 결점, 단점, 약점

재능	어떤 일을 하는 데 필요한 재주와 능력
	예문 탐 씨는 피아노에 재능이 있다.
	유 소질, 재주

주관적	자기의 견해나 관점을 기초로 하는 것
	예문 수정 씨는 문제를 주관적으로 해결했다.
	반 객관적

지출	어떤 목적을 위하여 돈을 지급하는 일
	예문 아기가 태어나면서 지출이 늘었다.
	유 지불　　　　　반 수입

진보적	사회의 변화와 발전을 추구하는 것
	예문 진보적인 생각이 사회의 발전을 이끈다.
	반 보수적

책임감	맡아서 하는 일을 중히 여기는 마음
	예문 아버지는 책임감이 강하시다.

출구	밖으로 나갈 수 있는 통로	
	예문 사고를 대비하여 항상 비상 출구를 눈여겨봐야 한다.	
	반 입구	

합법	법령이나 규범에 적합함	
	예문 길거리 흡연은 합법이 아니다.	
	유 적법	반 불법, 위법

QUIZ

※ 다음 문장의 밑줄 친 부분이 맞으면 ○, 틀리면 ×를 표시하시오.

1. 그녀의 밝은 얼굴은 단점이다. ( )
2. 버스비가 무료라서 카드로 결제했다. ( )
3. 민호는 개방적인 환경에서 자라 자유분방하다. ( )
4. 수지는 잘 모르는 것을 경력이 있는 선배에게 물어 보았다. ( )

※ 다음 단어의 뜻을 바르게 연결하시오.

5. 행운 •   • ㉠ 좋은 운수
6. 진보적 •   • ㉡ 어떤 문제에 대하여 생각하는 방법이나 태도
7. 송년회 •   • ㉢ 사회의 변화와 발전을 추구하는 것
8. 사고방식 •   • ㉣ 연말에 한 해를 보내며 베푸는 모임

| 정답 |

1 × 2 × 3 ○ 4 ○ 5 ㉠ 6 ㉢ 7 ㉣ 8 ㉡

확인학습

[01-08] 다음 글의 (　　)에 들어갈 가장 알맞은 것을 고르시오.

01 시어머니의 생신이라 (　　)에 갑니다.

① 학교　　② 시댁　　③ 병원　　④ 처가댁

해설 ② 시댁: 시가. 시집(남편의 부모, 즉 시아버지·시어머니가 사는 집)을 높여 부르는 말
　　① 학교: 학생에게 교육을 시행하는 기관
　　③ 병원: 아픈 사람을 치료하는 데에 필요한 설비를 갖춘 곳
　　④ 처가댁: 처가. 처갓집(아내의 부모, 즉 장인·장모가 사는 집)을 높여 부르는 말

02 그는 (　　)인 사람이라 자녀가 밤늦게 외출하는 것을 금지한다.

① 개방적　　② 진보적　　③ 보수적　　④ 주관적

해설 ③ 보수적: 전통적인 것을 옹호하며 유지하려는 것
　　① 개방적: 태도나 생각이 열려 있는 것
　　② 진보적: 사회의 변화와 발전을 추구하는 것
　　④ 주관적: 자기의 견해나 관점을 기초로 하는 것

03 호진 씨는 아들이 미술에 (　　)을 보이자 교육에 열을 올렸다.

① 재능　　② 단점　　③ 원인　　④ 습관

해설 ① 재능: 어떤 일을 하는 데 필요한 재주와 능력
　　② 단점: 잘못되고 모자라는 점
　　③ 원인: 어떤 사물이나 상태를 변화시킨 근본이 된 일이나 사건
　　④ 습관: 어떤 행위를 되풀이하는 과정에서 저절로 익혀진 행동

04 지하철에서 (　　)을/를 발견하여 역무원에게 주었다.

① 관심　　② 보상　　③ 손해　　④ 분실물

해설 ④ 분실물: 자기도 모르는 사이에 잃어버린 물건
　　① 관심: 어떤 것에 마음이 끌려 주의를 기울임
　　② 보상: 남에게 진 빚 또는 받은 물건을 갚음
　　③ 손해: 물질적으로나 정신적으로 밑짐

05 재석 씨는 식품 회사의 ( )에서 합격했다.

① 면접　　② 규칙　　③ 합법　　④ 책임감

해설 ① 면접: 직접 만나서 인품, 언행을 평가하는 시험
　　② 규칙: 여러 사람이 다 같이 지키기로 한 법칙
　　③ 합법: 법령이나 규범에 적합함
　　④ 책임감: 맡아서 하는 일을 중히 여기는 마음

06 친구와 지하철 2번 ( ) 앞에서 만나기로 약속했다.

① 출동　　② 도구　　③ 출구　　④ 투입구

해설 ③ 출구: 밖으로 나갈 수 있는 통로
　　① 출동: 부대 등이 목적을 실행하기 위하여 떠남
　　② 도구: 일을 할 때 쓰는 연장
　　④ 투입구: 돈이나 물건 등을 넣는 구멍

07 고속도로에는 ( ) 전용차로가 있다.

① 승용차　　② 자전거　　③ 버스　　④ 오토바이

해설 ③ 버스: 많은 사람이 함께 타는 대형 자동차
　　① 승용차: 사람이 타고 다니는 데 쓰는 자동차
　　② 자전거: 사람이 타고 앉아 두 다리의 힘으로 바퀴를 굴려서 가는 탈 것
　　④ 오토바이: 앞뒤로 있는 바퀴에 모터를 장치하여 바퀴가 돌아가는 자전거

08 ( )의 물건을 주인의 허락 없이 함부로 쓰면 안 된다.

① 개인　　② 게임　　③ 계절　　④ 공용

해설 ① 개인: 국가, 사회, 단체 등을 구성하는 낱낱의 사람
　　② 게임: 규칙을 정해 놓고 승부를 겨루는 놀이
　　③ 계절: 규칙적으로 반복되는 자연 현상에 따라 1년을 구분한 것
　　④ 공용: 함께 씀. 또는 그런 물건

정답　05 ①　06 ③　07 ③　08 ①

[09-10] 다음 밑줄 친 부분과 의미가 반대인 것을 고르시오.

09 고열의 <u>원인</u>은 독감이었다.

① 지출　　　② 결과　　　③ 행운　　　④ 관심

해설 원인: 어떤 사물이나 상태를 변화시킨 근본이 된 일이나 사건
　　② 결과: 어떤 원인으로 생긴 결말
　　① 지출: 어떤 목적을 위하여 돈을 지급하는 일 (↔ 수입)
　　③ 행운: 좋은 운수 (↔ 불운, 비운)
　　④ 관심: 어떤 것에 마음이 끌려 주의를 기울임 (↔ 무관심)

10 새로운 일을 배울 때는 <u>능동적</u>으로 참여하는 자세가 중요하다.

① 수동적　　　② 객관적　　　③ 낙천적　　　④ 내향적

해설 능동적: 스스로 일으키거나 움직이는 것
　　① 수동적: 스스로 움직이지 않고 다른 것에 의해 움직이는 것
　　② 객관적: 제삼자의 입장에서 보거나 생각하는 것 (↔ 주관적)
　　③ 낙천적: 세상과 인생을 즐겁고 좋은 것으로 여기는 것 (↔ 비관적)
　　④ 내향적: 성격이 내성적이고 비사교적인 것 (↔ 외향적)

(4) 부사

부사란 문장에서 문장 성분이나 문장 전체를 꾸며 주는 품사입니다. 부사는 다른 성분이나 문장을 꾸며줌으로써 문장의 의미를 더욱 풍부하게 하거나 더 정확하게 해 주는 역할을 합니다. 출제되는 문제 유형으로는 빈칸에 어울리는 의미의 부사를 고르는 것 등이 있습니다.

가까이	거리가 조금 떨어져 있는 상태로
	예문 아들은 어머니께 가까이 다가갔다.
	유 바싹 　　　　　　　반 멀리, 멀찍이
간신히	겨우 또는 가까스로
	예문 안야 씨는 간신히 회사에 제때 도착했다.
	유 가까스로, 겨우
같이	둘 이상의 사람이나 사물이 함께
	예문 민수 씨는 친구와 같이 공부를 한다.
	유 함께 　　　　　　　반 홀로, 따로
거의	어느 기준에 아주 가까운 정도
	예문 초대 받은 사람은 거의 참석했다.
	유 대개, 대부분
결코	어떤 경우에도 절대로
	예문 그는 결코 도둑질을 할 사람이 아니다.
	유 절대로
계속	끊이지 않고 잇따라
	예문 비는 계속 쏟아졌다.
	유 연속, 줄곧
곧	시간적으로 머지않아
	예문 비행기가 곧 공항에 도착한다.
	유 바로, 이내, 당장, 즉시

과연	결과에 있어서도 참으로	
	예문 그녀의 성공 비결은 과연 무엇일까?	
	유 정말로	

그다지	그러한 정도로는	
	예문 돼지는 그다지 귀엽지 않다.	
	유 그리, 별로	반 많이, 매우

그러나	앞의 내용과 뒤의 내용이 반대될 때 쓰는 접속 부사	
	예문 선생님은 조용히 그러나 단호하게 말했다.	
	유 그렇지만, 다만, 하지만	

나날이	매일매일	
	예문 아기가 나날이 살이 오른다.	
	유 날로, 매일매일	

대강	자세하지 않게 기본적인 부분만 들어 보이는 정도로	
	예문 제니 씨는 한강을 대강 둘러봤다.	
	유 대충, 적당히	반 꼼꼼히, 일일이

드디어	무엇의 결과로	
	예문 드디어 시험이 끝났다.	
	유 마침내, 비로소	

또는	그렇지 않으면	
	예문 화요일 또는 목요일에 오세요.	
	유 내지, 혹은	

매우	보통의 정도보다 훨씬 더	
	예문 그녀는 매우 빠르다.	
	유 굉장히, 너무, 대단히, 몹시, 아주	반 그다지, 별로

못	부정의 뜻을 나타내는 말	
	예문 면허가 없는 타일러 씨는 운전을 못 한다.	
	반 잘	
무려	수가 예상보다 상당히 많음을 나타내는 말	
	예문 물가가 무려 두 배나 올랐다.	
	반 겨우, 고작	
벌써	예상보다 빠르게	
	예문 기차가 벌써 출발했다.	
	유 어느새, 이미	
설마	그럴 리는 없겠지만	
	예문 설마 지갑을 안 가져온 것은 아니겠지?	
소중히	매우 귀중하게	
	예문 흐엉 씨는 어머니께 받은 반지를 소중히 여겼다.	
	반 함부로	
아마	짐작해 볼 때 그럴 가능성이 크다는 뜻을 나타내는 말	
	예문 아마 올 여름은 매우 더울 것이다.	
	유 아마도	
안	아니(부정이나 반대의 뜻을 나타내는 말)의 준말	
	예문 이제 다시는 그녀를 안 만나겠다.	
어쩌면1	확실하지는 않지만 짐작하건대	
	예문 어쩌면 이 경기가 마지막일 수도 있겠다.	
	다 어쩌면2: 도대체 어떻게 하여서	
언제나	모든 시간 범위에 걸쳐서	
	예문 첸 씨는 언제나 고향음식을 그리워했다.	
	유 늘, 매일, 항상	반 가끔

이따가	조금 지난 뒤에	
	예문 이따가 집에 가서 보자.	
	유 이따	

제발	간절히 바라건대	
	예문 제발 서둘러라.	
	유 부디, 아무쪼록	

직접	중간에 아무것도 끼어들지 않고 바로	
	예문 제임스 씨는 아파트를 직접 계약했다.	
	유 바로, 손수	반 간접, 대신

최소한	가장 적게 잡아도	
	예문 여행을 가려면 최소한 십만 원은 있어야 한다.	
	유 적어도	반 최대한

특히	보통과 다르게	
	예문 나는 과일 중에서도 특히 귤을 좋아한다.	
	유 각별히, 특별히, 남달리	

QUIZ

※ 다음 문장의 밑줄 친 부분이 맞으면 ○, 틀리면 ×를 표시하시오.

1. 그녀는 똑똑해서 시험에 <u>겨우</u> 합격했다. ( )
2. 동수 씨는 내성적이어서 <u>함께</u> 일하는 것을 좋아한다. ( )
3. 제주도는 <u>특히</u> 귤이 유명하다. ( )
4. 꼼꼼한 그는 물건을 살 때 <u>대강</u> 본다. ( )

※ 다음 단어의 뜻을 바르게 연결하시오.

5. 벌써 •   • ㉠ 거리가 조금 떨어져 있는 상태로
6. 소중히 •   • ㉡ 모든 시간 범위에 걸쳐서
7. 언제나 •   • ㉢ 예상보다 빠르게
8. 가까이 •   • ㉣ 매우 귀중하게

| 정답 |

1 × 2 × 3 ○ 4 × 5 ㉢ 6 ㉣ 7 ㉡ 8 ㉠

확인학습

[01–08] 다음 글의 (   )에 들어갈 가장 알맞은 것을 고르시오.

01 미나 씨는 친정 (   ) 살아서 어머니의 도움을 받아 아기를 키운다.

① 곧 　　② 바로 　　③ 가까이 　　④ 언제나

해설 ③ 가까이: 거리가 조금 떨어져 있는 상태로
　　① 곧: 시간적으로 머지않아
　　② 바로: 시간적 간격이 없이 곧
　　④ 언제나: 모든 시간 범위에 걸쳐서

02 출근 시간에 자가용을 이용하는 것은 (   ) 빠르지 않다.

① 거의 　　② 그리고 　　③ 열심히 　　④ 그다지

해설 ④ 그다지: 그러한 정도로는
　　① 거의: 어느 한도에 가까운 정도
　　② 그리고: 나란히 연결할 때 쓰는 접속 부사
　　③ 열심히: 어떤 일에 온 정성을 다하여

03 제니퍼 씨는 아이들의 간식을 (   ) 만든다.

① 특히 　　② 직접 　　③ 매우 　　④ 무척

해설 ② 직접: 중간에 아무것도 끼어들지 않고 바로
　　① 특히: 보통과 다르게
　　③ 매우: 보통의 정도보다 훨씬 더
　　④ 무척: 다른 것과 비교할 수 없이

04 민재는 책가방을 (   ) 싸지 않아 준비물을 놓고 갔다.

① 꼭 　　② 그냥 　　③ 너무 　　④ 미리

해설 ④ 미리: 어떤 일이 생기기 전에
　　① 꼭: 어떤 일이 있어도 틀림없이
　　② 그냥: 더 이상의 변화 없이 그 상태 그대로
　　③ 너무: 일정한 정도나 한계를 훨씬 넘어선 상태로

정답　01 ③　02 ④　03 ②　04 ④

05 태환이의 수영 실력은 ( ) 늘었다.

① 나날이   ② 똑바로   ③ 이따가   ④ 하지만

해설 ① 나날이: 매일매일
② 똑바로: 어느 쪽으로도 기울지 않고 곧게
③ 이따가: 조금 지난 뒤에
④ 하지만: 상반되는 사실을 나타내는 두 문장을 이어줄 때 쓰는 접속 부사

06 기린은 ( ) 목이 길다.

① 특히   ② 아마   ③ 대강   ④ 최소한

해설 ① 특히: 보통과 다르게
② 아마: 짐작해 볼 때 그럴 가능성이 크게
③ 대강: 자세하지 않게 기본적인 부분만 들어 보이는 정도로
④ 최소한: 가장 적게 잡아도

07 KTX를 타면 서울에서 부산까지 ( ) 간다.

① 가끔   ② 금방   ③ 가장   ④ 별로

해설 ② 금방: 말하고 있는 시점부터 바로 조금 후에
① 가끔: 시간적·공간적 간격이 얼마쯤씩 있게
③ 가장: 여럿 가운데 어느 것보다 정도가 높거나 세게
④ 별로: 그다지 다르게

08 만두를 빚으려면 ( ) 만두피를 밀어야 한다.

① 또는   ② 아주   ③ 우선   ④ 얼마나

해설 ③ 우선: 어떤 일에 앞서서
① 또는: 그렇지 않으면
② 아주: 보통보다 훨씬 더 넘어선 상태로
④ 얼마나: 정도가 대단하게

정답 05 ①   06 ①   07 ②   08 ③

[09-10] 다음 밑줄 친 부분과 의미가 반대인 것을 고르시오.

09 민수 씨는 회의를 철저히 준비했다.

① 매우
② 대충
③ 가끔
④ 꼼꼼히

해설 철저히: 부족함이 없이
② 대충: 대강 추리는 정도로
① 매우: 보통의 정도보다 훨씬 더 (↔ 그다지)
③ 가끔: 시간적·공간적 간격이 얼마쯤씩 있게 (↔ 항상)
④ 꼼꼼히: 빈틈이 없이 차분하고 조심스러운 모양 (↔ 대강)

10 호진이는 책을 함부로 했다.

① 멀리
② 따로
③ 최대한
④ 소중히

해설 함부로: 조심하거나 깊이 생각하지 않고 마음 내키는 대로 마구
④ 소중히: 매우 귀중하게
① 멀리: 한 시점·지점에서 시간이나 거리가 몹시 떨어진 상태로 (↔ 가까이)
② 따로: 혼자 떨어져서 (↔ 함께)
③ 최대한: 일정한 조건에서 가능한 한 가장 많이 (↔ 최소한)

3. 읽기

(1) 제목 찾기

'제목 찾기' 유형은 본문의 내용을 파악하여 가장 어울리는 제목을 찾을 수 있는지 측정하기 위한 것입니다. 본문의 내용과 가장 잘 어울리는 제목을 묻는 문제가 자주 출제됩니다. 이러한 유형의 문제를 잘 풀기 위해서는 먼저 본문을 읽을 때 중요하다고 생각하는 내용이나 단어를 표시합니다. 주로 중요한 내용은 가장 앞 문장이나 마지막 문장에서 나오는데, 가끔 중간부터 중요한 내용이 나오는 경우도 있으므로 처음부터 집중하여 읽는 것이 좋습니다.

※ 다음 글의 제목으로 가장 알맞은 것은?

> 한옥의 재료는 자연에서 쉽게 구할 수 있는 나무, 돌, 흙, 종이 등이다. 이 중에서 종이는 쉽게 구겨지거나 찢어지는 연약한 재료인데, 튼튼해야 할 건축물에 사용했다는 점이 흥미롭다. 종이를 창이나 문에 발라 바람을 막으면서도 공기가 잘 통하고 습도까지 조절되도록 한 조상의 지혜가 돋보인다. 또한, 비나 눈에 젖어 찢어지지 않도록 기름을 발라 방수 기능도 더했다. 선조들의 지혜는 알면 알수록 놀랍다.

① 한옥의 종류
② 한옥의 기능
③ 한옥의 재료, 종이
④ 자연친화적인 건축물, 한옥

문제 풀이
한옥의 재료 중에서 '종이'를 사용해 뛰어난 기능을 구현한 선조들의 지혜에 감탄하는 글이다.

|정답| ③

(2) 담화의 세부 내용 파악하기

'담화의 세부 내용 파악하기' 유형은 본문의 세부 내용을 이해하였는지 측정하기 위한 것입니다. 본문을 읽고 선택지(①~④)에서 본문의 내용과 같은 것을 고르거나 다른 것을 고르는 문제가 출제됩니다. 실용문, 설명문 등 글의 종류도 다양하므로 글의 종류에 따라 세부 내용을 파악해야 합니다. 설명문의 경우에는 선택지를 먼저 읽고 선택지에서 나온 문장을 본문에서 찾아 그 부분이 본문의 내용과 같은지 또는 다른지를 꼼꼼히 확인하면서 읽는 것이 좋습니다. 실용문의 경우에는 글이 쓰인 목적에 따라 중요한 부분이 무엇인지 파악하고 선택지와 비교하면서 문제를 푸는 것이 좋습니다.

※ 다음 글의 내용과 같은 것은?

> 나라마다 기후가 다르고 생활 습관이 다르기 때문에 음식 문화는 다양하게 나타난다. 요즘은 해외여행을 갈 기회가 늘어나고 다른 나라와의 교류가 증가하면서 낯선 문화와 음식을 접할 기회가 많아졌다. 때로는 우리 음식 문화와 너무 달라서 놀라기도 한다. 하지만 우리 문화가 고유한 특성을 지니고 있듯이 다른 나라의 음식 문화도 그 나라만의 고유한 특성이 있다. 그런 특성을 이해한다면 그렇게 놀랄 일이 아닐 것이다.

① 해외여행을 해야만 낯선 문화를 접할 수 있다.
② 우리와 음식 문화가 매우 다르면 거부하면 된다.
③ 기후와 생활 습관의 차이가 음식 문화의 차이를 불러왔다.
④ 음식 문화의 특성을 이해하지 못하는 것은 개인 성향 때문이다.

문제 풀이

① 해외여행을 해야만 낯선 문화를 접할 수 있다.
→ 해외여행을 갈 기회가 늘어나고 다른 나라와 교류가 증가하면서 낯선 문화와 음식을 접할 기회가 많아졌다.

② 우리와 음식 문화가 매우 다르면 거부하면 된다.
→ 지문을 통해 알 수 없는 내용이다. 거부하는 것보다는 이해해 보려 하는 것이 좋다.

④ 음식 문화의 특성을 이해하지 못하는 것은 개인 성향 때문이다.
→ 나라마다 기후가 다르고 생활 습관이 다르기 때문에 그것을 고려하여 다른 나라의 고유한 특성을 이해해야 한다.

| 정답 | ③

(3) 담화 완성하기

'담화 완성하기' 유형은 본문의 문맥을 이해할 수 있는지 측정하기 위한 것입니다. 주로 본문을 읽고 빈칸에 들어갈 내용으로 알맞은 것을 고르는 문제가 출제됩니다. 본문은 수필, 대화문 등으로 이루어져 있습니다. 이 문제는 글의 논리적인 흐름을 파악하면서 읽되 무엇보다 빈칸 앞뒤 내용에 집중해서 읽는 것이 중요합니다. 빈칸과 관련된 내용이 바로 앞뒤에 있는 경우가 많기 때문입니다. 예를 들어 까닭·원인을 설명할 때 그 뒤에 부연 설명이 따라오는 경우가 많습니다. 빈칸 속 내용이 까닭·원인이라면 뒷부분의 부연 설명을 통해 답을 찾을 수 있고, 빈칸 속 내용이 부연 설명이라면 앞부분의 까닭·원인 내용을 통해 답을 찾을 수 있습니다. 이 외에도 대조, 결론, 특징 등에 대한 내용이 빈칸 속 내용이 될 수도 있는데, 빈칸 앞뒤를 잘 살펴보면 관련된 내용이 있기 때문에 정답을 쉽게 찾을 수 있습니다.

※ 다음 글의 (   )에 들어갈 가장 알맞은 것은?

> 영화 속 다양한 소리는 영화의 분위기를 조성하고 인물의 내면 심리를 표현하는 중요한 요소다. 소리는 높낮이와 빠르기에 따라 분위기나 인물의 내면 심리에 큰 영향을 미친다. 예를 들어, 높은 소리는 불안감이나 긴박감을 자아내는 데 주로 사용되는 반면, 낮은 소리는 두려움이나 장엄함을 표현할 때 사용된다. 소리의 빠르기 또한 중요한데, 소리가 빨라질수록 긴장감이 고조되고, 반대로 느려지면 (   ).

① 영화의 분위기를 망치게 된다
② 인물의 내면 심리 표현에 적합하다
③ 긴박한 장면을 연출하는 데 좋은 점이 있다
④ 여유롭고 부드러운 분위기를 연출할 수 있다

문제 풀이

'반대로'라는 단어를 보아 뒤에는 앞에 나온 내용과 상반된 내용이 나올 것임을 예측할 수 있다. '소리가 빨라질수록 긴장감은 고조된다.'에 반대되는 ④가 정답이다.

| 정답 | ④

(4) 담화의 목적 파악하기

'담화의 목적 파악하기' 유형은 본문을 읽고, 글을 쓴 목적을 파악할 수 있는지 측정하기 위한 것입니다. 보통 글을 쓴 목적으로 가장 알맞은 것을 고르는 문제가 출제됩니다. 이 문제를 잘 풀기 위해서는 먼저 본문을 처음부터 끝까지 읽고 전체적으로 하려는 이야기가 무엇인지 잘 찾아내야 합니다. 글의 종류는 보통 설명문이기 때문에 글을 쓴 목적이 '비교하기 위해, 설명하기 위해, 소개하기 위해, 알려 주기 위해, 밝히기 위해' 등으로 한정되어 있습니다.

※ 다음 글을 쓴 목적으로 알맞은 것은?

> 오늘날 여러 의학 분야에서 동물 실험이 이루어지고 있으며, 우리나라에서는 한 해 400만 마리 이상의 동물들이 실험에 동원되고 있는 것으로 추정된다. 실험 과정에서 많은 동물이 고통받거나 병들어 죽는다. 이에 의학 발전이라는 명분으로 동물들의 희생을 당연하게 여기는 풍토를 비판하는 목소리가 커지고 있다. 하지만 동물들의 희생 덕분에 의학이 발전하고 수많은 질병을 극복할 수 있었던 것도 사실이다. 따라서 의학의 지속적인 발전을 위해서는 동물 실험이 계속되어야 한다는 주장 역시 존재한다.

① 동물 실험의 의미에 대해 알려 주기 위해
② 동물 실험의 부정적 측면을 설명하기 위해
③ 동물 실험의 긍정적 측면을 설명하기 위해
④ 동물 실험에 대한 여러 의견을 알려 주기 위해

문제 풀이

'의학 발전이라는 명분으로 동물들의 희생을 당연하게 여기는 풍토를 비판하는 목소리가 커지고 있다.'와 '의학의 지속적인 발전을 위해서는 동물 실험이 계속되어야 한다는 주장 역시 존재한다.'라는 두 문장을 통해 동물 실험을 찬성하는 의견과 반대하는 의견이 모두 있음을 확인할 수 있다.

단어 풀이

- 명분: 일을 할 때 내세우는 구실이나 까닭
- 풍토: 어떤 일의 바탕이 되는 제도나 조건

| 정답 | ④

(5) 문장 들어갈 곳 찾기

'문장 들어갈 곳 찾기' 유형은 글의 문맥을 이해할 수 있는지 측정하기 위한 것입니다. 논리적인 일관성을 위해 제시된 문장을 전체 중에서 어디에 넣어야 할지 찾는 것으로 〈보기〉의 문장이 들어가기에 가장 알맞은 것을 고르는 문제가 출제되며, 본문은 대부분 설명문으로 이루어져 있습니다. 이 문제를 잘 풀기 위해서는 먼저 주어진 〈보기〉의 내용을 파악하는 것이 중요합니다. 〈보기〉에서 사용된 문법이나 표현이 내용을 파악하는 데 단서가 될 수 있으므로 놓치지 말고 꼼꼼히 살펴보도록 합니다. 〈보기〉의 내용을 다 파악한 후에는 주어진 글 전체를 처음부터 읽으며 흐름을 파악해야 하는데, 앞뒤 문장이 자연스럽게 연결되고 있는지 잘 살펴가며 읽도록 합니다. 중간에 앞뒤 문장이 서로 연결되지 않거나 〈보기〉의 내용과 관련 있는 부분이 정답일 가능성이 높습니다.

※ 다음 글에서 〈보기〉의 문장이 들어가기에 가장 알맞은 것은?

현대 사회를 살아가는 우리는 모두 다양한 관계를 맺으며 살아간다. 환경이나 성향, 특성은 모두 다르지만 서로 관계를 맺는 것은 자연스러운 일이다. (㉠) 이러한 관계 속에서 우리는 때로 오해하고 갈등을 겪기도 하지만 모든 관계가 조화롭게 유지되기 위해서는 존중이 필요하다. (㉡) 살벌한 경쟁 속에서 서로를 이겨야 하는 치열한 승부지만, 상대방을 존중하는 태도는 깊은 감동을 준다. 우리를 이를 '스포츠맨십'이라고 부른다. (㉢) 스포츠맨십은 스포츠인이 가져야 할 바람직한 정신 자세로, 경기에 공정하게 임하고, 상대방을 예의로 대하며, 결과에 깨끗하게 승복하는 것이 바로 스포츠맨십의 핵심이다. 결국 스포츠맨십은 공정성, 도덕, 윤리, 존중을 바탕으로 이루어지며, 하나의 사회규범으로서 큰 의미를 지니고 있다. (㉣)

• 보기 •
존중은 스포츠에서도 매우 중요한 요소이다.

① ㉠   ② ㉡   ③ ㉢   ④ ㉣

문제 풀이
앞의 내용은 '존중'과 관련된 내용이며, 뒤의 내용은 '스포츠맨십'과 관련된 내용이다. 〈보기〉는 스포츠에서 존중의 중요성에 대해 이야기하고 있으므로, 이 두 글을 자연스럽게 연결시켜 주기 위해서 〈보기〉의 내용은 ㉡에 넣는 것이 가장 알맞다.

| 정답 | ②

확인학습

[01–05] 다음을 읽고 물음에 답하시오.

01 다음 글의 제목으로 가장 알맞은 것은?

> 칭찬은 효과적인 교육 방법입니다. 하지만 칭찬을 잘못하면 오히려 역효과를 부를 수도 있습니다. 칭찬할 때는 "똑똑하구나."라는 칭찬보다 "열심히 공부했구나."라고 노력을 언급해야 아이는 그 칭찬을 진정으로 받아들이고, 더욱 노력하려고 할 것입니다. 또 칭찬할 일이 있을 때 바로 그 자리에서 하면 아이의 자율성을 높일 수 있습니다. 칭찬은 입에 침이 마르도록 반복해도 들을 때마다 새로운 기분이 들어서 질리지 않습니다. 가끔 물질적 보상을 하는 경우도 있는데 그렇게 하면 칭찬의 말보다 물질에만 집착할 수 있어서 효과적이지 않으므로 주의해야 합니다.

① 칭찬의 자율성
② 칭찬하는 방법
③ 물질적 보상의 효과
④ 반복적인 칭찬의 단점

해설 교육적 효과가 있는 칭찬에 대한 방법을 설명하는 글이다.

02 다음 글의 제목으로 가장 알맞은 것은?

> 한국에는 무더운 여름, 음력 6월과 7월에 찾아오는 초복, 중복, 말복의 삼복(三伏)에 몸을 보호하기 위해 삼계탕을 먹는다. 날씨가 더워지면 우리 몸은 혈액순환이 원활하지 못하고, 이로 인해 입맛이 떨어지고 피로가 쌓인다. 이때 삼계탕을 먹으면 기력을 회복하는 데 도움이 된다. 삼계탕은 지방이 적고 단백질이 풍부한 닭고기를 주재료로 하며, 인삼, 대추, 밤 등을 함께 넣어 영양가가 높다. 또한, 뜨거운 국물은 몸을 따뜻하게 하여 여름철 떨어진 체력을 보충해 주고 무더위를 이겨낼 힘을 준다.

① 음력에 먹는 명절 음식
② 삼계탕의 주재료와 요리법
③ 사계절을 대표하는 한국의 음식
④ 무더위를 이기는 여름철 보양식

해설 한국의 여름철 보양식인 삼계탕에 대해 설명하는 글이다.

정답 01 ② 02 ④

03 다음 글의 제목으로 가장 알맞은 것은?

> 봄마다 특별한 이유 없이 피곤하고, 푹 잤는데도 오후가 되면 너무 졸려서 일상생활에 불편을 겪는 사람들이 많습니다. 때로는 소화가 안 되거나 두통, 불면증 등과 같은 증상을 겪기도 합니다. 이러한 증상을 춘곤증이라고 하는데 계절의 변화에 우리 몸이 적응을 잘 하지 못해서 일시적으로 나타나는 증상입니다. 춘곤증을 이겨 내기 위해서는 맨손 체조와 스트레칭 같은 가벼운 운동을 하고 규칙적으로 식사를 하여 영양을 충분히 섭취하는 것이 좋습니다.

① 춘곤증의 원인
② 건강을 지키는 방법
③ 규칙적인 식사의 효과
④ 춘곤증을 이겨 내는 방법

해설 봄에 발생하는 춘곤증의 원인과 해소 방법에 대해 설명하는 글이다.

04 다음 글의 제목으로 가장 알맞은 것은?

> 나는 부모님을 따라서 작년부터 손수건을 쓰기 시작했다. 처음에는 다소 번거로웠지만 익숙해지니 편할 뿐만 아니라 그만큼 종이를 아껴서 환경을 보호하는 데 기여했다는 생각에 뿌듯한 기분이 든다. 우리는 단지 조금 귀찮다는 이유로 손수건을 가지고 다니지 않는다. 그래서 습관적으로 손을 닦으려고 한 장, 입을 닦으려고 한 장, 칫솔을 닦으려고 한 장씩 휴지를 마구 뽑아 쓴다. 그러나 이제부터라도 환경을 보호하기 위해서 우리 모두 손수건을 한 장씩 주머니에 넣고 다니도록 하자.

① 손수건 구입 방법
② 손수건 사용의 편리함
③ 나만의 손수건 만들기
④ 환경을 보호하는 손수건

해설 휴지 대신 손수건을 사용하면 환경을 보호할 수 있기 때문에 손수건을 사용하자고 설득하는 글이다.

05 다음 글의 제목으로 가장 알맞은 것은?

한국에는 '청개구리 심보'라는 말이 있습니다. 전래동화에서 유래된 말인데 하라는 대로 하지 않고 굳이 반대로 하려고 고집을 부릴 때 사용합니다. 그래서 청개구리 심보를 부리다가 공동체의 협동을 깨뜨리거나 공동체에 적응하지 못할 수도 있습니다. 하지만 다르게 생각해 보면 누구도 생각하지 못한 참신한 아이디어를 떠올릴 수도 있고 더 좋은 방법을 찾아낼 수도 있을 것입니다. 상대방에 대한 존중이 있다면 '청개구리 심보'는 오히려 좋은 결과를 가져올 수 있을 것입니다.

① 존중의 필요성
② 청개구리 심보를 없애자
③ 청개구리 심보의 새로운 시각
④ 존중하는 마음과 청개구리 심보의 공통점

해설 이기적이고 고집스러운 청개구리 심보라도 다르게 생각해보면 긍정적인 결과를 얻을 수 있다고 설명하는 글이다.

[06-10] 다음을 읽고 물음에 답하시오.

06 다음 글에서 알 수 없는 것은?

제20회 함평 나비 대축제가 '나비와 함께 행복한 세상!'이라는 주제로 4월 30일부터 5월 10일까지 함평 엑스포 공원에서 열린다. 함평 엑스포 공원에서는 행사 기간 동안 꽃, 나비, 곤충을 소재로 한 전시, 문화, 체험행사가 진행될 예정이다. 입장권은 어른 칠천 원, 청소년과 군인은 오천 원, 노인과 어린이는 삼천 원이며, 20인 이상 단체는 천 원 할인을 받을 수 있다. 입장권을 구매하면 현장에서 현금처럼 사용 가능한 쿠폰도 준다. 입장권 사전 예매는 3월 2일부터 4월 8일까지이고 사전 예매를 하면 10% 추가 할인을 받을 수 있다.

① 축제의 주제
② 축제 참가 자격
③ 축제를 하는 시기
④ 축제에서 하는 행사

해설 ① '나비와 함께 행복한 세상!'이라는 주제로 열린다.
　　③ 4월 30일부터 5월 10일까지 함평 엑스포 공원에서 열린다.
　　④ 꽃, 나비, 곤충을 소재로 한 전시, 문화, 체험행사가 있다.

07 다음 글의 내용과 같은 것은?

보라매공원 눈썰매장 무료 개장

- 기간: 20○○년 12월 28일~20○○년 1월 31일
- 시간: 오전 10시~오후 5시
- 입장료: 무료
- 이용 방법: 신분증을 맡기고 썰매를 빌려 이용한 후 반납함
- 기타: 안전을 위해서 2시간마다 인원을 100명으로 제한함
---

① 이곳은 언제나 이용할 수 있다.
② 입장료를 내지 않아도 이용할 수 있다.
③ 신분증이 없어도 썰매를 빌려 탈 수 있다.
④ 하루 동안 이용할 수 있는 사람의 수는 100명이다.

해설 ① 이용 시간은 오전 10시부터 오후 5시까지이다.
　　 ③ 신분증을 맡겨야 썰매를 빌릴 수 있다.
　　 ④ 2시간마다 인원을 100명으로 제한한다.

08 다음 글에서 알 수 없는 것은?

대학생의 전유물처럼 여겨졌던 배낭여행을 떠나는 중년이 늘고 있다. 중년 연기자들의 배낭여행을 다룬 인기 TV프로그램의 영향 때문이다. 배낭여행의 특징이라면 여행 일정을 원하는 대로 자유롭게 정할 수 있다는 점이다. 인터넷 사용이 능숙한 젊은이들이야 정보를 구하기가 그리 어렵지 않지만 중년 세대에게는 다소 걱정스러운 부분이기도 하다. 그래서 여행사들은 중년 배낭여행객을 위해 항공권과 숙박권을 예약해 주고 여행할 도시는 정해져 있지만 세부 일정은 스스로 계획하도록 하는 반 배낭여행 상품들을 출시하고 있다.
---

① 배낭여행의 특징
② 배낭여행객의 선호 도시
③ 중년 배낭여행객이 증가한 까닭
④ 중년 배낭여행객을 위한 여행 상품

해설 ① 배낭여행의 특징이라면 여행 일정을 원하는 대로 자유롭게 정할 수 있다는 점이다.
　　 ③ 중년 연기자들의 배낭여행을 다룬 인기 TV프로그램의 영향 때문이다.
　　 ④ 여행사들은 중년 배낭여행객을 위해 반 배낭여행 상품들을 출시하고 있다.

09 다음 글의 내용과 <u>다른</u> 것은?

> **드림월드 야간 개장 안내**
>
> - 기간: 20○○년 12월 15일~20○○년 1월 31일
> - 시간: 오후 8시~오후 11시
> - 이용 방법: 드림월드 홈페이지에서 예약 또는 정문 앞 매표소 구매
> - 기타: 예약 후 방문 시 10% 할인
>
> ※ 일부 놀이기구는 야간 시간 이용에 제한이 있음

① 예약하면 10% 할인 받을 수 있다.
② 예약하지 않으면 이용이 불가능하다.
③ 정문 앞 매표소에서 표를 구매할 수 있다.
④ 야간 시간에 이용하지 못하는 놀이기구가 있다.

해설 ① 예약 후 방문 시 10% 할인해 준다.
③ 드림월드 홈페이지에서 예약하거나 정문 앞 매표소에서 표를 구매할 수 있다.
④ 일부 놀이기구는 야간 시간 이용에 제한이 있다.

10 다음 글에서 알 수 <u>없는</u> 것은?

> 미세 먼지 때문에 고통을 호소하는 사람들이 크게 늘었다. 미세 먼지는 황사와 비슷해 보이지만 성분은 전혀 다르다. 미세 먼지는 화석 연료가 연소될 때 나오는 오염 물질과 중금속을 많이 함유하고 있어서 건강에 악영향을 미친다. 미세 먼지가 심할 때는 창문을 닫아 실내로 들어오는 것을 막고, 외출할 때도 전용 마스크를 착용해서 호흡기를 보호해야 한다. 외출을 했다가 집으로 돌아온 후에는 몸을 꼼꼼하게 씻어서 미세 먼지가 남아있지 않도록 하는 것이 중요하다. 특히 미세 먼지에 취약한 노약자, 임산부, 어린이들은 가급적 외출을 삼가야 한다.

① 외출 시 해야 할 일
② 귀가 후 해야 할 일
③ 미세 먼지에 취약한 계층
④ 미세 먼지에 포함된 중금속의 종류

해설 ① 외출할 때에는 전용 마스크를 착용해야 한다.
② 집으로 돌아온 후에는 몸에 미세 먼지가 남지 않도록 꼼꼼히 씻어야 한다.
③ 노약자, 임산부, 어린이들은 미세 먼지에 취약한 계층이다.

[11-15] 다음 글의 ( )에 들어갈 가장 알맞은 것을 고르시오.

11

소셜 네트워킹 서비스(SNS)는 개인이 사회 문제에 대한 의견을 터놓고 말하며 여론을 형성하는 주체가 될 수 있는 길을 열어 주었다. 하지만 그 파급력에 비해서 부실한 사실 검증과 편 가르기 속성이 합리적인 소통을 오히려 방해하는 경우도 있다. 그래서 이러한 SNS의 속성에 싫증을 느낀 사용자들이 스스로 이용량을 줄이는 현상도 나타나고 있다. 이들은 ( ).

① SNS 서비스를 적극 활용하는 SNS 다이어트를 하고 있는 것이다
② SNS 서비스 이용 회사를 바꾸는 SNS 다이어트를 하고 있는 것이다
③ SNS 이용량을 조절하거나 증가시키는 SNS 다이어트를 하고 있는 것이다
④ SNS 이용량을 줄이거나 관계를 정리하는 SNS 다이어트를 하고 있는 것이다

해설 빈칸 앞의 문장에서 SNS에 피로감을 느끼는 사람들이 스스로 이용량을 줄인다고 했으므로 SNS 이용량을 줄이거나 관계를 정리하는 SNS 다이어트를 한다고 말하는 ④가 가장 알맞다.

12

가: 김 대리님, 내일 회의 자료는 다 작성하셨어요?
나: 그게……. 아직 다 못 했어요.
가: 부장님께서 끝나는 대로 이메일로 보내 달라고 하셨어요.
나: 그렇군요. 내일 회의 전까지 끝내려면 오늘 야근해야 될 것 같아요.
가: 네, 알겠습니다. ( ).

① 회의 자료는 완성됐으니까 제가 복사해 둘게요
② 오늘 회의해야 하는데 아직도 못 끝내시면 어떡해요
③ 그럼 부장님께 오늘 안으로는 힘들다고 말씀드릴게요
④ 지금 저한테 이메일을 보내 주시면 제가 부장님께 전달할게요

해설 '가'는 회의 자료가 완성되는 대로 부장님에게 이메일로 보내야 한다고 전달했으나 '나'는 아직 완성하지 못했으므로 ③ '그럼 부장님께 오늘 안으로는 힘들다고 말씀드릴게요'가 가장 알맞다.

정답 11 ④ 12 ③

13

　　최근 웹툰을 원작으로 하는 영화나 드라마가 잇따라 제작되고 있다. 웹툰이란 인터넷 공간을 위한 만화로서 단순히 만화책을 인터넷에 옮긴 것과는 다르다. 웹툰은 기존의 소설이나 만화책에 비해 유행을 빠르게 반영하고 참신한 아이디어를 담고 있다. 그리고 영화나 드라마 제작사들은 이미 인터넷에서 재미와 흥행이 한번 검증된 웹툰의 영화화를 선호하는 경향이 있다. 또한 실제로 웹툰을 원작으로 한 영화와 드라마들이 호평과 인기를 얻고 있다. (　　　　　　　　　　　　　　　　　).

① 웹툰은 청소년들에게 좋지 않은 영향을 준다
② 아마도 다시 소설이나 만화책이 유행할 것이다
③ 앞으로도 웹툰을 영화나 드라마로 만드는 것이 계속될 것이다
④ 요즘에는 웹툰에서 다루어지고 있는 주제가 더욱 다양해지고 있다

해설 빈칸 앞에서 웹툰을 원작으로 한 영화와 드라마가 인기를 얻고 있다고 했으므로 이러한 추세가 지속될 것이라는 ③이 가장 알맞다.

14

가: 여보세요, 제가 그 휴대 전화 주인인데요.
나: 네, 제가 지하철에서 주웠습니다.
가: 네, 맞아요. 아까 지하철에 두고 내렸어요.
나: 지금 분실물 신고 센터에 가는 길이었어요. 직접 받으러 오시겠어요?
가: 그게 좋을 것 같아요. (　　　　　　　　　　).

① 그럼 휴대 전화는 우선 꺼 둘게요
② 휴대 전화를 찾으면 다시 전화하겠습니다
③ 분실물 신고 센터는 지하철역 안에 있어요
④ 그럼 제가 그쪽으로 갈 테니까 지금 계신 곳을 알려 주세요

해설 '가'가 잃어버린 휴대 전화를 '나'가 주워서 보관하고 있으므로 ④ '그럼 제가 그쪽으로 갈 테니까 지금 계신 곳을 알려 주세요'가 가장 알맞다.

15

돈도 벌고 특별한 경험을 할 수도 있는 이색 아르바이트가 각광받고 있다. 한국민속촌에서는 거지 역할을 맡을 아르바이트를 구하는 오디션을 열 예정이다. 만약 거지로 선발되면 민속촌의 공연과 행사에서 주인공으로 활동하게 된다. 또 인터넷 홈페이지를 재치있게 관리하는 아르바이트도 있다. 비교적 덜 힘들고 즐기면서 할 수 있어서 지원자가 많다고 한다. 이러한 아르바이트는 구직 활동에 특별한 경력 사항이 되기도 한다. (   ).

① 하지만 아르바이트만으로는 생활이 불가능하다
② 그로 인해 이색 아르바이트의 경쟁률은 점차 더 높아질 것으로 보인다
③ 거지 아르바이트생으로 유명했던 사람이 연예인으로 데뷔한 사례도 있다
④ 그 외에도 수족관에서 상어 밥 주기, 경마장에서 말 오줌 받기 등의 아르바이트가 있다

해설 빈칸 앞에서 아르바이트가 구직 활동에 도움이 된다고 했으므로 그로 인해 이색 아르바이트의 경쟁률이 높아질 것이라는 ②가 가장 알맞다.

[16-20] 다음을 읽고 물음에 답하시오.

16 다음 글을 쓴 목적으로 알맞은 것은?

요즘에는 날씬한 몸매를 위해 다이어트에 신경을 쓰는 사람이 많이 있습니다. 그중에는 칼로리가 높은 밥 대신에 과일을 먹으면 살이 빠질 거라고 생각하는 사람도 있습니다. 그러나 어떤 과일은 오히려 밥을 먹는 것보다 살이 더 찔 수도 있습니다. 그러므로 다이어트를 한다고 과일을 너무 많이 먹으면 안 됩니다. 건강한 다이어트를 위해서는 적당히 먹고 운동을 꾸준히 하는 것이 가장 좋습니다.

① 건강관리를 권장하기 위해
② 과일 섭취를 권장하기 위해
③ 과일의 단점을 알려 주기 위해
④ 다이어트 방법으로 운동을 권장하기 위해

해설 건강한 다이어트 방법으로 운동이 좋다고 하였다. 따라서 ④ '다이어트 방법으로 운동을 권장하기 위해'가 글의 목적이다.

17 다음 글을 쓴 목적으로 알맞은 것은?

> 제목: 구두 사이즈를 바꿔주세요.
> 작성자: 레이첼
>
> 안녕하세요. 저는 이 쇼핑몰에서 검정 구두를 주문했습니다. 그런데 일반적인 구두 사이즈에 비해 조금 크게 나온 것 같습니다. 저는 분명 제 발 사이즈인 240을 주문했는데 구두가 너무 큽니다. 이번 주말 결혼식에 신고 갈 예정이었는데 구두가 커서 무척 속상합니다. 이번 주말이 되기 전에 구두를 작은 사이즈로 바꿔주면 좋겠습니다.

① 구두를 교환하기 위해
② 구두를 환불하기 위해
③ 구두를 선물하기 위해
④ 구두를 주문하기 위해

해설 글에서는 '주문해서 온 구두가 크다.', '주말이 되기 전에 작은 사이즈의 구두로 바꿔주면 좋겠다.'라고 하였다. 따라서 ① '구두를 교환하기 위해'가 글의 목적이다.

18 다음 글을 쓴 목적으로 알맞은 것은?

> 여름에는 날씨가 무더우므로 많은 사람이 에어컨을 삽니다. 하지만 비싼 전기 요금 때문에 에어컨이 있어도 사용하지 못하는 사람이 많습니다. 더운 여름을 적은 전기 요금으로 시원하게 보내려면 에어컨만 켜지 말고 선풍기도 함께 써 보세요. 에어컨과 선풍기를 같이 사용하면 같은 전기 요금으로 3시간은 더 시원하게 생활할 수 있습니다. 에어컨을 켜면 조금이라도 전기 요금을 아끼고자 선풍기를 끄는 분이 많지만, 에어컨과 선풍기를 함께 켜는 것이 오히려 더 오랫동안 방을 시원하게 유지해 줍니다.

① 선풍기 구매를 권유하기 위해
② 전기 절약의 실천을 강조하기 위해
③ 에어컨과 선풍기 동시 사용을 권유하기 위해
④ 에어컨보다 싼 냉방 기구 구매를 강조하기 위해

해설 글에서는 에어컨을 가동할 때 선풍기를 동시에 틀면 에어컨만 가동할 때보다 더 오랫동안 시원할 수 있다고 하였다. 따라서 ③ '에어컨과 선풍기 동시 사용을 권유하기 위해'가 글의 목적이다.

19 다음 글을 쓴 목적으로 알맞은 것은?

> 반려동물 등록제는 일종의 '동물 신분증' 발행 제도이다. 식별장치가 내장된 칩을 반려견의 몸속에 심거나 목걸이로 만들어 주는 것이다. 잃어버린 개를 쉽게 찾게 해 주는 의도도 있지만, 소유주의 책임을 강화시켜 유기동물 발생을 억제시키는 목적도 갖고 있다. 반려의 목적으로 기르는 개는 2개월이 지나면 의무적으로 등록을 해야 한다. 관할 시·군·구에서 지정한 동물병원에 방문하면 쉽게 등록이 가능하다.

① 동물병원을 추천하기 위해
② 반려동물 등록 의무를 알리기 위해
③ 유기동물 봉사활동을 권유하기 위해
④ 반려견을 유기하는 것을 줄이기 위해

해설 글에서는 반려동물 등록제가 의무적이라고 하였다. 따라서 ② '반려동물 등록 의무를 알리기 위해'가 글의 목적이다.

20 다음 글을 쓴 목적으로 알맞은 것은?

> 어제 친구와 찜질방에 갔습니다. 책에서 한국의 찜질방에 대해 본 적은 있었지만 실제로 가 본 적은 처음이었습니다. 고향에는 한국의 찜질방처럼 많은 사람이 동시에 몸을 따뜻하게 하는 곳은 없습니다. 그래서 찜질방이 궁금하기도 하고 신기하기도 했습니다. 친구와 찜질방에서 먹은 구운 달걀과 식혜는 정말 맛있었습니다. 따뜻한 곳에서 휴식을 취하다 보니 그동안 쌓여 있던 피로도 모두 풀린 것 같습니다. 만약 고향 친구가 한국에 놀러 온다면 꼭 찜질방에 데리고 갈 것입니다.

① 찜질방 방문을 추천하기 위해
② 피로 해소가 필요함을 알리기 위해
③ 한국의 전통 음식을 홍보하기 위해
④ 고향 친구에게 한국 방문을 설득하기 위해

해설 글에서는 친구와 함께 찜질방을 방문했던 경험을 이야기하며 찜질방이 만족스러워서 고향 친구가 오면 데리고 갈 것이라고 말하고 있다. 따라서 ① '찜질방 방문을 추천하기 위해'가 글의 목적이다.

[21-25] 다음을 읽고 물음에 답하시오.

21 다음 글에서 〈보기〉의 문장이 들어가기에 가장 알맞은 것은?

밤에는 문을 연 식당이 많지 않기 때문에 음식을 배달시켜 먹는 것이 편리합니다. (㉠) 배달이 가능한 음식에는 치킨, 피자, 족발, 떡볶이 등이 있습니다. (㉡) 음식을 배달시키려면 앱(App)으로 먹고 싶은 음식을 고른 후 그것을 받을 주소를 쓰면 됩니다. (㉢) 음식 값은 계좌 이체나 카드로 미리 결제할 수 있습니다. (㉣)

• 보기 •

모든 주문이 끝나면 보통 30분 내로 배달원이 음식을 가지고 옵니다.

① ㉠ ② ㉡ ③ ㉢ ④ ㉣

해설 〈보기〉에 사용된 '-(으)면'이라는 표현은 앞에 오는 말이 뒤에 오는 말의 조건이 될 때 사용한다. 배달원이 음식을 가지고 오려면 먼저 음식을 주문하고 돈을 지불해야 한다. 그러므로 〈보기〉의 내용은 ㉣에 넣는 것이 가장 알맞다.

22 다음 글에서 〈보기〉의 문장이 들어가기에 가장 알맞은 것은?

우리는 아름다워지기 위해서 매일 화장품을 바른다. (㉠) 그런데 우리가 아름다워지기 위해 하는 행동으로 1초에 5마리의 동물이 죽고 있다. (㉡) 이에 대한 우려의 목소리도 점점 높아지고 있다. (㉢) 최근 시행한 설문조사에 따르면 참가자 70%가 화장품 동물실험에 반대했다. (㉣)

• 보기 •

바로 화장품의 안전성을 위한 실험으로 동물들이 희생되는 것이다.

① ㉠ ② ㉡ ③ ㉢ ④ ㉣

해설 〈보기〉에 사용된 '바로'라는 표현은 특정의 대상을 집어서 가리키는 말로 동물이 죽고 있는 원인이 화장품 안전성을 위한 실험임을 강조한다. 그러므로 〈보기〉의 내용은 ㉡에 넣는 것이 가장 알맞다.

23 다음 글에서 〈보기〉의 문장이 들어가기에 가장 알맞은 것은?

최근 몇 년 동안 영화계와 방송계에 복고 열풍이 식을 줄 모르고 있습니다. (㉠) 90년대에 유행했던 패션, 음악, 드라마 등이 새삼 주목을 받으면서 추억과 호기심을 자극합니다. (㉡) 친숙함으로 대중에게 빠르고 편안히 다가갈 수 있어서 앞으로도 '복고는 흥행한다'는 공식은 좀처럼 깨지기 어려울 것 같습니다. (㉢) 복고를 통해서 경제적 이득뿐만 아니라 세대 통합이라는 어려운 과제에도 조금씩 접근하고 있습니다. (㉣)

• 보 기 •
예를 들어, 드라마 속 과거의 모습이 부모-자식 세대 간 소통의 계기가 되기도 합니다.

① ㉠　　　② ㉡　　　③ ㉢　　　④ ㉣

해설 〈보기〉에 사용된 '예를 들어'라는 표현은 앞의 말에 대한 구체적인 예시를 언급한다는 뜻으로 복고를 통해 세대 통합을 한 예시를 들고 있다. 그러므로 〈보기〉의 내용은 ㉣에 넣는 것이 가장 알맞다.

24 다음 글에서 〈보기〉의 문장이 들어가기에 가장 알맞은 것은?

(㉠) 브라질에 있는 나비가 날갯짓을 하면 미국에서 토네이도가 생길 수도 있다는 과학 이론이 있다. (㉡) 이것은 미국의 기상학자가 컴퓨터로 기상 실험을 하던 중 발견해서 알려지게 되었다. (㉢) 유명한 사람이 어려운 사람들을 돕자 그 사람을 따라서 여러 사람들이 선행을 베푸는 일이 바로 그런 예이다. (㉣)

• 보 기 •
또한 이 이론은 여러 가지 사회 현상에도 적용할 수 있다.

① ㉠　　　② ㉡　　　③ ㉢　　　④ ㉣

해설 〈보기〉에 사용된 '또한'이라는 표현은 앞에 제시된 말 이외에도 다른 것이 있다는 것을 언급하는 말로 나비 날갯짓으로 토네이도가 발생하는 기상 현상 외에 이와 비슷한 다른 현상이 있음을 말한다. 그러므로 〈보기〉의 내용은 ㉢에 넣는 것이 가장 알맞다.

25 다음 글에서 〈보기〉의 문장이 들어가기에 가장 알맞은 것은?

환율 변동은 한국 기업의 수출과 수입에 큰 영향을 미친다. (㉠) 환율이 떨어져 원화 가치가 올라가면 달러로 표시된 수출 상품의 가격이 오르게 된다. (㉡) 이 경우 한국 상품의 가격이 다른 나라에 비해 상대적으로 높아서 해외에서 한국의 물건이 잘 팔리지 않아 수출이 줄어들게 된다. (㉢) 따라서 해외의 물건이 한국에서 더 잘 팔리게 되므로 수입은 늘어나게 된다. (㉣)

• 보기 •
하지만 원화 가치가 올랐다는 것은 외국 물건의 가격이 상대적으로 낮다는 것을 뜻한다.

① ㉠ ② ㉡ ③ ㉢ ④ ㉣

해설 〈보기〉의 부사 '하지만'은 서로 일치하지 않거나 상반되는 사실을 나타내는 내용이 나올 때 쓰는 것이므로 환율이 떨어져 원화 가치가 올라가면 달러로 표시된 수출 상품의 가격은 오르지만 외국 물건의 가격은 상대적으로 낮아지게 된다. 그러므로 〈보기〉의 내용은 ㉢에 넣는 것이 가장 알맞다.

제2장 한국 문화

1. 대인 관계

(1) 문화 돋보기

① 대인 관계에서 어려운 점

친구, 동창	• 공감대가 없다. • 사이가 멀어지다. • 연락이 잘 끊기다.
선배, 후배	• 선배를 대하기 어렵다. • 후배가 나를 어려워하다.
상사, 동료, 부하 직원	• 일하는 방법을 잘 모르다. • 상사의 지시를 거절하기 힘들다. • 동료에게 도움을 요청하기 어렵다.

② 대인 관계를 잘 유지하려는 노력
- 의견을 솔직하게 말하다.
- 자주 연락을 주고받다.
- 공감을 잘해 주다.
- 이야기를 잘 들어 주다.
- 서로 예의를 지키다.
- 함께 시간을 보내다.

(2) 어휘 확장하기

① 동창: 같은 학교에서 공부를 한 사이
  예 길에서 우연히 같은 중학교를 나온 동창을 만났다.
② 공감대: 서로 공감하는 부분
  예 비슷한 나이의 사람을 만나면 쉽게 공감대가 형성된다.
③ 지시: 어떤 일을 시킴
  예 상사의 지시로 우리는 그 일을 빠르게 마무리하였다.
④ 부하 직원: 직책상 자기보다 더 낮은 자리에 있는 사람
  예 회사에 새로운 부하 직원이 들어왔다.
⑤ 위로: 따뜻한 말이나 행동으로 괴로움을 덜어 주거나 슬픔을 달래 줌
  예 시험에 떨어진 친구를 위로해 주었다.

확인학습

01 다음을 읽고 ㉠에 들어갈 말로 알맞은 것은?

> 대화를 잘 하기 위한 전제 조건은 '경청'이다. 경청은 상대방의 말을 귀 기울여 듣는 것이다. 상대방에게 내가 당신의 말을 잘 듣고 있다는 느낌을 주어야 한다. 이때 (㉠) 행동을 하면 좋다. 머리를 위아래로 움직이는 행동은 상대방의 이야기에 공감하고 있다는 것을 의미한다.

① 눈을 맞추는
② 고개를 끄덕이는
③ 바른 자세로 듣는
④ 들으면서 기록하는

해설 머리를 위아래로 움직이는 행동을 '고개를 끄덕이다'라고 한다.

※ 다음 글의 ( )에 들어갈 가장 알맞은 것을 고르시오.

02 서로의 문화가 다르기 때문에 생활 방식이나 의견에 차이가 있을 수밖에 없다. 그래서 친구와 말다툼이 발생했을 때, ( )을/를 나눠 보는 것이 좋다.

① 높임말　　　　　　　　② 친목 활동
③ 연락 끊기　　　　　　　④ 솔직한 대화

해설 친구와 말다툼 또는 문제가 발생했을 때, 상대방과 솔직한 대화로 문제를 해결하는 것이 좋다.

2. 성격

(1) 문화 돋보기

① 성격의 장점과 단점

> **홍 길 동**
> 저는 **외향적**이고, **원만하며** 남을 잘 **배려할** 줄 아는 면이 있다는 평을 받아왔습니다. 아직 리더로서의 능력은 부족하나 리더를 도와서 조직의 목표를 달성하게 하는 데 재능이 있다고 생각합니다.

> **캘빈 김**
> 저는 **꼼꼼한** 성격으로 맡은 일에 대해 끝까지 책임지고 최선을 다하여 주위 사람들로부터 신뢰를 받는 편입니다. 건설 현장에서 아르바이트를 할 때 가장 먼저 출근하고, 결근 없이 5개월 간 일하여 아르바이트생 중에서 처음으로 인센티브를 받았을 정도로 **성실합니다**.
> 그러나 저는 일처리를 **완벽하게** 하고자 하는 욕심에 무리한 계획을 세우는 경우가 가끔 있습니다. 이로 인하여 상대방과 마찰이 생긴 적이 있습니다. 이러한 문제점을 인지하여 계획을 세우기 전 상대방과 끊임없이 의견을 주고받으며, 내용을 공유하고자 노력하고 있습니다.

> **최 지 우**
> 저는 어려움 속에서도 쉽게 포기하지 않고, 극복해내는 **대범함**을 가지고 있습니다. 고등학교 시절, 체육대회 반 대표로 장거리 달리기에 참가하게 되었습니다. 그런데 대회 전날 자전거 사고로 발가락을 다쳤습니다. 선생님과 친구들이 만류했지만 반 대표로 참가했고, 2위에 입상했습니다.
> 성격의 단점은 너무 **낙천적**인 탓에 사람을 쉽게 믿는 경향이 있다는 것입니다. 그래서 개인적으로 피해를 본 경우도 종종 있었습니다. 이러한 단점을 고치기 위해 사람을 믿는 데 있어 좀 더 신중하고, 꼼꼼히 따져보는 습관을 기르고 있습니다.

(2) 어휘 확장하기

① **외향적**: 생각이나 마음의 움직임을 밖으로 드러내는 것 반 내향적
   예 동생은 외향적이고 활달한 성격이지만 형은 내성적이다.
② **원만하다**: 성격이 부드럽고 너그럽다.
   예 그는 성격이 원만해서 친구가 많다.
③ **대범하다**: 작은 일에 신경을 쓰지 않고 너그럽다. 반 소심하다.
   예 어린아이가 너무나 대범하게 행동한다.
④ **낙천적**: 세상과 인생을 즐겁고 좋게 생각하는 것 유 낙관적
   예 그녀는 무던하고 소박하며 낙천적인 기질을 지녔다.

확인학습

[01–02] 다음 글의 (　)에 들어갈 가장 알맞은 것을 고르시오.

01 좋은 지도자는 (　) 책임감이 강한 사람이다.

① 산만하고　　　　　　　　② 게으르고
③ 까다롭고　　　　　　　　④ 정직하고

해설 '정직하다'는 마음에 거짓이나 꾸밈이 없고 바르고 곧다는 뜻이다.
① 산만하다: 분위기나 태도가 어수선하거나 정리가 안 되어 질서가 없다.
② 게으르다: 행동이 느리고 움직이거나 일하기를 싫어하다.
③ 까다롭다: 성격이나 취향이 원만하지 않아서 마음에 들도록 행동하기 어렵다.

02 그는 활동적이고 (　) 학생이어서 인기가 많다.

① 냉정한　　　　　　　　② 사교적인
③ 고집스러운　　　　　　④ 변덕스러운

해설 '사교적이다'는 여러 사람과 잘 사귀고 쉽게 어울린다는 뜻이다.
① 냉정하다: 따뜻한 정이 없고 차갑다.
③ 고집스럽다: 자기 생각이나 주장을 굽힐 줄 모르고 버티는 태도가 있다.
④ 변덕스럽다: 말, 행동, 감정 등이 이랬다저랬다 자주 변하는 데가 있다.

정답　01 ④　02 ②

3. 지역 복지 서비스

(1) 문화 돋보기

① 지역생활 정보지

겨울철 독감 예방 접종
무료로 받으세요!

대상 어린이, 임산부, 어르신, 장애인
장소 ○○시 보건소
문의 02-123-4567

**외국인 주민들을 위한
무료 상담**

상담 주제 임금 체불, 퇴직금, 산업
재해, 출입국, 근무 조건,
의료 상담 등
문의 ○○구청 ○○과
02-456-7890

통번역 상담도 가능!

외국인 취업 교육 프로그램

기간 5/2(월)~6/3(금)
참가 자격 서울시에 거주하는 구직 외국인
프로그램 내용

면접 Skill up 3회	5/9(월)~5/11(수)
자기소개서 작성 방법 3회	5/16(월)~5/18(수)
취업 트렌드 분석 1회	5/27(금)
진로결정, 나만의 재능 찾기 2회	6/2(목)~6/3(금)

모집 인원 회당 20명
신청 방법 전화 02-789-0123
메일 sdedu@sdedu.go.kr

(2) 어휘 확장하기

① **임금 체불**: 일을 하고 받는 돈을 받지 못하고 미룸
　예 고용부에 따르면 2024년 기준 임금 체불 금액은 1조 8,659억 원이다.
② **퇴직금**: 퇴직하는 사람에게 근무처에서 지급하는 돈
　예 일을 그만두고 퇴직금을 수령하였다.

확인학습

[01-02] 다음을 읽고 물음에 답하시오.

다문화이주민⁺센터(다문화이주민플러스센터)

외국인이 우리 사회의 중요한 구성원이 된 지는 오래되었지만 이들이 한국 사회에서 겪는 불편함은 여전히 남아있다. 다문화 가족과 외국인들이 이러한 불편함을 해결하고, 필요한 행정 서비스를 받을 수 있는 곳이 바로 다문화이주민플러스센터이다. 다문화이주민플러스센터는 각 지자체와 법무부, 행정안전부, 고용노동부 등 각 부처에서 따로 제공하던 서비스를 통합한 복합 서비스 기관이다.
먼 거리를 갈 필요 없이 이곳에서 외국인등록과 체류 기간 연장, 고용 허가는 물론이고 가족 상담, 한국어 교육, 통역 서비스 등 다문화 가족과 국내 체류 외국인에게 필요한 행정 서비스를 모두 제공받을 수 있다.

01 다음 중 다문화이주민플러스센터에서 제공하는 행정 서비스가 <u>아닌</u> 것은?

① 한국어 교육
② 통번역 서비스
③ 체류 기간 연장
④ 부동산 매매 정보

해설 다문화이주민플러스센터에서는 법무부의 외국인등록과 체류 기간 연장, 법률 및 노동 관련 강좌 운영 및 상담, 고용노동부의 고용 허가, 고용 허가 기간 연장 신청, 여성가족부의 가족 상담, 통번역 서비스 제공, 한국어 교육 등의 서비스가 제공된다. 부동산 매매 정보는 제공하지 않는다.

02 복합 서비스 기관인 다문화이주민플러스센터와 관련이 <u>없는</u> 곳은?

① 법무부
② 통일부
③ 행정안전부
④ 고용노동부

해설 다문화이주민플러스센터는 각 지자체와 법무부, 행정안전부, 고용노동부 등 각 부처에서 따로 제공하던 서비스를 통합하여 제공하는 복합 서비스 기관이다.

01 ④ 02 ② 정답

4. 교환과 환불

(1) 문화 돋보기

교환/환불 안내
　　　　교환 및 환불은 상품 수령하신 날로부터 **7일 이내**에 가능합니다.
- 제품 사용, 훼손 시 **교환/환불** 불가
  (※ 불량 상품의 경우 꼭 사진을 함께 첨부해 주세요!)
- 태그, 라벨 제거 시 **교환/환불** 불가
- 단순 변심에 의한 **환불** 불가

로그인 | 회원가입 | 마이페이지

질문과 답변 Q&A

제목	교환이라도 하고 싶습니다.		
작성자	홍 길 동	등록 일시	20XX.01.20.
질문 내용	5일 전 여기에서 치마를 구입했습니다. 화면으로 봤을 때 괜찮았는데 택배를 받아 보니 색상이 전혀 다릅니다. 빨간색인줄 알았는데 주황색이네요? 도저히 입을 수가 없습니다. 구입한 다음 날 고객 센터에 전화하여 환불 요청을 했지만 단순 변심에 의한 환불은 할 수 없다는 이야기를 들었습니다. 환불을 할 수 없으면 검은색으로 교환이라도 하고 싶습니다. 교환 방법을 알려 주세요.		
답변 내용	→ RE: 교환이라도 하고 싶습니다. 안녕하세요, 문의하신 내용에 답변드립니다. 우선 고객님께 불편을 드린 점 죄송하며, 해당 제품은 모니터 해상도에 따라 색상이 다르게 보일 수 있습니다. 색상 교환을 원할 시 아래 함께 보내 드리는 양식을 작성하셔서 상품을 포장하신 후 택배 접수를 해 주시기 바랍니다. 이때 발생되는 왕복 배송비는 상품과 같이 넣어 주시거나 계좌로 입금해 주세요. 아래 교환할 곳의 주소를 보내 드리겠습니다. - 주소: 서울특별시 시대구 에듀로 123 시대에듀 쇼핑몰 앞		

(2) 어휘 확장하기

① 교환: 서로 바꿈
　예 오늘 친구와 서로 선물을 <u>교환</u>하기로 했다.
② 환불: 이미 지불한 돈을 되돌려 줌
　예 사용하지 않은 상품권을 <u>환불</u>받았다.
③ 훼손: 망가트리거나 깨뜨려 못 쓰게 만듦
　예 야외 전시회장의 작품이 <u>훼손</u>되었다.
④ 불량: 물건의 품질이나 상태가 나쁨
　예 <u>불량</u> 상품에 대한 반품 처리를 요청했다.

확인학습

※ 다음 글의 ( )에 들어갈 가장 알맞은 것을 고르시오.

01 A 회사에서 판매한 보조 배터리의 ( )품이 잇달아 나오자 전량 환불에 나섰다.

① 사용　　　　　　　　② 불량
③ 변심　　　　　　　　④ 훼손

해설 '불량품'은 품질이나 상태가 나쁜 물건을 말한다.

02 아래 대화를 읽고 가장 적절한 내용을 고른 것은?

> 기자: 변호사님, 30일 이내에 제품을 사용했더라도 무료 반품과 환불이 모두 가능하기로 유명했던 A 쇼핑몰이 이 정책을 없앤다는 소식 들으셨나요?
>
> 변호사: 예, 그렇습니다. A 쇼핑몰에서는 그동안 제품을 사용했더라도 30일 이내에 '무조건 환불'이 가능했습니다. 그러나 제품을 29일 동안 마음껏 쓴 후, 환불을 하고 인터넷에 자랑하는 글을 올리기도 하는 나쁜 소비자들이 나타나고 있습니다.
>
> 기자: 나쁜 소비자가 늘어나면서 이러한 환불 정책을 악용하는 일이 늘어나고 있군요.
>
> 변호사: 그래서 A 쇼핑몰은 이달 2일에 '30일 이내 무료 반품' 서비스를 종료하였습니다. 앞으로 전자 제품은 불량품이 아닌 이상 사용한 경우에는 반품이 불가능합니다. 또한 식품이나 화장품은 단순 변심으로 인한 반품이 불가능하며, 옷이나 신발도 태그(tag)나 라벨이 없는 경우 반품이 불가능합니다.
>
> 기자: 기존의 쇼핑몰에서는 볼 수 없었던 A 쇼핑몰의 관대한 환불 정책은 정말 좋은 서비스이지만 이를 악용하여 발생하는 손해를 줄이기 위해서는 조금 더 철저한 단계를 갖춰야 할 것 같습니다.

① 태그나 라벨이 떨어져도 반품이 가능하다.
② 전자 제품의 경우, 상품의 전원을 켜고 사용하여도 반품이 가능하다.
③ 신발 환불을 원하면 태그를 제거하지 않은 상태로 제품을 보내야 한다.
④ 단순 변심으로 반품을 원할 경우 30일 이내에 보내면 화장품도 무료로 반품이 가능하다.

해설 '30일 이내 무료 반품 및 환불' 정책이 사라지게 되면서 옷이나 신발의 환불이나 반품을 원하면 태그나 라벨이 있는 상태에서 제품을 보내야 한다.
① 상품의 태그 제거, 라벨 훼손의 경우 반품이 불가능하다.
② 전자 제품의 전원을 켠 경우 반품이 불가능하다.
④ 단순 변심으로 인한 화장품 반품은 불가능하다.

참고 악용: 알맞지 않게 쓰거나 나쁜 일에 씀

5. 소비와 절약

(1) 문화 돋보기

① 쇼핑 장소

구분	재래시장	백화점	대형 마트	슈퍼마켓	편의점	홈쇼핑
정찰제	×	○	○	△	○	×
시·공간 제약	○	○	○	○	시간 제약×, 공간 제약○	×
특징	3일이나 5일마다 열리는 곳도 있음	비싸지만 질 좋은 물건이 많음	묶음으로 팔거나 할인을 많이 함	동네마다 흔하게 있음	연중 무휴	휴대 전화나 TV로 구입 가능

② 생활비의 종류

날짜	지출 내용	지출 항목
9/1	택시비	교통비
	전기 요금	공과금
9/12	영화 관람	문화생활비
	점심값	식비
	두통약	의료비
9/16	영어 학원	교육비
	휴대 전화 요금	통신비
	축의금	경조사비
	적금	저금

(2) 어휘 확장하기

① 정찰제: 표시된 가격 그대로 파는 것
   예 우리 가게에서는 옷마다 가격표를 붙이고 정찰제를 시행한다.
② 공과금: 국가에서 국민에게 부과하는 세금
   예 나는 이번 달 공과금을 내러 은행에 갔다.
③ 경조사: 좋은 일과 좋지 않은 일
   예 그녀는 집안의 모든 경조사에 빠짐없이 참석한다.

확인학습

01 식품이나 생활용품을 일반 시장이나 백화점보다 싸게 살 수 있는 장소는?

① 편의점
② 백화점
③ 재래시장
④ 대형 마트

해설 대형 마트는 모든 식품이나 생활용품을 일반 시장이나 백화점보다 싸게 파는 큰 상점이다. 묶음으로 팔거나 할인 행사를 하는 경우가 많다.
① 편의점: 하루 24시간 내내 연중무휴로 문을 여는 가게. 간단한 생활필수품 등을 팜
② 백화점: 한 건물 안에 온갖 상품을 종류에 따라 나누어 판매하는 큰 상점. 정찰제로 거래하기 때문에 물건의 값을 깎을 수 없음
③ 재래시장: 한 지역에 예전부터 있어 온 전통적인 시장. 물건의 값을 깎거나 물건을 더 얻는 등의 흥정을 할 수도 있음

참고 흥정: 가격에 대해 판매자와 소비자가 가격을 합의하는 과정

02 다음 글의 (　)에 들어갈 가장 알맞은 것을 고르시오.

> 많은 부모가 중고 육아 용품을 구입하는 이유는 '(　　　)'라는 대답이 52.1%로 가장 높았고, '새 제품의 구입 비용이 부담돼서'라는 대답이 33.4%, '물건의 사용 기간이 짧아서'라는 대답이 14.5%였다.

① 가격이 너무 비싸서
② 제품이 마음에 들어서
③ 공간을 많이 차지해서
④ 비용을 줄일 수 있어서

해설 새 제품보다 중고 제품을 많이 구입하는 이유는 '비용을 줄일 수 있어서'이다.

참고 중고: 이미 사용하였거나 오래된 물건

6. 주거 환경

(1) 문화 돋보기

① 도시와 농촌의 특징 및 문제점

구분	특징	문제점
도시	• 거리가 깨끗하다. • 편의 시설·문화 시설·의료 시설이 많다. • 안전하다. • 교통이 발달해 이동이 편리하다.	• 공기가 탁하다. • 소음이 심하다. • 빌딩 및 산업 단지가 많아 복잡하다. • 교통이 복잡하다. • 인구가 몰리다.
농촌	• 자연환경이 좋다. • 한적하다. • 공기가 맑다. • 직접 농사를 짓다. • 이웃 간 관계가 친밀하다.	• 편의 시설·문화 시설·의료 시설이 부족하다. • 교통이 불편하다. • 인구 감소로 일손이 부족하다.

(2) 어휘 확장하기

① 편의 시설: 이용자에게 유익하거나 편한 환경이나 조건을 갖춘 시설
   예 요즘 건물 내에 영화관, 미용실 등의 편의 시설이 있는 곳이 많아졌다.
② 소음: 불쾌하고 시끄러운 소리
   예 진우네 집은 공항 근처여서 소음이 심하다.
③ 한적하다: 한가하고 조용하다.
   예 주말답지 않게 거리는 한적했다.
④ 인구 감소: 일정한 지역에 사는 사람의 수가 줄어드는 것
   예 급격한 인구 감소에 따른 새로운 미래 설계가 필요할 것이다.

확인학습

01 이곳에 대한 설명으로 옳지 <u>않은</u> 것은?

> **미래 아파트**
> - 바로 앞 도립공원, 최고의 자연환경 학습장
> - 다양한 편의·문화 시설까지
> - 편리한 교통망

① 넓은 강이 앞에 흐르고 있다.
② 자연 학습장이 근처에 있다.
③ 편리한 교통 시설을 자랑한다.
④ 문화 시설이 잘 갖추어져 있다.

해설 넓은 강에 대한 말은 없으므로 '넓은 강이 앞에 흐르고 있다.'는 설명은 알맞지 않다.

※ 다음 글의 ( )에 들어갈 가장 알맞은 것을 고르시오.

02 농사는 채소나 쌀과 같은 곡식을 땅에 심어서 물을 주고 ( ) 것을 말한다.

① 만드는   ② 기르는
③ 기다리는 ④ 요리하는

해설 '곡식'은 사람이 먹는 쌀, 보리, 콩, 옥수수 등을 가리킨다. 이러한 곡식은 '기르다'를 사용하여 '곡식을 기르다'라고 말한다.

정답 01 ① 02 ②

7. 문화생활

(1) 문화 돋보기

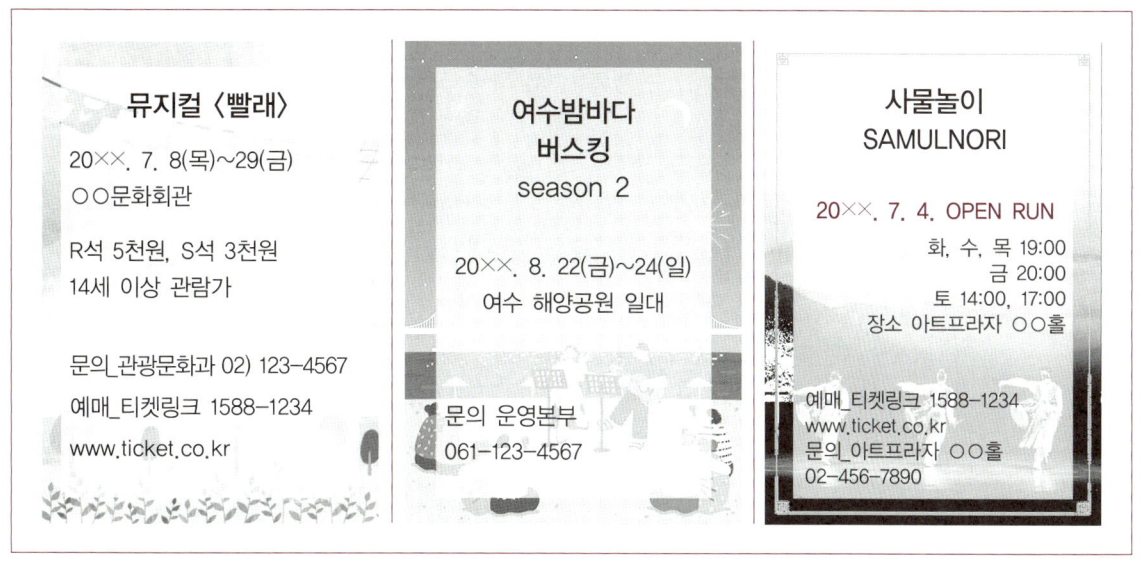

(2) 어휘 확장하기

① 초대권: 어떤 자리나 모임에 초대하는 뜻으로 적어 보내는 표
   예 음악회 무료 초대권이 생겨 친구와 다녀왔다.
② 예약 번호: 미리 예약(결정 또는 결제)하여 부여받은 번호
   예 비행기 항공권 예약 번호는 어디에서 볼 수 있나요?

확인학습

※ 다음 글의 (　)에 들어갈 가장 알맞은 것을 고르시오.

01 큰 무대 위에서 음악과 노래, 무용을 결합하여 보여주는 공연을 (　　　)(이)라고 한다.

① 버스킹　　　　　　　　② 뮤지컬
③ 전시회　　　　　　　　④ 사물놀이

> **해설** '뮤지컬'은 미국에서 발달한 현대 음악극으로 음악, 노래, 무용을 결합한 종합 예술이다.
> ① 버스킹: 사람들이 많이 다니는 길거리에서 여는 공연
> ④ 사물놀이: 꽹과리, 징, 장구, 북을 가지고 어우러져 치는 연주

02 다음을 한 문장으로 알맞게 연결한 것은?

> 다도 체험을 하다 / 어렵다 / 정말 신기하다

① 다도 체험을 해보니 어렵지만 정말 신기했다.
② 다도 체험을 해보자 어려우니 정말 신기하겠다.
③ 다도 체험을 해보면 어려운데 정말 신기해야 한다.
④ 다도 체험을 해보고 어려워서 정말 신기할 수 있다.

> **해설** '다도'는 차를 달이거나 마실 때의 방식이나 예의범절을 뜻한다.
> 동사/형용사 + -(으)니: 뒤에 오는 말에 대하여 앞에 오는 말이 원인이나 근거, 전제가 됨을 나타냄
> 동사/형용사 + -지만: 앞에 오는 말을 인정하면서 그와 반대되거나 다른 사실을 덧붙일 때 씀

8. 음식과 요리

(1) 문화 돋보기

① 요리 방법

뿌리다	소스를 뿌리다	깨를 뿌리다	후추를 뿌리다
썰다	채를 썰다	얇게 썰다	깍둑썰기를 하다
절이다	양념에 절이다	소금에 절이다	식초에 절이다
담다	통에 담다	냄비에 담다	그릇에 담다
데치다	채소를 데치다	오징어를 데치다	끓는 물에 데치다
섞다	물을 섞다	간장과 설탕을 섞다	재료를 섞다
맞추다	간을 맞추다	양을 맞추다	시간을 맞추다

된장찌개 맛있게 끓이는 법!

◆ 재료: 애호박, 버섯, 두부, 양파, 대파, 청양고추, 된장, 다진 마늘, 멸치

◆ 순서
1. 멸치를 다듬어서 냄비에 넣은 후, 물을 4컵(750ml) 정도 넣고 끓인다.
2. 채소(애호박, 버섯, 양파, 대파, 청양고추)를 다듬어 준다.
3. 멸치 국물이 우러나면 양파를 넣어 준다.
4. 버섯과 애호박을 넣어 준다.
5. 된장을 크게 한 숟갈 풀어 준다.
6. 파와 고추를 같이 넣어 준다.
7. 마지막으로 두부를 깍둑썰기 해서 넣어 준다.

(2) 어휘 확장하기

① 끓이다: 물이나 액체에 음식을 넣고 뜨겁게 하여 음식을 만들다.
   예 생일에는 미역국을 끓여 먹는다.
② 다듬다: 필요 없는 부분을 떼고 깎아 필요한 부분만 남기다.
   예 어머니는 배추를 다듬고, 나는 파를 다듬었다.
③ 우러나다: 맛이 액체 속으로 배어들다.
   예 녹차가 마시기 적당하게 우러났다.
④ 숟갈: '숟가락'의 줄임말
   예 아버지께서 밥을 한 숟갈 드시더니 수저를 내려놓으셨다.
⑤ 풀다: 액체에 다른 액체나 가루를 섞다.
   예 팔팔 끓는 물에 된장을 풀었다.

확인학습

01 냉장실과 냉동실에 음식물을 보관하는 방법을 설명한 것으로 가장 옳은 것은?

① 냉동실 하단에는 과일이나 채소류를 보관한다.
② 빵이나 떡은 장시간 보관 시 냉장실에 보관한다.
③ 냉장실에는 금방 먹을 육류나 해산물을 보관한다.
④ 냉동실에는 달걀이나 우유 등의 식품을 보관한다.

해설 냉장실에는 상하기 쉬운 달걀이나 우유 등의 식품과 금방 먹을 육류나 어패류를 보관한다. 그리고 과일이나 채소류는 냉장실 하단에 보관한다. 냉동실에는 장시간 보관할 빵이나 떡, 육류나 어패류 또는 냉동된 조리 식품을 보관한다.

※ 다음 글의 ( )에 들어갈 가장 알맞은 것을 고르시오.

02 음식 재료를 여러 번 썰어서 아주 작게 만들어요. 예를 들어, 마늘을 여러 번 작게 썬 경우에는 "마늘을 ( )."라고 해요.

① 풀다　　　　　　　　　　　② 삶다
③ 누르다　　　　　　　　　　④ 다지다

해설 '다지다'는 음식 재료를 여러 번 썰어서 아주 작게 만드는 것을 말한다.
　① 풀다: 액체에 다른 액체나 가루를 섞다.
　② 삶다: 물에 넣고 끓이다.
　③ 누르다: 물체의 전체 또는 부분에 힘을 주다.

9. 고장과 수리

(1) 문화 돋보기

① 제품이 고장 났을 때 자주 묻는 질문

자주 묻는 질문(FAQ)	먼저 해 볼 수 있는 방법
텔레비전 전원이 안 켜져요.	플러그를 잘 꽂았는지 확인해 보세요. 플러그를 뽑았다 다시 꽂아 보세요.
변기가 막혔어요.	펌프질을 하거나 변기 뚫는 세제를 사용해서 뚫어 보세요.
가스불이 안 들어와요.	밸브를 열었는지 확인해 보세요.
냉동이 잘 안 돼요. 음식물이 자꾸 녹아요.	온도를 낮춰 보세요.
노트북 화면이 안 나와요.	전원을 껐다가 켜 보세요.
휴대 전화 속도가 느려졌어요.	앱(App)을 종료하거나 불필요한 데이터를 삭제해 보세요.

② 전자 제품이 고장 났을 때

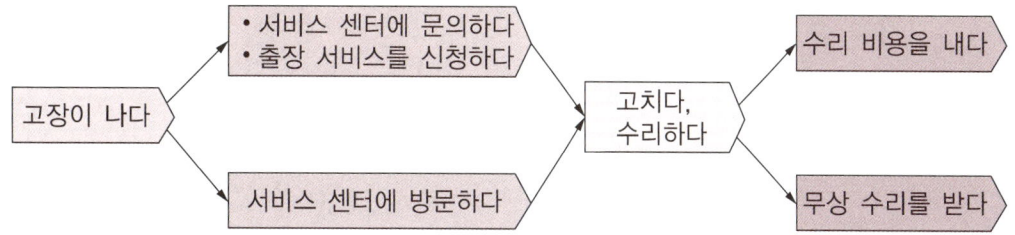

(2) 어휘 확장하기

① 플러그: 전원에 연결하기 위해 사용되는 기구
   예 한 콘센트에 여러 개의 플러그를 끼우지 않는 것이 좋습니다.
② 가스 밸브: 가스의 양이나 압력을 제어하는 장치
   예 외출할 때는 가스 밸브를 반드시 잠가야 합니다.
③ 앱(application): 스마트폰이나 태블릿PC 등에서 사용자의 편의를 위해 개발된 다양한 프로그램
   예 스마트폰 앱을 사용하여 길을 찾을 수 있습니다.
④ 데이터: 이론을 세우는 데 기초가 되는 사실이나 정보. 또는 관찰이나 실험, 조사 등으로 얻은 사실이나 정보
   예 AI는 기존 데이터를 바탕으로 논리적이고 자연스러운 문장을 만들어 냈다.

확인학습

01 다음 중 무상 수리 서비스를 받을 수 있는 경우는?

① 산 지 5년이 지난 에어컨이 작동하지 않는 경우
② 산 지 6개월이 지난 휴대 전화를 떨어뜨려 액정이 깨진 경우
③ 한 달 전 유상으로 수리를 받은 TV 화면이 또 안 나오는 경우
④ 품질 보증 기간 이내에 시계를 물에 빠뜨려 작동하지 않는 경우

해설 비용을 내고 수리를 받았는데, 2개월 이내에 같은 고장이 났으므로 무상 수리 서비스를 받을 수 있다.
① 계절 제품의 보증 기간은 보통 2년이므로 유상 수리 서비스를 받아야 한다.
②·④ 일반 전자 제품의 품질 보증 기간은 보통 1년이고 보증 기간 내에 전자 제품을 정상적으로 사용하다가 고장이 난 경우에는 무상 수리 서비스를 받을 수 있지만, 사용자의 실수나 잘못으로 인한 것은 유상 수리 서비스를 받아야 한다.

02 다음을 한 문장으로 알맞게 연결한 것은?

노트북 전원을 끄다 / 서비스 센터에 가져가다

① 노트북 전원을 끈 만큼 서비스 센터에 가져가야 한다.
② 노트북 전원을 끈 듯이 서비스 센터에 가져가야 한다.
③ 노트북 전원을 끈 탓에 서비스 센터에 가져가야 한다.
④ 노트북 전원을 끈 채로 서비스 센터에 가져가야 한다.

해설 '동사 + -(으)ㄴ 채로'는 앞의 말이 나타내는 어떤 행위를 한 상태 그대로 있음을 나타내는 표현이다.
① 만큼: 앞에 오는 말이 뒤에 오는 말의 이유나 근거임을 나타낸다.
② 듯이: 뒤에 오는 말이 앞에 오는 말과 거의 비슷함을 나타낸다.
③ 탓에: 앞에 오는 말이 뒤의 부정적인 현상이 생겨난 원인임을 나타낸다.

정답 01 ③ 02 ④

10. 취업

(1) 문화 돋보기

① 구인 중요

함께 일할 직원을 모집합니다!	원어민 강사를 모집합니다!
모집 인원: O명 근무 조건: 주 5일제, 9:00~18:00 우대 조건: 모국어가 영어인 자 지원 방법: 이력서, 자기 소개서, 면접 서류 접수: 20××년 8월 15일까지	업무 내용: 성인 기초 중국어 지원 자격: 경력자, 한국어 능통자 근무 시간: 주 3일 근무, 요일 협의 급여: 월 200만 원 전형 방법: 서류 방문 접수, 시강

② 구직

이력서			
성명	라이언	주민등록번호/외국인등록번호	
		901010 - 1******	
생년월일	1990년 10월 10일	성별(남 , 여)	
주소	경기도 부천시 원미동 시대아파트		
연락처	010-1234-5678	이메일	sdlove@yaho.com

년 월 일	학력 및 경력 사항	발령청
2009. 3. 3. ~2014. 2. 20.	한국대학교 관광무역과	한국대학교총장
2014. 7. 1. ~ 현재	시대여행사	시대여행사장
년 월 일	자격증	발급 기관
2013. 12. 3.	TOPIK 6급	국립국제교육원장

(2) 어휘 확장하기

① 구인: 일할 사람을 구함

　예 오늘의 구인정보를 알려 드립니다.

② 주 5일제: 일주일에 5일 동안

　예 주 5일제 근무자를 구합니다.

③ 구직: 일자리를 구함

　예 대전시에서 미취업 청년들에게 구직 활동비를 지원하기로 했다.

④ 이력서: 자신의 학력, 경력과 같은 지금까지의 이력을 적은 문서

　예 최근 이력서는 정보의 구체성에 초점을 두고 있다.

확인학습

[01-02] 다음 글의 (   )에 들어갈 가장 알맞은 것을 고르시오.

01 이 회사에 (   ) 된 동기는 한국에 오기 전 봤던 영화 때문입니다.

① 작성하게 ② 지원하게
③ 지지하게 ④ 합격하게

해설 '지원하다'는 어떤 조직에 들어가거나 일을 맡기를 원한다는 뜻이다.
① 작성하다: 원고나 서류 등을 만들다.
③ 지지하다: 어떤 사람이나 단체 등이 내세우는 주의나 의견 등에 찬성하고 따르다.
④ 합격하다: 시험, 검사, 심사 등을 통과하다.

02 수지 씨는 (   ) 사람이라서 서비스직도 제격일 것 같아요.

① 무심한 ② 매정한
③ 친절한 ④ 무뚝뚝한

해설 '친절하다'는 사람을 대하는 태도가 상냥하고 부드럽다는 뜻이다.
① 무심하다: 어떤 일이나 사람에 대하여 걱정하는 마음이나 관심이 없다.
② 매정하다: 얄미울 정도로 쌀쌀맞고 인정이 없다.
④ 무뚝뚝하다: 말, 행동, 표정 등이 부드럽거나 상냥하지 않아 정이 느껴지지 않다.

03 다음 글의 내용과 <u>다른</u> 것은?

시대여행사에서 원어민 통역사를 모집합니다!
- 지원 자격: 영어를 모국어로 하는 국가의 4년제 대학을 졸업한 자, 한국어 능통자, 관련 분야 경력 1년 이상
- 근무 조건: 주 5일제, 월 200만 원
- 필수 서류: 방문 제출(이력서, 자기 소개서)

---

① 한국어를 못해도 지원이 가능하다.
② 여기에 취직하면 일주일에 5일간 일한다.
③ 서류를 제출하기 위해서는 직접 가야 한다.
④ 해당 업무와 관련된 경력이 없으면 지원할 수 없다.

해설 지원 자격에 한국어 능통자라는 말이 있으므로 한국어를 잘해야 지원이 가능함을 알 수 있다.

11. 부동산

(1) 문화 돋보기

① **집의 종류**
  ㉠ **아파트**: 높고 큰 건물 안에 **여러 가구가 독립**하여 살 수 있게 지은 주거 단지로 공용 주차장, 각종 편의 시설이 갖추어져 있습니다.
  ㉡ **주택**: 한 가구만 살 수 있게 **한 채씩 따로** 지은 집으로 주로 정원이나 마당이 있습니다.
  ㉢ **오피스텔**: 침실, 부엌, 화장실 등과 같은 **간단한 주거 시설을 갖춘 사무실**로 아파트와 복합된 형태로 지어지기도 합니다.
  ㉣ **빌라**: 보통 4~5층 건물에 여러 집들이 있고, 같은 건물에 여러 사람이 살고 있습니다.
  ㉤ **원룸**: 하나의 방에 침실, 거실, 부엌이 있습니다.
  ㉥ **기숙사**: 학교나 회사에 딸려 있어 학생이나 사원에게 싼값으로 숙식을 제공하고 있습니다.

② 주거 유형: 매매, 임대, 전세, **월세**, 반전세

(2) 어휘 확장하기

① 부동산: 움직여 옮길 수 없는 재산 따위이다.
  예 그는 부동산을 담보로 대출을 받았다.
② 공인중개사(부동산 중개인): 토지나 건물을 사고팔 때, 사고팔 사람을 소개하고 서로 연결해 주는 일을 할 수 있는 법적인 자격을 갖춘 사람
  예 그는 공인중개사가 되기 위해 공부 중이다.
③ 보증금: 계약 등을 할 때 담보로 미리 주는 돈
  예 보증금 이천만 원에 월세 삼십만 원을 받기로 계약을 맺었다.
④ 등기부 등본: 관청에서 부동산에 대한 권리나 사실 관계를 기록해 둔 장부를 그대로 복사한 서류
  예 전셋집 계약을 할 때는 등기부 등본을 꼭 확인하는 것이 좋다.
⑤ 전입 신고: 사는 곳을 옮길 때, 새로 살게 된 곳을 구청 등에 알리는 일
  예 이사를 하면 반드시 전입 신고를 해야 한다.
⑥ 반전세: 집주인에게 일정한 돈을 보증금으로 맡긴 후 전세금의 일부를 월세로 내는 것. 한국에만 있는 특이한 거주 형태이다.
  예 유명 배우 A양이 현재 반전세로 살고 있음을 솔직하게 고백했다.

확인학습

01 다음 글의 내용과 <u>다른</u> 것은?

급매

- 위치: 외대앞역(1호선) 도보 5분
- 월세: 보증금 3,000만 원, 월 50만 원
- 구조: 방1, 욕실1
- 특징: 관리비 5만 원, 햇빛 잘 들어옴, 즉시 입주 가능
- 건물 형태: 빌라 4/5층
---

① 집 근처에 편의 시설이 많다.
② 지하철역과 가까워 교통이 편리하다.
③ 계약을 하고 바로 들어가서 살 수 있다.
④ 보증금을 제외하고 매달 55만 원만 내면 된다.

해설 집 근처의 편의 시설에 대한 이야기는 나오지 않으므로 알 수 없다.
② 외대앞역에서 걸어서 5분 거리이므로 위치가 좋고, 교통이 편리하다고 할 수 있다.
③ 급매란 물건이나 부동산 등을 급하게 판다는 의미이고, 즉시 입주 가능하다고 하였으므로 계약을 하면 바로 들어가서 살 수 있다.
④ 관리비 5만 원과 월세 50만 원을 합하여 매달 55만 원을 내야 한다.

02 다음을 보고 알맞게 연결하지 <u>않은</u> 것을 고르시오.

① 집을 계약할 때 - 잔금을 지불한다.
② 집을 계약할 때 - 등기부 등본을 확인한다.
③ 이사한 직후 - 행정복지센터에 전입 신고를 한다.
④ 집을 구할 때 - 공인중개사를 통해 집을 둘러본다.

해설 이사하는 날 잔금을 지불한다.

참고
- 집을 구하다: 공인중개사를 통해 집을 둘러보며, 자신의 조건에 맞는 집을 꼼꼼하게 찾는다.
- 집을 계약하다: 집주인과 직접 계약할 때, 계약서를 꼼꼼히 읽어 보고 입금 계좌와 등기부 등본을 반드시 확인한다.
- 이사하다: 이사하는 날 잔금을 지불하고 계약한 집에 이삿짐을 옮긴다. 그리고 행정복지센터에 방문하여 전입 신고를 하고 확정 일자를 받는다.

01 ① 02 ① **정답**

12. 전통 명절

(1) 문화 돋보기

① **4대 명절**: 설날, 추석, 단오, 한식

구분	설날	추석 (한가위)	단오	한식
시기	음력 1월 1일	음력 8월 15일	음력 5월 5일	동지 후 105일째 되는 날
음식	떡국	송편, 토란국	수리취떡, 앵두화채, 쑥떡, 망개떡	쑥(쑥떡), 진달래(화전), 오미자(창면, 화면)
풍습	설빔, 차례, 세배, 복조리	차례, 벌초, 성묘	창포물에 머리감기, 대추나무시집보내기	차례, 성묘, 찬 음식 먹기
놀이	윷놀이, 널뛰기, 연날리기	강강술래, 줄다리기, 씨름	그네뛰기, 씨름, 탈춤, 사자춤, 가면극	제기차기, 그네뛰기

② 정월 대보름

　㉠ 시기: 음력 1월 15일
　㉡ 음식: 오곡밥, 나물, 부럼(호두, 땅콩 등)
　㉢ 풍습: 부럼 깨기, 달맞이
　㉣ 놀이: 줄다리기, 씨름, 강강술래, 쥐불놀이

※ 2023년 12월 18일에 설과 대보름, 단오, 추석, 동지, 한식이 국가무형유산으로 지정되었으니 참고바랍니다.

〈차례상〉

(2) 어휘 확장하기

① 설빔: 설을 맞이하여 새로 장만한 옷과 신발
　예 새해에는 <u>설빔</u>으로 단장하고 웃어른에게 세배를 한다.
② 차례: 명절에 지내는 제사
　예 추석에는 햇곡식, 햇과일 등 그해 새로 나온 음식으로 <u>차례</u>를 지낸다.
③ 세배: 새해를 맞아 의례적으로 웃어른께 드리는 문안인사
　예 설날에는 <u>세배</u>를 하는 것이 한국의 풍습이다.

확인학습

01 새해를 맞아 설날에 먹으면 나이를 한 살 더 먹는다는 의미를 지닌 음식은?

① 부럼 ② 팥죽
③ 떡국 ④ 송편

해설 '떡국'은 육수를 끓여 납작하게 썬 가래떡을 넣고 고명을 올린 음식이다. 새해를 맞아 먹는 음식이며 설날에 먹으면 나이를 한 살씩 더 먹는다는 의미를 지닌다.
① 부럼: 정월 대보름날 저녁에 밤과 같은 견과류(딱딱한 껍질의 과일)를 딱 소리가 크게 나도록 깨물면 1년 동안 부스럼(피부병)이 나지 않고 치아가 튼튼해져서 건강한 한 해를 보낼 수 있다고 여겼다.
② 팥죽: 동지는 1년 중 밤이 가장 길고, 낮이 가장 짧은 날로 팥죽을 먹는 풍습이 있다. 팥의 붉은색이 나쁜 운을 막고 잡귀를 쫓아 준다고 믿었다.
④ 송편: 추석에 한 해의 수확을 감사하며 차례상에 올리는 반달 모양의 떡

02 정월 대보름이나 한가위에 여러 사람이 함께 손을 잡고 원을 그리며 빙빙 돌면서 춤을 추고 노래를 부르는 한국의 전통놀이는?

① 씨름 ② 줄다리기
③ 강강술래 ④ 연날리기

해설 '강강술래'는 임진왜란 때 우리 군사를 많아 보이게 하기 위해 부녀자들이 노래를 부르며 둥글게 무리를 지어 빙빙 돌게 한 것으로부터 시작된 놀이로 2009년에 유네스코 세계무형유산으로 지정되었다.
① 씨름: 두 사람이 샅바를 잡고 힘과 재주를 부리어 먼저 넘어뜨리는 것으로 승부를 겨루는 전통 운동
② 줄다리기: 많은 사람이 두 편으로 나뉘어 줄을 마주 잡고 당겨서 승부를 겨루는 놀이
④ 연날리기: 바람을 이용하여 연을 하늘 높이 띄우는 놀이. 그해의 나쁜 일을 멀리 달아나게 한다는 의미를 지님

13. 직장 생활

(1) 문화 돋보기

① 직장 생활 관련

　㉠ 출근: 업무 시작 시간 10분 전까지 도착하여 하루 업무 계획을 점검합니다.

　㉡ 근무: 근무 시간에는 업무와 관련이 없는 개인적인 일은 하지 않습니다.

　㉢ 외근: 자리를 비울 때는 목적지, 소요 시간 등을 보고하고 허락을 받아야 합니다.

　㉣ 퇴근: 전자 제품의 전원을 껐는지 확인하고 자신의 자리를 정돈한 후 인사를 하고 나갑니다.

　㉤ 직위: 직장에서 맡은 일에 따른 위치로 '사원-주임-대리-과장-차장-부장-이사-상무-전무-부사장-사장'의 순서대로 진급합니다. 상급자에게는 직위 뒤에 '~님'을, 동급자에게는 '~씨'를 붙입니다.

　㉥ 기본급: 각종 수당을 제외한 일정한 기본 봉급입니다.

　㉦ 급여 내역: 회사로부터 내가 받는 돈의 상세한 목록입니다.

　㉧ 세금 내역: 회사는 내가 나라에 내야하는 세금의 일부를 *원천 징수합니다.

　　　　*소득을 지급하는 쪽에서 세금의 일부를 거두어들이는 방법

　㉨ 공제 내역: 회사는 근로자를 법적으로 정해진 4가지 보험(*4대 보험)에 가입시킬 의무가 있습니다. 그리고 월급에서 보험료의 일부를 원천 징수합니다.

　　　　*국민연금, 건강보험, 고용보험, 산업재해보상보험(산재보험)

월급 명세서					
부서명	성명		직위		기본급
영업부	캘빈 김		과장		
급여 내역		세금 내역		공제 내역	
가족수당		소득세		고용보험	
직급수당		주민세		건강보험	
중식비					국민연금	
상여금					기타공제	
퇴직금						
지급총액		**세금총액**		**공제총액**	
실수령액						

② 모임의 종류
  ㉠ 송년회: 연말에 가족이나 친구, 동료 등과 함께 한 해를 보내며 벌이는 모임
  ㉡ 송별회: 떠나는 사람을 보내기 전에 섭섭한 마음을 달래고 행운을 비는 뜻으로 벌이는 모임
  ㉢ 시무식: 연초에 근무를 시작할 때 하는 의식
  ㉣ 종무식: 관공서나 회사에서 연말에 근무를 끝낼 때에 행하는 의식
  ㉤ 총회: 구성원 전체가 모여 어떤 일에 관하여 의논하는 모임
  ㉥ 회식: 모임이나 단체에 속한 사람이 모여 함께 음식을 먹는 모임
  ㉦ 야유회: 친목을 위하여 야외에 나가서 노는 모임
  ㉧ 동호회: 같은 취미를 가지고 함께 즐기는 사람들의 모임
  ㉨ 동창회: 같은 학교를 졸업한 사람들의 모임
  ㉩ 반상회: 정부의 공시 사항을 전달하고 논의하는 모임
  ㉪ 부녀회: 한 마을이나 지역 사회 등에서 부녀자들이 친목을 도모하고 마을이나 단체의 일에 함께 대처하기 위하여 조직한 모임
  ㉫ 학부모회: 학교를 중심으로 학부모와 교사로 이루어진 모임

③ **모임 초대장 및 인사말**

한 해를 마무리하고 추억을 나누는 **송년회** 밤에 여러분을 초대합니다.	**시무식**에 고마운 분들을 모시고자 하오니 많은 격려와 조언 부탁드립니다.	모두가 행복한 학교를 만들기 위해 고민을 나누는 **학부모회**에 귀하를 모시고자 합니다.
사회 여러 분야에서 모교를 빛내고 계신 동창 여러분께 감사드리며 이번 **동창회** 일정을 안내드립니다.		매월 첫째 주 토요일마다 정기적으로 열리는 **반상회**이니만큼 주민 여러분의 많은 참석을 요청드립니다.
제3회 시대 사진**동호회** 사진전에 초대합니다 드디어 시대의 세 번째 사진전을 갖습니다. 부디 찾아 주시어 우리의 따뜻한 작품을 통하여 서로 온정을 나누는 시간이 되시기 희망합니다.	제1회 시대로 주민**총회** 시대로 주민자치회의 첫 번째 **총회**를 진행하고자 하오니, 자리를 빛내 주시면 감사하겠습니다. ――――――― 일시 및 장소 일시: 20XX. 9. 30. 오후 6:00 장소: 시대고등학교 체육관	**송별회** 안내 ◆ 퇴직자 김○○ 차장님/ 35년 근무 신○○ 차장님/ 30년 근무 본사에서 오랫동안 근무하시고 퇴직하시는 위 사우님들의 **송별회**를 아래와 같이 진행하오니 바쁘시더라도 꼭 참석하시어 축하 및 석별의 정을 나누시기 바랍니다.

(2) 어휘 확장하기

① **월급**: 한 달을 단위로 하여 지급하는 돈. 또는 그런 방식
  예 오늘 월급을 받았다.
② **명세서**: 물품이나 금액 따위의 내용을 분명하고 자세하게 적은 문서
  예 명세서에 금액을 자세히 적다.
③ **수당**: 정해진 봉급 외에 추가로 따로 받는 보수
  예 지난달 지급된 특별 수당으로 직원들의 사기가 높아졌다.
④ **중식**: 점심에 끼니로 먹는 밥 유 점심
  예 견학 당일의 교통편과 중식은 회사에서 제공된다.
⑤ **상여금**: 정기 급여 이외에 업적이나 공헌도에 따라 상으로 더 받는 돈
  예 송년회에서 우리 팀이 상여금을 받게 되었다.
⑥ **퇴직**: 지금 직장에서 물러남
  예 앞으로 3년 후면 그녀는 퇴직을 할 것이다.
⑦ **연봉**: 한 곳에서 계속 일하면서 1년 동안 정기적으로 받는 보수의 총액
  예 연봉 액수로 사람을 판단하는 것은 바람직하지 못하다.
⑧ **모교**: 자기가 다니거나 졸업한 학교
  예 그는 자신의 모교에 장학금을 기부했다.
⑨ **동반**: 어떤 일을 하거나 어디를 가는 것을 함께 함
  예 두 사람은 부부 동반으로 설악산 여행을 다녀왔다.
⑩ **정기적**: 기한이나 기간이 일정하게 정하여짐
  예 A 협회는 사회 취약 계층의 주거 환경 개선을 위해 정기적으로 후원하고 있다.

확인학습

[01-02] 다음 글의 ( )에 들어갈 가장 알맞은 것을 고르시오.

01 김 과장은 일본과의 계약을 성사시키기 위해 해외 ( )을/를 떠났다.

① 휴가 ② 조퇴
③ 결근 ④ 출장

해설 '출장'은 임시로 다른 곳에 일하러 가는 것이다.
① 휴가: 단체에 속한 사람이 일정한 기간 동안 일터를 벗어나서 쉬는 일
② 조퇴: 학교나 직장 등에서 마치기로 예정된 시간 이전에 나옴
③ 결근: 일을 해야 하는 날에 직장에 가지 않고 빠짐

02 이 대리는 사장님께 회의에 대한 결과를 ( ).

① 보고했다 ② 통보했다
③ 보도했다 ④ 근무했다

해설 '보고하다'는 연구하거나 조사한 것의 내용이나 결과를 말이나 글로 알린다는 뜻이다.
② 통보하다: 어떤 명령이나 소식 등을 말이나 글로 알리다.
③ 보도하다: 신문이나 방송 등의 대중 매체를 통해 여러 사람에게 새로운 소식을 알리다.
④ 근무하다: 직장에서 맡은 일을 하다.

03 다음 중 학교와 관련이 있는 모임은?

① 반상회 ② 동창회
③ 부녀회 ④ 송년회

해설 '동창회'는 같은 학교를 졸업한 사람들의 모임이다.
① 반상회: 정부의 공시 사항을 전달하고 논의하는 모임
③ 부녀회: 한 마을이나 지역 사회 등에서 부녀자들이 친목을 도모하고 마을이나 단체의 일에 함께 대처하기 위하여 조직한 모임
④ 송년회: 연말에 가족이나 친구, 동료 등과 함께 한 해를 보내며 벌이는 모임

14. 인터넷과 스마트폰

(1) 문화 돋보기

목과 어깨 통증은 거북목 증후군의 발생 신호

최근 인터넷의 발달로 오랜 시간 컴퓨터를 하거나 스마트폰(SNS, 모바일 게임 등)을 사용하며 거북목 증후군에 시달리는 환자가 늘고 있습니다. 거북목 증후군을 방치할 경우 일상생활에 악영향을 미치게 됩니다.

거북목은 말 그대로 거북이처럼 목을 앞으로 쭉 뺀 자세를 말합니다. 고개를 앞으로 숙이는 거북목 자세는 머리의 무게가 그대로 목과 어깨 근육과 뼈에 스트레스를 주어 목이 뻣뻣해지며 통증을 유발합니다. 그리고 오랫동안 방치할 경우 목과 허리 쪽의 디스크 또는 골반의 불균형, 얼굴 비대칭 등의 병을 유발합니다.

---

① 인터넷과 스마트폰의 장단점

장점	단점
• 정보 전달이 빠릅니다. • 쌍방향 소통이 가능합니다. 　(메신저, 채팅, 메일 등) • 시간과 공간의 제약이 없습니다.	• 중독되기 쉽습니다. • 유해한 매체를 접하기 쉽습니다. • 개인 정보가 유출될 수 있습니다. • 가짜 뉴스와 같은 잘못된 정보를 접할 수 있습니다.

(2) 어휘 확장하기

① **거북목 증후군**: 오랜 시간 동안 목을 빼고 컴퓨터를 보면서 일하여 거북이처럼 목이 앞으로 빠져나온 상태
　예 목 통증의 대표적인 원인은 거북목 증후군이다.

② **중독**: 유해 물질에 의한 신체 증상 또는 약물 남용에 의한 정신적인 중독
　예 날마다 집에서 텔레비전만 보니 너는 텔레비전 중독인 것 같다.

③ **유해하다**: 나쁘다.
　예 담배는 건강에 아주 유해하다.

④ **매체**: 어떤 사실을 널리 전달하는 물체나 수단
　예 요새 젊은이들에게는 인터넷이 가장 영향력이 있는 매체이다.

⑤ **유출**: 밖으로 흘러 나가거나 흘려 내보냄
　예 시험 문제 유출로 학교가 발칵 뒤집혔다.

확인학습

01 인터넷의 장점에 대한 설명으로 옳은 것은?

① 자기도 모르게 중독되기 쉽다.
② 아이들이 유해한 정보에 쉽게 노출된다.
③ 개인 정보가 빠져나가 피해를 입을 수 있다.
④ 정보가 실시간으로 전달되어 전파 속도가 매우 빠르다.

해설 인터넷에서는 정보의 확산이 광범위하고 빠르게 진행된다. ①·②·③은 인터넷의 단점에 해당한다.

02 〈보기〉에서 한국에서 인터넷과 스마트폰으로 할 수 있는 것을 모두 골라 묶은 것은?

• 보기 •
ㄱ. 내가 좋아하는 가수의 공연 후기 올리기
ㄴ. 미국에 살고 있는 형과 메신저 주고받기
ㄷ. 온라인 쇼핑몰에서 판매 중인 옷 구매하기
ㄹ. 태국으로 여행 간 친구가 보내준 사진 보기

① ㄱ, ㄴ
② ㄱ, ㄴ, ㄹ
③ ㄴ, ㄷ, ㄹ
④ ㄱ, ㄴ, ㄷ, ㄹ

해설 제시된 것 모두 한국에서 인터넷과 스마트폰으로 할 수 있는 일들이다. 이 외에도 게임, 영화나 드라마 보기, 음악 듣기 등의 활동도 가능하다.

03 인터넷을 이용하는 바람직한 태도로 옳지 않은 것은?

① 의견이 다른 사람에게 욕설을 하지 않는다.
② 저작권이 있는 자료는 출처를 분명히 적는다.
③ 다른 사람의 개인 정보를 마음대로 올리지 않는다.
④ 아직 극장에 개봉 중인 영화의 불법 다운로드 방법을 공유한다.

해설 상영 중인 영화나 판매 중인 책 등과 같이 저작권이 걸려 있는 창작물을 함부로 주고받는 것은 불법이므로 주의해야 한다.

15. 고민과 상담

(1) 문화 돋보기

상담 분야	관련 고민
경제 문제	불안정한 수입, 재테크, 돈 관리 등
진로·취업	진학, 진로, 적성, 취업, 직무, 이직, 퇴직 등
한국 생활	국적 취득, 한국어, 이민 등
가족 문제	이혼, 불화, 가출, 학대, 폭력, 고부 갈등 등
대인 관계	소외, 공포증, 애착, 대인기피, 실연, 역할 갈등 등
건강 문제	우울, 피로, 불면증, 체중 증가 등
육아 문제	미혼모, 맞벌이, 문제 행동, 양육 스트레스 등

⇨ 상담을 원하거나 궁금한 점이 있으면 가까운 **다문화가족지원센터**나 **외국인노동자지원센터** 또는 **서울글로벌센터**로 문의하세요. 도움을 받을 수 있습니다.

(2) 어휘 확장하기

① 불화: 서로 사이좋게 어울리지 못함
　예 그 부부는 오랜 불화 끝에 결국 이혼을 하였다.

② 학대: 정신적으로나 육체적으로 몹시 괴롭히고 못살게 굶
　예 그 아이는 아동 학대의 피해자이다.

③ 고부: 시어머니와 며느리를 아울러 이르는 말
　예 그 연극은 고부 갈등을 표현한 작품이다.

④ 실연: 연애에 실패함
　예 남자 친구와 헤어진 지수는 실연의 고통으로 괴로워하였다.

⑤ 불면증: 밤에 잠을 자지 못하는 상태가 오래도록 계속되는 증상
　예 불면증을 겪고 있는 승규는 수면제를 먹지 않으면 잠을 못 이룬다.

⑥ 양육: 아이를 보살펴서 자라게 함
　예 정부는 다자녀 가구의 양육비 부담을 줄이기 위해 예산을 확대하기로 하였다.

확인학습

01 다음을 한 문장으로 알맞게 연결한 것은?

> 잠을 못 자다 / 예민해지다

① 잠을 못 자야 예민해져요.
② 잠을 못 자는데 예민해져요.
③ 잠을 못 자니까 예민해져요.
④ 잠을 못 잘 텐데 예민해져요.

해설 잠을 못 자는 것은 예민해지는 원인이 된다.
동사/형용사 + -(으)니까: 뒤에 오는 말에 대하여 앞에 오는 말이 원인이나 근거, 전제가 됨을 강조하여 나타냄

02 다음 중 문제 상황에 대한 대처로 옳은 것은?

① 밤에 잠이 오지 않으면 따뜻한 커피를 마신다.
② 습관적인 폭식이 지속될 경우 구토를 해 위를 자주 비워 낸다.
③ 아동의 가정폭력을 목격할 경우 즉시 신고하고 상담을 받게 한다.
④ 아이를 낳은 후 겁이 나고 불안한 것은 거식증 증상이므로 병원에 간다.

해설 보호자를 포함한 성인이 아동의 안전을 위협하는 것은 학대에 해당하므로 전문 기관의 도움을 받는 것이 좋다.
① 커피나 녹차 대신 카페인이 없는 따뜻한 차를 마시는 것이 잠을 자는 데 도움이 된다.
② 음식물을 토하는 행위는 위를 상하게 할 수 있다. 폭식 증상이 이미 습관화되었다면 반드시 전문가를 찾아가 치료를 받는 것이 좋다.
④ 아이를 낳은 후 불안하고 사소한 일에도 눈물이 나는 것은 거식증 증상이 아니라 호르몬에 의한 '산후 우울감'으로 정상적인 반응이다. 평생 돌봐야 할 아기가 생긴다는 것은 큰 긴장감과 두려움을 느끼게 하여 스트레스로 작용할 수 있기 때문이다. 단, 심각한 불안감은 '산후 우울증'으로 발전하여 산모와 아기 모두에게 위험할 수 있으므로 반드시 의사와 상의하는 것이 좋다. 한편 거식증은 섭식 장애의 하나로 장기간 심각할 정도로 음식을 거부하는 질병이다.

정답 01 ③ 02 ③

16. 기후와 날씨

(1) 문화 돋보기

자연 재난	행동 요령
미세 먼지 주의보	외출 시에는 반드시 마스크를 착용하고, 외출 후에는 손발을 꼼꼼하게 씻는다.
황사	호흡기가 안 좋은 사람, 노약자, 어린이는 가능한 한 외출을 자제한다.
폭염 주의보	물을 충분히 마시고 옷차림을 가볍게 한다.
호우 경보	하천, 산길, 전신주 주변 등은 피해서 움직인다.
태풍 경보	가로등, 신호등, 전신주 등에 접근하면 안 되며, 해수욕장이나 바닷가에 나가서는 안 된다.
한파 경보	외출 시 방한 용품(목도리, 모자, 장갑 등)을 착용한다.

(2) 어휘 확장하기

① **자연 재난**: 태풍, 폭염, 홍수 등 자연 현상 때문에 발생하는 일
  예 대설, 한파 등 겨울철 자연 재난을 줄이기 위해 조치에 나선다.
② **행동 요령**: 어떤 일에 꼭 필요하고 지켜야 하는 행동 수칙
  예 지진 발생 시 행동 요령에 대해 알려 드리겠습니다.
③ **주의보**: 태풍, 폭염, 홍수 등 현상으로 피해를 입을 수 있을 때 기상청에서 주의를 주는 예보
  예 전국에 호우 주의보를 내렸다.
④ **경보**: 태풍 등의 위험이 닥쳐올 때 경계하도록 미리 알리는 일
  예 폭풍이 심해지자 경보가 내려졌다.
⑤ **방한**: 추위를 막음
  예 이 옷은 방한 효과가 뛰어나 인기가 있다.

확인학습

01 다음을 한 문장으로 알맞게 연결한 것은?

> 내일 미세 먼지가 심하다 / 잊지 말고 마스크를 가져가다

① 내일 미세 먼지가 심해야 잊지 말고 마스크를 가져가세요.
② 내일 미세 먼지가 심할수록 잊지 말고 마스크를 가져가세요.
③ 내일 미세 먼지가 심할 텐데 잊지 말고 마스크를 가져가세요.
④ 내일 미세 먼지가 심하자마자 잊지 말고 마스크를 가져가세요.

해설 내일 미세 먼지가 심할 것이라고 추측하여 대비 방법을 알려 준다.
동사/형용사 + -(으)ㄹ 텐데: 어떤 내용에 대한 말하는 사람의 추측을 나타냄

02 다음 중 자연 재난과 행동 요령이 적절하게 연결되지 <u>않은</u> 것은?

① 미세 먼지 - 외출 시에는 마스크를 착용해 주세요.
② 폭염 - 외출 시에는 양산, 모자 등으로 햇빛을 막아 주세요.
③ 대설 - 운전 시에 차간 간격을 유지하며 천천히 운전하세요.
④ 지진 - 창문틀과 유리 사이의 틈에 테이프를 붙여 고정해 주세요.

해설 지진 발생 시 국민 행동 요령
- 가방이나 손으로 머리를 보호한다.
- 건물과 떨어져서 이동한다.
- 운동장이나 공원 등 넓은 공간으로 대피한다.

정답 01 ③ 02 ④

17. 한국 생활 적응

(1) 문화 돋보기

기대감	곧 좋은 일이 생길거야.
외로움	친구도 없고, 가족들이 너무 보고 싶어.
호기심	이게 뭘까? 궁금하다.
자신감	나는 할 수 있어!
생소함	처음 보는 건데…. 어떻게 사용하는 거지?

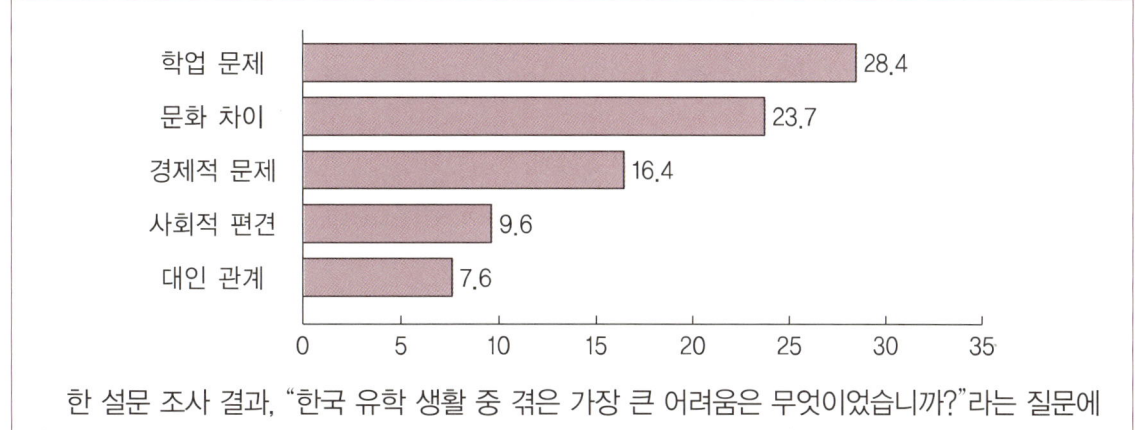

한 설문 조사 결과, "한국 유학 생활 중 겪은 가장 큰 어려움은 무엇이었습니까?"라는 질문에 '학업 문제'라는 응답이 28.4%로 가장 높았고, 다음으로 '문화 차이', '경제적 문제' 순으로 나타났다.

(2) 어휘 확장하기

① 기대감: 어떤 일이 이루어지기를 바라고 기다리는 마음
　[예] 내일 소풍에 대한 기대감으로 쉽게 잠을 이루지 못했다.

② 외로움: 혼자 남겨져 쓸쓸한 마음이나 느낌
　[예] 그녀는 형제가 없어 외로움을 느끼며 자랐다.

③ 호기심: 새롭고 신기한 것을 좋아하거나 모르는 것을 알고 싶어 하는 마음
　[예] 호기심에 가득 찬 눈빛으로 바라보았다.

④ 자신감: 자신이 있다는 느낌
　[예] 그는 항상 자신감이 넘친다.

⑤ 생소하다: 어떤 대상이 낯설다.
　[예] 길이 생소하여 어디인지 알 수가 없다.

확인학습

[01-03] 다음 글의 ( )에 들어갈 가장 알맞은 것을 고르시오.

01 항상 언니는 곁에서 나의 ( )을 달래 주었다.

① 자신감
② 기대감
③ 외로움
④ 호기심

해설 '달래다'는 슬프거나 고통스러운 감정을 가라앉힐 때 사용하는 말로, '외로움을 달래다'가 가장 잘 어울린다.

02 내 친구는 성격이 좋아 ( )가 원만하다.

① 대인 관계
② 문화 차이
③ 학업 문제
④ 심리적 문제

해설 '원만하다'는 서로 사이가 좋음을 말한다. 따라서 '대인 관계가 원만하다'가 가장 잘 어울린다. 대인 관계가 원만한 사람은 사람을 사귀는 것을 어려워하지 않고, 상대방과 사이가 좋다.

03

> 첸: 소양 씨, 오랜만이에요. 요즘 얼굴 보기가 힘들어요. 잘 지냈어요?
> 소양: 아니요. 요즘 새로운 직장에 적응하느라고 마음의 여유가 없었어요. 잠도 못 자고, 자신감도 떨어져서 걱정이 많아요.
> 첸: 정말요? 몰랐어요. 시간이 지날수록 점차 ( ). 걱정하지 마세요. 소양 씨는 성실하고, 긍정적이어서 잘할 거라고 생각해요.
> 소양: 그렇게 말씀해 주셔서 고마워요.

① 적응해요
② 적응할까요
③ 적응할 거예요
④ 적응하고 싶어요

해설 '동사 + -(으)ㄹ 거예요'는 미래의 계획이나 할 일, 다짐이나 의지를 말하는 종결어미이다. 현재 소양 씨는 새로운 직장에 적응 중이므로 미래에 적응을 완료할 것이라는 의미의 '적응할 거예요'가 알맞다.

참고 적응하다: 어떠한 조건이나 환경에 익숙해지거나 알맞게 변화하다.

정답 01 ③ 02 ① 03 ③

18. 가족의 변화

(1) 문화 돋보기

① (확)대가족과 핵가족

(확)대가족	핵가족
• 부모님을 모시고 산다. • 여러 세대가 함께 산다. • 가족 간의 유대가 깊다. • 집안의 중요한 일은 어른들이 결정한다.	• 분가해서 산다. • 가사를 분담한다. • 각자의 생활을 존중받는다. • 집안의 중요한 일은 가족이 함께 결정한다.

② 현대의 다양한 가족 형태

| 1인 가구 | 독거노인 | 입양 가족 |
| 한부모 가족 | 주말 부부 | 맞벌이 부부 |

(2) 어휘 확장하기

① 유대: 둘 이상을 서로 연결하거나 결합하게 하는 관계
   예 두 나라 간의 유대를 강화했다.
② 분가: 가족의 한 구성원이 결혼 등을 이유로 따로 나가서 사는 것
   예 결혼을 하고 얼마 안 돼 분가를 했어요.
③ 가사: 집안일
   예 가사 노동은 여성만의 일이 아니라 사회 전체의 부담으로 행해져야 한다.
④ 맞벌이: 부부가 모두 직업을 가지고 돈을 벎
   예 요즘 맞벌이를 하는 부부가 늘어나고 있다.

확인학습

01 한국의 가족에 대한 설명으로 옳지 <u>않은</u> 것은?

① 전통적으로 한국은 가부장적 분위기였다.
② 옛날에는 아버지가 집에서 가사를 전담했다.
③ 최근에는 2대가 같이 생활하는 핵가족이 가장 많다.
④ 최근에는 독신으로 혼자 사는 1인 가구가 늘고 있다.

해설 옛날에는 아버지가 가장이 되어 가족을 책임지고, 어머니는 집에서 가사를 전담하는 경우가 많았다. 하지만 요즘은 부모와 미혼 자녀, 이렇게 2대가 함께 사는 핵가족이 늘고, 맞벌이 부부가 많아지면서 가사를 분담하는 가족이 늘어나고 있다.

02 한국의 핵가족에 대한 설명으로 옳은 것을 〈보기〉에서 모두 고른 것은?

• 보기 •
ㄱ. 부부와 미혼 자녀가 함께 산다.
ㄴ. 여러 세대가 함께 산다.
ㄷ. 각자의 생활을 존중받는다.
ㄹ. 주로 농촌에 많이 산다.

① ㄱ, ㄴ
② ㄱ, ㄷ
③ ㄴ, ㄹ
④ ㄷ, ㄹ

해설 핵가족은 도시로 사람들이 모여 들면서 늘어난, 부모와 미혼 자녀 2대가 함께 사는 가족 형태를 말한다. 또한 핵가족은 맞벌이 부부가 많아지면서 가사를 분담하고, 각자의 생활을 존중받는다는 특징을 가진다.

정답 01 ② 02 ②

19. 생활 속의 과학

(1) 문화 돋보기

① 과학기술의 발전

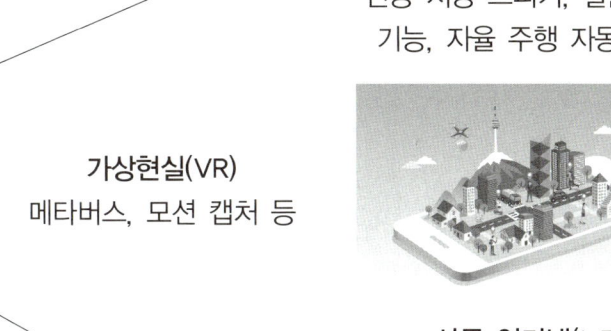

- 인공 지능(AI)
  인공 지능 스피커, 얼굴 인식 기능, 자율 주행 자동차 등
- 가상현실(VR)
  메타버스, 모션 캡처 등
- 로봇
  로봇 청소기, 의료 로봇, 실버 로봇 등
- 사물 인터넷(IoT)
  전자 기기 원격제어, 스마트 워치, 위치 추적 서비스, 무인 편의점 등

(2) 어휘 확장하기

① 인공 지능: 인간의 지능이 가지는 학습, 추리, 적응 등의 기능을 갖춘 컴퓨터 시스템
   예 최근 의료 인공 지능 연구가 활발히 이루어지고 있다.
② 인식: 사물을 분별하고 판단하여 앎
   예 옷에 붙이는 작고 유연한 음성 인식 기기를 개발했다.
③ 주행: 동력으로 움직이는 자동차나 열차가 달림
   예 과학기술의 발전으로 다가오는 자율주행 시대를 대비해야 한다.
④ 캡처: 움직이는 영상에서 원하는 장면을 편집해 내는 행위
   예 모르는 부분을 캡처하여 질문할 수 있다.
⑤ 원격: 멀리 떨어져 있음
   예 지난 3년간 국민 1,300만 명 이상이 원격 진료를 이용했다.
⑥ 무인: 사람이 없음
   예 수소 연료로 운행하는 무인 비행기가 6시간 비행에 성공했다.

확인학습

※ 다음 글의 ( )에 들어갈 가장 알맞은 것을 고르시오.

01 줄을 서지 않고 빠르게 계산하려면 ( )에 가면 된다.

① 무인 편의점
② 로봇 편의점
③ 미래 편의점
④ 24시간 편의점

해설 직원이 없고, 줄을 서지 않고 빠르게 계산을 할 수 있는 편의점은 '무인 편의점'이다.

02 인공 지능에 대한 설명으로 옳은 것을 〈보기〉에서 모두 고른 것은?

― • 보기 • ―
ㄱ. 집에서도 가고 싶은 관광지를 체험할 수 있다.
ㄴ. 음성으로 정보 검색이 가능하다.
ㄷ. 인간의 평균 수명을 늘릴 수 있다.
ㄹ. 휴대 전화의 비밀번호를 얼굴 인식을 통해 풀 수 있다.

① ㄱ, ㄴ
② ㄱ, ㄷ
③ ㄴ, ㄹ
④ ㄷ, ㄹ

해설 궁금한 것을 말하면 알아서 대답을 해주는 '인공 지능 스피커'와 간편하게 얼굴을 통하여 신원을 확인하고 비밀번호를 풀 수 있는 '얼굴 인식 기능', 자동차에는 인공 지능 기술을 탑재하여 운전자의 작동 없이 차량을 운전해주는 '자율 주행 자동차' 등 우리의 일상생활 속에는 다양한 인공 지능이 함께하고 있다.

20. 한국의 의례

(1) 문화 돋보기

① **관혼상제**: 관혼상제는 **관례·혼례·상례·제례**의 4가지 예법을 의미합니다.

구분	관례	혼례	상례	제례
의미	15~20세의 아이가 **어른이 되는 것을 기념**하는 식	성인 남녀가 **법적으로 부부**가 되는 혼인을 할 때의 의식	사람이 **죽어 장례**를 지낼 때 지켜야 할 의식	조상님을 위로하는 의식인 **제사**를 지내는 절차
특징	• 남자의 관례: 머리를 틀어 올려 상투를 틀고 갓을 착용 • 여자의 계례: 쪽을 찐 머리에 비녀 장신구 • 성인식을 해야 완전한 성인으로 대우	• **전통혼례**: 격식 중시. 신랑은 사모관대를 입고 신부는 족두리를 썼으며 절차도 복잡 • **현대의 혼례**: 서양의 영향으로 신랑은 양복을, 신부는 면사포와 드레스를 착용하고 절차도 간단	• **장례**: 기간에 따라 삼일장, 오일장, 칠일장 등 • **삼일장**이 가장 일반적	죽은 조상과 살아있는 자손은 상호작용을 하며, 때로는 조상이 자손에게 덕과 해를 줄 수도 있다는 믿음

(2) 어휘 확장하기

① **상투**: 옛날 성인 남자가 머리털을 머리 위에 하나로 뭉쳐서 감아 맨 것
   예 선비는 단정히 상투를 올리고 갓을 썼다.
② **비녀**: 여자의 쪽 찐 머리가 풀어지지 않도록 꽂는 장신구
   예 아낙의 쪽이 풀어지면서 비녀가 땅에 떨어진다.
③ **사모관대**: 옛날에 벼슬이 있는 사람이 쓰던 모자와 관복으로 지금은 전통혼례에서 착용함
   예 사모관대로 차려 입은 신랑이 초례상 앞으로 나와 섰다.
④ **족두리**: 여자들이 예복을 입을 때 머리에 얹던, 약간 네모지고 작은 물건
   예 사진 속 여인은 족두리를 올리고 뒷머리에는 비녀를 꽂은 모습이었다.
⑤ **연지**: 여자가 화장할 때에 입술이나 뺨에 찍는 붉은 빛깔의 염료
   예 입술은 연지를 바른 듯 붉었다.
⑥ **곤지**: 전통혼례에서 신부가 이마 가운데 연지로 찍는 붉은 점
   예 할머니는 연지 곤지 찍고 시집을 오셨다.

확인학습

01 관혼상제에 대한 설명으로 옳은 것은?

① 관례는 혼인할 때의 의식이다.
② 상례는 사람이 죽었을 때의 의식이다.
③ 혼례는 오늘날의 성인식과 같은 의식이다.
④ 제례는 농사일이 잘 되기를 기원하는 의식이다.

해설 상례는 사람이 죽었을 때 장사를 지내며 지키는 모든 예절을 의미한다.
① 관례는 오늘날의 성인식과 같은 의식이다.
③ 혼례는 성인 남녀가 혼인할 때의 의식이다.
④ 제례는 돌아가신 조상을 위로하는 의식이다.

02 〈보기〉는 현대의 결혼식 과정 중 일부이다. 이를 적절한 순서로 배열한 것은?

• 보기 •
(가) 상견례를 하다
(나) 폐백을 드리다
(다) 예단/예물을 하다
(라) 함을 보내다/받다

① (가) - (다) - (라) - (나)
② (나) - (라) - (다) - (가)
③ (다) - (라) - (나) - (가)
④ (라) - (다) - (가) - (나)

해설 일반적으로 결혼을 결정하고 나면 상견례를 하고 예단이나 예물을 준비한다. 준비한 예단과 예물로 함을 주고받으며 이 과정은 최근 들어 생략하는 경우가 많다. 결혼식이 끝나면 폐백을 드린 후 하객들에게 인사를 하고 신혼여행을 간다. 단, 모든 과정은 상황에 따라 차이가 있을 수 있다.
(가) 상견례를 하다: 남자의 가족과 여자의 가족이 처음 같이 만나는 것
(다) 예단/예물을 하다: 신랑 신부의 가족, 신랑 신부를 위한 선물을 준비하는 것
(라) 함을 보내다/받다: 신랑이 한복, 예물 등을 상자에 담아서 보내고 신부가 받는 것
(나) 폐백을 드리다: 신랑의 가족들에게 인사를 드리는 것

21. 문화유산

(1) 문화 돋보기

※ 추후 업데이트되는 한국의 세계유산은 시대에듀 홈페이지를 참고하여 주십시오.
(시대에듀 접속 → 학습 자료실 → 도서업데이트 → 도서명 '사회통합프로그램 종합평가 한 권으로 끝내기' 검색)

① **한국의 세계유산** 중요

〈해인사 장경판전〉 (1995년)
〈종묘〉 (1995년)
〈석굴암과 불국사〉 (1995년)
〈창덕궁〉 (1997년)
〈수원 화성〉 (1997년)
〈고창·화순·강화의 고인돌 유적〉 (2000년)
〈경주역사유적지구〉 (2000년)
〈제주 화산섬과 용암 동굴〉 (2007년)
〈조선 왕릉〉 (2009년)
〈하회와 양동마을〉 (2010년)
〈남한산성〉 (2014년)
〈백제역사유적지구〉 (2015년)
〈산사, 한국의 산지 승원〉 (2018년)
〈한국의 서원〉 (2019년)
〈한국의 갯벌〉 (2021년)
〈가야 고분군〉 (2023년)
〈반구천의 암각화〉 (2025년)

(2) 어휘 확장하기

① 유산: 이전 세대가 물려준 것. '세계유산'은 세계유산협약에 따라 유네스코가 1972년부터 인류 전체를 위해 보호해야 할 현저한 보편적 가치가 있다고 인정한 유산이다.
   예 세계문화유산은 문화유산·자연유산·복합유산으로 나뉜다.
② 유적: 남아 있는 역사적인 자취
   예 경복궁은 조선 시대의 건축 문화를 엿볼 수 있는 중요한 유적이다.

확인학습

01 다음 중 세계유산이 아닌 것은?

① 종묘
② 아리랑
③ 수원 화성
④ 한국의 서원

해설 아리랑은 인류무형문화유산이다.

참고 인류무형문화유산: 종묘제례 및 종묘제례악(2001), 판소리(2003), 강릉단오제(2005), 강강술래(2009), 남사당놀이(2009), 영산재(2009), 처용무(2009), 제주칠머리당 영등굿(2009), 가곡(2010), 대목장(2010), 매사냥(2010), 줄타기(2011), 택견(2011), 한산모시짜기(2011), 아리랑(2012), 김장문화(2013), 농악(2014), 줄다리기(2015), 제주해녀문화(2016), 씨름(2018), 연등회(2020), 탈춤(2022), 장 담그기(2024)

02 대한민국의 대표적인 절로, 신라 시대에 세워졌으며 팔만대장경 경판을 소장하고 있는 곳은?

① 석굴암
② 창덕궁
③ 해인사
④ 조선 왕릉

해설 해인사는 경상남도 합천군 가야산에 있는 절이다. 신라 시대에 세워졌으며, 순천시의 송광사, 양산시의 통도사와 함께 한국의 3보 사찰로 꼽힌다. 대한민국 국보이자 세계기록유산인 팔만대장경과 그것을 보관하는 장경판전을 소장하고 있다.
① 석굴암: 석굴암은 경상북도 경주시 토함산 동쪽에 있는 통일 신라 시대의 석굴 사원. 흰 화강암에 조각한 큰 불상이 있으며 불교 예술의 극치라고 평가받는다.
② 창덕궁: 서울특별시 종로에 있는 조선 시대의 궁궐. 임진왜란 때 정궁인 경복궁이 소실되고 조선 말기에 고종이 경복궁을 중건하기까지 정궁의 역할을 하였다. 경복궁의 동쪽에 있다고 하여 동관대궐 또는 동궐이라고도 부른다.
④ 조선 왕릉: 조선 시대 역대 왕들의 무덤. 조선 왕조의 총 27대 왕과 왕비 및 왕위에 오르지 못하고 죽은 후 임금의 칭호가 주어진 왕과 왕비의 무덤을 일컫는다.

22. 국제화 시대

(1) 문화 돋보기
- ① 국제기구: 주권을 가진 2개국 이상의 국가들이 서로 간의 합의에 의해 만들어진 국제협력체로 국제법에 의해 설립되었고, 독자적인 지위를 갖는 기관을 말한다.
- ② 대표적인 국제기구
  - UN(국제연합): 세계 평화와 인권 신장을 위한 기구
  - WHO(세계보건기구): 보건과 위생에 관한 협력을 위한 기구
  - EU(유럽연합): 유럽 국가들의 정치 경제 통합을 위한 기구
  - IOC(국제올림픽위원회): 올림픽 개최와 추진을 위한 기구
  - ASEAN(동남아시아국가연합): 베트남전의 본격화와 인도차이나 반도에 공산주의가 확산되는 등 국제 정세가 급변함에 따라 공동 대응의 필요성으로 결성된 기구
  - OECD(경제협력개발기구): 세계경제의 공동 발전 및 성장과 인류의 복지 증진을 도모하는 정부 간 정책연구 협력 기구

(2) 어휘 확장하기
- ① 국제기구: 국제적 목적이나 활동을 위해 두 나라 이상의 국가로 구성된 조직
  - 예 국제기구에 가입했다.
- ② 지위: 개인적인 사회적 신분에 따르는 위치나 자리
  - 예 지위가 높아질수록 더욱 겸손해져야 한다.
- ③ 교류: 문화나 사상 등이 서로 통함
  - 예 예부터 문화적 교류를 통해 선진 문화를 받아들였다.
- ④ 외교: 다른 나라와 정치적, 경제적, 문화적 관계를 맺는 일
  - 예 그는 외교 전문가로서 뛰어난 협상 능력을 가지고 있다.
- ⑤ 세계 평화: 전 세계적으로 전쟁을 하지 않는 상태. 또는 분쟁과 다툼 없이 서로 조화를 이루는 상태
  - 예 그 국제기구는 세계 평화에 기여하였다.
- ⑥ 인권: 인간으로서 당연히 가지는 기본적인 권리
  - 예 개인의 인권이 무시되어서는 안 된다.

확인학습

[01-03] 다음 글의 (   )에 들어갈 가장 알맞은 것을 고르시오.

01 정부 간 (   )는 국가들 사이의 합의에 의해 만들어진 국제협력체로 국제 규범을 정립하는 역할을 하는 조직이다.

① 미래기구 ② 국제기구
③ 해외기구 ④ 다국적기구

해설 국제기구란 주권을 가진 2개국 이상의 국가들이 서로 간의 합의에 의해 만들어진 국제협력체로 국제법에 의해 설립되었고, 독자적인 지위를 갖는 기관을 말한다.

02 대통령은 스페인 마드리드에서 한·미·일 3국의 정상 회담 등 최소 14차례의 (   ) 일정을 소화할 예정이다.

① 인권 ② 국제
③ 외교 ④ 세계

해설 다른 나라와 정치적, 경제적, 문화적 관계를 맺는 일은 '외교'이다.

03
국제화 시대에 맞춰 외국어 능력, 다양한 문화를 존중하는 열린 마음, 국제 사회의 배경지식 등을 갖추는 것이 중요해졌다. 또한, 요즘은 글로벌 시민 사회의 구성원으로서 자신의 권리와 책임을 인식하고 실천하는 시민 의식을 강조하고 있는데 이를 위해서 초, 중, 고등학교에서 다양한 방식으로 (   )을/를 시행하고 있다.

① 세계화 교육
② 문화 외교 교육
③ 국제 인권 교육
④ 세계 시민 교육

해설 세계 시민 교육은 세계 평화, 빈곤, 인권, 환경, 문화 다양성 등 글로벌 이슈에 대해 배우고 이를 통해 세계 시민으로서 공동의 문제를 해결하고 실천하며 책임 의식과 역할 의식을 갖게 한다.

정답 01 ② 02 ③ 03 ④

23. 현대인의 질병

(1) 문화 돋보기

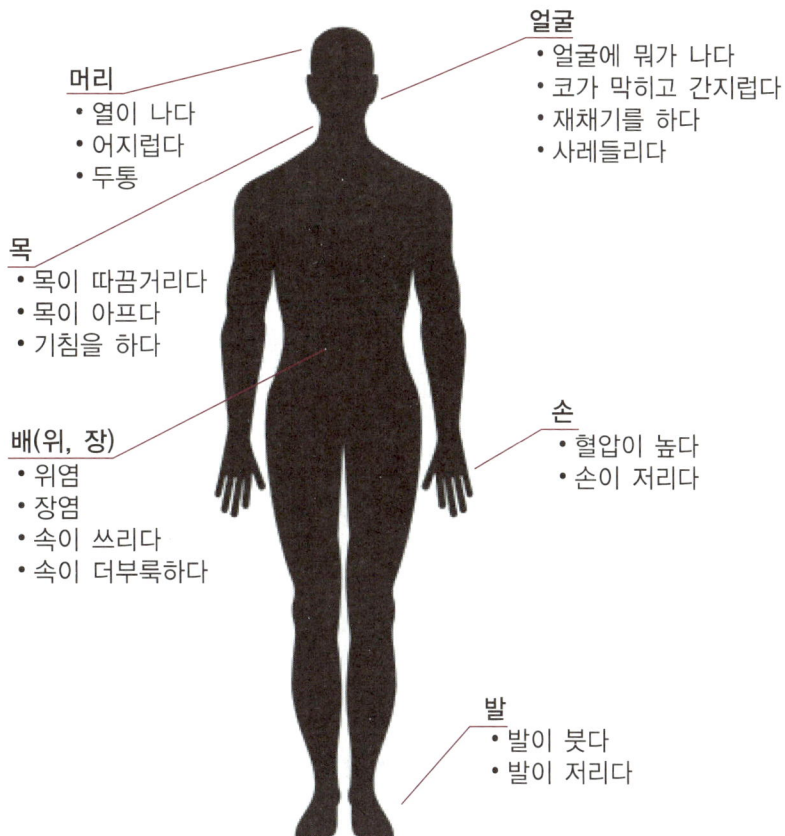

(2) 어휘 확장하기
① 두통: 머리가 아픈 증상
   예 지유는 온종일 두통으로 힘들어했다.
② 기침: 기도의 자극을 받아 갑자기 숨소리는 터트려 내는 일
   예 어제부터 목이 아프고, 계속 기침을 했다.
③ 쓰리다: 쑤시는 것 같이 아프거나 속이 거북한 증상을 말한다.
   예 배가 고파 속이 쓰리다.
④ 더부룩하다: 소화가 잘 안되어 배 속이 거북한 증상을 말한다.
   예 음식을 너무 많이 먹었더니 하루 종일 속이 더부룩하다.
⑤ 재채기: 코 안의 자극으로 갑자기 코로 숨을 내뿜는 일
   예 감기인지 자꾸 재채기가 난다.
⑥ 붓다: 살이나 어떤 기관이 부풀어 오르는 증상을 말한다.
   예 어젯밤에 라면을 먹고 자서 그런지 얼굴이 퉁퉁 부었다.

확인학습

[01-02] 다음 글의 (   )에 들어갈 가장 알맞은 것을 고르시오.

01 코의 점막이 자극을 받아 갑자기 코로 숨을 내뿜는 것을 (   )(이)라고 한다.

① 두통   ② 하품
③ 기침   ④ 재채기

해설 코의 점막이 자극을 받아 나쁜 물질을 밖으로 강하게 내보내려는 것을 '재채기'라고 한다.
① 두통: 머리가 아픈 증상
② 하품: 잠이 오려고 할 때 입을 크게 벌리는 호흡 동작
③ 기침: '목감기'의 증상 중 하나로, 기도에 자극을 받아 갑자기 숨소리를 터트려 내는 일

02 질병에 걸리지 않으려면 균형 잡힌 식사와 규칙적인 (   )을/를 해야 한다.

① 운동   ② 물 섭취
③ 스트레스   ④ 술이나 담배

해설 질병에 대처하려면 균형 잡힌 식사와 규칙적인 운동을 해야 한다. 이 외에도 물은 충분히 섭취하되, 술이나 담배는 하지 않는 것이 좋다.

01 ④ 02 ① 정답

24. 정보화 사회

(1) 문화 돋보기

인터넷 포털 사이트	스마트폰 채팅 앱(App)
• 뉴스를 보다. • 검색을 하다. • 이메일을 주고받다. **구글 / 네이버 / 다음**	• 대화하다. • 사진이나 동영상을 전송하다. • 단톡방을 만들다. **카카오톡 / 라인 / 네이버 밴드 / 문자 메세지**
SNS	동영상 재생 사이트
• 글이나 사진, 동영상을 올리다. • 댓글을 달다. **페이스북 / 인스타그램 / 트위터**	• 동영상을 보다. • 동영상을 올리다. • 드라마나 영화를 보다. **유튜브 / 넷플릭스**

(2) 어휘 확장하기

① 포털 사이트: 사용자들이 원하는 곳을 쉽게 찾아갈 수 있도록 주소를 링크시켜 만든 사이트
  예 각종 포털 사이트에서는 김 씨를 격려하는 글이 매일 100여 건이 넘게 올라오고 있다.

② 단톡방: 모바일 메신저에서 단체로 대화를 나누는 공간
  예 학급별로 운영되는 단톡방이 있습니다.

③ SNS(에스엔에스, 소셜 네트워킹 서비스): 다른 사람들과 교류할 수 있도록 하는 서비스
  예 누나는 항상 SNS로 친구와 수다를 떠느라 휴대 전화를 손에서 놓질 않는다.

④ 댓글: 인터넷에 오른 글에 대하여 짧게 답하여 올리는 글
  예 그 사건에 대한 인터넷 기사가 뜨자마자 수천 개의 댓글이 달렸다.

확인학습

01 〈보기〉에서 인터넷의 문제점을 모두 골라 묶은 것은?

• 보기 •
ㄱ. 개인 정보가 유출되기 쉽다.
ㄴ. 가족에게 소식을 전하기 편하다.
ㄷ. 가짜 뉴스가 줄어들고 있다.
ㄹ. 기억력이 떨어질 수도 있다.

① ㄱ, ㄷ
② ㄱ, ㄹ
③ ㄴ, ㄷ
④ ㄷ, ㄹ

해설 인터넷의 문제점은 해킹으로 개인 정보가 유출될 수 있고, 장시간 사용하다 보면 기억력이 떨어질 수 있다. 또한 인터넷의 익명성으로 가짜 뉴스가 많아지고, 악성 댓글(악플)을 다는 사람이 많아진다.

※ 다음 글의 (   )에 들어갈 가장 알맞은 것을 고르시오.

02 인터넷의 발달로 생활이 (   ) 대신에 개인 정보가 유출될 가능성이 크다.

① 불편해진   ② 가벼워진
③ 심각해진   ④ 편리해진

해설 '동사/형용사 + -(으)ㄴ/는 대신에'는 앞에 오는 말과 뒤에 오는 말이 나타내는 상태나 행동 등이 서로 다르거나 반대임을 나타내는 표현으로 인터넷의 발달로 생활이 편리해졌지만 개인 정보가 유출될 가능성이 크다는 의미로 '생활이 편리하다'가 들어가는 것이 알맞다.

25. 사건과 사고

(1) 문화 돋보기

시대뉴스
20××. 9. 8.

○○은행 '500억 원 횡령' 직원 자수… 경찰, 긴급체포	○○경찰서 음주 뺑소니 사망사고 낸 30대 운전자 '구속'
경찰이 ○○은행에서 500억 원을 횡령한 의혹을 받고 있는 직원을 긴급체포했다. 긴급체포는 전날 오후 10시 30분에 해당 직원의 자수로 이루어졌으며, 현재 이 직원은 회사자금 약 500억 원을 횡령한 혐의를 받고 있는 것으로 알려졌다. 경찰 관계자는 "자세한 내용을 조사한 뒤 구속영장 신청을 검토할 것"이라고 말했다.	"가해자 아닌 피해자에 불리한 처우" 직장 내 성희롱 피해자 두 번 운다.
	성산대교서 차량 5대 충돌, 7명 중경상 

"LA 부촌서 주말 연쇄 주택 강도 사건 발생"

LA지역 부촌에서 지난 주말 사이 잇따라 연쇄 강도 사건이 발생하여 경찰이 수사에 나섰다. LA경찰국(LAPD)에 따르면 6일 오후 9시에 A지역 인근 한 주택에 강도가 침입해 보석류 등 귀중품을 훔쳐 달아났다. 그리고 사건 발생 2시간 뒤 B지역 인근 한 주택에서 또 다시 강도 사건이 발생했다. 경찰은 신고를 받고 즉시 출동, 현장에서 용의자 1명을 체포했다.

LAPD 관계자는 "주말 사이 벌어진 주택 강도 사건은 모두 고급 주택들을 상대로 이루어졌다"며 "이날 체포된 용의자가 주말 사이 다른 지역 부촌에서 벌어진 범행에 연관이 있는지 여부를 수사 중"이라고 전했다.

(2) 어휘 확장하기

① **혐의**: 범죄를 저질렀을 가능성이 있다고 보는 것
   예 그는 이번 절도 사건의 범죄 혐의를 받고 있다.
② **가해자**: 다른 사람의 생명이나 신체, 재산 등에 해를 끼친 사람
   예 경찰은 사고를 내고 도망간 가해자를 수배했다.
③ **피해자**: 자신의 생명이나 신체, 재산 등에 침해 또는 위협을 받은 사람
   예 피해자 가족들은 눈물을 흘렸다.
④ **용의자**: 범죄의 혐의가 뚜렷하지 않아 정식으로 사건이 성립되지는 않았으나, 내부적으로 조사의 대상이 된 사람
   예 이번 살인 사건의 용의자를 공개 수배했다.

확인학습

[01-02] 다음 글의 ( )에 들어갈 가장 알맞은 것을 고르시오.

01 버스 정류장에서 흡연 시 ( )을/를 부과할 방침입니다.

① 보험금
② 합의금
③ 과태료
④ 범칙금

해설 '과태료'는 해야 할 일을 하지 않거나 가벼운 질서를 위반한 사람에게 국가에서 납부하게 하는 돈이다.
① 보험금: 사고가 났을 때, 보험 회사가 보험에 가입한 사람에게 주는 돈
② 합의금: 서로 의견이 일치하기 위하여 주는 돈
④ 범칙금: 도로 교통법의 규칙을 어긴 사람에게 내게 하는 벌금

02 폭행 사망 사건의 40대 피의자를 ( ).

① 절도했다
② 체포했다
③ 도난당했다
④ 사기당했다

해설 '체포하다'는 '죄를 지었거나 죄를 지었을 것으로 의심되는 사람을 잡다'라는 뜻이다.
① 절도하다: 남의 물건을 몰래 훔치다.
③ 도난당하다: 남에게 물건을 빼앗기다. 즉, 도둑(을) 맞다.
④ 사기당하다: 남에게 속아 물질적으로나 정신적으로 피해를 입다.

03 각종 도난, 분실, 폭행 등의 사고를 알리기 위한 긴급 전화번호는?

① 112
② 117
③ 119
④ 1345

해설 도난, 분실, 폭행 등의 사고가 발생했을 때는 '112(경찰서)'에 신고를 하면 된다.
② 117: 학교 폭력이 발생했을 때
③ 119: 불이 나거나 응급 환자가 발생했을 때
④ 1345: 외국인이 출입국 및 한국 생활에 대해 상담을 받고 싶을 때

참고 114: 전화번호 안내, 123: 전기 고장, 118: 사이버테러, 1339: 감염병 신고 및 질병 정보 제공

26. 언어생활

(1) 문화 돋보기

① 언어 예절: 처음 보거나 나이가 많은 사람에게는 존댓말을 쓴다.
② 신조어: 언어 공동체 안에서 새로 생긴 말. 또는 새로 귀화한 외래어

> 빠르게 변화하는 사회 속에서 우리가 사용하는 언어는 새롭게 만들어지기도 하는데 이를 '신조어'라고 한다. 신조어는 과거에는 없었던 것들을 표현하고, 사회 현상을 절묘하게 반영한다. 신조어를 사용하면 젊어지는 기분이 들고, 자녀들과의 대화도 늘어서 좋다는 사람들도 있다. 그러나 신조어의 지나친 사용은 언어가 파괴되고 소통이 단절되는 요인이 되며 잘못된 인식과 편견을 만들 수 있다.

③ 말과 관련된 한국 속담
  ㉠ 가는 말이 고와야 오는 말이 곱다: 내가 남에게 잘해야 남도 나에게 잘한다.
  ㉡ 말 한마디에 천 냥 빚도 갚는다: 말 한마디에 어떤 어려움도 해결할 수 있다.
  ㉢ 말이 씨가 된다: 늘 말하던 것이나, 무심코 한 말이 실제로 이루어질 수 있으니 말조심하라.
  ㉣ 발 없는 말이 천 리 간다: 말은 순식간에 퍼지니 말조심하라.
  ㉤ 호랑이도 제 말 하면 온다: 깊은 산속에 사는 호랑이도 자기에 대하여 이야기하면 찾아온다는 말로, 그 자리에 없다고 남에 대해 함부로 이야기해서는 안 된다.
  ㉥ 낮말은 새가 듣고, 밤말은 쥐가 듣는다: 이 세상에 비밀은 없다. 말은 언제나 새어 나가게 마련이니 늘 말조심하라.
  ㉦ 입은 삐뚤어져도 말은 바로 해라: 어떤 상황에서도 말은 언제나 바르게 해야 한다.
  ㉧ 같은 말이라도 아 다르고 어 다르다: 같은 내용의 이야기라도 표현하는 방법마다, 듣는 사람이 받아들이는 기분에 따라 다르다.

(2) 어휘 확장하기

① 예절: 사람이 지켜야 하는 바르고 공손한 태도나 행동
  예) 유민이는 회사 사람들에게 항상 먼저 인사하는 예절 바른 모습을 보였다.
② 단절: 서로 간의 유대나 관계를 끊음
  예) 아내는 남편과 크게 싸워서 며칠째 대화가 단절이 되었다.
③ 속담: 옛날부터 사람들 사이에서 전해져 오는 교훈이 담긴 짧은 말
  예) 세 살 버릇이 여든까지 간다는 속담은 결코 헛된 말이 아니다.

확인학습

[01-02] 다음 글의 ( )에 들어갈 가장 알맞은 것을 고르시오.

01

> 가: 선생님, 동생이 자꾸 제 말을 안 듣고, 까불어요. 너무 속상해요.
> 나: 옛말에 ( )고 했어. 네가 먼저 동생을 잘 대해 주면 동생도 너한테 까불지 않을 거야.

① 호랑이도 제 말 하면 온다
② 말 한마디에 천 냥 빚도 갚는다
③ 가는 말이 고와야 오는 말이 곱다
④ 낮말은 새가 듣고, 밤말은 쥐가 듣는다

해설 상대에게 말이나 행동을 좋게 하여야 상대도 자기에게 좋게 한다는 의미이므로 '가는 말이 고와야 오는 말이 곱다'가 들어가는 것이 알맞다.

02

> 급변하는 사회 속에서 우리가 사용하는 언어는 새롭게 만들어지기도 한다. 한 설문 조사에 따르면 직장인의 80% 정도가 ( )의 뜻을 몰라 검색해 보거나 세대 차이를 느낀 적이 있다고 답변했다.

① 외래어
② 신조어
③ 한국어
④ 새국어

해설 빠르게 변화하는 사회 속에서 새로운 언어가 자연스럽게 만들어지는데 이를 '신조어'라고 한다. 신조어는 새로운 현상을 적절한 표현으로 나타낼 수 있고 쉽게 공감할 수 있는 반면, 지나치게 사용하게 되면 소통이 단절되고, 잘못된 인식과 편견이 만들어질 수 있기 때문에 무분별한 사용은 자제해야 한다.

정답 01 ③ 02 ②

27. 교육 제도

(1) 문화 돋보기

① **공교육**
　㉠ 교육의 의무: 국민의 기본 의무 중 하나로 대한민국의 국민은 자신이 보호하는 자녀에게 법률이 정하는 **교육을 받게 할 의무**가 있습니다.
　㉡ 국가에서 정한 일정 기간의 교육을 받도록 강제하며, 의무 교육은 초등 교육 6년 및 중등 교육 3년입니다.

초등학교 6년	중학교 3년	고등학교 3년	대학교 4년
의무 교육기간으로 8세(만 6세)부터 초등학교 입학 가능		일반고, 특목고, 특성화고, 자율고 등	전문대학은 2년

② **사교육**
　㉠ 학원: 여러 명의 학생을 모집하여 지식, 기술, 예체능 등을 가르치는 **사립 교육 기관**
　㉡ 과외: 소규모로 모여 **학교 수업 이외**에 따로 공부를 가르치고, 배우는 학습 방법
　㉢ 학습지: 학생이 일정한 양을 학습할 수 있도록 **정기적으로 집으로 배달**되는 문제지
　㉣ 어학연수: 외국어를 배우기 위해 **그 말을 사용하는 나라로 가서** 언어와 문화를 직접 배우는 학습 방법

③ 그 외 다양한 학습의 형태
　㉠ 방과 후 학습: 학교 수업이 끝난 후에 특기나 적성에 맞는 교육(또는 보충 학습)을 받음
　㉡ 체험 학습: 교실 밖에서 다양한 경험을 하면서 새로운 취미와 적성을 찾을 수 있음
　㉢ 선행 학습: 정규 과정보다 먼저 배움
　㉣ 평생교육: 학교 교육을 마친 일반인들도 배우고 싶은 것이 있으면 언제든지 배울 수 있음

(2) 어휘 확장하기

① **공교육**: 국가나 지방자치단체가 관리하고 운영하는 학교 교육
　예 우리나라는 공교육보다 사교육이 더 활성화되어 있다.
② **사교육**: 학원과 같이 개인이 만든 기관에서 개인이 내는 돈으로 하는 교육
　예 한국의 높은 교육열로 사교육 시장이 매우 커졌다.
③ **국립/공립/사립**: 국립은 국가가, 공립은 지방자치단체가, 사립은 개인이나 법인 및 공공단체가 설립 경영하는 곳
　예 내년도 국립·공립·사립 중등학교 교사와 특수(중등)교사 임용 후보자 선정 경쟁 시험 시행 계획을 공고했다.

확인학습

01 초등학교를 졸업하고 진학하는 교육 기관으로 수업 연한이 3년인 학교는?

① 유치원   ② 중학교
③ 대학교   ④ 고등학교

해설 중학교는 초등학교를 졸업한 사람이 진학하는 학교로서, 수업 연한은 3년이다. '유치원 → 초등학교 → 중학교 → 고등학교 → 대학교'의 순으로 교육이 이루어진다.

참고 유치원: 초등학교 입학 이전의 아이들을 교육하는 기관 및 시설

02 한국의 교육 기관에 대한 설명으로 옳은 것은?

① 초등학교는 고등학교와 함께 의무 교육 기간으로 수업 연한은 3년이다.
② 중학교는 국민 생활에 있어 가장 기초적인 일반 교육을 시행하는 곳이다.
③ 고등학교는 일반계·특성화·특수목적 등으로 나뉘며 수업 연한은 3년이다.
④ 대학교는 중등 교육 기관이기 때문에 중학교를 졸업한 사람만이 입학할 수 있다.

해설 고등학교는 중학교를 졸업한 사람에게 고등 보통 교육 또는 실업 교육을 하는 학교로서, 보통은 교육 과정에 따라 일반계·특성화·특수목적·자율형 등으로 구분하고 수업 연한은 3년이다.
① 초등학교의 수업 연한은 6년이며, 초등학교(6년)와 중학교(3년)가 의무 교육이다.
② 초등학교는 국민 생활에 가장 기초적인 일반 교육을 시행하는 곳이다.
④ 대학교는 고등 교육 기관이므로 고등학교 졸업자와 그와 동등한 학력이 있다고 인정된 사람이 입학할 수 있다.

03 정규 학교를 졸업한 것과 같은 자격을 얻기 위한 시험은?

① 수능   ② 검정고시
③ 어린이집   ④ 특수목적고등학교

해설 검정고시는 정규 학교를 졸업한 것과 같은 자격을 얻을 수 있는 시험이다.
① 수능: '대학수학능력시험'을 줄여 이르는 말. 대학에서 공부할 수 있는 능력을 평가하기 위해 교육부에서 해마다 전국적으로 치르는 시험
③ 어린이집: 시설을 갖추고 만 6세 미만의 어린아이를 맡아 돌보아 주는 곳
④ 특수목적고등학교: 특수 분야의 전문적인 교육을 목적으로 하는 고등학교

28. 선거와 투표

(1) 문화 돋보기

① **한국의 선거 제도**: 보통 선거, 평등 선거, 비밀 선거, 직접 선거

명칭	대선	총선거	지방선거
투표 대상	대통령	국회의원	지방자치단체장, 지방의회의원
시기	5년마다	4년마다	4년마다
연임	X	O(제한 없음)	O(지자체장의 연임은 3회까지)

② **외국인의 선거권**

　㉠ 대선·총선: 대통령이나 국회의원, 즉 국가를 대표하는 사람을 뽑는 선거이므로 **한국 국적을 가진 사람에게만** 선거권이 주어집니다.

　㉡ 지방선거: 지방선거는 지역의 일꾼을 선출하는 선거이고, 다문화 가족 등 국내 체류 외국인이 늘어나는 상황에서 주민들의 참정권을 확대하기 위하여 일정한 자격이 있는 외국인(**영주권을 받은 지 3년 이상 된 외국인, 만 18세 이상의 외국인, 외국인등록대장에 등록되어 있는 외국인**)도 지방선거의 선거권이 주어집니다.

③ 투표 절차

신분증 확인 → 기표 → 투표용지 투입 → 출구로 이동

(2) 어휘 확장하기

① 연임: 정해진 임기를 마친 뒤에 다시 계속하여 그 직위에 머무름
　예 시장은 열심히 일한 것을 시민들에게 인정받아 연임을 하게 되었다.

② 참정권: 국민이 정치에 참여할 수 있는 권리
　예 과거에는 여성의 참정권을 인정하지 않은 나라들이 많았다.

③ 기표: 투표용지에 자신의 의견을 표시함
　예 나는 기표를 마치고 투표용지를 투표함에 넣었다.

확인학습

01 다른 사람이 대신할 수 없고 선거권을 가진 사람이 직접 투표를 하는 선거는?

① 보통 선거   ② 직접 선거
③ 평등 선거   ④ 비밀 선거

해설 '직접 선거'는 선거권을 가진 사람이 후보자들에게 직접 투표를 하는 것이다.
① 보통 선거: 선거권이 있는 사람이라면 누구나 똑같이 한 표씩만 투표를 하도록 하는 것
③ 평등 선거: 일정한 연령이 되면 누구나 선거에 참여할 수 있는 것
④ 비밀 선거: 투표할 때 기표소에 들어가서 투표의 내용을 투표자 이외에는 알 수 없도록 하는 것

02 한국의 선거 제도에 대한 설명으로 옳지 않은 것은?

① 영주 자격 소지자는 총선에서 투표권이 없다.
② 대통령의 임기는 4년이고 연임은 할 수 없다.
③ 지방자치단체장의 연임은 세 번으로 제한한다.
④ 시각장애인을 위한 점자용 투표용지가 따로 존재한다.

해설 대통령의 임기는 5년이다.

03 투표 시 유의할 사항에 대한 설명으로 옳은 것은?

① 기표소 내에서 투표용지를 촬영해도 된다.
② 개인이 지참한 기표 용구를 사용할 수 있다.
③ 사전투표를 먼저 해야 선거 당일 투표를 할 수 있다.
④ 공공 기관이 발행한, 사진이 첨부된 신분증을 지참해야 한다.

해설 투표 시 공공 기관이 발행한, 사진이 첨부된 신분증을 지참해야 한다.
① 기표소 내에서 투표용지를 촬영하면 안 된다.
② 투표소에 마련된 정규의 기표 용구 외의 용구로 투표를 하면 무효로 처리된다.
③ 선거 당일 투표가 어려우면 사전투표를 통해 먼저 선거에 참여할 수 있다.

참고 사전투표 제도: 선거 당일 투표가 어려운 국민은 사전투표 기간(선거일 전 5일부터 2일간) 동안 사전투표소에서 투표할 수 있는 제도

정답 01 ② 02 ② 03 ④

29. 환경 보호

(1) 문화 돋보기

① 환경 오염: 쓰레기를 매립하거나 소각하면 유해성분이 발생합니다. 따라서 환경을 보호하기 위해서는 **일회용품 사용을 줄이고 재활용 쓰레기는 분리수거**를 해야 합니다.

② 지구 온난화: 환경 오염의 영향으로 지구의 기온이 올라가며 점점 따뜻해지고 이상 기후(폭우, 한파 등)가 발생하는 현상입니다. 지구 온난화를 막으려면 석탄이나 석유 같은 화석 연료의 사용을 줄이고 바람, 전기, 태양열 등을 이용한 대체 에너지를 개발해야 합니다.

(2) 어휘 확장하기

① 오염: 더러운 상태가 됨
   예 공장의 폐수로 인한 바다의 오염이 심각한 상태다.
② 일회용품: 한 번만 쓰고 버리도록 되어 있는 물건
   예 지나친 일회용품의 사용은 환경을 오염시킨다.
③ 이상 기후: 기온이나 강수량 따위가 정상적인 상태를 벗어난 상태
   예 요즘 전 세계가 이상 기후로 힘들어 하고 있습니다.
④ 연료: 연소하여 열, 빛, 동력의 에너지를 얻을 수 있는 물질
   예 연료를 절약해야 한다.
⑤ 대체 에너지: 기존의 에너지를 대신할 새로운 에너지
   예 점차 고갈되어 가는 석유를 대신할 수 있는 대체 에너지를 개발하고 있다.

확인학습

01 분리수거에 대한 설명으로 옳은 것은?

① 폐형광등은 일반 유리와 함께 분리수거한다.
② 큰 플라스틱 장난감은 재활용품으로 분리수거한다.
③ 음식이 묻은 비닐봉지는 일반 쓰레기로 버리면 된다.
④ 사용 기한이 지난 의약품은 일반 쓰레기로 버리면 된다.

해설 음식물이 묻으면 재활용이 불가능하므로 종량제 봉투에 넣어서 일반 쓰레기로 버려야 한다.
① 폐형광등이나 폐건전지는 인체에 해로운 물질이 있으므로 별도의 분리배출함에 버려야 한다.
② 큰 플라스틱 장난감은 열에 녹지 않는 물품이 대부분이므로 별도로 모아 대형 폐기물로 신고하여 배출해야 한다.
④ 의약품이나 의료 용품은 화학 성분이 많아 일반 쓰레기로 버리면 토양 및 수질 오염을 일으킬 수 있으므로 일반 약국에서 무료로 수거하고 있다.

참고 종량제: 물품의 무게, 길이, 양에 따라 이용 요금을 매기는 제도

02 환경 오염 문제와 해결 방법을 설명한 것으로 옳지 <u>않은</u> 것은?

① 물병을 사면 돈을 낭비하게 되므로 종이컵을 사용하는 것이 좋다.
② 자가용 매연은 공기를 오염시키므로 대중교통을 이용하는 것이 좋다.
③ 세제를 많이 사용하면 물이 오염되므로 빨래를 모아서 하는 것이 좋다.
④ 농약을 많이 사용하면 땅이 오염되므로 친환경 농법을 활용하는 것이 좋다.

해설 종이컵은 일회용품이므로 대신 텀블러나 물병을 가지고 다니는 것이 좋다.

01 ③ 02 ① **정답**

30. 생활과 경제

(1) 문화 돋보기

① 30-50클럽: 1인당 국민 소득이 3만 달러 이상이면서, 인구 5,000만 명 이상인 국가를 말합니다. 이것은 한 국가가 국가 경쟁력을 갖추기 위해서는 **국민 소득과 함께 적정선의 인구 경쟁력도** 갖추어야 한다는 의미입니다. 현재 30-50클럽에 가입된 국가는 일본, 미국, 영국, 독일, 프랑스, 이탈리아, 한국 등 7개국에 불과합니다.

② 경제 성장: 경제가 성장한다는 것은 소득 분배가 잘 이루어지고 생활수준이 높아지는 것으로, 국민이 창출한 부가 가치의 증가, 즉 국내 총생산(GDP)의 증가를 의미합니다. 경제 성장 초기에는 노동과 자본의 기여도가 높지만, 산업 구조가 고도화될수록 기술의 중요성이 높아집니다.

더 알아보기

20-50클럽

한국은 2012년 세계에서 일곱 번째로 20-50클럽에 가입했습니다. 20-50클럽은 국민 소득 2만 달러, 인구 5,000만 명 이상인 나라만 가입할 수 있으며, 이 기준은 그 나라가 높은 수준의 국가 경쟁력을 갖추었다는 것을 의미합니다.

(2) 어휘 확장하기

① 국민 소득: 일정 기간 동안 한 나라의 국민이 생산 활동을 통해 얻은 소득
　예 최근 경제 상황이 좋지 않아 국민 소득이 감소하였다.

② 환율: 경제에서, 자기 나라 돈을 다른 나라 돈으로 바꿀 때의 비율
　예 나는 환율이 내렸을 때 한국 돈을 미국 달러로 바꿨다.

③ 물가: 물건이나 서비스의 평균적인 가격
　예 정부는 물가 안정을 위한 정책을 시행할 예정이라고 발표했다.

④ 금리: 금융기관에서 빌린 돈이나 예금에 붙는 이자 또는 그 비율
　예 끝없이 치솟던 금리가 올해 들어 안정세를 되찾고 있다.

확인학습

01 경제 주체들의 역할에 대한 설명으로 옳은 것은?

① 해외는 국제 무역의 주체로서 공공재를 공급한다.
② 정부는 재정의 주체로서 기업과 가계로부터 자금을 조달한다.
③ 기업은 소비의 주체로서 거래자들을 위한 법적·제도적 장치를 마련한다.
④ 가계는 생산의 주체로서 정당한 경제 활동을 통해 소득을 획득해야 한다.

해설 정부는 기업과 가계로부터 세금이나 국·공채 발행 등의 형태로 자금을 조달하고 그것으로 생산물을 구입한다.
① 공공재는 도로, 철도, 상·하수도 등으로 이것을 제공하는 것은 정부이다.
③ 기업은 직원을 고용해서 물건을 만들고 판매하는 생산의 주체이다. 한편 법적·제도적 장치를 마련하는 것은 정부이다.
④ 가계는 소비의 주체로서 정당한 경제 활동으로 소득을 얻고 세금을 내야 한다.

02 한국 경제에 대한 설명으로 옳은 것은?

① 1990년대 말 외환 위기를 극복해 낸 것을 '한강의 기적'이라고 한다.
② 1960년대부터 이미 국민 소득이 2만 달러를 넘는 개발도상국이었다.
③ 현재 한국의 대표적인 수출품은 자동차, 반도체, 선박해양구조물이 있다.
④ 국제통화기금에서 돈을 너무 많이 빌려 경기가 나빠지고 외환 위기가 왔다.

해설 한국무역협회에 따르면 한국의 주요 수출품에는 반도체, 자동차, 선박해양구조물 및 부품 등이 있다.
①·④ 90년대 말 한국은 외화 보유액이 부족해서 국제통화기금(IMF)에서 돈을 빌려 왔다. 그러자 국민들은 외환 위기를 극복하기 위해 자발적으로 '금 모으기 운동'을 시작했고 결국 3년 만에 위기를 이겨 냈다.
② 1960년대 한국은 1인당 국민 소득이 78달러밖에 되지 않았다.

참고 외환: 다른 나라와 거래를 할 때 쓰는, 발행지와 지급지가 다른 어음
어음: 일정 금액을 지불할 것을 약속하는 법적 문서

31. 법과 질서

(1) 문화 돋보기

① **생활 속 법률** 🎵 : 다음과 같이 법을 어겼을 때는 벌금을 내야 합니다.

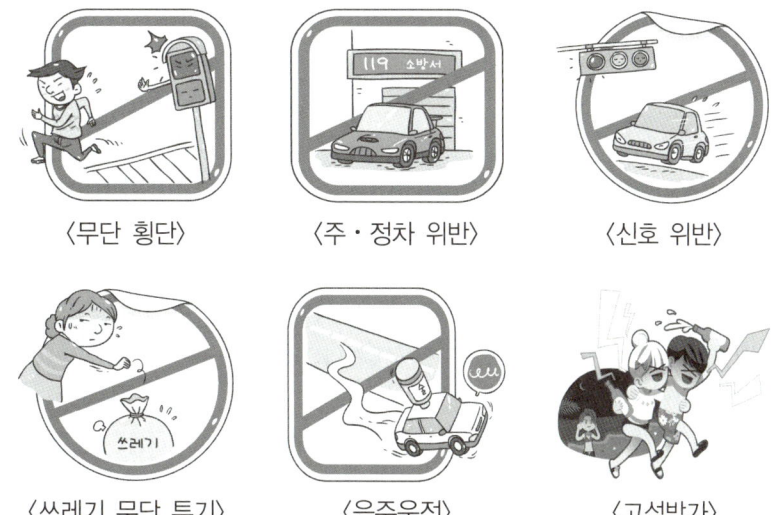

〈무단 횡단〉 〈주·정차 위반〉 〈신호 위반〉

〈쓰레기 무단 투기〉 〈음주운전〉 〈고성방가〉

② **생활 속 질서** 🎵

㉠ 길을 걸으면서 **담배**를 피우지 않습니다.
㉡ **에스컬레이터**나 **엘리베이터**에서 뛰지 않습니다.
㉢ **애완동물(반려견)**을 데리고 나올 때는 **목줄**을 착용하도록 합니다.
㉣ 버스, 지하철, 박물관 등 **공공장소**에서는 큰 소리로 웃고 떠들지 않습니다.
㉤ 대중교통을 기다릴 때는 **줄을 서서** 기다립니다.

(2) 어휘 확장하기

① 무단 횡단: 신호를 무시하거나 횡단보도가 아닌 곳에서 길을 건넘
   예 경찰은 무단 횡단을 하던 남자에게 범칙금을 부과했다.
② 위반: 법, 명령, 약속 등을 지키지 않고 어김
   예 나는 속도위반으로 경찰에게 붙잡혔다.
③ 투기: 내던져 버림
   예 쓰레기 무단 투기의 경우, 폐기물관리법에 따라 100만 원 이하의 과태료가 부과된다.
④ 음주: 술을 마심
   예 연말이 되자 음주운전 단속이 강화되었다.
⑤ 고성방가: 술에 취해 크고 높은 소리로 노래를 부르는 것
   예 집 근처에는 술집이 많아서 사람들의 고성방가가 끊이지 않았다.

확인학습

01 제시된 표현을 한 문장으로 만든 것 중 가장 알맞은 것은?

> 교통 법규를 어기다 / 범칙금을 내다

① 교통 법규를 어기면 범칙금을 내고 싶다.
② 교통 법규를 어기면 범칙금을 낼 수 없다.
③ 교통 법규를 어기면 범칙금을 낼 리가 없다.
④ 교통 법규를 어기면 범칙금을 내기 마련이다.

해설 '동사/형용사 + -기 마련이다'는 어떤 일이 일어나거나 어떤 상태가 되는 것이 당연함을 나타내는 표현이다.

02 다음 중 경범죄가 <u>아닌</u> 것은?

① 횡단보도를 건너면서 혼자 좌측통행을 했다.
② 좋아하는 가수의 콘서트가 매진되어 암표를 샀다.
③ 장난삼아 이웃집에 계속 전화를 하고 아무 말 없이 끊었다.
④ 싫다고 하는 사람에게 계속 전화를 하고 집 앞으로 찾아갔다.

해설 경범죄는 일상생활에서 흔하게 일어나는, 처벌이 가벼운 범죄를 뜻한다. 암표를 사고파는 것, 장난전화를 하는 것, 지속적으로 괴롭히는 것 모두 경범죄에 해당된다.

참고 경범죄 처벌법 제3조
빈집에 숨어 있는 것, 위험한 물건을 가지고 다니는 것, 사람을 때리는 것, 도움이 필요한 사람을 보고도 신고하지 않는 것, 공무원이라 거짓말을 하는 것, 물건을 억지로 사게 하는 것, 아무 허락 없이 광고물을 붙이는 것, 쓰레기를 아무 곳에나 버리는 것, 자연을 훼손하는 것, 타인의 물건을 마음대로 움직이는 것, 지나친 소음을 내는 것, 물건을 아무 곳에나 던지는 것, 개나 고양이 등을 관리하지 않는 것, 옷을 입지 않고 돌아다니는 것, 거리에서 자릿세를 받는 것, 아무 곳에서나 술을 마시는 것, 암표를 사고파는 것, 술을 마시고 소란을 피우는 것, 거짓으로 신고하는 것, 장난전화, 지속적인 괴롭힘 등의 법을 어기는 행위를 한 사람은 벌금을 내거나 교도소 혹은 경찰서에 가게 된다.

32. 이민 생활

(1) 문화 돋보기

① **국적 취득 절차** 🔖: 귀화 허가 신청 → 귀화 심사 → 귀화 허가 결과 통지 → 외국국적포기(본국 대사관) 또는 외국국적불행사서약(출입국관리사무소) → 주민등록신고 → 외국인등록증 반납 → 주민등록증 발급

② 이민자 사회통합

　㉠ 조기적응프로그램: 국제결혼을 통해 처음 입국하는 결혼이민자에게 한국 생활에 필요한 각종 정보를 한국어를 포함한 18개 언어로 제공합니다. 전국 출입국관리사무소, 다문화가족지원센터 또는 외국인지원단체에서 운영하고 있습니다.

　㉡ 사회통합프로그램(KIIP): 국내 이민자가 건전하게 한국 사회에 적응할 수 있도록 정해진 교육과정을 이수한 이민자에게 국적취득과 체류허가 등에서 편의를 제공하는 제도입니다. 운영기관은 사회통합정보망(www.socinet.go.kr)에서 확인할 수 있습니다.

③ 이주민으로서의 생활 고충

유형	내용
소통	한국어 발음이 어렵고 쓰기도 힘들어요.
비자	비자를 연장하려는데 조건을 맞추기가 까다로워요.
국적	한국 국적이 없어서 공무원 시험을 볼 수 없어요.
직장	회사에서 일을 하다가 다쳤는데 모른 척해요.
인권	한국인이 아니라는 이유로 무시하고 따돌려요.

⇨ '**국민권익위원회**'에서는 '국민신문고'도 운영하고 있습니다. 고민을 상담해 보세요.

(2) 어휘 확장하기

① 취득: 물건이나 자격 등을 자신의 것으로 만들어 가짐
　예 나는 수능이 끝나면 운전 면허증을 취득할 것이다.

② 절차: 일을 해 나갈 때 거쳐야 하는 순서나 방법
　예 신용 카드 발급 절차가 전보다 복잡해질 전망이다.

③ 심사: 잘하고 못한 것을 가리기 위해 자세히 살핌
　예 이 회사는 세 단계 심사를 거쳐 신입 사원을 선발한다.

④ 영주권: 자격을 갖춘 외국인에게 주는, 그 나라에서 살 수 있는 권리
　예 김 씨는 미국인 아내와 결혼하여 미국 영주권을 취득하였다.

⑤ 비자: 외국인의 출입국을 허가하는 증명
　예 나는 미국으로 유학을 떠나기 위해, 미국 대사관에 비자를 신청했다.

확인학습

01 한국 국적을 취득하는 방법에 대한 설명으로 옳은 것은?

① 특별귀화 대상자는 한국에 1년 이상 거주한 성인에 해당한다.
② 한국 국민과 결혼한 외국인은 누구나 간이귀화를 신청할 수 있다.
③ 한국 국적을 상실했어도 누구나 다시 한국 국적을 취득할 수 있다.
④ 일반귀화는 한국에 5년 이상 계속하여 체류한 성인을 대상으로 한다.

해설 5년 이상 한국에 거주한 성인이 한국 국적을 취득하는 것을 일반귀화라고 한다.
① 한국에 특별한 공로가 있고 대통령의 승인을 얻은 사람은 거주기간, 나이, 생계유지능력에 관계없이 특별귀화를 할 수 있다.
② 배우자가 한국 국민인 외국인으로서 배우자와 혼인하여 한국에 2년 이상 살고 있는 사람은 간이귀화를 할 수 있다.
③ 한국 국적을 상실한 자가 법무부장관의 허가를 받아 다시 한국의 국적을 취득하는 것을 국적회복이라고 한다. 단, 국가나 사회에 해를 끼쳤거나 병역 기피를 목적으로 국적을 이탈한 사람 등은 이를 허가하지 않을 수 있다.

02 한국의 영주권에 대한 설명으로 옳지 않은 것은?

① 외국인이 한국에 체류하기 위해서 신청하는 것이다.
② 영주권을 취득하면 본인의 국적은 포기하지 않아도 된다.
③ 영주권 취득 후 출국일로부터 2년 이내에는 재입국허가를 받아야 한다.
④ 영주권 취득 후 3년이 지나면 주소지의 지방선거에도 참여할 수 있다.

해설 영주 자격을 취득하면 출국한 날로부터 2년 이내에 재입국하고자 할 때에는 재입국허가를 받을 필요가 없다.

03 한국 국적을 취득하기 위해 해야 하는 일로 옳지 않은 것은?

① 출입국관리사무소에 외국인등록증을 반납한다.
② 본국의 대사관에 가서 외국국적포기신고를 한다.
③ TOPIK 1급에 응시하여 자격증을 취득해야 한다.
④ 거주지의 행정복지센터에 방문해서 주민등록신고를 한다.

해설 한국어능력시험(TOPIK) 1급 보유자는 사회통합프로그램(KIIP) 1단계(100시간) 수료로 인정받고 2단계로 진입이 가능하다.

정답 01 ④ 02 ③ 03 ③

제 2 편
한국 사회 이해

제1장 사회
제2장 교육
제3장 문화
제4장 정치
제5장 경제
제6장 법
제7장 역사
제8장 지리

합격의 공식
온라인 강의

YouTube 접속 ➔ 사회통합프로그램 study 채널 검색 ➔ 구독
➔ [종합평가 한 권으로 끝내기] 재생 목록 click!

제1장 사회

1. 한국을 상징하는 것들

(1) 국기와 국가

① 나라 이름: **대한민국**(大韓民國, Republic of Korea)

② 국기: **태극기** 〈중요〉

〈태극기〉

㉠ 흰색 바탕에 중앙의 태극 문양과 가장자리의 건곤감리(乾坤坎離)의 4괘로 이루어져 있습니다.

㉡ 흰색 바탕은 밝음과 순수를 상징하며 태극 문양은 존귀와 희망을, 검정색 4괘(건, 곤, 감, 이/리)는 각각 하늘, 땅, 물, 불을 상징합니다.

더 알아보기

국기 게양: 한국에서는 태극기를 달아 기념하는 날이 있습니다.
- 국기 게양일: 5대 국경일[삼일절(3월 1일), 제헌절(7월 17일), 광복절(8월 15일), 개천절(10월 3일), 한글날(10월 9일)], 국군의 날(10월 1일), 정부가 따로 지정한 날
- 조기 게양일: 현충일(6월 6일), 국장 기간, 국민장일, 정부가 따로 지정한 날

③ 국가: **애국가**

㉠ 나라를 사랑하는 국민의 마음을 담은 노래로, 조국에 대한 사랑을 일깨우고 다짐하기 위하여 부릅니다.

㉡ **안익태**가 작곡했고, 총 4절로 이루어져 있습니다.

(2) 국화와 문자

① 국화: 무궁화

〈무궁화〉

㉠ 한국을 상징하는 나라꽃으로, '영원한 생명력을 지녀 지더라도 다시 피는 꽃'이라는 뜻을 가지고 있습니다.

㉡ 한국의 국가 문장은 무궁화와 태극기를 바탕으로 만들어졌습니다.

② 문자: **한글** 〔중요〕
  ㉠ 한국 고유 글자의 이름입니다.
  ㉡ 14개의 자음, 10개의 모음으로 이루어져 있습니다. 쌍자음을 포함하면 19개의 자음, 이중모음을 포함하면 21개의 모음이 됩니다.
  ㉢ 1443년 **세종대왕**이 우리말을 표기하기 위하여 '**훈민정음**'을 창제했습니다. 훈민정음은 '백성을 가르치는 바른 소리'라는 의미입니다.
  ㉣ 한글을 만든 목적과 원리를 담고 있는 훈민정음 해례본은 유네스코 세계기록유산에 등재되었습니다.
  ㉤ 20세기 주시경에 의해 '**한글**'이라는 이름이 사용되기 시작해 한국의 고유한 문자의 이름이 되었습니다.

확인학습

01 다음 중 한국의 국기는?

① 태극기
② 남한기
③ 한국기
④ 성조기

해설 한국의 국기는 태극기로 흰색 바탕에 중앙에는 태극 문양, 가장자리에는 건곤감리의 4괘가 그려져 있다.

02 국기를 게양하는 날이 <u>아닌</u> 것은?

① 제헌절
② 국장 기간
③ 대통령 선거일
④ 정부가 따로 지정한 날

해설 국기를 게양하는 날
- **경축일·기념일**
  - 5대 국경일: 삼일절, 제헌절, 광복절, 개천절, 한글날
  - 국군의 날 및 정부가 따로 지정한 날
- **조의를 표하는 날(조기게양)**: 현충일, 국장 기간, 국민장일 및 정부가 따로 지정한 날
- **기타**
  - 정부가 따로 지정한 날
  - 지방자치단체가 조례 또는 지방의회의 의결로 정하는 경사스러운 날(당해 지방자치단체에 한함)

01 ① 02 ③ **정답**

03 애국가를 작곡한 사람은?

① 김유신 ② 조수미
③ 안익태 ④ 안중근

해설 애국가의 작곡가는 안익태이다.
① 김유신: 신라 시대의 장군으로 신라의 삼국 통일에 기여하였다.
② 조수미: 한국을 대표하는 성악가로 세계적으로 많은 사랑을 받고 있다.
④ 안중근: 독립운동가로 하얼빈에서 이토 히로부미를 사살하였다.

04 다음 중 애국가의 가사에 등장하지 않는 것은?

① 남산 ② 백두산
③ 무궁화 ④ 한라산

해설 한라산은 제주도 중앙부에 있는 산으로 애국가의 가사에는 등장하지 않는다.
① 2절의 '남산 위에 저 소나무'라는 구절에 나온다.
② 1절의 '동해물과 백두산이 마르고 닳도록'이라는 구절에 나온다.
③ 후렴구 '무궁화 삼천리 화려 강산'에 나온다.

05 다음 사진 속의 꽃에 대한 설명으로 옳은 것은?

① 1년에 한 달만 꽃을 피운다.
② 한국을 상징하는 나라꽃이다.
③ '숭고한 정신'이라는 의미가 담겨 있다.
④ 한국의 국가 문장으로는 사용할 수 없다.

해설 사진 속 꽃은 한국의 나라꽃(국화)인 무궁화이다.
① 무궁화의 개화 시기는 7~9월이다.
③ 무궁화는 '영원한 생명력을 지녀 지더라도 다시 피는 꽃'이라는 뜻을 지니고 있다.
④ 한국의 국가 문장은 무궁화를 바탕으로 만들어졌다.

06 '훈민정음'의 뜻으로 옳은 것은?

① 진리를 담은 훌륭한 소리
② 백성을 가르치는 바른 소리
③ 나라를 강하게 만드는 강력한 소리
④ 누구에게나 정의롭고 평등한 옳은 소리

해설 훈민정음의 의미는 '백성을 가르치는 바른 소리'이다.

07 국민의례에 대한 설명으로 옳지 않은 것은?

① 국민의례를 할 때 애국가를 부르기도 한다.
② 국민의례 절차에서 국기에 대한 맹세문을 반드시 낭송한다.
③ 모자를 쓴 경우에는 국기에 대한 경례를 할 때 모자를 벗어야 한다.
④ 국기에 대한 경례는 오른손을 펴서 왼쪽 가슴에 대고 국기를 주목해야 한다.

해설 국기에 대한 맹세문 낭독은 경우에 따라 생략할 수 있다.
① 정식 절차로 국민의례를 진행할 때는 애국가를 부르며, 약식 절차로는 애국가를 부르지 않기도 한다.
③ 모자를 썼다면 모자를 벗어 왼쪽 가슴에 대고 국기를 주목해야 한다.

참고 국기에 대한 맹세(맹세문)
나는 자랑스러운 태극기 앞에 자유롭고 정의로운 대한민국의 무궁한 영광을 위하여 충성을 다할 것을 굳게 다짐합니다.

08 훈민정음에 대한 설명으로 옳지 않은 것은?

① 조선 시대에 만들어졌다.
② 세종대왕과 장영실이 함께 만들었다.
③ 훈민정음 해례본에는 훈민정음의 사용법이 실려 있다.
④ 한국어를 우리 고유 글자로 바르게 적기 위해 만들어졌다.

해설 훈민정음은 1443년 조선 시대 세종대왕이 만들었다. 세종대왕은 백성들이 우리말을 우리 고유 글자로 쓰고 읽을 수 있도록 하기 위해 훈민정음을 만들었다. 훈민정음 해례본에는 훈민정음이 만들어진 이유와 목적, 훈민정음을 사용하는 방법이 자세히 적혀 있다. 인류 역사상 훈민정음 해례본과 같이 문자의 제작 원리와 목적, 제작자를 밝힌 기록이 있는 문자는 찾아볼 수 없기에, 그 중요성을 인정받아 1997년 유네스코 세계기록유산으로 지정되었다.

09 한글에 대한 설명으로 옳은 것은?

① 자음과 모음은 모두 합하여 26개이다.
② 자음은 사람의 손과 다리 등 신체기관을 보고 만들었다.
③ 소리 나는 대로 적으면 되기 때문에 배우기가 비교적 쉽다.
④ 모음은 하늘, 땅, 바다라는 세 가지 요소를 결합하여 만들었다.

해설 한글은 한국어를 소리 나는 대로 적는 것을 원칙으로 하기 때문에 비교적 배우기 쉽다.
① 자음(14개)과 모음(10개)은 모두 합하여 24개이다. 쌍자음과 이중모음을 포함하면 자음(19개)과 모음(21개)은 총 40개이다.
② 자음은 사람의 발음기관을 보고 만들었다. ㄱ과 ㄴ은 혀 모양, ㅁ은 입 모양, ㅅ은 이 모양, ㅇ은 목구멍 모양을 본떠 만들었고, 나머지 글자는 ㄱ, ㄴ, ㅁ, ㅅ, ㅇ에 획을 더해서 만들었다.
④ 모음은 하늘(·), 땅(ㅡ), 사람(ㅣ)이라는 세 가지 요소를 결합하여 만들었다.

10 유네스코에서 문맹 퇴치 사업에 기여한 사람이나 단체에 주는 상의 이름은?

① 한글상
② 무궁화상
③ 대한민국상
④ 세종대왕상

해설 한글은 배우기가 쉬워서 한글이 만들어진 후에 문맹률이 줄어들었고, 이는 한국의 문화가 발전하는 데에도 큰 영향을 미쳤다. 유네스코에서는 세종대왕의 뜻을 기리고 한글의 성과를 기념하기 위해 문맹 퇴치 사업에 큰 기여를 한 사람이나 단체에 '세종대왕상(세종대왕 문해상)'을 주고 있다.

정답 09 ③ 10 ④

2. 가족 문화

(1) 한국 가족 문화의 특징

① 과거 한국의 가족

㉠ 가족 형태: 조부모와 부모, 자녀 등 여러 세대가 한 집에 사는 **(확)대가족**이 일반적이었으며 자녀를 많이 낳는 집이 많았습니다.

〈(확)대가족〉

㉡ 가족 특징: 유교 사상의 영향으로 세대에 따른 가족 구성원 사이의 위·아래 관계, 성에 따른 역할 분담이 명확하였습니다. 일반적으로 집안의 어른, 또는 남자가 중심이 되어 가족의 일을 결정하는 가부장적인 분위기였습니다. 또한 '효'를 중요하게 여겨 어른을 공경하고 장남이 부모를 모시고 살며 효도하는 것을 당연하게 생각했습니다.

② 현대 한국의 가족

㉠ 가족 형태: 대부분 부모와 미혼 자녀로 이루어진 **핵가족**을 이루고 있으며, 최근에는 1인 가구, 자녀 없이 부부로만 이루어진 가족, 다문화 가족, 한부모 가족, 입양 가족 등 다양한 형태의 가족이 있습니다.

〈핵가족〉

㉡ 가족 특징: 가족 구성과 가치관이 달라지면서 가족 구성원이 함께 의논하여 가족의 일을 결정하게 되었고, 집안일과 육아도 부부가 함께 담당하게 되었습니다. 옛날과 달리 결혼을 하지 않는 사람들이 늘어났으며, 결혼 시기가 늦어지고 아이를 낳지 않거나 적게 낳는 부부가 많습니다.

(2) 한국의 가족 호칭과 관계

① 가족 관계 호칭

㉠ 부부 사이의 호칭: '여보, 당신' 등으로 부릅니다.

㉡ 배우자의 부모님의 호칭

- 배우자의 부모님을 부르는 말: '어머님, 아버님'이라고 부르는 것이 일반적이고, 아내의 부모님을 부를 때는 '장모님, 장인어른'이라고도 합니다.
- 배우자의 부모님을 가리키는 말
  - 남편의 부모님: 시어머니, 시아버지
  - 아내의 부모님: 장모님, 장인어른

㉢ 자녀의 호칭

- 아이를 낳은 딸/며느리를 부르는 말: ○○(아이 이름) 엄마/어멈
- 아이를 낳은 아들/사위를 부르는 말: ○○(아이 이름) 아빠/아범
- 아내의 부모가 사위를 부르는 말: ○(사위의 성) 서방

ㄹ. 최근에는 여성의 가족과 남성의 가족을 평등하게 대해야 한다는 의견이 늘어나면서 남녀 차별적 표현이 담긴 가족 호칭어와 지칭어를 각자의 판단에 따라 다양하게 부르자는 제안과 정책도 나오고 있습니다.

② **촌수**: 친족 사이의 멀고 가까운 정도를 나타내는 수
  ㉠ 부부 사이에는 촌수를 따지지 않습니다.
  ㉡ 부모와 자식은 1촌, 형제자매는 2촌입니다.
  예 작은아버지는 아버지의 형제(동생)이므로 나와는 3촌 관계이고, 조카는 나의 형제자매의 자녀이므로 3촌 관계입니다.

확인학습

01 오늘날 한국 가족의 특징으로 옳은 것은?

① 결혼을 하는 사람들이 늘고 있다.
② 가족의 일은 집안의 성인 남성이 주도하여 결정한다.
③ 최근 들어 결혼 연령대가 급속히 낮아져 일찍 결혼을 한다.
④ 다문화 가족, 한부모 가족, 입양 가족, 1인 가구 등 다양한 형태의 가족이 있다.

해설 사회가 변화하면서 가족의 형태가 다양해졌다.
  ① 요즘은 결혼을 하지 않는 사람들이 늘어나고 있다.
  ② 현대에는 가부장적인 분위기가 줄고 가족 구성원이 함께 의논하여 가족의 일을 결정하고 있다.
  ③ 최근에는 결혼 연령대가 높아지며 결혼이 점점 늦어지고 있다.

02 과거 전통적인 한국 가족의 특징으로 옳은 것은?

① 자녀를 적게 낳았다.
② 여러 세대가 함께 모여 살았다.
③ 결혼한 딸이 부모를 모시고 사는 것이 일반적이었다.
④ 장남은 일찍부터 부모님에게서 독립하는 경우가 많았다.

해설 조부모, 부모, 자녀가 함께 사는 (확)대가족 형태의 가족이 많았다.
  ① 결혼을 하면 보통 3~5명 정도로 자녀를 많이 낳았다.
  ③·④ 장남이 부모를 모시고 사는 경우가 많았으며, 경우에 따라 여러 자녀들이 함께 부모를 모시기도 했다.

정답 01 ④ 02 ②

03 현대 한국 사회에서 자주 볼 수 있는 가족 형태인 핵가족의 뜻은?

① 친구들끼리 모여 함께 사는 가족
② 조부모, 부모, 자녀가 함께 사는 가족
③ 여러 쌍의 부부가 자녀 없이 모여 함께 사는 가족
④ 한 쌍의 부부와 그들의 미혼 자녀만으로 이루어진 가족

참고 핵가족
한 쌍의 부부와 그들의 미혼 자녀로 이루어진 가족을 말한다. 과거에는 자녀들 중 장남이 부모님을 모시고 자녀와 함께 사는 (확)대가족이 많았으나 사회가 변화하면서 부모와 미혼 자녀가 같이 사는 경우가 늘어났고, 자녀가 성장하면 취직이나 교육 문제로 부모와 떨어져 사는 경우가 많아졌다.

04 한국의 가족에 대한 설명으로 옳지 않은 것은?

① 1인 가구는 결혼하지 않고 혼자 사는 청년들을 말한다.
② 여성의 사회 활동이 활발해지면서 맞벌이 부부가 늘어났다.
③ 현대에는 집안일이나 육아 등을 부부가 분담하는 경우가 늘고 있다.
④ 과거에는 대가족이 일반적이었지만 오늘날에는 핵가족이 일반적이다.

해설 1인 가구에는 결혼하지 않고 혼자 사는 청년, 독거노인, 이혼 후 혼자 사는 사람들까지 모두 포함한다.

05 한국에서 부부 사이에 서로를 부르는 호칭으로 적절하지 <u>않은</u> 것은?

① 여보
② 당신
③ 어멈아 / 아범아
④ ○○ 엄마 / ○○ 아빠

해설 자녀를 가진 딸(며느리), 아들(사위)을 부를 때 "어멈아, 아범아"라고 한다.
④ 자녀가 있는 부부는 서로를 부를 때 아이의 이름을 붙여 "○○ 엄마, ○○ 아빠"라고 하기도 한다.

06 아버지의 남자 동생을 부르는 말로 옳은 것은?

① 외삼촌
② 이모부
③ 큰아버지
④ 작은아버지

해설 ① 외삼촌: 어머니의 남자 형제
② 이모부: 이모의 남편
③ 큰아버지: 아버지의 형

07 어머니의 언니나 여동생을 부르는 말로 옳은 것은?

① 고모
② 사촌
③ 이모
④ 숙모

해설 ① 고모: 아버지의 여자 형제
② 사촌: 아버지 형제자매의 아들이나 딸. 사촌형 또는 사촌언니, 사촌동생 등으로 부른다.
④ 숙모: 작은어머니와 같은 말로 아버지 남동생의 부인

정답 05 ③ 06 ④ 07 ③

08 '시부모님'이라는 호칭이 가리키는 사람은?

① 아내의 부모님
② 남편의 부모님
③ 아내의 언니 부부
④ 남편의 동생 부부

해설 남편의 아버지는 '시아버지', 남편의 어머니는 '시어머니'이고, 시아버지를 부를 때는 '아버님', 시어머니를 부를 때는 '어머님'이라고 한다. 그리고 남편의 아버지와 어머니 두 사람을 함께 가리키는 말은 '시부모님'이다.

09 다음 중 3촌간이 아닌 경우는?

① 동생의 딸
② 어머니의 언니
③ 아버지의 남동생
④ 어머니 언니의 아들

해설 어머니 언니인 이모와 나의 관계는 3촌이므로 이모의 아들은 나와 4촌이다.
① 동생은 나와 2촌, 동생과 동생의 딸은 1촌이므로 동생의 딸인 조카는 나와 3촌이다.
②·③ 나의 부모는 나와 1촌, 부모의 형제자매는 부모와 2촌이므로 나와 부모의 형제자매는 3촌이다.

10 김철수 씨를 '김 서방'이라고 부를 수 있는 사람은?

① 김철수 씨의 형
② 김철수 씨의 조카
③ 김철수 씨의 며느리
④ 김철수 씨의 장모님

해설 아내의 부모는 사위를 부를 때 사위의 성을 앞에 붙여서 '○ 서방'이라고 부르므로, 김철수 씨를 '김 서방'이라고 부를 수 있는 사람은 김철수 씨의 장모님, 장인어른이다.
② 김철수 씨의 조카는 김철수 씨를 '큰(작은)아버지', '(외)삼촌'이라고 부른다.
③ 김철수 씨의 며느리는 김철수 씨를 아버님이라고 부른다.

3. 취업과 직장

(1) 한국 직장 생활 특징

① 한국의 취업과 직장 생활

㉠ 만 15세 이상부터 일을 할 수 있으며 보통 60세를 전후로 퇴직이나 은퇴를 합니다.

㉡ 고등학교나 대학교를 졸업한 뒤 취직을 하는 것이 일반적이지만 요즘은 취업난이 심해지면서 취업 연령이 높아지고 있습니다.

㉢ 평균 수명이 늘어나면서 은퇴 이후에도 새로운 직업을 구하거나 창업을 하는 사람들이 늘어나고 있습니다.

㉣ 공무원과 같은 안정적인 직업이나 급여가 높고 복지가 잘 마련되어 있는 대기업 취업을 희망하는 사람이 많습니다. 또는 중소기업에서 일하는 사람이나 개인 사업을 하는 사람도 많습니다.

② 여성의 경제 활동

㉠ 여성의 사회 진출이 활발해지면서 부부가 모두 일을 하는 **맞벌이 부부**가 늘어나고 있습니다.

㉡ 직업별 남녀 간 불균형도 조금씩 완화되고 있으며, 취업 과정 및 직장 생활에서 발생하는 여성과 남성 사이의 불평등을 해소하기 위한 정책이 마련되는 등 사회적 움직임도 늘어나고 있습니다.

㉢ 임신과 출산, 육아 등으로 경력이 단절되는 여성들이 다시 취업할 수 있도록 돕는 교육과 정책이 시행되고 있습니다.

㉣ 육아와 일을 병행하는 여성들을 위한 복지 정책이 마련되고 있습니다.

〈맞벌이 부부〉

(2) 한국의 직장 문화

① 업무 시간

㉠ 직장마다 다르지만 보통 9시에 출근해서 6시까지 일을 하며, 중간에 1시간 정도 점심시간이 있습니다.

㉡ **야근**: 정해진 근무 시간 이후 저녁에 추가로 일을 더 하는 경우가 있는데 이것을 '야근'이라고 합니다.

㉢ **주 5일 근무제**: 하루에 8시간 이내로, 일주일에 40시간 일하는 것을 말합니다. 8시간씩 5일 동안 일을 하는 곳이 대부분이기 때문에 '주 5일제'라고도 합니다. 일반적으로 월요일부터 금요일까지 평일에 일을 하고 주말에는 쉬지만 식당이나 카페처럼 주말에 영업을 하는 곳도 있습니다.

〈직장 생활〉

- ㄹ **주 52시간 근무제**: 일주일 동안 52시간을 초과하여 일할 수 없도록 하는 제도입니다. 일주일 동안 주 5일제로 근무하는 40시간을 제외하고 추가로 일하는 시간은 12시간을 넘을 수 없습니다.
- ㅁ **최저임금제**: 근로자의 생활을 보호하기 위해 최소한의 임금 기준을 법으로 정하고, 그 이상의 임금을 근로자에게 지급하도록 강제하는 제도입니다.
- ㅂ 요즘에는 정해진 근무 시간에 맞춰 일하는 정규 근무 외에도 일터의 특성에 따라 근무 시간을 유동적으로 조정하여 일하는 탄력 근무, 다른 직원들과 교대로 일하는 교대 근무, 회사가 아닌 집이나 다른 장소에서 일을 하는 재택 근무 등 다양한 근무 형태가 있습니다.

② 업무 외 시간

- ㉠ **회식**: 한국에서는 업무 시간 외에도 직장 동료들이 함께 어울려 식사를 하거나 술을 마시며 친목을 다지는 '회식'이 있습니다. 회식 자리에서는 회사에서 하지 못한 이야기를 하면서 친목을 다지고, 축하할 일이 있으면 축하하기도 합니다.

〈회식〉

- ㉡ **변화하는 회식 문화**: 요즘은 일과 삶의 균형을 유지하는 것을 중요하게 생각하여 회식을 강요하지 않는 편입니다. 또한 술자리나 식사 위주의 회식에서 영화 감상 등 취미 생활을 함께하는 회식으로 회식 문화가 바뀌고 있습니다.

확인학습

01 한국의 취업과 직장 생활에 대한 설명으로 옳지 않은 것은?

① 취업난으로 취업 연령이 점점 높아지고 있다.
② 은퇴한 후에는 일을 하지 않고 휴식을 취한다.
③ 고등학교나 대학교를 졸업하고 취업하는 것이 일반적이다.
④ 안정적인 일자리를 선호하여 공무원을 희망하는 사람이 많다.

해설 요즘에는 평균 수명이 길어져 은퇴나 정년퇴직 후에도 일을 하고자 하는 사람이 많다.

02 주 5일제에 대한 설명으로 옳은 것은?

① 한 달 동안 주말을 제외하고 5일을 쉬어야 한다.
② 일주일에 5일 이상 의무적으로 야근을 해야 한다.
③ 일주일 중에 5일 동안, 하루에 8시간씩 일을 한다.
④ 매달 5일은 출퇴근 시간을 자유롭게 조정할 수 있다.

해설 주 5일제는 하루에 8시간씩, 일주일 중에 5일 동안 총 40시간을 일하는 정규 근로를 말한다.
② 주 52시간 근무제로 일주일 근무 시간이 52시간을 넘을 수 없다.

03 현대 한국의 직장 생활에 대한 설명으로 옳은 것은?

① 결혼을 하려면 부부 중 한 사람은 직장을 그만두어야 한다.
② 부부가 모두 직업을 가지고 돈벌이를 하는 맞벌이 부부가 줄고 있다.
③ 임신이나 출산, 육아로 인해 경력이 단절된 여성들을 위한 제도가 있다.
④ 여성의 사회 활동이 활발해져 집안일과 육아는 남성이 책임지게 되었다.

해설 임신, 출산, 육아 등으로 경력이 단절된 여성들의 재취업이나 창업을 돕는 제도가 시행되고 있다. 또한 육아와 일을 병행해야 하는 여성들을 위한 제도도 마련되고 있다.
①·② 결혼한 후 부부가 모두 직장에 다니며 돈을 버는 맞벌이 부부가 늘고 있다.
④ 여성의 사회 활동이 활발해지고 있지만 남성이 집안일과 육아를 책임지지는 않는다.

정답 01 ② 02 ③ 03 ③

04 한국 직장의 직급이 아닌 것은?

① 대리
② 과장
③ 차장
④ 경장

해설 경장은 경찰 조직의 직급으로 일반적인 한국 직장에서 쓰이는 직급이 아니다. 한국의 직장 직급은 보통 사원에서 시작해 주임, 대리, 과장, 차장, 부장 순으로 직급이 오르며 직장 내에서 서로를 부를 때는 직급으로 부르는 경우가 많다.

05 〈보기〉에서 설명하는 것은?

> • 보기 •
> 정해진 근무 시간 이후에 바로 퇴근하지 않고 직장에 남아서 늦게까지 일을 하는 것

① 야근
② 외근
③ 이직
④ 승진

해설 정해진 근무 시간이 지나고 곧바로 퇴근하지 않고 남아서 더 일하는 것을 야근이라고 한다.
② 외근: 직장 밖에 나가서 일을 하는 것
③ 이직: 직장을 옮기는 것
④ 승진: 직위나 직급, 계급이 오르는 것

06 한국의 업무 시간에 대한 설명으로 옳은 것은?

① 점심시간은 보통 2시간이다.
② 주말에도 쉬지 않고 출근하는 것이 일반적이다.
③ 일주일 동안 근무 시간은 52시간을 넘을 수 없다.
④ 출근은 근로자가 원하는 시간에 자유롭게 해도 된다.

해설 주 52시간 근무제로 일주일 동안 일하는 시간은 52시간을 넘을 수 없다.
① 보통 점심시간은 1시간이다.
② 주 5일 근무제로 일주일 중에 5일 동안 일하는 것이 보통이다.
④ 대부분의 직장에는 정해진 출근 시간이 있다.

04 ④ 05 ① 06 ③ **정답**

07 한국의 직장 문화에 대한 설명으로 옳은 것은?

① 회식에 참석하는 것을 법으로 강제하고 있다.
② 급여를 많이 받고 싶으면 야근을 많이 하면 된다.
③ 한번에 오랫동안 근무하고 원하는 날 쉬어도 된다.
④ 법으로 정한 최소한의 급여가 있으며 그보다 적게 급여를 줄 수 없다.

해설 근로자의 생활을 보호하기 위해 법으로 정한 최저임금이 있으며, 최저임금 이상의 급여를 주도록 법으로 강제하는 '최저임금제'가 시행되고 있다.
① 회식을 강요하는 것은 직장 내 괴롭힘이며, 직장 내 괴롭힘은 처벌 대상이다. 그리고 요즘은 회식을 강요하는 문화가 줄어들고 있다.
② 한국에서는 근로자를 보호하기 위해 '주 52시간 근무제'를 시행하고 있다. 일주일 동안 총 근무 시간이 52시간을 초과해서는 안 되므로 일주일 동안 초과 근무 시간이 12시간을 넘을 수 없다.
③ 대부분 8시간씩 5일 동안 일을 하는 것으로 정해져 있다.

참고 직장 내 괴롭힘
직장 내 괴롭힘은 직장에서의 관계나 직위, 지위 등의 우위를 이용해 업무적으로 허용되기 어려운 수준으로 다른 근로자를 물리적·정신적으로 괴롭히는 것을 말한다. 폭행이나 폭력적인 말(욕설 등)로 신체적·정신적인 고통을 주는 것, 정당한 이유 없이 성과를 인정하지 않거나 조롱하는 것, 근로계약서의 내용과 전혀 다른 업무를 시키거나 일을 주지 않는 것, 정당한 이유 없이 업무 과정에서 배제하거나 직장 생활에서 따돌리는 것 등으로 다양하게 나타난다. 직장 내 괴롭힘으로 어려움을 겪게 된다면 고용노동부에 상담을 받을 수 있다.

08 회식에 대한 설명으로 옳은 것은?

① 회식 자리에서는 술을 마셔야만 한다.
② 요즘은 회식을 강요하는 문화가 줄어들고 있다.
③ 보통 회식 자리에서는 업무와 관련된 이야기만 한다.
④ 근무 시간에 일을 하는 대신 동료들과 밥을 먹으며 친목을 다지는 시간이다.

해설 요즘은 회식을 강요하는 문화가 줄고 있다. 예전에는 회식 자리에서 함께 식사를 하고 술을 마시는 것이 일반적이었지만 요즘은 영화를 보거나 취미 활동을 함께하는 등 회식 문화가 달라지고 있다.
① 요즘은 취미 생활을 함께하는 등 회식 문화가 달라지고 있다.
③·④ 회식은 평소에는 일을 하느라 이야기를 나누지 못했던 동료들과 근무 시간 외에 어울리며 친목을 다지는 시간이다.

정답 07 ④ 08 ②

09 취업에 대한 설명으로 옳은 것은?

① 취업 연령이 점점 높아지고 있다.
② 법적으로 성인이 되어야 취직을 할 수 있다.
③ 일자리를 구해야 고등학교를 졸업할 수 있다.
④ 대부분 도전할 기회가 많고 창의성을 발휘할 수 있는 직업을 원한다.

해설 취업난이 심해지면서 취업 준비 기간이 늘어나며 취업 연령도 높아지고 있다.
② 만 15세 이상부터 일자리를 구할 수 있다.
④ 많은 사람이 안정적인 직업을 원하기 때문에 공무원에 대한 선호도가 높다.

10 여성의 사회 활동에 대한 설명으로 옳지 않은 것은?

① 여성의 사회 활동이 옛날에 비해 줄어들고 있다.
② 육아와 일을 병행하는 것은 현실적으로 쉽지 않다.
③ 요즘은 결혼한 뒤에도 직장 생활을 유지하는 여성들이 많다.
④ 임신, 출산, 육아 등으로 경력이 단절된 여성들을 위한 제도가 마련되고 있다.

해설 여성의 사회 활동은 옛날에 비해 많이 활발해졌다.

4. 교통과 통신

(1) 교통수단

① **버스** 중요
- ㉠ 시내버스: 도시 내에서 일정한 구간을 운행하는 버스입니다.
- ㉡ 시외버스와 고속버스
  - 시외버스: 시내에서 도시 바깥의 특정한 지역까지 운행하는 버스입니다.
  - 고속버스: 고속도로를 이용하여 빠른 속도로 운행하는 버스입니다.

② **지하철** 중요
- ㉠ 대도시에서 교통의 혼잡을 완화하고, 빠른 속도로 운행하기 위하여 땅속에 터널을 파서 철도를 다니는 교통수단입니다.
- ㉡ 차도로 다니지 않아 비교적 규칙적으로 운행하고, 목적지까지 도착하는 시간이 일정한 편입니다.

〈KTX〉

③ 택시: 거리에 따라 요금을 받고 손님이 원하는 곳까지 승용차로 태워줍니다.

④ 기차: 주로 멀리 떨어진 지역으로 이동할 때 이용하며, 고속철도(KTX, SRT)는 속도가 아주 빨라 먼 거리를 빠른 시간 내에 갈 수 있습니다.

⑤ 비행기: 비행기는 국내를 오가는 국내선과 해외를 오가는 국제선이 있습니다.
- ㉠ 인천국제공항: 인천 영종도에 있는 국제공항으로 한국의 국제선 대부분이 인천국제공항에서 운행됩니다.
- ㉡ 김포국제공항: 한국의 주요 국제공항이었지만 인천국제공항이 생기면서 지금은 국제선이 많이 줄어들었습니다. 국제선으로는 가까운 일본이나 중국을 운항하는 노선이 운영되며, 국내선 운항이 주를 이룹니다.
- ㉢ 이 외에도 제주, 김해, 대구 등의 여러 지역에 공항이 있습니다.

더 알아보기

대중교통 이용 장려 정책
- 환경 오염을 줄이기 위해 대중교통 이용을 장려하는 정책이 시행되고 있습니다.
- 지역에 따라 아침 일찍 대중교통을 이용하면 이용 요금을 할인해 주기도 합니다.
- 환승 할인 제도: 다른 대중교통으로 갈아탈 때 이용 요금을 할인받을 수 있습니다.
- 버스 전용차로제: 도로에서 버스만 이용할 수 있는 전용차로를 정하여 버스가 원활하게 운행될 수 있도록 하는 제도입니다.
- 버스 도착 안내 서비스: 버스 정류장의 전광판에 버스 도착 예정 시간과 혼잡 정도, 버스 위치 정보 등을 알려주는 서비스입니다.
- K-패스, 기후동행카드 등: 대중교통 이용을 장려하기 위해 이용 금액의 일정 비율을 환급해 주거나 교통비를 할인해 주는 제도입니다.

(2) 통신수단

① 인터넷

〈스마트폰과 태블릿 PC〉

㉠ 컴퓨터가 서로 연결돼 정보를 교환할 수 있는 컴퓨터 통신망을 '인터넷'이라고 합니다. 한국은 세계적으로 최고 수준의 인터넷의 속도와 보급률을 보이고 있습니다.

㉡ 스마트폰이 널리 보급되면서 음성통화, 영상통화는 물론, 사진이나 동영상과 같은 자료도 쉽게 주고받을 수 있습니다.

㉢ 최근에는 노트북, 태블릿 PC와 같은 휴대 기기의 사용자가 늘어나 시간이나 장소에 구애받지 않고 어디서든 자유롭게 정보를 검색하고 온라인 서비스를 이용할 수 있습니다.

㉣ 인터넷과 통신 기술의 발달로 생활이 편리해졌지만 개인 정보 유출이나 보이스 피싱과 같은 범죄가 발생하기도 하고, 인터넷 중독과 같은 부작용이 일어나기도 합니다.

> **더 알아보기**

> **보이스 피싱**
> - 피싱 사기는 유출된 개인 정보를 악용하여 많은 피해를 줍니다.
> - 은행과 같은 금융기관, 검찰 등의 공공기관을 사칭하여 돈을 요구하기도 합니다.
> - 개인 정보를 이용해 가족이나 친구를 사칭하여 금전적인 피해를 입히기도 합니다.
> - 전화 통화를 통해 일어나는 보이스 피싱, 문자나 SNS 메시지를 통해 일어나는 스미싱, 이메일을 통한 해킹 등 여러 가지 형태로 범죄가 일어나므로 주의해야 합니다.
> - 피해를 예방하려면 수상한 문자나 SNS 메시지, 이메일을 열어보지 않아야 하며 인터넷 사이트에서 사용하는 비밀번호를 자주 변경하는 것이 좋습니다.
> - 피해를 입었을 때는 경찰(112), 인터넷진흥원(118), 금융감독원(1332) 등에 신고하여 도움을 받아야 합니다.

② 우편
  ㉠ 우체국에서 편지나 물건을 국내 또는 해외로 빠르고 안전하게 주고받을 수 있습니다.
  ㉡ 최근에는 택배 업체나 편의점에서도 물건을 빠르게 보내거나 받을 수 있습니다.
  ㉢ 택배 문화가 발달하여 인터넷 쇼핑이나 홈쇼핑을 이용해 물건을 구매하고 빠르게 상품을 받을 수 있습니다.

확인학습

01 한국의 교통수단에 대한 설명으로 옳은 것은?

① 지하철은 전국에서 운행되고 있다.
② 한국에서 외국으로 나가려면 기차를 타야 한다.
③ 택시는 속도가 아주 빨라 먼 거리도 빠르게 갈 수 있다.
④ 버스는 도로 상황에 따라 목적지에 도착하려면 시간이 오래 걸리기도 한다.

> **해설** 차가 막히는 시간에 버스를 이용하면 목적지에 도착하기까지 오랜 시간이 걸린다.
> ① 지하철은 수도권, 부산, 대구, 광주, 대전에서만 운행되고 있다.
> ② 한국에서 외국으로 나가려면 비행기를 이용하면 된다. 대표적인 국제공항으로는 인천국제공항이 있다.
> ③ 속도가 아주 빨라 먼 거리를 빠르게 이동할 수 있는 교통수단은 고속철도이다.

02 한국에서 택시를 이용하는 방법으로 옳지 않은 것은?

① 언제 이용하더라도 요금이 같다.
② 택시의 종류에 따라 요금이 다르다.
③ 이용 요금은 현금이나 카드로 결제할 수 있다.
④ 전화나 스마트폰 앱을 이용해 택시를 부르거나 길에서 직접 잡을 수 있다.

> **해설** 늦은 밤에 택시를 이용하면 '야간할증'이 적용되어 이용 요금이 조금 더 비싸다.
> ② 택시는 일반 택시, 모범 택시, 콜밴 등으로 종류가 다양한데, 각각의 요금이 다르다.
> ③ 택시 이용 요금은 현금이나 신용카드, 교통카드 등으로 결제할 수 있다.
> ④ 길에서 직접 택시를 잡아서 탈 수 있으며, 택시 회사에 전화를 하여 택시를 부를 수도 있다. 요즘은 스마트폰 앱을 통해서 택시를 부르고 요금 결제까지 할 수 있다.

03 〈보기〉에서 설명하는 것은?

> **• 보 기 •**
> 속도가 아주 빨라 먼 거리도 빠르게 이동할 수 있다.

① 택시
② 자가용
③ 고속철도
④ 시외버스

> **해설** 주어진 내용은 고속철도에 대한 설명이다.
>
> **참고 고속철도(KTX, SRT)**
> 한국의 고속철도에는 KTX와 SRT가 있으며 각각 2004년, 2016년부터 운행을 시작하여 KTX는 경부선, 호남선, 경전선, 전라선, 강릉선, 중앙선, 중부내륙선, SRT는 경부선, 호남선, 경전선, 전라선, 동해선의 노선이 운행되고 있다.

정답 01 ④ 02 ① 03 ③

04 대중교통 이용 장려 정책이 아닌 것은?

① 환승을 할 때는 요금을 할인해 준다.
② 도착 예정 버스를 미리 알 수 있는 서비스가 있다.
③ 지하철 예약을 통해 제시간에 지하철을 탈 수 있다.
④ 버스가 다니는 차로를 정해 버스 운행을 원활하게 한다.

해설 지하철은 예약을 받지 않는다.
① 환승 할인 제도에 대한 설명이다. 30분 이내에 다른 교통수단으로 환승을 하면 환승 할인을 받을 수 있는데, 같은 노선이나 같은 차량으로 갈아타는 것은 환승 할인 대상이 아니다.
② 버스 도착 안내 서비스에 대한 설명으로, 도착 예정 버스와 혼잡 정도, 버스의 위치 정보를 알 수 있다.
④ 버스 전용차로제에 대한 설명이다.

05 저스틴 씨가 이용할 교통수단으로 옳은 것은?

> 저스틴: 토요일에 종합평가 시험을 보러 서울에 가야 하는데 어떻게 가면 좋을까요?
> 지수: 토요일이라서 차가 막힐 수도 있으니까 도착 시간이 일정한 (　　)을/를 타고 가는 게 좋을 것 같아요.

① 택시
② 지하철
③ 자가용
④ 시내버스

해설 택시, 자가용, 시내버스는 도로 상황에 따라서 차량이 많아서 도로가 밀리면 시간이 많이 걸릴 수 있다. 저스틴 씨는 서울에서 시험을 보기 때문에 지하철을 이용할 수 있고, 지하철은 비교적 도착 시간이 일정하다는 장점이 있다.

정답 04 ③ 05 ②

06 〈보기〉에서 설명하는 것은?

> **• 보기 •**
> 한국의 주된 국제공항이었으나, 인천국제공항이 생긴 뒤 일부 국제선과 국내선 위주로 운항 중인 공항

① 제주국제공항
② 김해국제공항
③ 청주국제공항
④ 김포국제공항

해설 김포공항은 인천국제공항이 생기면서 일본의 도쿄, 오사카, 중국의 상하이 등의 일부 국제선과 국내선 위주로 운항되고 있다.

참고 인천국제공항
인천 영종도와 용유도 사이를 메워 만든 공항으로, 한국 최대의 국제공항이다. 2001년 개항하였으며, 편의 시설이 잘 갖춰져 있어 이용객의 만족도가 매우 높은 공항이다.

07 한국의 인터넷에 대한 설명으로 옳지 않은 것은?

① 인터넷 보급률이 높아서 쉽게 인터넷을 이용할 수 있다.
② 인터넷과 기술의 발달로 더욱 안전한 사회가 유지되고 있다.
③ 휴대 기기와 인터넷을 이용해 사진이나 동영상을 주고받을 수 있다.
④ 스마트폰, 노트북, 태블릿 PC 등을 이용해 언제나 정보를 검색하고 이용할 수 있다.

해설 인터넷 기술의 발달로 개인 정보 유출이나 사생활 침해, 피싱 등 새로운 범죄가 일어나고 있다.

08 한국의 우편에 대한 설명으로 옳은 것은?

① 우체국에서는 우편물을 보내는 업무만 볼 수 있다.
② 요즘은 택배 업체를 통해 빠르게 물건을 주고받을 수 있다.
③ 외국으로 편지나 물건을 보내려면 공항에 가서 접수해야 한다.
④ 우체국에서 우편물을 접수하려면 미리 방문 예약을 해야 한다.

해설 교통이 발달하면서 택배 업체를 통해 물건을 빠르게 주고받을 수 있으며, 요즘은 편의점에서도 택배를 접수할 수 있다.
① 우체국에서는 우편물과 관련된 업무를 주로 담당하지만, 예금이나 적금을 드는 금융업무, 보험업무, 공과금 납부도 할 수 있다.
③ 외국으로 편지나 물건을 보내려면 공항이 아닌 우체국에서 국제특급우편서비스(EMS)를 이용하면 된다.
④ 방문 예약을 하지 않아도 운영 시간 내에 우체국을 방문하면 원하는 업무를 볼 수 있다.

참고 국제특급우편서비스(EMS)
외국으로 우편물을 보내고 싶다면 우체국에 방문하여 국제특급우편서비스(EMS)를 이용할 수 있다. 신속하게 배송되며, 인터넷망을 통해 배송 조회도 가능하다.

09 피싱 범죄에 대한 설명으로 옳지 않은 것은?

① 피해를 당하면 신고를 하더라도 도움을 받을 수 없다.
② 공공기관이나 금융기관을 사칭하여 돈을 요구하는 경우도 있다.
③ 개인 정보를 악용하여 협박을 하거나 가족이나 친구를 사칭하기도 한다.
④ 인터넷 사이트 비밀번호를 자주 바꾸면 피싱 범죄 피해를 예방할 수 있다.

해설 피싱 범죄로 피해를 입었을 경우 경찰(112), 인터넷진흥원(118), 금융감독원(1332) 등에 신고하여 도움을 받을 수 있다.

10 교통과 통신의 발달로 발생하는 문제점으로 옳지 않은 것은?

① 교통 체증
② 인구 고령화
③ 환경 오염 문제
④ 인터넷·스마트폰 중독

해설 교통과 통신의 발달과 인구 고령화는 관련이 없다.
① 교통의 발달로 차량 통행량이 늘어나면서 교통 체증이 발생하고 있다.
③ 교통의 발달로 대기 오염이 심각해지고 있으며, 배달·택배 문화가 발달하면서 일회용품 사용이 증가하고 있다.
④ 높은 인터넷·스마트폰 보급률로 어린 아이들부터 노인까지 전 연령에 걸쳐 인터넷 중독, 스마트폰 중독 등의 문제가 발생하고 있다.

정답 08 ② 09 ① 10 ②

5. 주거 문화

(1) 한국의 집의 형태
① 단독 주택
- ㉠ 한 가구가 독립되어 생활할 수 있도록 한 채씩 지은 집을 말합니다.
- ㉡ **다가구 주택**: 단독 주택 내에 한 건물에 여러 가구가 독립적으로 생활할 수 있게 만든 다가구 주택도 단독 주택에 포함됩니다.

② 공동 주택
- ㉠ 한 건물에 여러 가구가 독립적으로 생활할 수 있도록 만든 집을 말합니다. 건물에서 독립된 공간의 주인이 각각 다릅니다.
- ㉡ **아파트**: 5층 이상의 주택이며 각각의 독립된 공간에서 여러 가구가 독립적으로 생활합니다. 오늘날 한국에서 대부분의 사람들이 선호하는 주택입니다.
- ㉢ 연립 주택(빌라): 4층 이하의 주택이며 다세대 주택보다 건물의 총 면적이 넓습니다.
- ㉣ 다세대 주택: 건물의 부분별로 주인이 다릅니다.

〈아파트〉

(2) 한국의 주거 문화의 특징
① 현대 한국의 주거 문화
- ㉠ 아파트에 대한 선호도가 높아지면서 집값이 오르고 있습니다.
- ㉡ 도시로 인구가 집중되면서 고층 아파트가 늘어나고 있으며, 단독 주택보다 공동 주택에 사는 인구가 더 많아졌습니다.
- ㉢ 최근에는 핵가족이 일반화되고 1인 가구가 늘어나면서 소형 주택의 인기가 높아지고 있습니다.
- ㉣ 아파트 등의 공동 주택에서는 층간 소음으로 이웃 간의 갈등이 일어나기도 합니다.
- ㉤ 자녀들의 독립, 은퇴나 정년퇴직 이후 노인들은 도시를 떠나 도시 외곽에서 전원주택을 짓고 여유로운 생활을 즐기기도 합니다.

② **한국의 거주 형태**
- ㉠ 자가: 자기가 소유한 집, 또는 자기 소유의 집에 사는 것을 말합니다.
- ㉡ 전세: 집주인에게 돈(보증금)을 주고 일정 기간 동안 집을 빌려서 사는 것을 말합니다.
- ㉢ 월세: 집주인에게 돈(보증금)을 주고 매달 정해진 금액의 돈(월세)을 내면서 집이나 방을 빌려서 사는 것입니다. 전세에 비해 비교적 보증금이 저렴한 편입니다.
- ㉣ 반전세: 전세와 월세를 합친 개념입니다. 보증금이 월세보다는 비싸고 전세보다는 저렴한 편입니다.

(3) 집 구하기

① **집 구하는 방법**

㉠ 집을 구하고 계약서를 작성할 때는 공인중개사(부동산 중개인)을 통하는 것이 좋습니다.

㉡ 집을 계약할 때는 반드시 **등기부 등본**을 확인하여 문제가 없는지 확인해야 합니다.

㉢ 이사 후에는 **전입 신고**를 하고, 특별한 경우가 아니라면 **확정일자**를 받는 것이 좋습니다.

더 알아보기

다양한 주택 정책
- 정부는 도시의 주택 부족, 비싼 집값 문제를 해결하기 위해 다양한 주택 정책을 마련하고 있습니다.
- 정부 주도하에 저렴한 값으로 집을 사거나 빌릴 수 있는 주택 사업을 하기도 합니다.
- 청년이나 신혼부부 등 특정 계층을 위해 월세를 지원해 주거나 주변 시세보다 저렴한 값에 집을 빌릴 수 있도록 하는 정책도 있습니다.
- 주택임대차보호법: 국민의 주거생활의 안정을 보호하기 위해서 제정된 법률로 주거목적의 건물의 임대차에 적용되는 법입니다. 주요 내용으로는 임차인은 주택의 인도와 주민등록을 마치면 제3자에 대해서도 효력을 갖습니다. 그래서 매매나 경매 등으로 임대인이 변경될 경우에도 임차 기간을 보장받을 수 있고, 보증금을 반환 받을 수 있으며 다른 채권자들보다 우선적으로 변제를 받을 수 있습니다.

② 집 선택 기준

㉠ 일반적으로 예산에 맞춰 집을 구하지만 주변의 교통 시설, 편의 시설, 교육 환경과 같은 여러 가지 조건을 보고 집을 선택합니다.

㉡ 그 외에도 집의 방향이나 집이 몇 층에 있는지 등을 고려하여 집을 선택하기도 합니다.

더 알아보기

한국의 이사 문화
- 손 없는 날: 한국의 민간신앙으로 나쁜 기운이 없는 '손 없는 날'에 이사와 같은 중요한 일을 했습니다. 요즘도 손 없는 날에 이사를 하는 경우가 많지만 옛날처럼 꼭 지키지는 않습니다.
- 이사 떡: 옛날에는 이사를 한 후, 잘 지내자는 의미를 담아 이웃집에 이사 떡을 돌리며 인사하는 문화가 있었지만 요즘은 잘 하지 않습니다.
- 집들이: 이사를 하면 가까운 가족이나 친한 친구들을 초대해 음식을 대접합니다. 집들이 선물로는 휴지, 세제가 일반적이었지만 요즘은 받는 사람에게 필요한 것을 물어보고 선물을 고르는 경우도 많습니다.

확인학습

01 아파트에 대한 설명으로 옳은 것은?

① 단독 주택의 한 종류이다.
② 2층부터 초고층까지 다양한 층수의 아파트가 있다.
③ 한 건물 안에서 여러 가구가 독립적으로 생활할 수 있다.
④ 층간 소음이 없어 많은 사람이 아파트에 살기를 원한다.

해설 ① 아파트는 한 건물에서 여러 가구가 독립적으로 생활하는 공동 주택이다.
② 아파트는 5층 이상의 주택이다.
④ 층간 소음은 아파트에서 일어나는 대표적인 이웃 간의 갈등이다.

02 한국의 주거 문화에 대한 설명으로 옳지 않은 것은?

① 넓고 큰 집의 인기가 높아지고 있다.
② 도시의 인구 집중으로 단독 주택보다 공동 주택의 선호도가 높다.
③ 층간 소음, 주차난 등의 이웃 간 갈등이 범죄로 번지는 경우도 있다.
④ 은퇴나 정년퇴직을 한 후에는 도시 밖으로 나가 전원주택에서 살기도 한다.

해설 도시화와 산업화로 가족 구성원이 줄어들어 핵가족, 1인 가구가 증가하면서 소형 주택의 인기가 높아지고 있다.

03 한국의 거주 형태에 대한 특징으로 옳지 않은 것은?

① 자가는 자기 소유의 집에 사는 것이다.
② 월세는 보증금을 내지 않지만 매달 집주인에게 돈을 내야 한다.
③ 반전세는 월세와 전세를 합친 것으로 전세보다 보증금이 저렴하다.
④ 전세는 보증금을 내고 일정 기간 동안 집주인에게 집을 빌려서 사는 것이다.

해설 월세는 보증금을 내고, 집주인에게 매달 월세를 내야 한다. 월세 보증금은 전세나 반전세 보증금보다 저렴하다.

정답 01 ③ 02 ① 03 ②

04 다음 중 공동 주택이 아닌 것은?

① 아파트
② 연립 주택
③ 다세대 주택
④ 다가구 주택

해설 다가구 주택은 단독 주택에 포함된다.

05 집을 구할 때 주의해야 할 점으로 옳지 않은 것은?

① 계약서는 집주인과 직접 작성해야 한다.
② 부동산 중개인을 통해 집을 알아보는 것이 좋다.
③ 계약하기 전에 반드시 등기부 등본을 확인해야 한다.
④ 이사한 후에는 가까운 행정복지센터에서 전입 신고를 해야 한다.

해설 집을 계약하고 계약서를 쓸 때 집주인과 직접 작성할 수 있지만 의무사항은 아니다. 부동산 중개인을 통해 계약서를 작성하고 관련된 설명을 듣는 것이 안전하다.

06 한국의 이사 문화와 관련이 없는 것은?

① 장승
② 이사 떡
③ 집들이
④ 손 없는 날

해설 장승은 전통적으로 마을 입구에 세워 길을 안내하거나 마을에 나쁜 일이 생기지 않기를 기원하는 의미를 담아 세워 놓는 나무 조각이다.
② 이사 떡: 이사를 한 후 이웃집에 인사를 하며 돌리는 떡
③ 집들이: 이사한 뒤 가족이나 가까운 사람들을 초대해 음식을 대접하고 새집에서 잘 살라고 축하받는 일
④ 손 없는 날: 전통적으로 중요한 일을 할 날짜를 선택하는 기준

07 다음 중 이사와 관련하여 하는 일로 옳지 않은 것은?

① 등기부 등본은 이사한 후에 확인한다.
② 가까운 행정복지센터에서 전입 신고를 한다.
③ 가까운 사람들을 집에 초대하여 집들이를 한다.
④ 집을 계약한 후 또는 이사한 후에는 확정일자를 받는다.

해설 등기부 등본은 집을 계약하기 전에 확인해야 한다.
② 이사한 후에는 새로 이사한 집과 가까운 행정복지센터에 방문하여 전입 신고를 해야 한다.
③ 이사를 끝낸 후에는 가까운 사람들을 초대하여 음식을 대접하는 집들이를 하기도 한다.
④ 집을 계약한 다음 또는 이사한 후에 확정일자를 받는 것이 안전하다.

정답 04 ④ 05 ① 06 ① 07 ①

08 다음 설명 중 옳은 것은?

① 연립 주택은 대규모로 지어진다.
② 연립 주택은 공동 주택에 포함된다.
③ 요즘 한국인들은 단독 주택을 선호한다.
④ 임차는 빌려주는 것을 의미하는 부동산 용어이다.

해설 ① 일반적으로 대규모로 지어지는 것은 아파트이다.
③ 요즘 한국인들은 아파트를 선호한다.
④ 임대는 빌려주는 것을 의미하며, 임차는 빌리는 것을 의미한다.

09 등기부 등본을 확인할 수 있는 곳은?

① 은행
② 등기소
③ 경찰서
④ 출입국·외국인청

해설 등기부 등본은 가까운 지역 등기소, 또는 인터넷등기소에서 열람할 수 있다.

10 이사 온 사실을 행정복지센터에 알리는 것은?

① 등기부
② 확정일자
③ 전입 신고
④ 공인중개사

해설 ① 등기부: 부동산에 관한 등기를 하는 장부
② 확정일자: 주택임대계약을 체결한 날짜를 확인해 주기 위해 계약서에 도장을 찍어주는 날짜
④ 공인중개사: 부동산을 중개해 주는 사람

6. 도시와 농촌

(1) 도시

① 도시의 특징

〈도시의 모습〉

㉠ 주요 정부 기관이나 기업들이 많습니다.
㉡ 학교, 영화관, 박물관, 병원 등의 교육, 문화, 편의, 의료 시설들이 많습니다.
㉢ 대중교통, 도로 등의 교통 관련 시설이 잘 갖추어져 있습니다.
㉣ 한국은 총 인구 중 90% 정도가 도시에 살고 있습니다.

② 도시 문제와 해결 방법

㉠ 도시에 사는 인구가 늘어나면서 주택 부족, 집값 상승 등의 주택 문제가 발생합니다.
㉡ 인구가 늘어나고 자가용 사용이 늘어나면서 교통 혼잡, 주차 공간의 부족, 대기 오염 등의 문제가 발생합니다.
㉢ 여러 시설과 각종 배달 서비스 등이 늘어나면서 일회용품 사용이 증가하는 등 환경 오염 문제가 심각해지고 있습니다.
㉣ 여러 가지 도시 문제를 해결하기 위해 도시 재개발 사업, 대중교통 확충, 대중교통 이용 장려 정책 시행, 일회용품 사용 규제 등 다양한 방법으로 노력하고 있습니다.
㉤ 요즘은 도시에 집중된 기능을 세종·과천(행정), 안산·부천(공업), 동두천·오산(군사) 등의 도시로 분산하기도 하고, 분당·일산 등 대규모 주택 단지를 갖춘 신도시를 세우기도 합니다.

(2) 농촌

① 농촌의 특징

〈농촌의 모습〉

㉠ 농사를 지으며 서로 도움을 주고받기 때문에 이웃 간 관계가 친밀합니다.
㉡ 산업화와 도시화로 젊은 청년층의 인구가 많이 줄었고, 농업 인구도 감소했습니다.
㉢ 마을회관, 농산물 저장 창고, 정미소, 인공 수로 등이 있습니다.

② 농촌의 문제점과 해결 방법

㉠ 농업 인구가 줄어들면서 농사를 지을 일손이 부족해졌습니다.
㉡ 도시에 비해 교육, 문화, 편의, 교통, 의료 시설들이 부족합니다.
㉢ 젊은 사람들이 도시로 떠나면서 고령화가 빠르게 일어나고 있으며 노인 돌봄과 관련된 인력이 부족합니다.
㉣ 농촌의 문제를 해결하기 위해 귀농·귀촌 지원 사업, 농업 관련 과학기술 및 품종 개발, 농업의 기계화 및 자동화, 편의 시설 확충, 정보화 교육 등의 노력을 하고 있습니다.

확인학습

01 도시 인구가 늘어나고 지역적·사회적으로 도시의 생활 양식이 확산되는 것은?

① 생활화 ② 도시화
③ 산업화 ④ 현대화

해설 도시의 문화 형태가 도시 이외의 지역으로 발전·확대되는 것을 '도시화'라고 한다. 한국에서는 1960년 이후 산업화가 진행되면서 많은 사람이 농촌에서 도시로 이동(이촌 향도)하여 도시화 현상이 나타났다.

02 농촌의 특징으로 옳은 것은?

① 대중교통 관련 시설이 발달하였다.
② 지역 주민 간에 친밀한 관계가 많이 나타난다.
③ 교육, 문화, 의료 시설이 풍부하게 갖춰져 있다.
④ 정치, 행정 등 주요 정부 기관이나 기업들이 많다.

해설 농사를 지으며 서로 도움을 주고받기 때문에 이웃 간 관계가 친밀하다. ①·③·④는 도시의 특징이다.

03 도시에서 나타나는 문제점이 <u>아닌</u> 것은?

① 주택이 부족해졌다.
② 교육 시설이 부족하다.
③ 환경 오염이 심각해졌다.
④ 주차 공간이 부족해졌다.

해설 도시는 교육 시설이 잘 마련되어 있다.

04 도시 문제의 해결 방법으로 옳지 <u>않은</u> 것은?

① 신도시 개발
② 주택 공급 정책 시행
③ 공장 건설 규제 완화
④ 대중교통 이용 장려 정책 시행

해설 공장 건설 규제 완화는 도시 문제를 해결하는 방법이 아니다.
① 도시의 인구 및 기능 분산을 위해 신도시를 개발하고 있다.
② 주택 부족과 지나친 집값 상승으로 인한 문제를 해결하기 위한 정책이다.
④ 도시의 환경 오염을 해결하기 위해 대중교통 이용 장려 정책을 시행하고 있다.

05 〈보기〉에서 설명하는 것은?

- 보 기 -
주말을 이용하여 농작물을 재배하며 농촌의 기분을 느끼고 싶을 때 간다.

① 귀촌마을　　　　　　　　② 농업공장
③ 주말농장　　　　　　　　④ 녹지 공간

해설 주말농장은 주말을 이용하여 가족 단위로 채소 등을 가꾸는 농업 체험장이다. 도시 근처에 일손 부족으로 농사를 짓기 힘든 땅을 도시 사람에게 빌려 주어 주말이나 휴일마다 방문하여 채소를 길러보며 전원생활을 체험할 수 있다.

정답 03 ② 04 ③ 05 ③

06 농촌에서 생기는 문제점으로 옳은 것은?

① 농업 인구의 감소로 일손이 부족하다.
② 교통량이 많아 대기 오염이 심각하다.
③ 이웃 간 불화가 심각해져 범죄가 자주 발생한다.
④ 지나친 교육열로 교육 시설이 무분별하게 생겨난다.

해설 산업화와 도시화로 많은 사람이 도시로 떠나면서 농촌의 인구가 줄어 일손이 부족해졌다.
② 교통이 발달하여 대기 오염이 심각해진 것은 도시의 문제점이다.
③ 농촌은 이웃과 서로 도움을 주고받으면서 일하는 경우가 많아 이웃 간의 사이가 좋은 것이 일반적이다.
④ 농촌은 도시에 비해 교육 시설이 부족하다.

07 〈보기〉에서 설명하는 것은?

• 보기 •
도시에서 다른 일을 하던 사람이 일을 그만두고 농사를 지으러 농촌으로 돌아가는 것

① 귀농
② 농촌화
③ 산업화
④ 도심지 형성

해설 도시에서 다른 일을 하던 사람이 그 일을 그만두고 농촌으로 돌아와 농업을 중심으로 정착하는 것은 귀농이다.

08 농촌의 문제점을 해결하는 방법으로 옳지 않은 것은?

① 의료 서비스, 문화 시설 등을 확충한다.
② 농촌에 사는 사람들을 도시로 이동시킨다.
③ 농업 기술 개발을 통해 농업을 현대화한다.
④ 귀농·귀촌 지원 정책으로 농촌을 활성화한다.

해설 농촌에 사는 사람들을 도시로 이동시키는 것은 농촌의 문제점을 해결하는 해결 방안이 아니다.

09 도시에 대한 설명으로 옳은 것은?

① 주요 정부 기관은 신도시로 모두 이동하였다.
② 의료기관, 교육기관 등의 편의 시설이 발달하였다.
③ 환경 관련 정책이 성공하면서 환경 문제가 해결되었다.
④ 주택이 무분별하게 지어져 비어 있는 집이 늘어나 집값이 저렴하다.

해설 ① 도시의 기능을 분산하기 위해 주요 정부 기관 일부를 신도시로 이전하고 있다.
③ 도시의 환경 문제는 여전히 해결해야 할 과제이다.
④ 인구가 도시로 집중되면서 집값은 여전히 오르고 있다.

10 최근 농촌의 현대화, 농가 소득 증가의 결과로 옳은 것은?

① 노동력이 부족해지고 있다.
② 귀농·귀촌 인구가 늘고 있다.
③ 농촌의 경제 수준이 낮아지고 있다.
④ 농촌 노인 인구의 비율이 늘고 있다.

해설 농촌이 현대화되고 농가 소득이 증가하면서 농촌에서 새로운 생활을 하고자 하는 귀농·귀촌 인구가 늘어나고 있다.

7. 복지 제도

(1) 사회복지 제도

① **사회보험**
  ㉠ 국민에게 발생할 수 있는 위험에 대비하기 위해 의무적으로 사회보험에 가입하여 보험료를 납부해야 합니다. 위기 상황이 발생할 경우 일정한 지원을 받을 수 있습니다.
  ㉡ 질병·장애·노령·실업 등으로 소득이 끊기거나 건강에 위협이 생길 경우 국민의 소득과 건강을 보장하기 위해 일정 금액을 미리 납부하도록 하는 것입니다.
  ㉢ 사회보험으로는 국민건강보험, 국민연금, 고용보험, 산업재해보상보험이 있습니다.

심화

4대 사회보험

- 국민건강보험: 건강보험이라고도 하며, 질병·부상 등으로 발생하는 진료비의 부담을 방지하고, 정기적인 건강검진 서비스를 제공합니다. 국민들이 평소에 보험료를 납부하여 필요한 상황에 비교적 저렴하게 의료 서비스를 받을 수 있는 제도입니다. 일을 한다면 직장 가입자, 일을 하지 않는다면 지역 가입자로 가입할 수 있으며, 6개월 이상 한국에 머무는 외국인도 건강보험에 가입해야 합니다.
- 국민연금: 소득이 있을 때 보험료를 납부하여 은퇴 이후 소득활동이 끊겼을 때 일정한 소득을 보장하는 제도입니다.
- 고용보험: 실직자에게 일정 기간 동안 실업급여를 제공하고, 실직자가 직장을 구할 수 있도록 지원하는 제도입니다. 외국인은 출신 국가에 따라 보험 가입 가능 여부에 차이가 있습니다.
- 산업재해보상보험: 산재보험이라고도 하며, 업무 중 사고를 당했을 때 이에 대한 피해를 보상받을 수 있도록 하는 제도입니다. 국가가 개인이 아니라 회사로부터 보험료를 받아 운영하며 외국인도 산업재해에 대한 보상을 받을 수 있습니다.

② **공공부조**
  ㉠ 생활이 어려운 계층에게 기본적인 생활 수준을 보장해 주어 자립할 수 있도록 지원하는 제도입니다.
  ㉡ 공공부조는 전 국민이 의무적으로 가입하는 사회보험과 달리 생활이 어려운 특정한 사람들만을 대상으로 하며, 국가나 지방자치단체에서 생활이 어려운 국민을 돕는 제도입니다.
  ㉢ 공공부조에는 국민기초생활보장제도와 의료급여제도 등이 있습니다.

> **심화**
>
> **국민기초생활보장제도와 의료급여제도**
> – 국민기초생활보장제도: 생계유지 능력이 없거나 생계가 어려운 저소득층에게 의료·주거·교육과 같은 기본적인 생활을 보장해 주는 제도입니다.
> – 의료급여제도: 생계유지 능력이 없거나 생계가 어려운 저소득층에게 의료비를 지원하는 제도입니다.

③ 긴급복지지원: 갑자기 어려운 상황에 처해 생계유지가 힘들어진 저소득층을 정부에서 일정 기간 동안 지원하는 제도입니다.

④ 사회복지 서비스: 정신적·신체적 문제, 가정 문제 등 어려움을 겪는 사람들에게 실질적인 도움을 제공하여 문제를 해결하고 사회 구성원으로서 생활할 수 있도록 돕는 제도입니다.

(2) 외국인·다문화 가족 대상 복지 제도

① **공공부조** 🔑
  ㉠ 원칙적으로는 한국 국민들에게만 적용되지만 한국 국민과 결혼한 외국인, 한국 국적의 미성년 자녀를 양육하는 등 일정한 조건에 해당하는 외국인, 난민으로 인정받은 사람도 공공부조를 받을 수 있습니다.
  ㉡ 최저 생계비 지원과 의료 지원 등의 혜택을 받을 수 있습니다.

② 사회복지 서비스
  ㉠ 한국 생활 적응 지원: 사회통합프로그램 등의 한국어·한국 문화 교육, 통번역 서비스 등 다양한 서비스가 제공됩니다.
  ㉡ 임신·출산·육아와 관련된 지원: 다문화 가족 방문교육 서비스, 자녀 생활 서비스, 부모 교육 서비스 등을 받을 수 있습니다.
  ㉢ 이 외에도 상담 서비스, 의료 지원, 취업 지원 등 여러 가지 서비스를 받을 수 있습니다.

③ 외국인·다문화 가족 지원 기관
  ㉠ 외국인종합안내센터(1345): 법무부 관할로 출입국 행정 및 신분증 관련 업무, 체류 허가 관련 업무, 국적 관련 업무를 담당하며 관련된 상담을 받을 수 있습니다.
  ㉡ 한국외국인노동자지원센터(1644-0644): 고용노동부 관할로 외국인 근로자를 대상으로 한국어 교육을 시행하고, 외국인 근로자의 권익 보호를 위한 업무를 담당합니다.
  ㉢ 다문화 가족 지원
   • 다누리 콜센터(1577-1366): 여성가족부 관할로 다문화 가족, 결혼이민자에게 필요한 한국 생활 정보와 생활 통역 등의 서비스를 제공합니다.
   • 다문화가족지원센터: 지역 단위로 운영되며, 다누리 콜센터에 전화하면 가까운 지원센터로 안내해 줍니다. 다문화 가족의 한국 사회 적응 교육, 결혼이민자 통·번역 등의 여러 가지 서비스를 받을 수 있습니다.

확인학습

01 한국의 사회복지제도가 <u>아닌</u> 것은?

① 사회보험
② 공공부조
③ 봉사 활동
④ 사회복지 서비스

해설 한국에서 운영되는 사회복지제도는 크게 사회보험, 공공부조, 긴급복지지원, 사회복지 서비스가 있다. 봉사 활동은 사회복지제도가 아니다.

02 사회보험에 해당하는 것이 <u>아닌</u> 것은?

① 고용보험
② 예금자보호
③ 국민건강보험
④ 산업재해보상보험

해설 예금자보호는 금융기관의 영업정지, 폐업 등으로 인한 거래 고객들의 피해를 방지하기 위한 제도로 사회보험에 포함되지 않는다. 사회보험으로는 국민건강보험, 국민연금, 고용보험, 산업재해보상보험이 있다.

정답 01 ③ 02 ②

03 사회보험에 대한 설명으로 옳지 <u>않은</u> 것은?

① 건강보험료 납부액은 모든 국민이 동일하다.
② 의무적으로 가입하여 일정한 보험료를 내야 한다.
③ 국민건강보험, 국민연금, 고용보험, 산재보험의 4가지가 있다.
④ 건강에 위협이 생기거나 소득이 끊길 경우 사회보험 혜택을 받는다.

해설 건강보험료 납부액은 소득액에 따라 다르다.

04 외국인의 한국 생활 적응을 돕기 위해 법무부에서 운영하는 외국인종합안내센터의 전화번호는?

① 119
② 1339
③ 1366
④ 1345

해설 외국인종합안내센터의 전화번호는 1345이다.
① 화재·구조·구급·재난 신고·응급 의료 신고
② 감염병 신고 및 질병 정보 제공
③ 가정폭력, 성폭력, 데이트폭력, 디지털 성범죄 신고

참고 외국인종합안내센터
- 법무부 관할로 출입국 행정, 신분증 관련 업무, 체류 허가 관련 업무, 국적 관련 업무를 담당한다.
- 국번 없이 1345로 전화를 하면 영어·중국어·일본어·베트남어 등 20개 언어로 상담 안내를 받을 수 있으며, 오전 9시부터 밤 10시까지 한국 체류와 관련된 각종 정보와 민원 상담이 가능하다. 단, 오후 6시부터 밤 10시까지는 한국어·영어·중국어의 3개 언어로만 상담 서비스를 제공한다.

05 생활이 어려운 국민들의 기본적인 생활 수준을 국가가 보장하는 제도는?

① 사회보험
② 공공부조
③ 의료급여
④ 사회복지 서비스

해설 공공부조는 생활 유지 능력이 없거나 생활이 어려운 국민의 최저생활을 국가가 보장하고 자립을 지원하는 제도이다. 국민기초생활보장제도와 의료급여제도 등이 있다.

정답 03 ① 04 ④ 05 ②

06 최저 생계비의 뜻으로 옳은 것은?

① 한 가족이 한 달간 생활하는 데 필요한 최소한의 식비
② 회사에서 일을 그만둘 때에 근로자가 받아야 하는 최소한의 비용
③ 정규직으로 일을 했을 때 한 시간당 받을 수 있는 최소한의 비용
④ 국민이 건강하고 문화적인 생활을 유지하기 위하여 필요한 최소한의 비용

해설 최저 생계비는 '국민이 건강하고 문화적인 생활을 유지하기 위하여 필요한 최소한의 비용'을 뜻하며 정부가 생계를 보장하는 기초생활보장 수급자를 선정하고 그들에 대한 지원 금액을 정할 때 기준으로 삼는 소득 수준이 된다.

07 공공부조에 대한 설명으로 옳은 것은?

① 국민기초생활보장제도와 국민연금이 있다.
② 공공부조를 신청한 모든 국민은 정부에서 지원을 받을 수 있다.
③ 평소에 일정한 금액을 납부하고 필요할 때 관련된 지원을 받는 것이다.
④ 외국인이라도 한국인과 결혼하거나 한국 국적 자녀를 양육하고 있다면 공공부조 대상이 된다.

해설 한국인과 결혼한 외국인, 한국 국적 자녀를 양육하는 외국인, 난민으로 인정된 사람도 공공부조 대상이 된다.
① 공공부조에는 국민기초생활보장제도와 의료급여제도 등이 있다.
② 공공부조는 기본적인 생활 수준이 충족되지 않는 저소득층을 대상으로 한다.
③ 평소 일정한 금액을 납부하고 필요할 때 관련된 지원을 받는 것은 사회보험이다.

08 어려움을 겪는 사람들에게 실제적·직접적·전문적으로 도움을 제공하는 제도는?

① 공공부조
② 사회보험
③ 의료급여
④ 사회복지 서비스

해설 사회복지 서비스는 정신적·신체적 문제, 가정 문제 등 어떤 어려움을 겪는 사람들에게 실질적인 도움을 제공하는 제도이다.

정답 06 ④ 07 ④ 08 ④

09 사회보험에 대한 설명으로 옳지 <u>않은</u> 것은?

① 국민연금을 통해 은퇴 후 연금을 꾸준히 받을 수 있다.
② 건강보험을 통해 은퇴를 한 뒤에 병원비 전액을 지원받을 수 있다.
③ 고용보험을 통해 실직 근로자는 급여를 받거나 재취업 훈련을 받을 수 있다.
④ 산업재해보상보험을 통해 근무 중 다치게 되면 보험급여를 지원받을 수 있다.

해설 건강보험을 통해 근무의 유무와 상관없이 질병이나 부상으로 치료를 받을 경우 병원비의 일부를 지원받을 수 있다.

10 다문화 가족의 뜻으로 옳은 것은?

① 다양한 문화에 관심이 많은 사람들로 구성된 가족
② 서로 다른 문화생활을 즐기는 사람들로 구성된 가족
③ 여러 나라를 여행하는 것을 좋아하는 사람들로 구성된 가족
④ 서로 다른 국적이나 인종, 문화를 지닌 사람들로 구성된 가족

해설 다문화 가족은 좁은 의미로는 부모 중 한쪽이 한국인이면서 한국에 사는 국제결혼 가족을 의미하는데, 보다 넓은 의미로는 서로 다른 국적이나 인종, 문화를 가진 사람들로 구성된 가족을 말한다.

11 외국인과 다문화 가족 대상 사회복지 제도에 대한 설명으로 옳은 것은?

① 한국 생활 적응을 돕는 다양한 사회복지 서비스가 있다.
② 외국인이 공공부조를 받으려면 귀화 허가를 받아야 한다.
③ 사회통합프로그램을 통해 부모 교육 서비스를 받을 수 있다.
④ 다문화가족지원센터의 도움을 받으려면 많은 비용을 지불해야 한다.

해설 ② 한국인과 결혼한 외국인, 한국 국적을 가진 자녀를 양육하는 외국인, 난민으로 인정받은 사람은 귀화 허가를 받지 않았더라도 공공부조를 받을 수 있다.
③ 사회통합프로그램은 한국어 교육과 한국 사회 이해 교육을 제공한다.
④ 다문화가족지원센터의 도움을 받기 위해 지불해야 하는 비용은 없다.

12 사회보험과 공공부조의 차이점으로 옳은 것은?

① 사회보험은 의료만을 지원하지만, 공공부조는 생계급여 등을 지원한다.
② 사회보험은 평소에 보험료를 내지만 공공부조는 국가가 전적으로 지원한다.
③ 사회보험은 한국 국민만을 대상으로 하지만 공공부조는 외국인들도 지원 대상이 된다.
④ 사회보험은 생계유지가 어려운 사람을 대상으로 하지만 공공부조는 전 국민을 대상으로 한다.

해설 대한민국 국민이라면 의무적으로 사회보험에 가입하여 보험료를 납부하고, 필요한 상황이 되면 사회보험 혜택을 받는다. 반면 공공부조는 국가에서 전적으로 저소득층을 지원하는 것이다.
① 사회보험에는 국민건강보험, 국민연금, 산업재해보상보험, 고용보험이 있으며 국민의 의료와 생계, 취업, 노동자의 보호와 생계유지 등과 관련이 있다.
③ 일정한 조건을 갖추면 외국인도 사회보험에 가입하여 사회보험 혜택을 받을 수 있다.
④ 사회보험은 전 국민을 대상으로 하며, 저소득층을 대상으로 하는 것은 공공부조이다.

13 최저생활에 대한 설명으로 옳지 않은 것은?

① 한국은 최저생활을 보장하기 위하여 사회보험의 혜택을 지원하고 있다.
② 인간다운 삶을 살기 위해 의식주를 해결할 수 있는 최소한의 생활이다.
③ 인간다운 삶을 살기 위해 교육이나 의료 혜택을 누릴 수 있는 최소한의 생활이다.
④ 최저생활을 보장하기 위해 국민기초생활보장제도와 의료급여제도가 운영되고 있다.

해설 한국에서는 국민의 최저생활을 보장하기 위해 국민기초생활보장제도와 의료급여제도 같은 공공부조 제도를 통해 생계가 어려운 사람들의 자립을 돕고 있다. 사회보험은 혹시라도 미래에 발생할 수 있는 위기 상황에 도움을 받을 수 있도록 평소에 국가에 일정한 돈을 내어 대비하는 것이다.

정답 12 ② 13 ①

14 국민연금의 보험 내용으로 옳은 것은?

① 병원비의 일부를 지원받을 수 있다.
② 회사에서 해고되었을 때 일정 기간 지원을 받을 수 있다.
③ 일을 하다가 다쳤을 때 피해에 대한 보상을 받을 수 있다.
④ 나이가 들어 일을 하기 어려울 때 생활비를 지급받을 수 있다.

해설 ① 국민건강보험
② 고용보험
③ 산업재해보상보험

15 국민기초생활보장제도에 대한 설명으로 옳지 <u>않은</u> 것은?

① 의료급여제도와 함께 공공부조의 하나이다.
② 일정한 소득이 생기면 받았던 지원금을 상환해야 한다.
③ 생계·주거·교육·의료·해산·장제·자활급여 등이 있다.
④ 최소한의 생활이 어려운 저소득층을 국가나 지방자치단체에서 지원하는 것이다.

참고 **국민기초생활보장제도**
- 국민의 기본적인 생활을 보장하고 자립할 수 있도록 생활이 어려운 국민을 국가와 지방자치단체에서 지원한다.
- 생계급여(생계유지를 위한 식비·의류비 등), 주거급여(주거 유지를 위한 수선비 등), 교육급여(입학비, 수업료 등), 의료급여(치료비, 검진비 등), 해산급여(출산 및 조산 전후에 필요한 보호, 조치), 장제급여(수급자의 사망 후 그에 필요한 각종 비용), 자활급여(자립에 필요한 취업 지원비, 금품 지급 등) 등이 있다.

정답 14 ④ 15 ②

8. 의료 시설과 안전 생활

(1) 의료 시설 및 기관

① 건강보험제도
- ㉠ 생활 유지 능력이 있는 국민이 소득 및 재산에 따라 매달 일정한 금액을 내고, 치료나 검사를 받을 때 일부를 지원받을 수 있습니다.
- ㉡ 모든 국민은 건강보험에 가입해야 하며 직장이 있으면 직장 가입자로, 직장이 없으면 지역 가입자로 구분되어 보험료를 납부해야 합니다.

② **의료기관** 〈중요〉
- ㉠ **동네의원**: 가벼운 질병이나 증상이 있을 때 갈 수 있는, 동네에 있는 가까운 병원입니다.
- ㉡ **보건소**: 국민의 건강증진을 위해 설치되었으며, 진료비가 저렴하고 필요한 여러 치료를 받을 수 있습니다.
- ㉢ **종합병원(대학병원)**: 치료가 어렵거나 정밀한 검진 및 진단이 필요한 경우에는 종합병원에서 진료 및 치료를 받습니다. 동네의원에서 진료 의뢰서를 받아 종합병원에서 진료를 받을 수 있습니다.
- ㉣ 약국: 몸이 아플 때 병원에서 진료를 받은 뒤, 병원에서 처방받은 약을 약국에서 구입할 수 있습니다. 처방전 없이 살 수 있는 약에 한하여 약사에게 증상을 말한 뒤 구매할 수도 있습니다.

〈약국〉

③ 응급 상황 발생 시
- ㉠ **119 안전신고센터**: 긴급한 사고가 발생하거나 환자가 발생했을 때 119에 신고 전화를 합니다. 신고를 하면 구조대원이 와서 가까운 병원으로 옮겨 줍니다.
- ㉡ 응급실 이용: 응급환자가 생겼을 때는 가까운 종합병원이나 응급의료기관에 방문하여 응급실을 이용할 수 있습니다.

(2) 안전 생활

① 안전 생활 수칙
- ㉠ 지진, 화재 등 다양한 재난 및 비상 상황에 대비하는 안전 훈련을 실시합니다. 훈련에 적극적으로 참여하여 재난 대처 요령이 습관화되도록 합니다.
- ㉡ 재난, 범죄 등 위험한 상황이 생겼을 때는 긴급전화로 연락한 후 자신의 위치와 상황을 설명해야 합니다.
- ㉢ 생활 속에서 위험 요소를 발견했을 때는 '안전신문고'에 신고할 수 있습니다.
- ㉣ 공공장소, 직장 등의 장소에서는 안전 수칙을 잘 지켜야 합니다. 작업 현장 등 위험한 곳에서 일을 할 때는 보호 장비를 반드시 착용하여 사고를 예방합니다.

㉤ 평소에 소화기, 비상구가 어디 있는지 잘 알아 두고 안전과 관련된 표지판, 보건·위생상 주의사항을 숙지하여 사고를 방지해야 합니다. 그리고 위험한 상황이 생겼을 때는 관계자의 지시에 따라 안전하게 대피해야 합니다.

② 긴급전화: 위급한 상황이 생기면 각 문제 상황을 해결할 수 있는 긴급전화로 신고합니다.

전화번호	내용	전화번호	내용
119	화재·구조·구급·재난 신고	112	범죄 신고
118	사이버 테러 신고	1366·117	여성긴급전화, 성폭력 신고
1339	감염병 신고	1331	인권 침해 상담
111·113	간첩 신고	129	긴급 복지 지원
1301	마약·범죄 종합 신고	1398	부패 신고 및 공익 침해 신고

확인학습

01 매달 일정 금액의 보험료를 납부하면 아플 때 저렴한 비용으로 서비스를 이용할 수 있는 제도는?

① 건강보험제도　　　　　　② 안전보장제도
③ 소득보장제도　　　　　　④ 국민연금제도

해설 국민건강보험은 과중한 의료비가 국민들의 가계에 위협이 되는 것을 방지하기 위한 제도이다.

02 의료기관에 포함되지 않는 것은?

① 보건소　　　　　　　　　② 동네의원
③ 대학병원　　　　　　　　④ 보건복지부

해설 보건복지부는 국민 보건에 관한 사무와 사회 복지 증진에 관한 사무를 관장하는 중앙행정기관이다.

정답 01 ①　02 ④

03 〈보기〉가 설명하는 의료기관은?

• 보기 •
- 치료가 어렵거나 정밀한 검사가 필요할 때 간다.
- 미리 진료 예약을 하고 건강보험증, 진료의뢰서 등을 가지고 간다.

① 보건소 ② 한의원
③ 대학병원 ④ 동네의원

해설 중증 질환과 같이 전문적이고 어려운 의료 행위가 필요하거나 정밀한 검사가 필요할 때는 대학병원(종합병원)으로 간다. 대학병원은 동네의원이나 보건소보다 진료비가 비싸지만 보다 전문적이고 세밀한 검사와 진료, 치료를 받을 수 있다.

04 예방접종에 대한 설명으로 옳은 것은?

① 질병에 걸리는 것을 예방하기 위해 주변을 살균처리 하는 것
② 어떤 질병에 걸렸는지 알기 위해 몸의 세포를 떼어서 검사하는 것
③ 질병에 대한 면역력을 키우기 위해 약한 균이나 바이러스 등을 몸속에 넣는 것
④ 어떤 약이나 성분에 부작용이 있는지 약물을 사용하기 전에 알기 위해 검사하는 것

해설 예방접종은 질병이나 바이러스 감염을 예방하기 위하여 병균을 약하게 하여 인체에 주사하는 것이다. 예방접종을 하면 몸에 들어온 병균을 이길 수 있는 면역력을 기를 수 있어 아픈 것을 막고 감염에 대해 유리한 쪽으로 반응을 만들어 내는 역할을 한다. 일반적으로 대부분의 예방접종은 동네의원, 보건소에서 가능하며, 특수한 경우에는 대학병원에서 예방접종을 받기도 한다.

05 〈보기〉가 설명하는 의료기관은?

> • 보 기 •
> • 국가에서 운영하는 공공 보건기관이다.
> • 예방접종이나 각종 검사, 물리치료 등을 받을 수 있다.

① 보건소　　　　　　　　② 한의원
③ 대학병원　　　　　　　④ 동네의원

해설 보건소는 국가가 운영하는 공공 보건기관으로 국민의 건강증진을 위해 설치되었다. 예방접종이나 각종 검사 등을 받을 수 있으며, 일반 병원보다 진료비가 저렴한 편이다.

06 생활 속에서 안전을 위협하는 요소를 발견했을 때 해야 하는 일은?

① 안전한 요소는 없는지 한 번 더 살펴본다.
② 혼자 힘으로 안전을 위협하는 요소를 없앤다.
③ 안전을 위협하는 요소에 대해 사람들에게 알리지 않는다.
④ 국민신문고 누리집의 '안전신문고'를 통해 신고나 건의를 한다.

해설 안전한 생활을 위해서는 평소에 안전에 관심을 가지고 내 주변부터 살피는 노력이 필요하다. 주위에서 안전을 위협하는 요소를 발견했을 때 주변 사람들이 주의할 수 있도록 알리고, 국민신문고 누리집에서 '안전신문고'를 통해 신고·건의하면 미리 사고를 예방할 수 있다.

07 안전한 생활을 위한 실천 방안으로 옳지 않은 것은?

① 생활 속 위험 요소는 '안전신문고'를 통해 신고한다.
② 평소에 소화기, 비상구, 구급상자 등의 위치를 잘 알아 둔다.
③ 공공장소에서 위급 상황이 발생하면 관계자나 안내방송을 따른다.
④ 편하게 일을 해야 사고를 막을 수 있으므로 안전 장비는 착용하지 않는다.

해설 작업장에서 일이나 작업을 할 때는 반드시 안전 장비를 착용해야 하며, 안전 수칙을 꼭 지켜야 한다.

정답 05 ① 06 ④ 07 ④

08 응급 상황과 대처 방법으로 옳지 않은 것은?

① 은행에서 가방을 도둑맞아 1339에 신고를 했다.
② 건물에 화재가 발생한 것을 보고 119에 신고를 했다.
③ 영화를 보러 갔다가 지진이 발생해서 직원의 안내에 따라 대피했다.
④ 아기가 끓는 물에 손을 넣고 화상을 입어서 가까운 종합병원 응급실에 갔다.

해설 범죄를 신고할 때는 112에 전화해야 한다. 1339는 감염병을 신고하거나 관련된 정보가 필요할 때 전화하는 질병관리청이다.
② 화재, 구조, 구급, 재난 신고를 할 때는 119 안전신고센터에 전화해야 한다.
③ 공공장소에서 위급 상황이 발생할 경우 직원의 안내에 따라 신속히 대피해야 한다.
④ 급한 의료 행위나 치료, 진료가 필요할 경우 가까운 곳에 응급실이 있다면 응급실에 방문하여 응급 처치를 받을 수 있다.

09 생활 속 위험 요소에 해당하지 않는 것은?

① 파손된 도로
② 노후된 건축물
③ 눈에 띄는 안내 표지판
④ 안전시설이 갖추어지지 않은 도로

해설 안전이란 위험이 생기거나 사고가 날 염려가 없는 상태를 의미한다. 파손된 도로, 노후된 건축물, 미흡한 안내 표지판, 안전시설이 갖추어지지 않은 도로 등은 우리의 안전을 위협하는 요소들이다.

10 긴급한 사고가 발생했을 때 해야 할 일로 옳지 않은 것은?

① 긴급전화로 신고하여 사고 발생 위치와 상황을 자세히 알린다.
② 더 큰 사고로 이어지거나 다칠 수 있으니 조용히 자리를 떠난다.
③ 사고가 발생하면 주변의 다른 사람들에게 큰 소리로 사고 상황을 알린다.
④ 공공장소에서 사고가 발생했다면 직원의 안내나 안내방송에 따라 행동한다.

해설 사고가 발생하면 긴급전화로 신고하여 사고 발생 위치와 상황을 자세히 알려야 한다. 또한 주변의 다른 사람들도 사고 상황을 알 수 있도록 큰 소리로 사고가 발생했다는 것을 알려야 한다. 만약 공공장소에서 사고가 발생했다면 직원이나 관계자의 안내, 또는 안내방송에 따라 침착하고 신속하게 대피해야 한다.

9. 변화하는 한국 사회

(1) 한국 사회의 여러 가지 문제

① 저출산 현상
  ㉠ 현대 한국 사회는 합계 출산율이 1명 이하인 저출산 사회에 접어들었습니다.
  ㉡ 1960년에는 합계 출산율이 6명이 넘을 정도로 매우 높아 1960년대 중반부터 1980년대에는 산아제한정책이 시행되기도 했습니다.
  ㉢ 청년들의 늦은 취업, 결혼 기피 현상 증가, 양육비·교육비 부담 등으로 출산율이 떨어지고 있습니다.
  ㉣ 저출산 문제를 해결하기 위해 자녀 양육비 및 교육비 지원, 출산 장려금 지급 등 여러 가지 정책이 시행되고 있습니다.
  ㉤ '저출산'이라는 용어는 인구 재생산 감소의 책임을 여성에게 돌린다는 의견이 있어 '저출산' 대신 '저출생'이라는 용어를 사용하기도 합니다.

② 고령화 사회
  ㉠ 보건·의료 기술의 발달과 영양·위생 개선으로 수명이 점점 늘고 노인 인구가 증가하고 있습니다.
  ㉡ 출생 인구는 줄고 노인 인구가 늘어나면서 한국은 고령화 사회에 진입했습니다.
  ㉢ 노인 인구 증가로 경제성장 둔화에 대비해야 하며, 노인 인구에 대한 복지 정책 마련 등 여러 가지 대비책이 필요합니다.

(2) 달라진 한국 사회의 모습

① 다문화 사회로 진입한 한국
  ㉠ 세계 여러 나라와의 활발한 교류로 한국에 체류하는 외국인이 늘고, 결혼이민자, 외국인 노동자, 유학생 등 다양한 목적을 가진 외국인들이 한국 사회에 어울려 살게 되었습니다.
  ㉡ 한국의 다문화 사회 초기에는 산업 현장의 생산직 노동자를 중심으로 한국 사회 정착이 이루어졌지만 요즘은 결혼, 유학, 이민 등 다양한 이유를 가지고 한국에서 생활하는 외국인이 늘어나고 있습니다.
  ㉢ 한국에서 생활하는 외국인이 늘어나면서 다문화 가족 또한 늘어나고 있고, 이에 대한 정부 및 지방자치단체의 지원 사업과 관련된 정책 마련이 필요해졌습니다.
  ㉣ 현재 이민자들의 한국 사회 정착을 돕기 위해 사회통합프로그램, 조기적응프로그램 등이 운영되고 있습니다.

② 해결해야 할 문제
　㉠ 한국 사회에 남아 있는 외국인에 대한 차별적인 시선과 편견을 없애고, 문화의 다양성을 인정하고 존중하며 배려하는 마음을 가져야 합니다.
　㉡ 이민자들이 언어적·문화적 차이로 인한 의사소통의 어려움을 극복하고 한국 사회에 잘 정착할 수 있도록 지원과 도움이 필요합니다.

③ **세계인의 날** 중요
　㉠ 매년 5월 20일로, 서로 다른 문화적 배경을 가지고 있는 사람들이 함께 어울려 서로를 이해하고 가까워지기 위한 소통의 장을 만들기 위해 지정된 날입니다.
　㉡ 5월 20일을 전후로 지방자치단체별로 이민자들을 대상으로 한 여러 가지 행사를 열기도 합니다.

확인학습

01 현대 한국 사회의 모습으로 옳지 <u>않은</u> 것은?

① 수명이 늘어나면서 노인 인구가 점점 많아지고 있다.
② 정부에서 자녀 양육비, 교육비 지원 정책을 시행한다.
③ 한국에서 살아가는 외국인 인구가 점점 늘어나고 있다.
④ 출생 인구가 너무 많아 산아제한정책을 시행하고 있다.

해설 현대 한국 사회는 출생 인구가 너무 적어 다양한 출산 장려 정책을 시행하고 있다.

참고 산아제한정책
1960~1980년대 한국 정부는 국민들이 아이를 너무 많이 낳지 않도록 권장했다. 한국전쟁 이후 경제와 사회가 불안해 빈곤 문제가 심각했기 때문에 "아들, 딸 구분 말고 둘만 낳아 잘 기르자.", "덮어놓고 낳다 보면 거지꼴을 못 면한다."와 같은 표어 아래 산아제한정책을 시행했다.

01 ④ 정답

02 고령화 사회에 대한 설명으로 옳지 않은 것은?

① 의료 기술, 보건・위생 환경이 좋아지면서 수명이 늘어났다.
② 고령화 문제의 해결 방안은 없으므로 적극적인 출산 장려 정책을 펼쳐야 한다.
③ 독거노인 돌봄 문제, 노인 복지 비용의 증가와 같은 사회 문제에 대비해야 한다.
④ 노인 인구의 재취업 지원이나 노인 인구의 일자리 창출 등의 관련 정책이 필요하다.

해설 한국보다 먼저 고령화 사회를 경험한 국가들은 다양한 정책을 도입하여 고령화 사회의 문제점을 해결해 나가고 있다. 한국에서도 다양한 고령화 정책을 통해 문제를 해결하려는 노력이 필요하다.
③ 노인 인구가 늘어나면서 혼자 남겨지는 독거노인의 돌봄 문제, 노인 복지 비용의 증가, 노인 빈곤 문제 등 여러 가지 사회 문제가 발생할 수 있기 때문에 이를 해결하기 위한 각종 정책이 마련되어야 한다.
④ 외국에서는 노인들의 재취업 지원 및 취업 교육 지원, 노인 고용 증가와 같은 정책을 마련하고 복지 비용의 지나친 증가를 막기 위해 연금 수급 연령을 높이는 등 여러 가지 방법을 시행하고 있다.

03 한국의 다문화 사회에 대한 설명으로 옳은 것은?

① 한국은 한국인과 재외동포들로 구성된 사회이다.
② 외국인에 대한 차별적인 시선과 편견은 해결해야 할 문제점이다.
③ 초기에는 유학생의 비중이 컸으나 요즘은 외국인 노동자의 비중이 더 커졌다.
④ 외국인에 대한 인식 개선을 위해 한국인을 대상으로 사회통합프로그램이 운영되고 있다.

해설 ① 현대 한국 사회는 한국인과 다양한 국적의 외국인, 북한 이탈 이주민 등 다양한 배경을 가진 사람들이 어울려 살아가는 다문화 사회이다.
③ 초기에는 산업 현장에서 일하는 외국인 근로자들의 비중이 컸지만 요즘은 유학생이나 결혼이민자 등 한국에서 살아가는 외국인의 배경이 다양해졌다.
④ 사회통합프로그램은 한국 사회 정착을 돕기 위해 외국인을 대상으로 운영되는 교육 프로그램이다.

제2장 교육

1. 보육제도

(1) 출산·보육 지원 제도
① 출산 지원
　㉠ 출산 전 '**국민행복카드**'를 통해 산모와 태아의 건강 관리에 필요한 비용 일부를 지원받을 수 있습니다.
　㉡ 보건소에서 산전검사를 무료로 받을 수 있으며, 임신 기간별 필요한 영양제를 지원받을 수 있습니다.
　㉢ 지방자치단체에 따라 출산 지원금, 출산 축하금 등을 지급하기도 합니다.

② 육아·보육 지원
　㉠ 영·유아 보육비 지원: 출산 후 아이의 초등학교 입학 전까지 '**국민행복카드**'로 유치원이나 어린이집 등의 유아학비와 보육비를 지원받을 수 있습니다.
　㉡ 양육수당: 취학 전의 자녀를 집에서 양육할 경우, 연령에 따라 양육수당이 지급됩니다.
　㉢ 아동수당: 아동의 건강한 성장 환경 조성, 아동의 권리 및 복지 증진을 위해 만 7세 미만 아동을 양육하는 가정에 아동수당이 지급됩니다.
　※ 기존에는 '아이행복카드'와 '국민행복카드'로 나뉘어 운영되었으나 21년 4월부터 '국민행복카드'로 통합되어 운영되고 있으므로 참고하여 주시기 바랍니다.

(2) 보육·교육기관
① 어린이집
　㉠ 0세부터 만 5세까지의 아이를 돌보고 기르는 기관입니다.
　㉡ 보통 평일 오전 7시 30분부터 오후 7시 30분까지 운영하며, 야간·주말·공휴일에 운영하기도 합니다.
　㉢ 보건복지부 관할이며 국·공립 어린이집, 사립 어린이집, 직장 어린이집, 가정 어린이집 등이 있습니다.

② 유치원
   ㉠ 만 3세부터 초등학교 입학 전(만 5세)까지의 아이를 돌보고 교육하는 기관입니다.
   ㉡ 보통 평일 오전 9시부터 오후 2시까지 운영하며, 종일제 유치원은 오전 7시부터 오후 8시까지 운영하기도 합니다.
   ㉢ 교육부 관할이며 국·공립 유치원과 사립 유치원이 있습니다.

〈어린이집, 유치원〉

(3) 다문화 가족 자녀 보육 지원
   ① 다문화 가족 자녀 언어발달 지원 프로그램: 다문화 가족 자녀의 언어발달을 위해 언어발달 정도를 평가하여 언어교육을 하고, 부모 상담 및 교육방법을 안내합니다.
   ② 다문화 가족 방문교육 프로그램: 독서코칭, 숙제 지도 등 자녀 생활 서비스를 제공합니다.
   ③ 다문화 가족 이중언어 환경조성 프로그램: 영·유아 자녀를 둔 다문화 가족을 대상으로 가정 내 이중언어 사용을 위한 교육 및 코칭 서비스를 제공합니다.
   ④ 다문화 가족 보육료 지원: 초등학교 취학 전 0세부터 만 5세까지 자녀를 둔 다문화 가족을 대상으로 연령에 맞는 보육료를 지원합니다.

확인학습

01 정부와 지방자치단체에서 출산 장려, 양육비 부담 완화를 위해 지원하는 내용이 아닌 것은?

① 무료 산전검사
② 출산 지원금 지급
③ 만 7세 미만 자녀 양육 가정의 주거비 지원
④ 산모와 태아의 건강 관리 비용 지원 바우처 사업

해설 정부에서는 출산 전·후, 영·유아 양육과 관련하여 여러 가지 지원 정책을 시행하고 있다. 만 7세 미만 자녀를 양육하는 가정에는 아동수당이 지급된다.

정답 01 ③

02 산모와 태아의 건강 관리에 필요한 비용의 일부를 지원받을 수 있는 카드의 이름은?

① 출산지원카드
② 국민행복카드
③ 엄마사랑카드
④ 어린이보육카드

해설 국민행복카드로 정부에서 지원하는 국가 바우처를 이용할 수 있다. 특히 산모와 태아의 건강 관리에 필요한 비용 일부를 지원받을 수 있다.

03 아이의 나이대에 대한 구분으로 옳지 <u>않은</u> 것은?

① 돌 전의 젖먹이를 '영아'라고 한다.
② 만 3세 미만의 아이를 '유아'라고 한다.
③ 보통 만 13세 미만의 아이를 '어린이'라고 한다.
④ 만 6세 미만의 취학 전 아이를 '영·유아'라고 한다.

해설 유아는 만 3세부터 초등학교 입학 전까지의 아이를 뜻한다.

04 산모의 출산 지원에 대한 설명으로 옳은 것은?

① 임신·출산 지원비는 현금으로도 지원된다.
② 산전검사를 제외한 모든 검사를 무료로 받을 수 있다.
③ '국민행복카드'는 임신을 한 산모만 발급을 받을 수 있다.
④ '국민행복카드'를 통해 산모와 태아의 건강 관리에 필요한 비용을 지원받을 수 있다.

해설 '국민행복카드'를 통해 출산 전 산모와 태아의 건강 관리에 필요한 비용을 일부 지원받을 수 있다.
① 임신·출산 지원비는 '국민행복카드'를 통해서 받을 수 있다.
② 보건소에서 산전검사를 무료로 받을 수 있다.
③ '국민행복카드'는 국민 누구나 발급이 가능하다.

05 보육비나 양육수당이 지급되지 <u>않는</u> 경우는?

① 어린이집에 다니는 만 2세 이하의 자녀가 있는 가정
② 취학 전 만 7세 미만의 자녀를 집에서 양육하는 가정
③ 초등학교에 입학하여 학교에 다니는 자녀가 있는 가정
④ 어린이집이나 유치원에 다니는 만 3~5세 자녀가 있는 가정

해설 초등학교에 다니는 자녀를 양육하는 경우에는 보육비, 양육수당 지급 대상이 아니다. 소득·재산에 상관없이 어린이집·유치원에 다니는 만 5세 이하의 자녀가 있는 경우에는 보육료를 지원받을 수 있고, 취학 전 만 7세 미만 자녀를 어린이집이나 유치원에 보내지 않고 집에서 양육하는 경우에는 자녀의 나이에 따라 양육수당이 지급된다.

06 보육비나 양육수당을 신청하는 방법으로 옳은 것은?

① 가까운 초등학교에 방문하여 신청한다.
② 자녀를 낳은 병원에 방문하여 신청한다.
③ 가까운 어린이집이나 유치원에 방문하여 신청한다.
④ 읍·면·동 행정복지센터나 '복지로' 사이트에서 신청한다.

해설 읍·면·동 행정복지센터나 '복지로' 사이트에서 관련 정보를 등록하고 보육비·양육수당을 신청할 수 있다.

07 〈보기〉의 ( )에 들어갈 말로 옳은 것은?

> • 보 기 •
> 초등학교에 입학하기 전의 아이를 위한 보육 및 교육기관은 어린이집, (   ) 등이 있다.

① 유치원   ② 중학교
③ 대학원   ④ 고등학교

해설 초등학교에 입학하기 전의 아이를 위한 보육 및 교육기관은 어린이집과 유치원 등이 있으며, 유치원은 만 3세부터 초등학교 입학 전까지의 아이에 대한 교육을 제공한다.

08 어린이집에 대한 설명으로 옳지 않은 것은?

① 보육비를 지원받을 수 없어 보육비가 비싼 편이다.
② 국·공립 어린이집, 사립 어린이집, 직장 어린이집 등이 있다.
③ 0세부터 취학 전까지의 아동에 대해 보호와 교육을 담당한다.
④ 야간 보육, 24시간 보육, 공휴일 보육 등 다양한 시간대로 제공되기도 한다.

해설 만 5세 이하의 자녀를 어린이집에 보내는 경우에도 보육비를 지원받을 수 있다.

09 유치원에 대한 설명으로 옳은 것은?

① 국·공립 유치원은 민간인이 설립한 유치원이다.
② 일반적으로 사립 유치원이 국·공립 유치원보다 싸다.
③ 사립 유치원은 정부나 지방자치단체에서 설립한 유치원이다.
④ 보통 평일 오전 9시부터 오후 2시까지 운영되며, 종일제는 운영시간이 더 길다.

해설 유치원의 종류로는 정부나 지방자치단체에서 설립한 '국·공립 유치원'과 민간인이 설립한 '사립 유치원'이 있다. 일반적으로 국·공립 유치원이 사립 유치원보다 교육비가 싼 편이기 때문에 국·공립 유치원에 어린이를 보내려면 신청 후 오래 기다려야 하는 경우가 많다.

10 어린이집과 유치원의 중요성이 높아지고 있는 이유로 가장 적절한 것은?

① 맞벌이 부부가 많아지면서 자녀를 맡아서 돌보기가 어려워져서
② 보육료가 낮아져서 낮은 가격에 질 좋은 교육을 시킬 수 있어서
③ 어린이집과 유치원의 수가 줄면서 아이를 맡길 곳이 부족해져서
④ 어린이집과 유치원에서 선행학습을 하지 않으면 아이가 불안해서

해설 요즘은 부부가 모두 직장 생활을 하는 맞벌이 부부가 늘어나면서 집에서 자녀를 양육하는 것이 어려운 경우가 많아지고 있다. 또한 한부모 가족의 경우 부모가 일을 나가면 집에서 자녀를 양육하는 것이 현실적으로 불가능하므로 안전하고 전문적으로 아이를 돌봐주는 어린이집과 유치원의 중요성이 더욱 높아지고 있다.

정답 08 ① 09 ④ 10 ①

2. 초·중등교육

(1) 한국의 교육 제도와 특징

① **한국의 교육 제도**
   ㉠ **교육 기간**: 초등학교 6년, 중학교 3년, 고등학교 3년입니다.
   ㉡ 초·중등 교육과정은 초등학교와 중학교, 고등학교 과정을 말합니다.
   ㉢ **의무교육**: 한국에서는 모든 국민이 의무적으로 받아야 하는 의무교육을 법으로 정하고 있습니다. 초등학교와 중학교 과정이 의무교육에 해당합니다.
   ㉣ **무상교육**: 한국에서는 의무교육과정, 고등학교 3년 과정이 무상교육으로 이루어집니다. 무상교육은 입학금, 수업료, 학교 운영 지원비, 교과서비 등을 나라에서 부담하는 것으로, 일부 학교를 제외한 고등학교 3년 과정이 무상교육으로 이루어집니다.
   ㉤ 학기제도: 한국에서는 3월에 1학기가 시작되고, 여름에는 여름방학이 있습니다. 9월에 2학기가 시작되며 겨울에는 겨울방학이 있습니다.
   ㉥ 교육 운영: 정규 수업 시간 이후(방과 후)에 학생들의 특기나 적성을 개발할 수 있도록 특별 활동이나 수업을 운영하기도 합니다.

(2) 초·중등 교육기관

① 초등학교
   ㉠ 의무교육이며 6년 과정입니다.
   ㉡ 보통 만 6세에 입학하며 행정복지센터에 신청하여 입학을 빨리 하거나 늦게 할 수 있습니다.
   ㉢ 국가·지방자치단체에서 설립하여 운영하는 국·공립 초등학교가 대부분이고, 법인이나 개인이 설립하여 운영하는 사립 초등학교도 있습니다.
   ㉣ 수업 시간은 40분으로 운영되는 것이 원칙이며 경우에 따라 수업 시간을 조정할 수 있습니다.

〈초등학교〉

② 중학교
   ㉠ 의무교육이며 3년 과정입니다.
   ㉡ 중학교에서 한 학기 또는 두 학기(일반적으로 중학교 1학년)에 체험이나 진로탐색 등 학생 참여 중심의 자유학기제가 운영됩니다.

더 알아보기

자유학기제
학생의 소질과 적성 계발에 초점을 맞춰 다양한 체험 활동 기반의 교육과정으로 운영되며 한 학기 또는 두 학기가 자유학기로 운영됩니다.

ⓒ 일반 중학교와 특수목적 중학교로 나뉘며, 특수목적 중학교는 예술이나 체육 등 특수한 분야를 중심적으로 교육합니다.
ⓔ 수업 시간은 45분으로 운영되는 것이 원칙이며 경우에 따라 수업 시간을 조정할 수 있습니다.

③ 고등학교
ⓐ 3년 과정이며 무상교육이 이루어집니다(일부 고등학교 제외).
ⓑ 일반 고등학교, 특수목적 고등학교, 특성화 고등학교, 자율형 고등학교 등으로 나뉩니다.
ⓒ 수업 시간은 50분으로 운영되는 것이 원칙이며 경우에 따라 수업 시간을 조정할 수 있습니다.
ⓔ 고등학교 졸업 후 대학 진학을 하는 경우가 많고, 진학 대신 취직을 하는 학생들도 있습니다.

더 알아보기

검정고시
- 상급 학교의 입학 자격이나 특정한 자격에 필요한 지식·학력 등의 유무를 알아보기 위하여 치르는 시험입니다.
- 고등학교 졸업학력 검정고시에 합격하면 고등학교 졸업자와 같은 자격을, 중학교 졸업학력 검정고시에 합격하면 중학교 졸업자와 같은 자격을 인정받을 수 있습니다.
- 입학자격 검정에는 중학교·고등학교·대학 입학자격 검정고시가 있으며, 이 고시에 합격하면 각 학교에 입학할 자격을 인정받을 수 있습니다.
- 직업자격 검정에는 일반직 국가공무원, 교사, 변리사, 간호사, 공인중개사 등 각종 면허 또는 자격시험이 있습니다.

확인학습

01 한국의 초·중등교육의 교육 기간이 바르게 연결된 것은?

① 초등학교: 6년, 중학교: 3년, 고등학교: 3년
② 초등학교: 6년, 중학교: 2년, 고등학교: 2년
③ 초등학교: 9년, 중학교: 2년, 고등학교: 3년
④ 초등학교: 4년, 중학교: 3년, 고등학교: 3년

02 한국의 의무교육에 대한 설명으로 옳지 <u>않은</u> 것은?

① 초등학교와 중학교 과정이 포함된다.
② 의무교육 과정은 수업료를 내야 한다.
③ 국민들이 의무적으로 받아야 하는 교육이다.
④ 보통 만 6세가 되면 초등학교에 입학하여 교육을 받게 된다.

[해설] 한국에서는 의무교육과정과 고등학교 3년 과정은 무상교육으로 이루어진다.

03 초등학교에 입학하기 전에 해야 할 일은?

① 한글과 영어 알파벳을 완벽히 학습한다.
② 교육청에 가서 입학에 필요한 서류를 제출한다.
③ 들어가고 싶은 초등학교의 홈페이지에서 입학신청을 한다.
④ 지역의 행정복지센터에서 취학 통지서를 받고 입학을 준비한다.

[해설] 초등학교는 만 6세부터 입학이 가능하며, 자녀가 만 6세가 되면 지역의 행정복지센터에서 취학 통지서를 받아 자녀의 초등학교 입학을 준비한다.

[참고] 2022년부터 정부24에서 취학 통지서 온라인 열람·발급이 가능하며, 온라인 이용을 하지 않은 경우에는 이전과 같이 우편으로 발송한다.

정답 01 ① 02 ② 03 ④

04 공립학교의 뜻으로 옳은 것은?

① 국가에서 설립하여 운영하는 학교
② 민간단체가 설립하여 운영하는 학교
③ 그 지역에서 가장 성적이 우수한 학교
④ 지방자치단체에서 설립하여 운영하는 학교

참고 국·공립학교와 사립학교
- 국립학교: 국가에서 설립하여 운영하는 학교
- 공립학교: 지방자치단체에서 설립하여 운영하는 학교
- 사립학교: 개인이나 민간단체가 설립하여 운영하는 학교

05 국·공립 초등학교에 배정되는 방식은?

① 추첨을 통해서 학교가 배정된다.
② 집에서 가까운 곳에 있는 학교로 배정된다.
③ 아이가 가고 싶은 학교에 입학 신청을 하면 된다.
④ 입학 신청을 빨리 한 순서대로 배정학교를 고른다.

해설 초등학교의 약 98%는 국·공립 초등학교이며 각 지역의 교육청에서 사는 지역과 가까운 학교에 배정해 준다.

06 예술, 체육, 외국어 등의 특정 분야에 대한 교육을 중점적으로 시행하는 중학교는?

① 일반 중학교
② 지역 중학교
③ 전문계 중학교
④ 특수목적 중학교

해설 중학교는 일반 중학교와 특수목적 중학교로 구분된다. 일반 중학교는 다양한 교육 내용을 두루 배우는 학교이고, 특수목적 중학교는 예술이나 체육 같은 특정한 분야에 대해 중점적으로 교육을 하는 학교이다.

07 고등학교의 종류에 해당하지 않는 것은?

① 일반계 고등학교
② 특성화 고등학교
③ 홈스쿨링 고등학교
④ 특수목적 고등학교

해설 고등학교는 일반계 고등학교·특성화 고등학교·특수목적 고등학교로 구분된다.

08 각 고등학교에 대한 설명이 옳은 것은?

① 특수목적 고등학교는 직업 교육을 강조한다.
② 일반계 고등학교는 대부분 국립 고등학교이다.
③ 일반계 고등학교는 특정한 분야가 아닌 다양한 분야에 걸쳐 일반적인 교육을 한다.
④ 전문계 고등학교는 과학, 외국어, 예술, 체육 등의 특정 분야를 집중적으로 교육한다.

해설 일반계 고등학교는 다양한 분야에 걸쳐 일반적인 교육을 하며, 한국의 경우 지역별로 차이가 있지만 사립 고등학교보다는 국·공립 고등학교가 많고, 국·공립 고등학교 중에서는 공립 고등학교가 더 많다.

참고 고등학교
- 일반계 고등학교: 특정한 분야가 아닌 다양한 분야에 걸쳐 일반적인 교육을 하는 고등학교
- 특성화(전문계) 고등학교: 특정한 분야의 직업 교육을 강조하는 고등학교
- 특수목적 고등학교: 과학, 외국어, 예술, 체육 등의 특수 분야를 집중적으로 교육하는 고등학교

09 한국의 학기에 대한 설명으로 옳은 것은?

① 입학은 3월에 한다.
② 1년에 4학기로 나누어진다.
③ 1월부터 12월까지가 한 학년의 기간이다.
④ 방학은 봄·여름·가을·겨울 총 4번 있다.

해설 3월에 입학을 하며, 1학기가 시작된다.
② 1년에 2학기로 나누어진다.
③ 3월부터 다음 해 2월까지가 한 학년의 기간이다.
④ 여름·겨울방학이 있으며 수업 일수에 따라 봄방학이 있는 경우도 있다.

10 초등학교의 입학 시기를 앞당기거나 미루고 싶을 때 옳은 방법은?

① 교육청에 편지를 쓴다.
② 초등학교 교장선생님께 전화를 한다.
③ 따로 입학 시기를 알리지 않아도 된다.
④ 행정복지센터에 미리 신청서를 제출한다.

해설 초등학교에 입학을 시킬 때에는 취학 통지서를 받아서 준비를 하면 되지만, 입학 시기를 조정하고 싶을 때는 미리 행정복지센터에 신청서를 제출해야 한다.

3. 입시와 고등교육

(1) 고등교육

　① 대학교

　　㉠ 대학교는 2~6년제의 교육과정을 가지고 있습니다.

　　㉡ 기능과 목적에 따라 4년제 대학교, 교육대학교, 산업대학교, 전문대학교, 원격교육대학교(방송통신대학교 및 사이버대학교) 등이 있습니다.

　　㉢ 최근에는 방송, 인터넷 등으로 강의를 듣는 사이버대학교와 방송통신대학교 등의 선호도가 늘고 있습니다.

　　㉣ 대학마다 등록금이 다르지만 보통 사립대학교의 등록금이 국립대학교의 등록금보다 비쌉니다. 학교마다 다양한 장학금 제도가 있기 때문에 장학금 제도를 잘 활용하면 등록금 부담을 줄일 수 있습니다.

　② 대학원

　　㉠ 대학교를 졸업한 다음, 더 전문적으로 지식을 쌓고 연구하기 위해 진학합니다.

　　㉡ 석사과정과 박사과정이 있으며 각 과정을 마치면 석사·박사학위를 받습니다.

(2) 한국의 입시제도

　① 한국의 입시제도

　　㉠ 초등학교와 중학교는 의무교육이기 때문에 입학시험을 보지 않고 입학할 수 있습니다.

　　㉡ 고등학교는 의무교육이 아니지만 많은 학생들이 중학교 졸업 후 고등학교에 진학합니다.

　　㉢ 특수목적 고등학교 등 일부 고등학교는 입학시험을 치러야 입학할 수 있습니다.

　② **한국의 대학 입시**

　　㉠ 한국에서는 좋은 대학에 들어가야 좋은 직장에 들어가고, 많은 급여를 받을 수 있다고 생각해 **대학 입시를 중요하게 생각합니다.**

　　㉡ 대학마다 입학생을 선발하는 방법과 기준이 다르기 때문에 자신에게 유리한 전형이 무엇인지 알아보고 입학시험을 준비해야 합니다.

　　㉢ 대학에 입학하는 방법으로는 교과성적, 생활기록부, 논술시험, 실기시험을 중심으로 입학생을 선발하는 수시전형이 있고, 대학수학능력검정시험(수능)의 결과로 입학생을 선발하는 정시전형이 있습니다.

③ **대학수학능력시험** 🔊

　㉠ 수능·대수능·수능 시험이라고도 하며 1년에 한 번, 매년 11월에 시험이 있습니다.

　㉡ 대학 입학을 위해 치르는 가장 중요한 시험으로, 고등학교 졸업 예정자나 고등학교 졸업 학력을 인정받아야 응시할 수 있습니다.

　㉢ 수능 시험 날에는 직장인의 출퇴근 시간을 조정하기도 하고 대중교통 배차 간격을 줄이기도 합니다. 수능 시험장 근처에서는 듣기 평가가 이루어지는 시간에 공사를 멈추거나 비행기 이착륙 시간을 바꾸는 경우도 있습니다.

〈수능을 보는 수험생들〉

(3) 한국의 교육열

① **높은 교육열과 대학 진학률** 🔊

　㉠ 한국에서는 대부분의 학생들이 중학교를 졸업한 뒤 고등학교에 진학하며, 고등학교를 졸업한 학생 대부분이 대학교에 진학합니다.

　㉡ 한국은 OECD 국가 중에서도 대학 진학률이 높은 편에 속합니다.

　㉢ 학력이 사회적 지위를 상승시킬 수 있는 중요한 방법이라고 생각해 어린 나이부터 대학 입시를 위해 **사교육**에 많은 투자를 하기도 합니다.

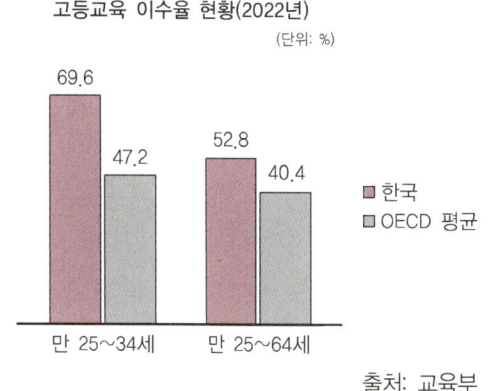

② **높은 교육열의 장점과 단점**

　㉠ 장점: 높은 수준의 교육으로 훌륭한 인재를 기를 수 있습니다.

　㉡ **단점** 🔊: 과도한 사교육비로 가계에 부담이 되고, 입시 스트레스로 학생들의 건강이 나빠지기도 합니다. 또한 학업에만 관심을 갖는 가정 분위기로 가족 간의 사이가 나빠지기도 합니다.

확인학습

01 진학률의 뜻으로 옳은 것은?

① 졸업생 중 취업을 하는 학생의 비율
② 전체 학생 중 졸업을 하는 학생의 비율
③ 전체 학생 중 졸업을 하지 못한 학생의 비율
④ 졸업생 중 상급 학교에 들어가는 학생의 비율

해설 진학률은 졸업생 중 상급 학교에 들어가는 학생의 비율로, 대학 진학률은 고등학교를 평가하는 기준이 되기도 한다.

02 한국의 고등교육기관에 대한 설명으로 옳은 것은?

① 대학교는 특수목적 대학교, 일반 대학교로 나뉜다.
② 고등교육기관으로는 고등학교, 대학교, 대학원이 있다.
③ 방송이나 인터넷으로 강의를 듣는 대학교는 등록금이 없다.
④ 학교마다 장학금 제도가 마련되어 있어 등록금 부담을 줄일 수도 있다.

해설 ① 대학교로는 4년제 대학교, 전문대학교, 교육대학교, 산업대학교, 사이버대학교 등이 있다.
② 고등교육기관으로는 대학교와 대학원이 있다.
③ 방송이나 인터넷으로 운영되는 대학도 등록금을 납부해야 한다.

03 대학수학능력시험(수능)에 대한 설명으로 옳은 것은?

① 매년 12월에 시행된다.
② 대학 진학에 큰 영향을 주지 않는다.
③ 수능은 고등학교 졸업 예정자만 볼 수 있다.
④ 대학에서 공부할 수 있는 능력을 갖췄는지 확인하는 시험이다.

해설 수능은 고등학교 과정을 잘 공부하고 대학에 입학하여 공부를 이어갈 능력이 있는지 확인하고 입학생을 선발하기 위해 치르는 시험이다.
① 수능은 매년 11월에 시행된다.
② 대학 진학을 위해 치르는 가장 중요한 시험이다.
③ 고등학교 졸업 예정자나 졸업자 및 이에 해당하는 학력을 가진 사람이라면 누구나 볼 수 있다.

01 ④ 02 ④ 03 ④ 정답

04 한국의 대학 진학률이 높게 나타나는 까닭은?

① 대학의 학비가 저렴해서
② 대학에 지원하면 누구나 입학이 가능해서
③ 학력이 취업과 임금에 많은 영향을 주어서
④ 고등학교를 졸업하면 자동으로 입학이 가능해서

해설 한국에서 교육은 사회적 지위를 높일 수 있는 중요한 방법으로 인식되며, 그중에서도 학력은 취업과 임금에 큰 영향을 준다. 학력이 좋아야 취업이나 결혼에 유리하다는 생각을 하기 때문에 대학 진학률이 높게 나타나고 있다.

05 한국에서 시험을 치르는 수험생에게 주는 선물이 아닌 것은?

① 엿
② 휴지
③ 찹쌀떡
④ 미역국

해설 엿과 찹쌀떡의 끈끈하고 잘 붙는 특성 때문에 한국에서는 시험에 한 번에 붙으라는 의미로 수험생에게 엿과 찹쌀떡을 선물한다. 휴지는 시험 문제를 잘 풀라는 의미로 선물하며, 모르는 문제를 잘 찍으라는 의미로 포크를 선물하기도 한다. 그러나 미역국은 미역의 미끌미끌한 특성 때문에 시험에서 미끄러지는 것을 연상시켜 시험을 앞두고는 피하는 음식이다.

06 한국의 교육열에 대한 설명으로 옳지 않은 것은?

① 어린 나이부터 대학 입시를 준비하는 경우는 거의 없다.
② 높은 교육열로 인해 여러 가지 사회 문제가 생기기도 한다.
③ 한국은 OECD 국가 중에서도 대학 진학률이 높은 나라이다.
④ 수준 높은 교육을 통해 인재를 기를 수 있다는 장점이 있다.

해설 아주 어린 나이부터 대학 입시를 준비하며 사교육에 많은 비용을 들이는 경우도 많다.
② 지나친 입시 경쟁과 입시 스트레스로 학생들의 건강이 망가지기도 한다. 또한 과도한 사교육비 지출로 부모들의 부담이 커지기도 한다.

07 대학 진학을 준비하는 고등학교 3학년이 입시 경쟁에 부담을 느껴 겪는 스트레스나 질환을 이르는 말은?

① 고3병
② 조기유학
③ 입시지옥
④ 야간자율학습

정답 04 ③ 05 ④ 06 ① 07 ①

해설 고3병은 고등학교 3학년 수험생이 입시 준비를 하면서 심한 경쟁과 입시 결과에 부담을 느껴 겪게 되는 스트레스나 각종 질환을 이르는 말이다.
② 조기유학: 자녀가 어릴 때 외국으로 유학을 보내 외국어를 익히도록 하는 것
③ 입시지옥: 지나친 입시 경쟁 속에서 학생들이 받는 고통을 비유적으로 나타내는 말
④ 야간자율학습: 방과 후에 학교에 남아 자율적으로 공부를 하는 것

08 한국의 교육열과 관련이 없는 사람은?

① 10년 동안 친하게 지낸 친구들과 여행을 간 우영
② 모의고사 성적이 떨어진 뒤 한 달째 잠을 못 자는 혜리
③ 딸의 비싼 과외비를 내기 위해 일주일 내내 아르바이트를 하는 하은 씨
④ 영어공부를 위해 아이들과 아내를 호주로 유학 보내고 혼자 한국에 사는 승우 씨

해설 높은 교육열은 치열한 입시 경쟁과 입시 스트레스, 사교육비 지출의 증가, 조기유학으로 인한 기러기 가족의 발생 등의 문제점을 낳는다.

참고 **기러기 가족**
어린 자녀의 학업을 위해 부모 중 한 명은 자녀와 외국으로 나가고, 다른 한쪽은 한국에 남아 외국으로 학비를 보내는 가족을 '기러기 가족'이라고 한다. 혼자 남은 사람이 아빠일 경우에는 '기러기 아빠', 엄마일 경우에는 '기러기 엄마'라고 한다.

09 대학원에 대한 설명으로 옳지 않은 것은?

① 석사과정과 박사과정으로 구분된다.
② 오랫동안 공부해야 하지만 학비가 저렴하다.
③ 요건을 갖추면 석사학위, 박사학위를 받게 된다.
④ 대학교보다 전문적인 학문이나 기술을 연구한다.

해설 대학원은 일반적으로 대학교보다 학비가 더 비싸다.

10 사교육비에 들어가지 않는 것은?

① 학원비
② 과외비
③ 학습지 비용
④ 학교 수업료

해설 사교육비는 학교 외에 지출하는 보충교육비를 말한다.

4. 평생교육

(1) 평생교육

① **평생교육** 중요
  ㉠ 나이와 상관없이 학교 교육과정 이외에 개인이 배우고자 하는 분야에 대한 모든 형태의 조직적인 교육활동을 말합니다.
  ㉡ 기초문해교육, 학력보완교육, 직업능력교육, 문화예술교육, 인문교양교육, 시민참여교육 등이 있습니다.

② 평생교육기관
  ㉠ 국가·시·도 평생교육진흥원, 시·군·구 평생학습센터(평생학습관), 대학 평생교육원, 지역 구민회관 등의 기관에서는 지역 주민을 대상으로 한 강좌가 많이 있으며 노년층을 위한 교육도 이루어집니다.
  ㉡ 백화점·대형 마트의 문화센터: 주부나 아이들을 위한 강좌가 많습니다.
  ㉢ 사이버대학교·원격평생교육원: 인터넷을 통해 교육이 시행되며, 시간을 자유롭게 쓸 수 있기 때문에 직장인들이 선호하는 경향이 많습니다.
  ㉣ 평생교육 지원: 평생학습계좌제, 평생학습포털, 평생교육 바우처 등으로 평생교육에 드는 비용을 지원받을 수 있습니다.

〈평생교육원〉

(2) **이주민 대상 지원 및 교육** 중요

① 한국 사회 정착 지원 및 교육
  ㉠ **사회통합프로그램**: 이민자의 한국 사회 적응을 돕기 위한 프로그램으로, 교육과정을 이수하고 시험에 합격하면 국적을 취득하거나 체류자격을 바꿀 수 있습니다.
  ㉡ 다문화가족지원센터: 한국 사회 적응 교육, 취업 지원 교육, 자녀 교육 지원 서비스 등을 제공합니다.
  ㉢ 이민자 조기적응 프로그램: 한국에 장기 체류할 예정인 외국인을 대상으로 한국 체류 시 반드시 알아야 할 기초적인 법, 규칙 등을 교육하는 프로그램입니다.
  ㉣ 이 외에도 교육방송을 통해 이주민을 대상으로 하는 한국어, 한국 문화 강좌를 들을 수 있습니다.

〈사회통합프로그램〉

② 취업 및 직업 교육
  ㉠ 이민자들의 한국 취업을 돕기 위해 고용노동부에서 취업 및 직업 교육을 제공합니다.
  ㉡ 지방자치단체나 민간단체, 외국인고용지원센터, 다문화가족지원센터 등에서 외국인을 대상으로 한국어, 의료, 컴퓨터, 제과 등 취업을 위한 직업 교육을 제공합니다.

확인학습

01 나이와 상관없이 학교 교육과정 외의 배우고 싶은 분야를 배울 수 있는 제도는?

① 평생교육
② 어른교육
③ 전문가교육
④ 서비스교육

해설 현대 사회에서 다양한 지식이나 기술을 요구하게 되면서 다양한 분야를 공부하고 싶어 하는 사람들이 늘어나고 있다. 학교 교육을 마친 후에도 관심이 있거나 배우고 싶은 분야를 지속적으로 배우는 것을 '평생교육'이라고 한다.

02 평생교육이 이루어지는 곳으로 옳지 않은 것은?

① 고등학교
② 원격평생교육원
③ 백화점 문화센터
④ 대학교 내 평생교육원

해설 평생교육은 대학교 내 평생교육원, 구민회관·행정복지센터·평생학습센터(평생학습관), 백화점이나 대형마트의 문화센터, 사이버대학교·원격평생교육원 등에서 이루어진다.

03 구민회관·행정복지센터·평생학습센터(평생학습관)의 평생교육 프로그램에 대한 설명으로 옳지 <u>않은</u> 것은?

① 수강료가 비교적 비싼 편이다.
② 지역주민이 자유롭게 참여할 수 있다.
③ 사회 변화를 반영한 평생교육 프로그램들이 시행되기도 한다.
④ 음악·미술·외국어·컴퓨터 등 다양한 강좌로 이루어져 있다.

해설 구민회관·행정복지센터·평생학습센터(평생학습관)는 지역 주민을 위한 시설이므로 수강료가 비교적 저렴한 편이다.

04 백화점이나 대형 마트에 있는 문화센터의 특징은?

① 각 분야의 전문가 과정만 운영한다.
② 직장인을 위한 교육 프로그램이 많다.
③ 여가나 취미생활을 위한 과정이 많이 제공된다.
④ 자격증 취득을 위한 전문적인 강의가 주로 제공된다.

해설 백화점이나 대형 마트의 문화센터에는 주부나 아이들을 위한 강좌가 많이 있으며, 여가나 취미생활을 위한 강의가 주로 제공된다. 자격증 취득과 관련된 강의는 대학교 내에서 운영되거나 사이버대학교에서 운영되는 경우가 많다.

05 인터넷을 이용하여 평생교육을 받을 때의 장점은?

① 다양한 학위를 받을 수 있다.
② 원하는 과제를 골라서 할 수 있다.
③ 본인이 원하는 시간에 들을 수 있다.
④ 교육을 수료하면 학비를 돌려받을 수 있다.

해설 인터넷을 이용하여 평생교육을 받으면 교육기관을 직접 찾아갈 필요 없이 본인이 원하는 시간에 수업을 들을 수 있다는 장점이 있다.

정답 03 ① 04 ③ 05 ③

06 평생교육과 관련된 설명으로 옳지 않은 것은?

① 평생교육과 관련된 다양한 지원 정책이 있다.
② 직장인이 평생교육을 받으려면 휴직을 해야 한다.
③ 학교 교육과 상관없이 배우고 싶은 분야의 교육을 받을 수 있다.
④ 국가나 지방자치단체에서 운영하는 기관, 백화점이나 대형 마트, 대학교 등에서 운영한다.

해설 직장인이라도 자기가 원하는 시간에 맞춰 사이버대학교나 원격평생교육원에서 제공하는 강의를 들을 수 있다.

참고 평생학습계좌제
평생교육을 지원하는 제도 중 하나로, 평생학습계좌제 학습이력관리시스템을 통해 개인의 평생학습과 관련된 정보를 관리하거나 확인할 수 있다.

07 사회통합프로그램의 목적으로 옳은 것은?

① 외국인에게 한국을 홍보하기 위해
② 한국어를 세계적으로 널리 알리기 위해
③ 외국인의 무분별한 입국을 제한하기 위해
④ 이민자의 한국 사회 적응을 지원하기 위해

해설 한국 사회에 이주민이 점차 증가하면서 이주민의 한국 사회 적응을 돕기 위해 사회통합프로그램이 만들어졌다. 사회통합프로그램은 한국어 교육과 한국 사회 이해 교육으로 구성되어 있다.

08 사회통합프로그램의 교육과정을 이수했을 때의 장점은?

① 한국 대학원의 석사학위를 받을 수 있다.
② 사회통합프로그램 강사 자격을 얻을 수 있다.
③ 법무부에 취업할 수 있는 기회가 생길 수 있다.
④ 국적을 취득하거나 체류자격을 바꿀 때 혜택을 받을 수 있다.

해설 사회통합프로그램의 교육과정을 이수하면 국적을 취득하거나 체류자격을 바꿀 때 혜택을 받을 수 있다.

09 다문화가족지원센터에서 제공하는 지원과 교육이 <u>아닌</u> 것은?

① 취업 지원 교육
② 한국 사회 적응 교육
③ 자녀 교육 지원 서비스
④ 사회통합프로그램 평가 면제

> **해설** 다문화가족지원센터는 다문화 가족의 한국 사회 적응을 위하여 한국 사회 적응 교육·한국어 교육·방문 교육·취업 지원 교육·자녀 교육 지원 서비스 등을 제공한다. 사회통합프로그램 평가 면제는 한국 사회 정착 지원과 거리가 멀다.

10 이주민 대상 지원과 교육에 대한 설명으로 옳지 <u>않은</u> 것은?

① 지방자치단체와 민간단체에서 이주민의 비자 문제를 해결해 준다.
② 고용노동부에서 한국에 취업하는 데 필요한 교육을 받을 수 있다.
③ 다문화가족지원센터에서 한국 사회 적응 교육이나 취업 지원 교육을 받을 수 있다.
④ 이민자 조기적응 프로그램을 통해 한국에서 지내기 위해 알아야 할 기본적인 것을 배울 수 있다.

> **해설** 이주민을 위한 교육은 다양한 기관을 통해 이루어지고 있다. 예를 들어, 고용노동부에서는 결혼이민자의 취업을 돕기 위해 직업 교육을 실시하며, 교육방송(EBS)에서는 이주민을 위한 한국어 및 한국 문화 강좌 등을 제공하기도 한다.

정답 09 ④ 10 ①

제3장 문화

1. 전통 가치

(1) 한국의 효와 예절

① 효
 ㉠ 부모를 공경하고 부모를 기쁘게 하기 위해 노력하는 태도와 마음가짐을 '효(孝)'라고 합니다.
 ㉡ 효는 유교 문화의 기본이 되는 가치로, **한국에서는 부모님께 효도하는 것을 중시**합니다.

② 예절
 ㉠ **다른 사람을 존중하는 태도와 마음가짐**을 '예절'이라고 합니다.
 ㉡ 한국에서는 웃어른이나 다른 사람에게 올바르게 인사하는 것, 높임말을 사용하는 것 등을 예의바른 행동이라고 생각합니다.

(2) 한국의 공동체 의식과 연고

① 공동체 의식
 ㉠ 오래전부터 농경사회를 바탕으로 생겨난 공동체 의식이 오늘날까지 이어지고 있습니다.
 ㉡ 공동체 의식은 이웃과 서로 돕고 사는 **상부상조**(相扶相助)의 정신을 말합니다.
 ㉢ 나라에 어려움이 있을 때 자원 봉사를 하거나 국가 차원의 사회 운동을 하는 등 한국인의 공동체 의식을 볼 수 있습니다.

② 연고
 ㉠ 공통점을 바탕으로 맺어지는 관계를 '연고'라고 합니다.
 ㉡ **혈연**: 가족, 친척 등 **같은 핏줄**, 혹은 성씨로 연결되어 맺어지는 관계를 말합니다. 가문의 혈통, 계통을 정리한 책인 '**족보**'를 통해 한국인이 혈연을 중요하게 생각한다는 것을 알 수 있습니다.
 ㉢ **지연: 같은 고향, 출신 지역**으로 연결되어 맺어지는 관계를 말합니다. 같은 지역 사람들끼리 모여 친목을 다지는 '**향우회**'를 통해 지연을 중요하게 여기는 한국인의 모습을 볼 수 있습니다.
 ㉣ **학연: 출신 학교**로 맺어지는 관계를 말합니다. 같은 학교를 졸업한 사람들끼리 모여 친목을 다지는 '**동문회**'를 통해 한국인이 학연을 중시한다는 것을 알 수 있습니다.

더 알아보기

한국인의 사고에서 드러나는 한국의 전통 가치
- 유교 문화의 영향으로 높임말을 사용하는 것, 예절을 지키는 것을 중요하게 생각합니다.
- 부모에게 효도하는 것을 아주 중요하게 여깁니다.
- 자기에게 생긴 일이 아니라도 나라에 어려운 일이 생기면 힘을 모아 어려움을 극복하는 등 서로 돕는 문화가 있습니다.

확인학습

01 한국인들이 중시하는 전통 가치가 <u>아닌</u> 것은?

① 효
② 예절
③ 개인주의
④ 상부상조

> **해설** 한국은 오래전부터 공동체 의식이 발달하여 지금까지 이어지고 있다. 개인주의는 공동체 의식과는 거리가 멀다.

02 한국의 인사법이 <u>아닌</u> 것은?

① 큰절
② 코 비비기
③ 손 흔들기
④ 고개 숙이기

> **해설** 한국의 인사법 중에 코를 비비는 인사는 없다.

정답 01 ③ 02 ②

03 이웃과 관련된 한국 속담은?

① 찬물도 위아래가 있다.
② 고기는 씹어야 맛을 안다.
③ 가까운 남이 먼 친척보다 낫다.
④ 가는 말이 고와야 오는 말이 곱다.

해설 가까이 살며 기쁜 일과 슬픈 일을 함께하는 이웃이 멀리 사는 친척보다 더 낫다는 의미로 이웃, 공동체의 중요성이 나타난 속담이다.
① 찬물도 위아래가 있다: 무엇에나 순서가 있으니, 그 차례를 따라야 한다는 말
② 고기는 씹어야 맛을 안다: 무엇이든 알려면 실제로 겪어 보아야 한다는 말
④ 가는 말이 고와야 오는 말이 곱다: 먼저 남에게 말이나 행동을 좋게 해야 남도 자기에게 좋게 한다는 말

04 이사를 가거나 개업을 할 때 돌리는 떡의 종류는?

① 송편
② 약밥
③ 가래떡
④ 시루떡

해설 한국에서는 이사를 하거나 가게를 새로 여는 등 새로운 곳에서 새로운 사람들과 어울리게 되었을 때 잘 지내자는 의미로 시루떡을 돌렸다. 하지만 요즘은 개인주의 분위기가 일반화되면서 이사 떡을 잘 받지 않게 되었고, 이사 떡을 돌리지도 않게 되었다.
① 송편: 추석에 한 해의 수확을 감사하며 조상의 차례상 등에 올리는 떡
② 약밥: 찹쌀에 대추, 밤, 잣 등을 섞어 찐 다음 기름과 꿀, 간장으로 버무려 만든 음식. 정월 대보름에 먹음
③ 가래떡: 가는 원통형으로 길게 뽑은 떡. 설날에 어슷하게 썰어 떡국을 끓여 먹음

05 한국 국민의 특징으로 옳지 않은 것은?

① 이웃끼리 힘든 일은 서로 돕는다.
② 나이가 많은 사람에게 높임말을 사용한다.
③ 명절이나 부모의 생신에 부모를 찾아뵙는다.
④ 나라에 큰일이 생기면 공무원들만 그 일을 해결한다.

해설 나라에 큰일이 생기면 국민들이 힘을 합쳐 위기를 극복하기 위해 자발적으로 모인다. 대표적으로 IMF로 국가 경제가 어려울 때 국민들이 '금 모으기 운동'을 벌여 위기를 극복한 적이 있다. 이 외에도 자연재해로 피해가 큰 지역에 보내기 위해 자발적으로 성금을 모으고 자원봉사를 하러 가기도 하며, 국가적으로 슬픈 일이 생기면 남의 일이라도 함께 슬퍼하기도 한다.

06 같은 핏줄에 의하여 연결된 인연을 뜻하는 말은?

① 혈연
② 지연
③ 학연
④ 연고

해설 ② 지연: 출신 지역에 따라 연결된 인연
③ 학연: 출신 학교에 따라 연결된 인연
④ 연고: 공통점으로 연결된 인연

07 같은 학교를 졸업한 사람들의 모임을 뜻하는 말은?

① 향우회
② 동문회
③ 사우회
④ 산악회

해설 ① 향우회: 고향이 같은 사람들의 모임
③ 사우회: 같은 직장을 다니는 사람들의 모임
④ 산악회: 등산하는 사람들로 이루어진 모임

08 전통적으로 한국인들이 공통점을 찾으려는 이유로 옳은 것은?

① 친목 도모
② 가족 중시
③ 공동체 중시
④ 자기 자신의 이익

해설 한국 사람들이 연고를 중요하게 생각하는 것은 공동체를 중요시하기 때문이다.

정답 06 ① 07 ② 08 ③

09 한국의 공동체에 대한 설명으로 옳은 것은?

① 핏줄로 이어진 인연을 혈연이라 한다.
② 한국에서는 가문을 중요시하지 않는다.
③ 출신 지역에 따라 이어진 인연을 학연이라 한다.
④ 같은 학교를 졸업한 사람끼리 맺어진 인연을 지연이라 한다.

해설 ② 한국에서는 가문을 중요시하여 족보를 만들어 기록한다.
③ 출신 지역에 따라 이어진 인연을 지연이라 한다.
④ 같은 학교를 졸업한 사람끼리 맺어진 인연을 학연이라 한다.

10 한국 국민의 특징이 <u>아닌</u> 것은?

① 유교 문화의 영향으로 예절을 중요시한다.
② 부모에게 효도하는 것을 중요하게 여긴다.
③ 자기 일이 아니라도 남을 도와주는 공동체 의식이 있다.
④ 공통점을 가진 사람들끼리 경쟁하면서 발전하려고 하는 욕심이 있다.

2. 한국의 전통 의식주

(1) 한복(衣-의)

① **한복의 의미**: 한복은 **한국의 전통 의상**입니다.

② **한복의 종류**
  ㉠ 여자는 치마와 저고리를 입고 외출할 때 겉옷으로 장옷을 입는 것이 기본입니다.
  ㉡ 남자는 바지와 저고리를 입고 외출할 때 겉옷으로 두루마기를 입는 것이 기본입니다.

③ **한복의 재료**
  ㉠ 여름에는 바람이 잘 통하는 얇은 옷감인 삼베나 모시로 한복을 만들어 입었습니다.
  ㉡ 겨울에는 비단이나 솜으로 따뜻하게 한복을 만들어 입었습니다.

④ 현대의 한복
  ㉠ 현대에는 명절이나 돌잔치, 결혼식 등의 중요한 날에 한복을 입습니다.
  ㉡ 최근에는 일상생활을 하면서 입기에도 편안한 개량한복이 만들어지고 있으며, 고궁(古宮) 등의 관광지에서 한복을 입는 사람도 많습니다.

〈한복〉

(2) 한식(食-식)

① 한국 음식의 특징
  ㉠ 한국 음식은 기본적으로 밥과 국, 반찬으로 이루어집니다.
  ㉡ 밥: 쌀로 만든 가장 기본적인 음식입니다.
  ㉢ 국: 다양한 재료를 넣어 끓인 음식입니다. 차가운 냉국, 상 위에서 끓여 먹는 전골, 국물이 적은 찌개도 있습니다.
  ㉣ 반찬: 제철 채소, 생선, 고기 등의 재료에 양념을 하거나 다양한 조리 방법으로 만듭니다. 나물이나 김치, 젓갈, 불고기 등이 있습니다.

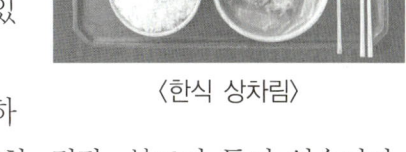
〈한식 상차림〉

② 식사 예절
  ㉠ 한국에서는 식사를 할 때 숟가락과 젓가락을 사용해 밥을 먹습니다.
  ㉡ 그릇은 들지 않고 밥상에 둔 채로 식사해야 하며, 어른이 먼저 식사를 시작하면 나머지 사람들도 수저를 들고 식사를 시작합니다.
  ㉢ 식사를 할 때는 소리를 내지 않고 조용히 음식을 먹습니다.

제3장 문화 235

③ 김치
　㉠ 한국의 가장 대표적인 반찬으로, **김치는 한국 고유의 발효식품**입니다.
　㉡ 싱싱한 채소를 소금에 절여 여러 가지 양념과 젓갈을 넣어 발효시키는 음식입니다.
　㉢ 배추, 무, 오이, 파 등 다양한 채소를 이용해 김치를 만듭니다.
　㉣ 늦은 가을(11월)에서 겨울(12월)에는 겨울 동안 먹을 김치를 한꺼번에 많이 담그는 **김장**을 합니다.

〈김치〉

④ 여러 가지 한국 음식
　㉠ 각종 장, 젓갈 등의 발효식품이 발달했습니다.
　㉡ 최근에는 비빔밥, 불고기, 삼계탕, 삼겹살 등이 세계인의 관심을 받고 있습니다.

(3) 한옥(住-주)

① **한옥의 특징**
　㉠ 한옥은 **한국의 전통 집**으로, 한국인의 전통적인 생활양식을 찾아볼 수 있습니다.
　㉡ 겨울에 따뜻하게 지내기 위해 난방시설인 **온돌**을 만들었고, 여름을 시원하게 보내기 위해 **대청마루**를 두었습니다.

② 한옥의 종류
　㉠ 한옥은 지붕의 재료에 따라 초가집과 기와집으로 나눌 수 있습니다.
　㉡ 초가집: 볏짚으로 지붕을 올린 집으로 주로 서민들이 살았습니다.
　㉢ 기와집: 기와로 지붕을 올린 집으로 주로 양반들이 살았습니다.

〈초가집〉　　　　　　　〈기와집〉

확인학습

01 싱싱한 채소를 소금에 절이고, 각종 양념과 젓갈을 넣고 버무려 일정 기간 발효시킨 한국 고유의 음식은?

① 된장　　　　　　　　　　② 김치
③ 불고기　　　　　　　　　④ 장아찌

해설 ① 된장: 한국의 대표적인 전통 음식으로 음식의 맛을 내는 기본 재료 중 하나
③ 불고기: 쇠고기 등을 양념에 재었다가 불에 구워 먹는 전통 음식
④ 장아찌: 채소를 간장, 된장, 고추장에 넣어 삭힌 것

02 한국의 대표적인 요리로, 소고기 등의 고기를 양념하여 불에 구운 음식은?

① 메주　　　　　　　　　　② 비빔밥
③ 불고기　　　　　　　　　④ 삼계탕

해설 불고기에 대한 설명으로, '너비아니'라고 부르기도 한다.
① 메주: 콩을 삶아서 찧은 다음 덩이를 지어서 띄워 말린 것으로 간장, 된장, 고추장 등을 담그는 원료
② 비빔밥: 고기, 여러 가지 나물과 양념을 넣어 비벼 먹는 밥
④ 삼계탕: 여름철 보신을 위해 닭에 인삼을 넣고 고아 먹는 전통 보양식

03 다음 중 음식이 상하는 것을 막기 위해 만들어진 음식은?

① 떡　　　　　　　　　　　② 팥죽
③ 젓갈류　　　　　　　　　④ 고추장

해설 식품을 보관하는 기술이 발달하지 않았던 옛날에는 음식이 상하지 않도록 하기 위해 소금에 짜게 절여서 삭혀서 보관했다. 해산물을 오래 보관하기 위해 젓을 담가 젓갈을 만들었고, 채소를 오래 보관하기 위해 장아찌를 만들어 먹었다.
① 떡: 쌀을 주재료로 해서 찌거나 빚어 만든 말랑말랑한 음식. 생일이나 잔치, 제사, 또는 행사가 있을 때 반드시 떡을 준비했음
② 팥죽: 팥으로 만든 죽. 동지에는 나쁜 기운을 막기 위해 문 앞에 팥죽을 뿌렸음
④ 고추장: 메주로 만든 매운 맛이 나는 붉은색 장. 간장, 된장과 함께 우리 고유의 발효음식임

정답 01 ②　02 ③　03 ③

04 한국 음식의 특징으로 옳지 않은 것은?

① 김치의 종류는 매우 다양하다.
② 국은 따뜻하게 끓여 먹기만 한다.
③ 쌀을 주재료로 하여 밥을 짓는다.
④ 발효음식은 저장해 두었다가 먹는다.

해설 국은 뜨겁게 끓여 먹는 경우가 많지만 차갑게 먹는 냉국도 있다.

참고 한국 음식의 특징
- 밥, 국, 반찬을 기본으로 한다.
- 냉국, 전골, 찌개 등의 국이 있다.
- 고기, 생선, 채소로 반찬을 만들어 먹는다.
- 일정 기간 저장하여 삭혀서 먹는 발효음식이 발달했다.
- 다양한 채소를 이용하여 김치를 만들어 먹는다.

05 오랜 옛날부터 추위를 견디기 위해 만들어진 한국의 전통적인 난방 방식은?

① 온돌
② 처마
③ 아궁이
④ 대청마루

해설 ② 처마: 한옥의 지붕에서 밖으로 길게 나온 부분으로 비나 눈이 들이치는 것을 막아 주며, 겨울철에는 집안의 따뜻한 공기가 쉽게 밖으로 나가지 못하게 함
③ 아궁이: 방이나 솥에 불을 때기 위해 만든 구멍
④ 대청마루: 무더운 날씨에 대비하여 방과 방 사이에 만든 것

참고 온돌
한국 고유의 전통 난방 방식으로, 아궁이에서 불을 때면 그 열기가 방바닥에 전해져 방이 따뜻해진다. 아궁이는 솥을 걸어 음식을 하기도 하고, 방을 따뜻하게 만들기 위해 불을 때는 곳이기도 했다.

06 한옥에서 방과 방 사이를 연결하는 통로 역할을 하며 여름을 시원하게 보낼 수 있도록 만든 공간은?

① 광
② 온돌
③ 사랑방
④ 대청마루

해설 대청마루는 방과 방을 잇는 통로 역할을 하는 공간이다. 땅에 닿지 않도록 띄워 만들어서 땅의 열기가 올라오지 않았고, 바람이 잘 통하여 여름을 시원하게 보낼 수 있었다.
① 광: 여러 가지 물건을 넣어 두는 곳
③ 사랑방: 남자 주인이 살면서 손님을 맞는 방

07 한국의 전통 건축 양식으로 지은 집의 명칭은?

① 한옥
② 관아
③ 창고
④ 아파트

해설 ② 관아: 옛날에 나라의 일을 처리하던 곳
③ 창고: 물건을 저장하거나 보관하는 곳
④ 아파트: 공동 주택 양식으로 층마다 각각의 독립된 가구가 생활하는 주거 형태

08 한복에 대한 설명으로 옳지 않은 것은?

① 한국 고유의 전통 의상이다.
② 최근에는 전통을 되살리기 위해 옛날 한복과 똑같이 만들어 입는다.
③ 여자는 치마와 저고리를 기본으로 입었고, 외출할 때는 장옷을 입었다.
④ 여름에는 시원한 삼베나 모시로, 겨울에는 비단이나 솜으로 한복을 만든다.

해설 최근에는 일상생활에서도 입기 편하게 전통 한복을 현대적으로 고친 개량한복이 만들어지고 있다.

09 남자가 바지와 저고리를 입고 나서 외출할 때 입는 겉옷은?

① 조끼
② 장옷
③ 곤룡포
④ 두루마기

해설 ① 조끼는 배자와 같이 생긴 것으로 저고리나 적삼 위에 덧입는다.
② 장옷은 여자들이 외출할 때 치마와 저고리 위에 입는 옷이다.
③ 곤룡포는 옛날 왕이 입었던 의복으로 가슴, 등, 어깨에 용무늬를 수놓았다.

10 다음 중 한국 식사 예절을 잘 지킨 사람은?

① 소리 내지 않고 밥을 먹는 마리 씨
② 밥그릇을 손에 들고 먹는 타나카 씨
③ 젓가락으로 반찬을 뒤적거리는 에릭 씨
④ 어른이 자리에 앉기 전에 먼저 식사를 시작한 클라라 씨

해설 식사를 할 때는 소리 내지 않고 조용히 해야 한다.

참고 **한국의 올바른 식사 예절**
- 음식을 뒤적거리지 않는다.
- 음식을 먹을 때 소리 내지 않는다.
- 음식을 입에 넣은 채로 말하지 않는다.
- 어른이 먼저 식사를 시작할 때까지 기다린다.
- 그릇을 손에 들지 말고 밥상에 바르게 놓고 먹는다.

3. 한국의 의례

(1) 한국의 주요 의례

① **결혼식**

⊙ 두 사람이 정식으로 부부가 됨을 여러 사람 앞에서 서약하는 의례입니다.

ⓒ **혼인 신고**: 부부가 법적으로 부부임을 인정받기 위해서는 혼인 신고를 해야 합니다. 결혼식을 했더라도 혼인 신고를 하지 않으면 법적인 부부로 인정받을 수 없습니다.

〈결혼식〉

ⓒ **축의금**: 축의금은 신랑과 신부가 행복하게 잘 살기를 바라는 마음으로 결혼을 축하하기 위해 내는 돈입니다. 결혼식에 초대를 받으면 축의금을 준비해야 합니다.

② 결혼식에는 가족과 친척, 친구들과 가까운 직장 동료들을 초대하는 것이 일반적입니다. 결혼식에 초대받은 하객은 단정한 옷을 입고 참석해야 합니다.

ⓜ 폐백: 결혼식 후에는 어른들에게 음식을 올리고 인사하는 폐백을 합니다. 어른들은 새로운 부부를 축하하고 부부의 행복을 기원하는 덕담을 해 주며, 폐백을 한 후 부부는 신혼여행을 갑니다.

〈폐백〉

ⓗ 한국에서는 결혼하는 두 사람이 모두 만 18세 이상이어야 결혼할 수 있습니다. 미성년자는 부모 또는 보호자의 법적인 동의가 있어야 결혼할 수 있습니다.

② **장례식**

⊙ 죽은 사람과 마지막으로 인사를 하고 떠나보내는 의례입니다.

ⓒ 죽은 사람의 가족(유족)들은 조문객(문상객)을 맞이하고, 조문객은 유족들을 위로합니다. 조문객은 고인의 영정에 두 번 절하고, 유족에게 한 번 절을 합니다.

ⓒ **조의금(부의금)**: 조문객은 고인의 명복을 비는 마음, 유족을 위로하는 마음을 담아 조의금을 준비합니다.

② 유족들은 검은색이나 흰색 상복을 입습니다. 조문객은 검은색, 또는 무채색의 단정한 옷차림을 해야 하며, 진한 화장이나 장신구를 착용하지 않습니다.

ⓜ 장례식은 병원 안의 장례식장이나 단독 장례식장에서 치르는 경우가 많고, 일반적으로 3일 동안 장례를 치릅니다.

③ 제사
  ㉠ 조상이 돌아가신 날이나 명절에 조상을 추모하는 의례입니다.
  ㉡ 제사상을 차리고 두 번 절을 하고 제사가 끝나면 가족들과 음식을 나눠 먹습니다.

④ 성년식(성년의 날)
  ㉠ 만 19세가 되어 성인이 된 젊은이들을 축하하는 의례입니다.
  ㉡ 과거 한국에서는 전통적으로 성인이 되는 것을 중요하게 여겨서 남자는 상투를 올리고, 여자는 비녀를 꽂아 성인이 되었음을 축하하는 의미로 행사를 치렀습니다. 그러나 현대에는 성년식 행사를 치르지는 않지만 '성년의 날'에 향수, 장미 등을 선물하기도 합니다.

〈제사상〉

(2) 한국에서의 생일

① 돌잔치
  ㉠ 아기가 태어나서 처음으로 맞는 생일을 기념하는 잔치입니다.
  ㉡ **돌잡이**: 연필, 실, 돈 등 아기의 미래를 점칠 수 있는 물건을 놓고 아기가 무엇을 잡는지 지켜보며 아기가 건강하게 자라기를 기원합니다.

〈돌잔치〉

더 알아보기

돌잡이 물건에 담긴 의미
- 실과 국수는 장수(오래 삶)하는 것을 의미합니다.
- 돈은 부자가 되는 것을 의미합니다.
- 연필과 책은 공부를 잘하는 것을 의미합니다.
- 요즘은 운동선수가 되길 바라며 공이나 운동화를, 연예인이 되기를 바라며 마이크를, 법조인이 되기를 바라며 판사봉을, 예술가가 되기를 바라며 붓을 놓기도 합니다.

② 환갑잔치
  ㉠ 태어나서 60번째 맞이하는 생일을 축하하는 것입니다. 한국 나이로 61살에 맞는 생일을 환갑이라고 합니다.
  ㉡ 요즘은 평균 수명이 길어져서 70번째 생일인 칠순, 80번째 생일인 팔순을 더 크게 축하하기도 합니다.

확인학습

01 남녀가 정식으로 부부가 되는 의례는?

① 제사
② 장례식
③ 돌잔치
④ 결혼식

해설 ① 제사: 조상의 기일이나 명절에 조상을 추모하는 것
② 장례식: 죽은 사람에 대해 예를 갖추어 떠나보내는 의례
③ 돌잔치: 태어난 후 첫 번째 생일을 기념하는 잔치

02 장례식에 대한 설명으로 옳지 않은 것은?

① 조문객은 유족에게 한 번 절한다.
② 남자 유족은 검은색 양복을 입는다.
③ 조문객은 고인의 영정에 한 번 절한다.
④ 여자 유족은 흰색이나 검은색 한복을 입는다.

해설 조문객은 고인의 영정을 향해 두 번 절한다.

03 제사를 지내는 날이 아닌 것은?

① 설날
② 생일
③ 기일
④ 추석

해설 생일에는 제사를 지내지 않는다.

참고 제사
- 조상의 기일이나 명절에 조상을 추모하는 것이다.
- 제사 음식을 차리고 제사상을 향해 절을 두 번 한다.
- 조상의 덕을 통해 가족이 좀 더 잘되기를 기원하는 의미가 있다.

04 결혼식에 초대받은 사람이 내는 돈의 명칭은?

① 연금
② 조의금
③ 상여금
④ 축의금

해설 ① 연금: 국가에 특별한 공이 있거나 일정 기간 동안 국가 기관에서 일한 사람에게 해마다 주는 돈
② 조의금: 상가에 위로의 뜻을 담아서 내는 돈
③ 상여금: 상으로 지급되는 급여

정답 01 ④ 02 ③ 03 ② 04 ④

05 한국에서의 생일에 대한 설명으로 옳지 않은 것은?

① 육개장을 끓여 먹는다.
② 보통 가족과 함께 식사를 한다.
③ 60번째 맞이하는 생일은 환갑이다.
④ 선물을 주고받으며 생일을 축하한다.

해설 육개장은 주로 장례식장에서 조문객을 대접하는 음식이다. 생일에는 미역국을 끓여 먹는다.

06 돌잔치에 대한 설명으로 옳지 않은 것은?

① 돌을 맞은 아기에게 금반지를 선물한다.
② 아기가 태어나고 첫 번째 생일을 축하하는 잔치이다.
③ 돌잡이에서 무엇을 잡는지 보고 아기의 운명을 점친다.
④ 돌잔치에 초대받은 손님들은 아기의 건강을 기원하며 강강술래를 한다.

해설 돌잔치에서 강강술래는 하지 않는다.
① 돌잔치에 초대받은 손님들은 아기의 생일을 축하하고 건강하게 자라기를 기원하며 돌 반지를 선물하기도 한다. 돌 반지는 보통 순금으로 만든다.

07 한국의 의례에 대한 설명으로 옳지 않은 것은?

① 장례식에는 조의금을 낸다.
② 결혼식을 올려야만 법적으로 부부가 된다.
③ 장례식장에서는 조문객들이 술을 마시기도 한다.
④ 성인이 된 젊은이들을 축하하는 의례를 성년식이라고 한다.

해설 법적으로 부부가 되려면 결혼식과 상관없이 혼인 신고를 해야 한다.
③ 상가 분위기에 따라 차이가 있지만 한국에서는 유족들이 조문객에게 술을 대접하는 경우도 많다. 상가에서 술상 대접을 받게 되면 조문객은 건배를 해서는 안 되고 절대 과음하면 안 된다.

08 한국의 결혼식에 대한 설명으로 옳은 것은?

① 여전히 전통혼례를 올리는 경우가 많다.
② 결혼식에 초대를 받은 하객들은 축의금을 낸다.
③ 결혼식에 직장 동료들을 초대하는 것은 실례이다.
④ 어른들에게 인사를 올리는 폐백은 신혼여행을 다녀와서 한다.

해설 하객들은 부부의 행복을 기원하며 축의금을 낸다.
① 요즘은 서양식 결혼식이 일반화되었다. 이색적인 결혼식을 준비하며 전통혼례를 올리는 부부도 늘고 있으며, 가족과 가까운 친구들만 초대하여 작게 치르는 '스몰웨딩'의 인기도 늘고 있다.
③ 결혼식에는 가족, 친척, 친구들, 직장 동료를 초대하는 것이 일반적이다.
④ 폐백은 결혼식 후에 하며, 폐백을 마친 부부는 신혼여행을 간다. 요즘은 폐백을 생략하는 경우도 많다.

09 아기의 탄생과 관련이 없는 것은?

① 삼신상
② 삼칠일
③ 돌잔치
④ 고희연

해설 고희연은 70세를 맞이하여 하는 생일잔치로 칠순 잔치라고도 한다.
① 삼신상은 아기를 낳은 후 아기를 점지해 주는 세 명의 신에게 올리는 상으로 보통 세 가지 나물, 미역국, 정제수를 차리고 아기가 건강하게 자라게 해 달라고 빈다.
② 삼칠일은 아이를 낳은 지 스무하루째 날이며 삼칠일까지는 외부와 아기의 접촉을 삼간다.
③ 돌잔치는 태어난 후 첫 번째 생일을 기념하는 잔치이다.

10 문상에 대한 설명으로 옳은 것은?

① 아기의 탄생을 축하하기 위해 방문하는 일
② 결혼하는 남녀를 축하하기 위해 방문하는 일
③ 돌아가신 조상을 추모하기 위해 방문하는 일
④ 죽은 사람과 그 가족을 위로하기 위해 방문하는 일

해설 문상은 상가에 방문해 고인의 명복을 빌고 유족들을 위로하는 것으로 '조문'이라고도 한다.

참고 문상(조문) 예절
- 장례식장에 가면 밖에서 겉옷이나 모자를 벗고 조문 준비를 한다.
- 방명록을 쓰거나 유족들과 가볍게 인사를 하고 조의금을 낸다.
- 고인의 영정 앞에 분향을 하거나 헌화를 하는데, 분향을 할 때는 손바람으로 불을 꺼야 한다. 헌화를 할 때는 꽃봉오리가 영정을 향하게 놓아야 한다.
- 분향·헌화 후 영정을 향해 두 번 절을 올리고, 상주와 유족을 향해 한 번 절을 한다.
- 문상이 끝나면 유족이 준비한 음식을 먹으며 죽은 사람에 대한 이야기를 나누고 유족을 위로한다. "삼가 조의를 표합니다. 고인의 명복을 빕니다."와 같은 말로 조의를 표한다.
- 조문객은 검은색 계열의 옷을 입어야 하고 진한 화장, 장신구, 소리가 나는 굽 높은 구두는 피해야 하고, 맨발이 보이지 않게 양말을 착용해야 한다.

4. 한국의 명절

(1) 설날
① 의미: 음력 1월 1일로, 한 해를 시작하는 첫날이며 한국의 가장 큰 명절입니다.
② 풍습
  ㉠ 설날 아침에는 건강과 풍요로운 삶을 기원하며 조상께 차례를 지내고, 조상의 묘를 찾아가 인사하는 성묘를 갑니다.
  ㉡ **세배**: 어른들께 새해에도 건강하시라는 의미로 세배를 합니다. 어른들은 세배를 받고 새해 덕담을 하고 세뱃돈을 주기도 합니다.
  ㉢ **떡국**: 설날에는 육수에 가래떡을 넣어 끓인 음식인 떡국을 먹는 풍습이 있습니다. 떡국에 들어가는 흰 가래떡은 건강, 장수를 상징하며 한국 사람들은 설날에 떡국을 먹어야 나이를 한 살 더 먹는다고 믿습니다.
  ㉣ 설빔: 설을 맞이하여 새로 장만한 옷이나 신발을 설빔이라고 합니다.
  ㉤ 가족들이 함께 모여 윷놀이를 하고 제기차기, 연날리기 등의 전통 놀이를 합니다.

〈떡국〉

(2) 추석
① 의미
  ㉠ 음력 8월 15일로, 한 해 농사가 잘 되었음을 조상께 감사드리는 명절입니다.
  ㉡ 한가위, 가배라고도 합니다.
② 풍습
  ㉠ 추석날 아침에는 농사가 잘 된 것에 감사하며 조상에게 차례상을 올립니다. 추석 차례상에는 **햇곡식**과 **햇과일**을 올리고, 차례를 지낸 후에는 조상의 묘를 찾아가 인사하는 성묘를 합니다.
  ㉡ 추석 전에 미리 조상들의 묘를 찾아가 잡초를 베어 깨끗이 정리하는 벌초를 합니다.
  ㉢ **송편**: 추석에는 멥쌀가루로 반죽을 하고 콩이나 깨 등으로 만든 소를 넣어 반달 모양으로 빚은 떡인 송편을 먹습니다.
  ㉣ 추석에는 보름달을 보며 소원을 비는 달맞이를 하고, 씨름이나 강강술래 등의 전통 놀이를 합니다.

〈송편〉

(3) 한국의 다른 명절

① **정월 대보름** 🗨️
   ㉠ 음력 1월 15일로, 새해 첫 보름입니다.
   ㉡ 오곡밥과 나물, 약밥 등을 먹으며 호두나 땅콩, 밤 등 부럼을 깨무는 풍습이 있습니다. 옛날부터 **부럼**을 깨물면 피부병이 생기지 않는다고 믿었습니다.

② 한식
   ㉠ 동지로부터 105일째 되는 날로 보통 양력 4월 5일 무렵입니다.
   ㉡ 불을 사용하지 않고 차가운 음식을 먹는 날입니다.

③ 단오
   ㉠ 음력 5월 5일로 모내기를 끝내고 풍년을 기원하는 날입니다.
   ㉡ 그네뛰기, 씨름 등의 풍습이 있습니다.

④ **동지** 🗨️
   ㉠ 양력 12월 20일경으로 1년 중 밤이 가장 길고 낮이 가장 짧은 날입니다.
   ㉡ **팥죽**을 끓여 먹으며 액운(나쁜 운)을 쫓는 풍습이 있습니다.

〈오곡밥과 나물, 부럼〉

〈팥죽〉

확인학습

01 한 해를 시작하는 첫날로 떡국을 먹는 명절은?

① 단오 ② 추석
③ 한식 ④ 설날

해설 ① 단오는 음력 5월 5일로, 수릿날·천중절이라고도 한다.
② 추석은 음력 8월 15일로, 한가위·중추절이라고도 한다.
③ 한식은 동지로부터 105일째 되는 날로, 불을 쓰지 않고 미리 장만해 놓은 찬 음식을 먹는다.

02 새해에 어른께 절을 올리는 것은?

① 설빔 ② 차례
③ 세배 ④ 성묘

해설 새해에 웃어른께 인사로 절을 올리는 것을 '세배'라고 한다.
① 설빔: 설을 맞이하여 새로 장만하여 입거나 신는 옷, 신발
② 차례: 명절에 지내는 제사
④ 성묘: 조상의 산소에 가서 인사를 드리고 산소를 살피는 일

03 정월 대보름에 대한 설명으로 옳은 것은?

① 아침에 더위를 판다.
② 창포물에 머리를 감는다.
③ 멥쌀로 반달 모양의 송편을 빚는다.
④ 한 살 더 먹는다는 의미로 떡국을 먹는다.

해설 정월 대보름 아침에 한 해의 더위를 파는 풍습이 있다.
② 창포물에 머리 감기는 단옷날의 풍습이다.
③ 추석에 송편을 빚는다.
④ 설날에 떡국을 먹는다.

참고 정월 대보름의 풍습
- 오곡밥과 나물을 먹는다.
- 땅콩, 밤, 호두 등 부럼을 깨물었다. 부럼을 깨물면 1년 동안 피부병이 생기지 않는다고 믿었고, 부럼을 깨물 때 나는 "딱" 소리가 나쁜 기운을 쫓는다고 믿기도 한다.
- 정월 대보름 아침에 아는 사람을 찾아가 이름을 부르고 상대가 대답을 하면 "내 더위 사 가라."라고 하며 한 해의 더위를 팔아 그 해 여름을 시원하게 보낼 수 있다고 믿었다.
- '귀밝이술'을 마시면 귀가 밝아지고 한 해 동안 좋은 소식을 들을 수 있다고 믿었으며, 정월 대보름 전날 밤에 잠을 자면 눈썹이 하얗게 변한다고 하여 밤을 새기도 했다.

04 다음 중 추석을 이르는 말이 아닌 것은?

① 가배
② 한가위
③ 수릿날
④ 중추절

해설 수릿날은 단오를 이르는 말이다.

정답 03 ① 04 ③

05 추석에 한 해의 수확을 감사하며 조상의 차례상에 올리는 떡은?

① 식혜
② 쑥떡
③ 송편
④ 약밥

해설 추석 차례상에는 송편을 올린다.
① 식혜: 밥을 엿기름으로 삭혀서 만든 음료
② 쑥떡: 쑥을 넣어 만든 떡
④ 약밥: 찹쌀에 대추, 밤, 잣 등을 섞어 찐 다음 기름과 꿀, 간장으로 버무려 만든 음식

06 다음 중 강강술래에 대한 설명으로 옳지 않은 것은?

① 전통적으로 추석 때 하는 놀이이다.
② 노래를 부르면서 여럿이 어울려 함께한다.
③ 이순신 장군이 임진왜란 때 전술로 사용하기도 했다.
④ 사람들이 두 편으로 나뉘어 줄을 마주 잡고 당겨 승부를 겨룬다.

해설 많은 사람이 두 편으로 나뉘어 줄을 마주 잡고 당겨서 승부를 겨루는 놀이는 줄다리기이다.

07 한국의 명절이 아닌 것은?

① 설날
② 추석
③ 제헌절
④ 정월 대보름

해설 제헌절은 명절이 아닌 국경일이다.

08 정월 대보름에 밤, 호두, 땅콩 같은 견과류를 "딱" 소리가 나도록 깨무는 풍습은?

① 씨름
② 윷놀이
③ 쥐불놀이
④ 부럼 깨기

해설 ① 씨름: 두 사람이 샅바나 띠 또는 바지의 허리춤을 잡고 힘과 기술을 겨루어 상대를 먼저 땅에 넘어뜨리는 것으로 승부를 결정하는 놀이
② 윷놀이: 윷을 던져 그에 맞게 말을 움직여 승부를 내는 놀이로, 주로 설날에 함
③ 쥐불놀이: 마른풀에 불을 놓아 모두 태우는 풍습으로 잡귀를 쫓고 액을 달아나게 하여 1년 동안 아무 탈 없이 지내고자 정월 대보름에 하는 놀이

09 세시 음식이 아닌 것은?

① 송편
② 냉면
③ 약밥
④ 떡국

해설 '세시 음식'은 명절이나 절기마다 먹는 음식을 말한다. 냉면은 세시 음식이 아니다.
① 송편: 추석에 먹는 세시 음식
③ 약밥: 정월 대보름에 먹는 세시 음식
④ 떡국: 설날에 먹는 세시 음식

10 한국의 명절에 대한 설명으로 옳은 것은?

① 추석에는 떡국을 먹는다.
② 설날에는 대추나무 시집보내기 행사를 한다.
③ 정월 대보름에는 친척들이 모여 성묘를 한다.
④ 동지는 1년 중 밤이 가장 길고 낮이 가장 짧은 날이다.

해설 ① 추석에는 송편을 먹는다. 떡국은 설날 음식이다.
② 대추나무 시집보내기는 풍년을 기원하는 행사로 단오에 한다.
③ 성묘는 설날과 추석, 한식에 조상의 산소에 가서 인사를 하는 것이다.

5. 한국의 종교

(1) 한국의 전통 신앙

① **민간신앙**
  ㉠ 나무, 바위, 산, 바다 등 자연과 호랑이나 곰 등의 동물들을 신성하게 여겼고 모든 자연에 성스러운 힘과 신령이 있다고 믿었습니다.
  ㉡ 세상에는 여러 신령들이 있으며, 신령들이 사람들의 길흉화복(좋은 일과 나쁜 일)을 정해준다고 믿었습니다.

② **무속신앙**
  ㉠ 무당은 신령을 섬기면서 신령들과 인간을 연결해 주고, 굿을 주관하고 길흉화복을 점치는 사람입니다.
  ㉡ 요즘도 한국 사람들은 중요한 일을 앞두거나 어려운 상황에 처하면 점을 보러 가거나 굿을 하기도 하는 등 현대에도 무속신앙의 모습이 남아 있습니다.

〈고사상〉

더 알아보기

민간신앙의 대상(물)
- **당산나무**: 마을 입구에서 마을을 지켜주는 수호신으로 모시던 나무입니다. 당산나무에 제사를 지내며 마을 사람들의 안녕을 기원했습니다.
- **장승**: 길가에 세워 두는 나무로 만든 조각으로 보통 2개의 쌍으로 세웠습니다. 이정표 역할이나 마을 수호신의 역할을 했습니다.
- **솟대**: 마을의 수호신이나 상징이 되는 새 모양으로 깎은 나무 조각을 붙인 높은 장대로 마을의 경계선에 세워 두어 행운을 빌었습니다.
- **고사**: 바다에 나갈 때는 바다의 신에게 바다가 잔잔하게 해 달라고 제사를 올리기도 했으며, 이사를 하거나 가게를 열면 부자가 되게 해 달라는 의미로 고사를 지냈습니다. 그리고 자동차를 새로 사면 안전 운전을 기원하며 간단하게 고사를 지내기도 합니다.

(2) 한국의 종교
- ① 불교
    - ㉠ 인도의 석가모니에 의해 생긴 종교이며 4세기 무렵 삼국 시대에 한국에 들어왔습니다.
    - ㉡ 한국에서 가장 오래된 외래 종교로 절, 석탑 등의 관련된 문화유산이 많습니다.
    - ㉢ 불교를 믿지 않는 사람들도 절을 방문하기도 합니다.
    - ㉣ 음력 4월 8일, 석가모니가 태어난 것을 기념하는 **석가탄신일**은 법정공휴일입니다.
- ② 유교
    - ㉠ 조선 시대 국가 통치 이념이었으며, 한국에 들어온 것은 삼국 시대였지만 널리 퍼진 것은 조선 시대입니다.
    - ㉡ **효도와 예절을 강조**하며, 오늘날에도 한국 사회와 문화에 많은 영향을 주고 있습니다.
- ③ 기독교
    - ㉠ 천주교는 17세기, 개신교는 19세기에 학교나 병원을 설립하면서 한국에 전파되었으며 조선 시대에는 금지되기도 했습니다.
    - ㉡ 기독교는 천주교와 개신교로 나뉘며, 현재 한국에서 많은 사람이 기독교를 종교로 삼고 있습니다.
    - ㉢ 12월 25일, 예수의 탄생을 기념하는 **크리스마스**는 법정공휴일입니다.

(3) 그 외 종교와 한국 사회 종교의 특징
- ① 그 외 한국의 종교
    - ㉠ 세계 각국과 교류하면서 이슬람교, 힌두교 등의 외래 종교가 유입되어 자리 잡았습니다.
    - ㉡ 천도교, 대종교, 원불교 등의 종교가 한국에서 생겨났습니다.
- ② 한국 사회의 종교의 특징
    - ㉠ 한 설문조사에 따르면 한국인의 약 37%가 종교를 가지고 있습니다.
    - ㉡ 기독교, 불교 등 많은 종교 단체들이 사회적 약자나 소외계층을 위해 봉사활동을 하는 등 사회 공동체 유지에 도움을 주고 있습니다.
    - ㉢ 한국에서 종교는 개인이 자유롭게 선택할 수 있고, 또 종교를 갖지 않을 수 있습니다. 또한 종교를 이유로 다른 사람을 차별하거나 혐오해서는 안 됩니다.

확인학습

01 한국의 민간신앙에서 신과 사람을 연결해 주는 역할을 하는 사람은?

① 스님   ② 목사
③ 무당   ④ 신부

해설 ① 스님: 불교의 가르침을 수행하는 사람
② 목사: 교회에서 예배를 인도하고 신자들을 지도하는 사람
④ 신부: 성당에서 성사를 집행하고 미사를 드리는 사람

참고 **무당**
- 신령을 섬기며 신과 사람을 연결하는 역할을 한다.
- 신에게 노래와 춤을 올리고 안녕을 기원하는 굿을 행한다.
- 중요한 일을 앞둔 사람들에게 점을 봐준다.

02 한국에서 아이가 태어났을 때 아이의 건강을 지켜준다고 여겨지는 신은?

① 삼신   ② 측신
③ 터주신   ④ 성주신

해설 삼신은 아이를 가질 수 있게 하며, 산모 및 태어난 아이의 출산과 건강을 돌보는 신이다.
② 측신: 집의 화장실에 있는 신
③ 터주신: 집터를 지키는 신
④ 성주신: 집안 전체를 다스리는 신

03 장승의 역할로 옳은 것은?

① 길을 알려주는 역할
② 신과 인간을 연결하는 역할
③ 집의 부엌을 지켜주는 역할
④ 지나가는 사람을 놀라게 하는 역할

해설 ② 무당의 역할이다.
③ 조왕신에 대한 설명이다. 부엌에 자리한 조왕신에게 가족의 건강과 복 그리고 안녕을 기원하였다.

참고 **장승**
장승은 사람 모양을 한 나무로 만든 조각으로, 보통 2개를 한 쌍으로 만든다. 주로 마을 입구에 세워 길을 알려주는 이정표 역할을 했고, 마을의 안녕을 기원한다.

〈장승〉

정답 01 ③ 02 ① 03 ①

04 한국에 전파된 외래 종교 중 가장 오래된 종교는?

① 불교
② 기독교
③ 원불교
④ 천도교

해설 한국에 들어온 외래 종교 중 가장 오래된 것은 불교이다.
② 기독교는 19세기에 병원, 학교 등을 설립하면서 한국에 들어왔다.
③·④ 원불교와 천도교는 외래 종교가 아니다.

05 한국의 민간신앙에 대한 설명으로 옳지 않은 것은?

① 어려운 일이 생기면 점을 보기도 한다.
② 바위, 산, 바다 등의 자연을 성스럽게 여겼다.
③ 중요한 일이나 큰일을 앞두고 제사를 지내며 행운을 빌었다.
④ 인간에게 일어나는 일은 무엇이든 인간의 힘으로 해결할 수 있다고 믿었다.

해설 세상에는 여러 신령이 있으며, 신령들이 사람의 길흉화복(좋은 일과 나쁜 일)을 정해준다고 믿었다.

06 한국의 고사에 대한 설명으로 옳지 않은 것은?

① 고사상에는 돈을 놓는다.
② 새로운 일을 시작할 때 지낸다.
③ 나쁜 운을 없애기 위해 지낸다.
④ 고사상에는 보통 소의 머리를 올린다.

해설 고사를 지낼 때는 보통 돼지 머리를 놓는다.

참고 고사
- 새로운 일을 시작할 때 고사상을 차리고 제사를 지낸다.
- 나쁜 운을 없애고 행운이 오도록 기원한다.
- 고사상에는 보통 돼지 머리를 올리고, 돼지 입에 돈을 넣어 큰돈을 벌게 해 달라는 등 행운을 빌었다.

정답 04 ① 05 ④ 06 ④

07 한국 천주교를 대표하는 건물은?

① 불국사 ② 명동성당
③ 정동교회 ④ 이태원 이슬람 사원

해설 한국의 대표적인 천주교 건축물은 명동성당이다.
① 불국사는 경주에 있는 절로, 불교와 관련이 있다.
③ 정동교회는 한국 최초의 개신교 교회 건물로 기독교와 관련이 있다.
④ 이태원 이슬람 사원은 한국에서 가장 큰 이슬람 사원으로 이슬람교와 관련이 있다.

08 인내천 사상을 근본으로 한국에서 만들어진 종교는?

① 천도교 ② 기독교
③ 원불교 ④ 이슬람교

참고 천도교
- 조선 말기 최제우가 창시한 동학에서 시작되었다.
- 사람이 곧 하늘이라는 인내천 사상을 근본으로 한다.

09 전통신앙에서 기원의 대상이 아닌 것은?

① 솟대 ② 장승
③ 허수아비 ④ 당산나무

해설 허수아비는 농작물을 쪼아 먹는 새들을 쫓기 위해 만든 것으로, 기원의 대상이 아니다.

10 한국의 종교에 대한 설명으로 옳은 것은?

① 외국에서 들어온 종교는 금방 사라졌다.
② 한국에서는 반드시 하나의 종교를 가져야 한다.
③ 기독교와 관련된 문화유산이 가장 많이 남아 있다.
④ 유교는 현대에 와서도 한국인의 생활양식에 큰 영향을 준다.

해설 ① 외래 종교인 불교, 유교, 기독교는 아직까지도 한국에 남아있다.
② 한국에서는 종교를 선택하거나 선택하지 않을 자유가 있다.
③ 한국에서 관련된 문화유산이 가장 많은 것은 불교이다.

6. 대중문화

(1) 대중문화와 대중매체

① **대중문화**
  ㉠ 많은 사람이 쉽게 접하고 즐기는 문화를 대중문화라고 합니다.
  ㉡ 대중문화의 범위는 넓고, 대중매체에 의해 생산되고 확산되는 경우가 많아 퍼지는 속도가 매우 빠릅니다.

② 대중매체
  ㉠ 대중매체는 대중문화 형성과 발달에 큰 영향을 미쳤습니다.
  ㉡ 책, 신문, 인터넷, 텔레비전 등의 매체를 통해 접할 수 있으며 요즘은 스마트폰 보급률이 높아지면서 더 쉽고 빠르게 대중문화를 접할 수 있게 되었습니다.

(2) 한국의 대중문화

① 음악과 노래
  ㉠ 많은 사람이 가요를 즐겨 듣습니다.
  ㉡ 중·장년층은 트로트나 발라드, 청소년과 청년층은 힙합이나 댄스 음악, 아이돌 음악을 좋아합니다.
  ㉢ **한국 아이돌 가수들은** 전 세계적으로 큰 인기를 끌고 있습니다. 한국 아이돌 가수들은 노래뿐만 아니라 드라마나 영화, TV 방송에도 출연하며 많은 사랑을 받습니다.

② **드라마**
  ㉠ TV를 통해 방송되는 드라마, 인터넷을 통해 볼 수 있는 웹드라마 등 여러 가지 드라마가 있습니다.
  ㉡ 한국은 가족극이나 사랑을 소재로 한 드라마가 많습니다.
  ㉢ 드라마의 내용이나 대사도 인기 요소가 되지만 배우들의 의상이나 화장 방법 등이 화제가 되어 인기를 얻기도 합니다.

③ **영화**
  ㉠ 통계에 따르면 한국 사람 1인당 연간 평균 극장 관람 횟수가 약 4회일 정도로 한국 사람들은 영화를 많이 봅니다.
  ㉡ 명절에는 가족들이 함께 볼 수 있는 가볍고 재미있는 영화들이 많이 개봉됩니다.

④ **스포츠**
  ㉠ 야구, 축구, 배구, 농구 등의 스포츠를 좋아하는 사람이 많습니다. 특히 프로야구 시즌에는 많은 사람이 야구 경기를 보러 가기도 합니다.
  ㉡ 보통 사람들이 일상적으로 즐겁게 즐길 수 있는 테니스, 배드민턴 등의 생활 스포츠도 발달했습니다. 가까운 동네 사람들이 모여 함께 축구나 테니스 등의 스포츠 동호회 활동을 하기도 합니다.

(3) 세계 속의 한국 대중문화

① **한류**
- ㉠ 1990년대 후반 한국의 드라마, 영화가 해외에서 많은 인기를 얻으며 세계적으로 한국 대중문화의 열풍이 불기 시작하였습니다.
- ㉡ 한국 드라마, 영화, 예능, 음악, 패션 등이 많은 관심과 사랑을 받고 소비되는 현상을 한류라고 합니다.

② **한국 드라마와 한국 영화**
- ㉠ 한국 문화가 잘 드러나며 비슷한 문화적 정서를 공유하는 아시아권 국가에서 많은 공감을 얻어 인기가 있다는 특징이 있습니다.
- ㉡ 가족극이나 연인들의 사랑 이야기가 주제인 경우가 많습니다.
- ㉢ 한국 드라마는 내용 외에도 출연하는 배우들의 연기, 패션이나 화장법, 드라마에 나오는 음악이나 한국 음식 등 여러 가지 요소들이 인기를 얻기도 합니다.
- ㉣ 한국 영화와 감독, 배우들이 세계적인 영화제에서 많은 관심을 받고 여러 부문에서 수상하기도 합니다.
- ㉤ 한류 열풍의 중심이 된 한국 드라마로는 〈겨울연가〉, 〈대장금〉, 〈별에서 온 그대〉, 〈태양의 후예〉, 〈킹덤〉, 〈오징어게임〉 등이 있고, 영화 〈기생충〉이 아카데미 작품상을 수상하며 한국 영화에 대한 관심이 점차 높아지고 있습니다.

③ **케이팝(K-pop)**
- ㉠ 한국은 물론 아시아, 유럽, 미국, 남미 등 세계 각국에서 많은 사랑을 받고 있습니다.
- ㉡ 세련된 음악과 한국적인 가사, 아이돌 그룹의 멋진 안무가 어우러져 인기를 얻고 있습니다.
- ㉢ 케이팝 스타들의 화장법이나 패션과 함께 한국에 대한 관심도 높아졌고, 케이팝 스타들이 출연한 예능, 드라마, 영화도 많은 관심을 받고 있습니다.

④ **스포츠**
- ㉠ **태권도**는 올림픽 정식 종목으로 채택된 한국의 고유한 운동으로, 세계 곳곳에서 태권도를 배우는 사람이 많습니다.
- ㉡ 양궁, 태권도, 배구, 핸드볼, 쇼트트랙, 피겨스케이팅 등의 종목에서 한국 선수들이 높은 기량을 보이고 있습니다.

확인학습

01 한국의 대중문화에 대한 설명으로 옳지 <u>않은</u> 것은?

① 많은 사람이 가요를 듣는 것을 좋아한다.
② 많은 한국인이 영화 보는 것을 좋아한다.
③ 야구, 축구 등 프로 스포츠 경기의 인기가 많다.
④ 대부분의 드라마가 사랑을 주제로 해서 인기를 얻기 어렵다.

02 한국에서 우상처럼 떠받들어지며 특히 청소년들에게 인기 있는 연예인은?

① 밴드
② 아이돌
③ 개그맨
④ 탤런트

> **참고** 아이돌
> • 우상을 뜻하는 말이다.
> • 우상처럼 떠받들어지며 큰 인기를 끄는 연예인을 말한다.

03 한류에 대한 설명으로 옳지 <u>않은</u> 것은?

① 케이팝은 세계 곳곳에서 많은 사랑을 받고 있다.
② 한국 드라마는 내용만으로 큰 인기를 얻고 있다.
③ 한류는 한국 대중문화가 세계 곳곳에서 인기를 얻는 것을 말한다.
④ 한국 영화와 감독, 배우들이 세계적인 영화제에서 상을 받기도 한다.

> **해설** 한국 드라마는 드라마의 내용 외에도 배우들의 연기, 패션이나 화장법, 드라마에 나오는 한국 음식 등 드라마와 관련된 다른 요소들로 인기를 얻기도 한다.

정답 01 ④ 02 ② 03 ②

04 한류에 대한 설명으로 옳은 것은?

① 케이팝은 한국 드라마를 가리키는 말이다.
② 영어로 된 가사가 특징인 아이돌 음악이 인기이다.
③ 한국 드라마는 아시아 사람들의 정서에도 호소할 수 있다.
④ 스포츠에서는 한류 열풍이 불어도 감독만은 자기 나라 사람을 쓴다.

해설 한국 드라마는 비슷한 정서를 공유하는 아시아 사람들에게 많은 공감을 얻고 사랑받는다.
① 케이팝은 한국의 대중가요를 가리키는 말이다.
② 케이팝 아이돌 음악은 단순하고 경쾌한 리듬, 따라 부르기 쉬운 멜로디, 멋진 춤 때문에 인기를 끈다.
④ 한국인 지도자나 선수를 영입하여 자기 나라 국가대표 코치나 감독을 맡기는 경우도 있다.

05 한국의 대중문화에 대한 설명으로 옳지 않은 것은?

① 장년층은 트로트를 좋아하는 사람이 많다.
② 청소년과 청년층은 힙합을 좋아하는 사람이 많다.
③ 시청률이 높은 드라마는 국민 드라마라고 불리기도 한다.
④ 프로 스포츠의 인기가 많지만 일반인들은 스포츠를 즐기지 않는다.

해설 프로 스포츠의 인기가 높으며 일반인들이 스포츠 동호회를 조직하는 등 생활 체육을 즐기는 경우도 많다.

참고 생활 체육
- 테니스, 배드민턴, 골프, 등산, 마라톤 등 일반인들이 일상생활에서 즐기는 체육활동이다.
- 동호회를 중심으로 하여 널리 퍼졌다.

06 한국 영화에 대한 설명으로 옳지 않은 것은?

① 세계적으로 한국 영화에 대한 관심이 점점 늘고 있다.
② 한국 배우들이 세계적인 영화제에서 상을 받기도 했다.
③ 한국의 영화 감독들과 함께 일하고 싶어 하는 유명 배우들도 있다.
④ 한국 영화는 해외에서 인기는 많지만 예술성을 인정받지는 못하고 있다.

해설 한국 영화는 해외 유명 영화제에서 수상하며 그 작품성을 인정받기도 했다.

07 다음 설명 중 옳지 <u>않은</u> 것은?

① 한국의 프로야구는 국내는 물론 해외에서도 관심을 받는다.
② 태권도는 올림픽 종목으로 채택된 한국의 고유한 스포츠이다.
③ 한국인은 일을 하느라 바빠서 스포츠 경기에는 큰 관심이 없다.
④ 양궁, 태권도, 쇼트트랙 등은 외국에서 한국인 지도자를 데려가기도 한다.

해설 많은 한국 사람이 스포츠에 관심을 갖는다. 프로 스포츠 시즌이 되면 경기를 보러 가는 사람이 많으며 올림픽, 월드컵과 같은 국제적인 스포츠 행사에도 많은 관심을 갖는다.
① 한국 프로야구는 미국에서 중계되기도 했으며 많은 관심을 받았다.
④ 외국에서 한국 선수들의 뛰어난 기술과 기량을 배우기 위해 한국인 지도자를 데려가는 경우도 있다.

08 다음 설명 중 옳지 <u>않은</u> 것은?

① 케이팝은 남미에서도 인기가 있다.
② 케이팝은 인터넷을 통해 전 세계적으로 홍보되고 있다.
③ 해외에서 한국 드라마 시청률이 50%를 넘은 적은 없다.
④ 세계 곳곳에 한국의 게임, 춤, 노래 등이 보급되어 있다.

해설 〈대장금〉은 2007년 이란에서 86%라는 아주 높은 시청률을 기록했다.

09 케이팝에 대한 설명으로 옳은 것은?

① 케이팝 스타들은 음악 분야에서만 활동한다.
② 케이팝이 인기를 얻는 것은 아이돌들의 예쁘고 잘생긴 외모 때문이다.
③ 한국 아이돌들의 노래나 춤을 따라하여 SNS에 올리는 해외 팬들도 많다.
④ 케이팝의 인기가 늘고 있지만 한국과 한국 문화에 대한 관심은 아직 부족하다.

해설 유튜브, 인스타그램, 틱톡 등을 통해 한국 아이돌들의 노래를 따라 부르거나 춤을 따라서 추는 모습을 찍어 영상을 올리는 해외 팬들이 늘고 있다.
① 케이팝 스타들은 음악, 예능, 드라마, 영화 등 여러 분야에서 활동하고 있다.
② 케이팝 아이돌은 훌륭한 외모뿐만 아니라 끊임없는 연습을 통해 뛰어난 실력까지 갖춰 많은 인기를 얻고 있다.
④ 좋아하는 아이돌과 소통하기 위해 한국어를 배우는 해외 팬들도 늘어나고 있다.

10 한국의 음악과 노래에 대한 설명으로 옳지 않은 것은?

① 음악 방송의 인기가 많다.
② 다양한 장르의 음악이 사랑받고 있다.
③ 음악을 들을 수 있는 방법이 매우 제한적이다.
④ 중·장년층은 트로트나 발라드를 좋아하고 젊은 층은 힙합이나 댄스음악을 좋아한다.

해설 대중매체가 발달하면서 음악을 들을 수 있는 방법은 점점 다양해지고 있다.
① 매주 다양한 음악 프로그램이 방송되고 있고, 시청률도 잘 나온다.
② 댄스, 힙합, 트로트, 발라드 등 다양한 장르의 음악이 사랑받는다.

7. 여가 문화

(1) 한국인의 여가 활동

① 한국의 여가 문화
  ㉠ 한국인들은 집에서 TV를 보거나 사우나, 찜질방에 가서 피로를 풀기도 합니다. 평소에는 바빠서 쉬지 못하기 때문에 휴일에는 낮잠을 자면서 휴식을 취하기도 합니다.
  ㉡ 영화·공연·전시 관람 등의 **문화생활**을 많이 합니다.
  ㉢ 친구와 만나 시간을 보내거나 같은 취미를 공유하는 동호회 활동, 스포츠 활동 등의 사교적인 활동을 하기도 합니다.
  ㉣ '**주 52시간 근무제**'와 '**국민여가활성화기본법**'으로 국가에서 국민들의 여가 활동을 장려하고, 일과 개인 생활의 균형 있는 삶을 강조하고 있습니다.

② **현대 한국의 여가 문화**
  ㉠ 현대에는 일과 생활의 균형을 유지하는 **워라밸(Work-Life Balance)**을 중요하게 여기면서 여가에 많은 관심을 갖고 있습니다.
  ㉡ **문화가 있는 날**: 매달 마지막 주 수요일은 문화가 있는 날로 영화관, 공연장, 박물관 등 여가 생활을 할 수 있는 곳에서 입장료나 관람료를 할인받을 수 있습니다.

〈새로워진 한국의 여가 문화〉

  ㉢ 블로그나 개인 SNS에 자신이 다녀온 국내·외 여행지를 소개하거나 자신의 취미를 공유하는 새로운 여가 문화도 생기고 있습니다.
  ㉣ 최근에는 건강에 대한 관심이 높아지면서 요가·헬스 등 **운동**을 하기도 합니다.
  ㉤ **자기계발**에 관심을 갖는 사람들이 늘어나면서 기관에서 운영하는 프로그램이나 강의, 원데이 클래스(one-day class)에 참여하는 사람도 많습니다.
  ㉥ 스마트 기기의 발달로 웹서핑, 웹툰·영화·드라마·예능·음악 감상 등의 여가 활동을 즐기는 사람도 많아졌습니다.
  ㉦ 정보통신 기술의 발달로 여가 활동에 대한 접근성이 높아졌습니다. 영화나 전시, 공연 관람을 위한 예매 과정이 쉽고 간편해졌습니다.

확인학습

01 다음 중 한국의 여가 문화에 대한 설명으로 옳지 않은 것은?

① 여가 생활보다 열심히 일하는 것을 중시한다.
② 운동이나 자기계발과 관련된 여가 문화가 늘어나고 있다.
③ 친구와 함께 시간을 보내거나 여러 가지 문화생활을 즐기기도 한다.
④ 스마트 기기의 발달로 웹툰이나 각종 예능 방송을 시청하는 사람이 많다.

해설 현대 한국 사회는 일과 개인의 삶이 균형을 이루는 워라밸(Work-Life Balance)을 중시하고 있다.

02 〈보기〉와 관련된 한국의 여가 문화로 옳은 것은?

  • 보기 •
  주 52시간 근무제, 국민여가활성화기본법

① 국가에서 일을 우선시하는 삶을 장려한다.
② 일과 개인적인 삶의 균형을 맞추는 문화가 중요해졌다.
③ 문화생활을 장려하여 경제 발전을 이루기 위한 제도이다.
④ 정보통신 기술의 발달로 일을 많이 하지 않아도 되는 사회가 되었다.

해설 주 52시간 근무제와 국민여가활성화기본법은 일과 개인의 삶이 균형(워라밸)잡힌 것을 중시하는 현대 한국 사회의 모습과 관련이 있다.

03 다음 설명 중 옳지 않은 것은?

① 집에서 휴식을 취하며 여가 시간을 보내는 사람들도 있다.
② 영화를 보러 가거나 전시, 공연을 관람하는 등의 문화생활을 하기도 한다.
③ 여가 활동은 여러 사람이 함께하는 것이 아니라 혼자만의 시간을 보내는 것이다.
④ 자기계발을 위해 관심 있는 분야의 프로그램이나 강의를 신청하는 사람들도 있다.

해설 여가 활동은 다른 사람들과 시간을 보내는 것도 포함된다. 일을 하지 않고 남는 시간에는 휴식을 취하거나 평소 하고 싶었던 활동을 혼자, 혹은 다른 사람과 함께할 수 있다.

정답 01 ① 02 ② 03 ③

04 현대 한국의 여가 문화에 대한 설명으로 옳지 <u>않은</u> 것은?

① SNS를 통해 자신의 취미를 공유하기도 한다.
② 자기계발을 원하는 사람들은 강의를 신청하기도 한다.
③ 건강 관리에 대한 관심이 높아져 운동을 하는 사람도 늘고 있다.
④ 통신기술의 발달로 집에서도 여가를 즐길 수 있어 외부활동은 하지 않는다.

해설 통신기술의 발달로 집에서 즐길 수 있는 여가 활동이 늘어나기는 했지만 밖에서 운동을 하거나 여행, 전시 관람 등을 즐기는 사람도 여전히 많다.

05 〈보기〉가 설명하는 것은?

> • 보기 •
> • 국민들의 문화생활을 증진하기 위해 지정한 날
> • 매달 마지막 주 수요일로 여가생활을 즐길 수 있는 문화 시설 이용료, 입장료를 할인받을 수 있다.

① 예술의 날
② 문화의 날
③ 여가의 날
④ 문화가 있는 날

해설 주어진 내용은 '문화가 있는 날'에 대한 설명이다.
② 문화의 날은 10월 셋째 주 토요일로, 방송·잡지·영화 등 대중매체의 사회적 가치를 제고하고 문화예술의 발전을 위한 날이다.

정답 04 ④ 05 ④

제4장 정치

1. 한국의 민주정치

(1) 정치와 민주주의

① 정치
  ㉠ 넓게는 일상생활에서 발생하는 대립과 갈등을 해결하는 활동을 말합니다. 좁게는 국가 법률이나 정책을 결정하고 정치인들이 권력을 얻기 위해 벌이는 활동을 말합니다.
  ㉡ **정치의 역할**: 정치를 통해 사회를 통합하고 사회질서를 유지할 수 있으며, 갈등을 해결하는 과정에서 보다 나은 사회로 나아가는 방법을 찾을 수 있습니다.

② **민주주의** 중요
  ㉠ 민주주의란 국민이 권력을 가지고 스스로 다스리는 것을 말합니다.
  ㉡ 기본적인 인권, 자유권, 평등권과 같은 가치를 중시하고 다수결의 원칙을 기본으로 합니다.
  ㉢ 직접 민주주의: 대표자 없이 모든 국민이 직접 의사결정을 하고, 국가의 일에 참여합니다.
  ㉣ 간접 민주주의: 국민의 대표를 뽑아 정부나 의회를 구성해 그 대표들이 국가의 일을 결정합니다.

(2) 한국의 민주정치

① **한국의 민주주의** 중요
  ㉠ 대의 민주주의는 국민이 자신의 의사를 대표할 대표자를 선출하여 그 대표자에게 정치 운영을 맡기는 민주정치 제도입니다. 간접 민주주의의 한 형태입니다.
  ㉡ 그러나 국민과 대표자 사이에 의사 차이가 있을 수 있기 때문에 오늘날에는 직접 민주주의 정치의 특성을 지닌 국민 투표 등으로 대의 민주주의의 한계점을 보완하기도 합니다.
  ㉢ 한국의 민주주의는 이처럼 간접 민주주의를 바탕으로 하고, 부분적으로 직접 민주주의를 따릅니다.

> 심화

정치 참여의 필요성
- 국민이 정책 결정에 직접적으로 참여하여 간접 민주주의가 갖는 한계를 보완할 수 있습니다.
- 많은 사람의 의견이나 뜻을 정책에 반영할 수 있습니다.

정치에 참여하는 방법
- **선거와 투표**: 민주주의 국가에서 정치에 참여하는 가장 기본적인 방법입니다.
- **단체나 조직을 활용한 참여**: 시민단체, 사회단체 등에 가입하여 활발하게 정치에 참여하는 방법도 있습니다.
- **개인적 참여**: 시위, 집회, 청원 등 다양한 방법으로 정치에 참여할 수 있습니다.

〈시위〉

② **권력분립** 중요
㉠ 국가 권력이 한 곳에 집중되지 않도록 국가 권력을 여러 기관에 나누어야 한다는 원칙입니다.
㉡ 한국에서는 국가 권력을 입법부, 행정부, 사법부 세 곳에서 나누어 갖습니다.

> 더 알아보기

삼권분립

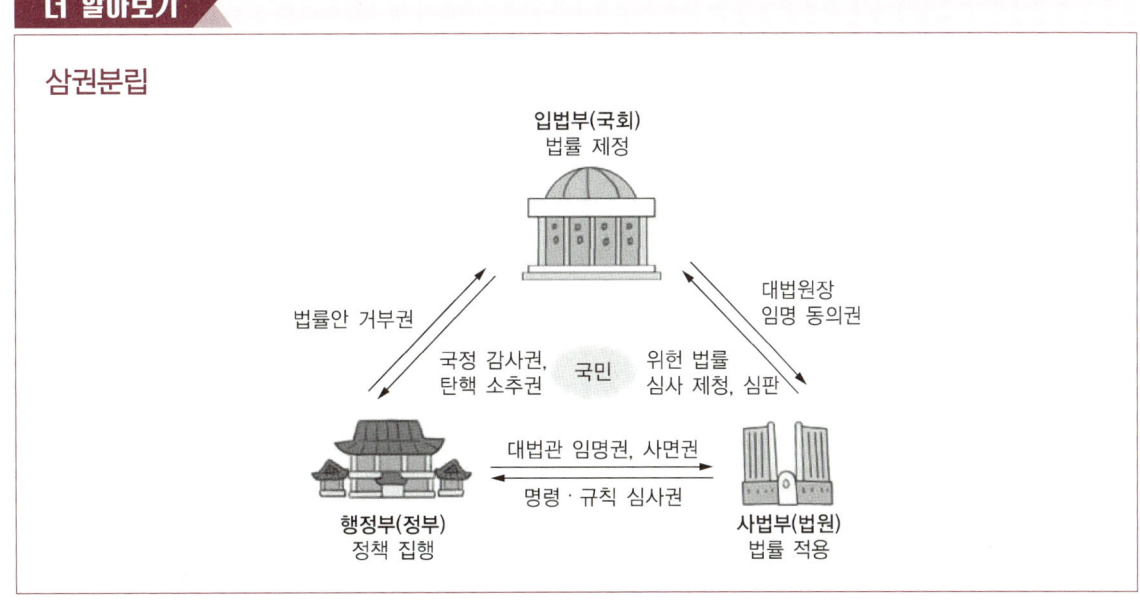

(3) 한국의 민주주의 발전에 영향을 준 사건
  ① 헌법 제정과 대한민국 정부 수립(1948)
    ㉠ 헌법을 제정하기 위해 1948년 5월 10일에 총선거를 시행하여 제헌 국회가 구성되었고, **1948년 7월 17일에 헌법을 제정**했습니다.
    ㉡ 초대 대통령으로 이승만이 당선되어 **1948년 8월 15일에 대한민국 정부가 수립**되었습니다.

  ② 4·19 혁명(1960)
    ㉠ 이승만 정권은 장기집권을 위해 1960년 3월 15일 선거 결과를 조작(부정 선거)했습니다. 1960년 4월 19일, 국민들은 **민주주의에 어긋난 이승만 정권에 항의하여 시위**를 했습니다.
    ㉡ 시위에 참여했다가 실종되었던 고등학생 김주열 군의 훼손된 시신이 발견되자 국민들과 학생들의 시위는 더욱 거세졌고, 전국적으로 확산되었습니다.
    ㉢ 국민들의 요구에 **이승만은 대통령 자리에서 물러났습니다**.
    ㉣ 민주주의를 향한 국민들의 의지를 보여 주었다는 의미가 있는 사건입니다.

  심화

  5·16 군사정변과 민주주의 억압
  - 4·19 혁명 이후 1961년 5월 16일, 박정희 등 일부 군인들이 무력으로 정권을 장악했습니다.
  - 1972년에는 박정희 정부가 입법·사법·행정권이 대통령에게 집중되는 유신헌법을 발표했습니다.
  - 유신 체제에 맞서 국민들이 민주화 운동을 전개했습니다.
  - 박정희 대통령이 암살당하면서 유신 체제가 끝나게 되었습니다.

  ③ 5·18 민주화 운동(1980)
    ㉠ 1980년 5월 18일, 전두환을 중심으로 한 새로운 군인들의 정치 집권에 항의하며 **민주 정부 수립을 요구**하는 시위가 **전라남도 광주**를 중심으로 일어났습니다.
    ㉡ 군부정치 세력은 국민들의 민주정부 수립 요구를 폭력적으로 진압했고, 그 과정에서 많은 국민이 목숨을 잃었습니다.
    ㉢ 5·18 민주화 운동은 대한민국 민주주의 발전에 결정적인 계기가 되었고, 광주뿐만 아니라 대한민국의 모든 국민이 민주정부 수립 의지를 나타낸 사건입니다.
    ㉣ 이 사건은 아시아 등지에서 일어난 여러 민주화 운동에도 영향을 주었다고 평가되고 있습니다.

④ **6월 민주항쟁(1987)**
  ㉠ 1987년 6월, **대통령 직선제를 요구**하여 일어난 국민들의 민주항쟁을 말합니다.
  ㉡ 민주화 운동 탄압 과정에서 정부가 당시 대학생이었던 박종철 군을 불법으로 체포·고문하여 죽게 한 것이 세상에 알려지고, 시위 과정에서 대학생 이한열 군이 경찰이 쏜 최루탄에 맞아 사망하면서 국민들의 시위 참여가 더욱더 활발해졌습니다.
  ㉢ 결국 국민들의 요구대로 대통령 직선제 개헌이 이루어졌습니다.

확인학습

01 민주주의에 대한 설명으로 옳은 것은?

① 국민을 대표하는 사람이 되면 자기가 원하는 대로 나라를 이끌 수 있다.
② 기본권, 자유권, 평등권과 같은 가치를 중시하고 다수결의 원칙을 따른다.
③ 모든 국민이 직접 정치에 참여해야 하기 때문에 비효율적이라는 단점이 있다.
④ 국민의 의견을 참고하여 절대적인 권력을 가진 총리가 나라를 다스리는 것이다.

해설 민주주의는 기본적인 인권을 중시하며, 자유와 평등을 추구하고 다수결의 원칙을 기본으로 한다.
① 국민을 대표하는 사람은 국민들의 의견과 요구사항에 귀를 기울이고 합리적으로 나라를 이끌어야 한다.
③ 민주주의는 모든 국민이 국가의 일에 참여하는 직접 민주주의도 있지만 국민의 대표를 뽑아 국가의 일을 결정하는 간접 민주주의도 있다. 오늘날 대부분의 민주주의 국가는 간접 민주주의를 채택하고 있다.
④ 민주주의는 국민이 권력을 가지고 스스로 다스리는 것이다.

02 한국의 정치에 대한 설명 중 옳지 <u>않은</u> 것은?

① 대한민국은 민주공화국이다.
② 대통령 간선제를 시행하고 있다.
③ 대한민국의 주권은 국민에게 있다.
④ 간접 민주주의를 기본적으로 채택한다.

해설 한국은 1987년 6월 민주항쟁을 통해 대통령 직선제로 개헌이 이루어져 대통령 직선제가 시행되고 있다. '대통령 간선제'란, 국민들이 중간 대표를 뽑고, 그 중간 대표들이 대통령을 뽑는 제도를 말한다.

정답 01 ② 02 ②

03 한국의 민주정치의 발전에 긍정적 영향을 준 사건이 아닌 것은?

① 4·19 혁명
② 6월 민주항쟁
③ 5·16 군사정변
④ 5·18 민주화 운동

해설 5·16 군사정변은 박정희 중심의 군인들이 무력으로 정권을 장악한 사건이다. 이 사건을 계기로 정권을 잡은 박정희 정부는 유신헌법(10월 유신)을 발표하며 민주주의를 억압했다.
① 4·19 혁명: 1960년 4월 19일에 학생과 국민이 중심이 되어 일으킨 반독재 민주주의 운동
② 6월 민주항쟁: 1987년 6월 전국에서 일어난 반독재·민주화 시위
④ 5·18 민주화 운동: 1980년 5월 18일 전후에 광주에서 신군부를 규탄하고 민주주의 실현을 요구한 민중 항쟁

04 민주주의 국가에서의 정치 참여와 관련된 설명으로 옳지 않은 것은?

① 정치에 참여하려면 정치 참여 자격을 얻는 시험에 합격해야 한다.
② 많은 사람의 의견과 입장을 알 수 있어 더 나은 정책을 만들 수 있다.
③ 정치에 참여하는 가장 기본적인 방법은 선거와 투표에 참여하는 것이다.
④ 국민들의 정치 참여는 간접 민주주의의 한계를 보완하는 데 도움이 된다.

해설 민주주의 국가에서 정치에 참여하려면 그 나라의 국민의 자격만 갖추면 된다. 모두가 평등하게 투표·선거를 통해 정치에 참여할 수 있다.

05 한국의 역대 대통령 중 재임기간이 가장 긴 대통령은?

① 이승만
② 박정희
③ 전두환
④ 김영삼

해설 박정희는 1963년부터 1979년까지 대통령으로 재임했다.
① 이승만: 1~3대 대통령(1948~1960년)
③ 전두환: 11~12대 대통령(1980~1988년)
④ 김영삼: 14대 대통령(1993~1998년)

06 다음 중 대통령의 재임 순서를 바르게 연결한 것은?

① 박근혜 – 이명박 – 노무현 – 김대중
② 김영삼 – 전두환 – 최규하 – 박정희
③ 노무현 – 박근혜 – 윤석열 – 문재인
④ 이명박 – 박근혜 – 문재인 – 윤석열

참고 역대 대한민국 대통령 재임 순서
이승만(1~3대) → 윤보선(4대) → 박정희(5~9대) → 최규하(10대) → 전두환(11~12대) → 노태우(13대) → 김영삼(14대) → 김대중(15대) → 노무현(16대) → 이명박(17대) → 박근혜(18대) → 문재인(19대) → 윤석열(20대)

07 대한민국의 헌법을 제정한 날의 명칭은?

① 개천절
② 광복절
③ 삼일절
④ 제헌절

해설 ① 개천절: 서기 2333년 10월 3일 단군이 최초로 단군조선을 건국한 날
② 광복절: 1945년 8월 15일 한국(대한제국)이 일본으로부터 광복된 날
③ 삼일절: 1919년 3월 1일 한국(대한제국)의 국민들이 일본의 식민통치에 항거한 날

08 한국의 민주화 운동에 대한 설명으로 옳지 않은 것은?

① 시위를 통해 개헌이 이루어졌다.
② 민주화 운동에서 학생들은 소극적이었다.
③ 국민들의 요구로 대통령이 물러난 경우도 있다.
④ 시위를 진압하는 과정에서 국민들이 희생당하기도 했다.

해설 대학생은 물론이고 중학생이나 고등학생들이 주도적으로 참여한 경우도 많았다.
① 6월 민주항쟁으로 대통령 직선제 개헌이 이루어졌다.
③ 4·19 혁명에서 국민들의 요구로 이승만 대통령은 하야했고, 2017년 박근혜 대통령은 탄핵되었다.
④ 5·18 민주화 운동을 무력으로 진압하면서 많은 국민이 희생되어 지금까지도 문제시되고 있다.

참고 한국 민주주의의 발전
제헌 국회의원 총선거(1948. 5. 10.) → 헌법 제정(1948. 7. 17.) → 한국 정부 수립(1948. 8. 15.) → 4·19 혁명(1960. 4. 19.) → 5·16 군사정변(1961. 5. 16.) → 10월 유신(1972. 10. 17.) → 부마 민주항쟁(1979. 10. 16.) → 10·26 사태(1979. 10. 26.) → 12·12 사태(1979. 12. 12.) → 5·18 민주화 운동(1980. 5. 18.) → 6월 민주항쟁(1987. 6. 10.)

정답 06 ④ 07 ④ 08 ②

09 한국의 민주주의 발전에 영향을 준 사건들에 대한 설명으로 옳지 않은 것은?

① 1948년 헌법이 제정되었다.
② 1960년에 일어난 4·19 혁명으로 이승만이 대통령 자리에서 물러났다.
③ 1987년 6월에 전국적으로 일어난 민주항쟁은 대통령 간선제를 요구했다.
④ 1980년 전라도 광주에서 민주정부 수립을 요구하는 민주화 운동이 일어났다.

해설 1987년 6월에 있었던 6월 항쟁은 기존의 대통령 간선제를 폐지하고 대통령 직선제를 요구한 민주항쟁이다.

10 한국의 민주정치에 대한 설명으로 옳지 않은 것은?

① 한국의 권력은 입법부, 사법부, 교육부가 나누어 갖는다.
② 모든 주권과 권력의 중심이 국민이라고 헌법에서 정하고 있다.
③ 간접 민주주의를 바탕으로 하고 부분적으로 직접 민주주의를 따른다.
④ 권력이 한 곳에 집중되는 것을 막기 위해 권력분립이 이루어지고 있다.

해설 한국은 삼권분립을 채택하고 있으며 입법부, 사법부, 행정부에서 권력을 나누어 갖는다.

2. 입법부(국회)

(1) 입법부 🗣️

① 입법부의 역할
  ㉠ 나라의 중요한 일을 논의하고 법률을 제정하고 나라의 예산을 결정하며 행정부의 활동을 감시합니다.
  ㉡ 정부 관료의 탄핵소추권을 가지고 있어서 고위 관료가 법을 어기면 심판을 받게 하거나 파면시킬 수 있습니다.
  ㉢ **한국의 입법부는 국회**입니다.

② 국회의 구성
  ㉠ 국회는 투표를 통해 뽑힌 국민의 대표인 국회의원으로 구성됩니다.
  ㉡ 국회의원의 임기는 4년이고, 2024년 기준 국회의원 의석수는 300석입니다.
  ㉢ 국회의원은 각 지역의 대표인 지역구 국회의원과 정당의 득표율에 따라 선출되는 비례대표 국회의원이 있습니다.
  ㉣ 상원, 하원의 구분이 없는 단원제 방식입니다.

> **더 알아보기**
>
> **국회의원**
> - 국민의 대표로, 국회의원 선거를 통해 국회의원으로 선출될 수 있습니다.
> - 만 18세 이상이면 국회의원 선거에 출마할 수 있습니다.
> - 임기는 4년이며 지역구 국회의원과 비례대표 국회의원으로 나뉩니다.
> - 국회의원은 헌법을 준수하고 청렴해야 하며 국익을 우선으로 삼아야 합니다.
> - 지위를 남용하여 개인의 이익을 취해서는 안 되며, 국회의원 외의 다른 직무를 겸하면 안 됩니다.

(2) 국회에서 하는 일

① 국회 🗣️
  ㉠ 국민을 대표하여 국민의 의견을 바탕으로 **법을 만들거나 개정**하는 곳입니다.
  ㉡ 국민의 의사와 의견을 반영하여 **국가 예산안을 심의하고 확정**하는 역할을 합니다.
  ㉢ 국정감사, 국정조사를 통해 국가 정치가 잘 운영되고 있는지 살펴보고 파악합니다. 국정 운영이 잘못되고 있을 경우에는 바로잡게 합니다.

② 국회의사당
  ㉠ 국회의원들이 모여 회의를 하고 국정을 논하는 곳입니다.
  ㉡ '국회'가 장소를 의미할 때는 흔히 국회의사당을 말합니다.

〈국회의사당〉

확인학습

01 한국의 입법부에 대한 설명으로 옳지 않은 것은?

① 한국의 입법부는 국회이다.
② 법률을 제정하는 역할을 한다.
③ 국회의 총 책임자는 대통령이다.
④ 나라의 예산을 결정하고 행정부를 감시하기도 한다.

해설 대통령은 행정부의 최고 권위자이다. 국회는 행정부를 감시하는 역할을 수행한다.

02 국회의 역할이 아닌 것은?

① 입법 기능
② 국정 통제 역할
③ 국가 재정과 관련된 역할
④ 정책 집행 및 공공시설 관리

해설 정책 집행, 공공시설 관리 등은 행정부의 역할이다.

03 국회의원에 대한 설명으로 옳지 않은 것은?

① 국회의원의 임기는 4년이다.
② 대통령이 직접 국회의원을 임명한다.
③ 지역구의원과 비례대표의원 두 종류가 있다.
④ 국민의 의견을 대표하여 법을 만들거나 개정하는 역할을 한다.

참고 **지역구의원과 비례대표의원**
- 지역구의원(지역구 국회의원)은 국회의원 지역구에서 많은 표를 얻어 당선된 사람은 지역구의원이 된다.
- 비례대표의원(비례대표 국회의원)은 비례대표의원 선거에서 표를 얻은 비율에 따라 당선자 수가 정해져 국회의원의석이 배분된다.

정답 01 ③ 02 ④ 03 ②

3. 행정부(정부)

(1) 행정부

① 행정부의 역할
   ㉠ 국회가 만든 법을 기반으로 공익을 위해 여러 정책을 만들고 시행합니다.
   ㉡ 국민에게 필요한 법과 정책을 집행하고 나라의 살림을 맡습니다.
   ㉢ 사회질서를 유지하고 치안을 관리하며 공공시설 관리, 정책 개발과 집행을 담당합니다.
   ㉣ **한국의 행정부는 정부**입니다.

② 정부의 구성
   ㉠ **대통령**: **정부의 최고 책임자**이며 국민의 직접 선거에 의해 대통령을 선출합니다. 대통령은 행정부를 지휘하고 국무회의에서 여러 가지 나라의 일을 결정합니다. 대통령의 **임기는 5년**이고 한 번(단임)만 할 수 있습니다.
   ㉡ **국무총리**: 정부의 2인자로 각 행정부처를 총괄합니다. 국회의 동의를 받아 대통령이 임명하며 대통령의 국정운영을 돕고 대통령 자리가 비어있을 때 대통령의 권한을 대신합니다.
   ㉢ 국무회의: 대통령, 국무총리, 행정부처의 책임자들로 구성된 행정부 최고심의 기관입니다.
   ㉣ 행정 각 부: 기획재정부, 인구전략기획부(신설 예정), 교육부, 과학기술정보통신부, 외교부, 통일부, 법무부, 국방부, 행정안전부, 국가보훈부, 문화체육관광부, 농림축산식품부, 산업통상자원부, 보건복지부, 환경부, 고용노동부, 여성가족부, 국토교통부, 해양수산부, 중소벤처기업부로 이루어져 있습니다.

〈행정부 조직도(24.09.13. 기준)〉

> **더 알아보기**
>
> **대통령**
> - 국민의 대표로서 한국을 대표하는 국가의 원수입니다.
> - 국민들의 직접 선거로 선출되며, 대통령의 임기는 5년이고 한 번만 할 수 있습니다.
> - 대통령은 행정부 최고 지휘권을 가지고 법률을 집행하고 국군을 통솔할 수 있으며 공무원을 임명할 수 있습니다.
> - 외교, 국방, 통일 등 국가 안전과 관련된 중요 정책을 국민 투표에 부칠 수 있는 권한이 있으며, 외국과 조약을 체결할 수 있습니다.
> - 국회가 만든 법률안을 거부할 수 있고, 국민에게 필요하다고 생각하는 법률을 국회에 제출할 수도 있습니다.
> - 만 40세 이상의 한국 국적자에 일정한 자격을 충족하여야 대통령 선거에 출마할 수 있습니다.

(2) 정부에서 하는 일

① 행정부 각 부의 역할

㉠ 행정부 각 부에서는 사회질서 유지, 치안과 관련한 여러 가지 업무를 분담합니다.

㉡ 여성가족부: 다문화 가족 지원 포털 '다누리'를 운영하며 여성과 가족의 보호 및 지원을 담당합니다.

㉢ 고용노동부: 고용정책, 근로와 관련된 업무를 담당합니다.

㉣ 법무부: 법질서 확립, 인권 옹호, 법무 서비스 제공을 통해 범죄로부터 사회를 보호하는 업무를 담당합니다. 사회통합적 인권보호체계를 세우고 국민의 행복과 통합적인 외국인 정책을 시행합니다.

㉤ 외교부: 대한민국 외교와 관련된 업무를 수행하고 재외동포 정책 수립과 관련된 업무를 담당합니다.

② 청와대

㉠ 대통령이 생활하면서 집무를 보던 곳입니다.

㉡ 외국의 대통령이나 수상 등 해외 지도자들이 한국을 방문하면 대통령이 청와대에서 손님들을 대접하기도 하였습니다.

〈청와대〉

㉢ 푸른 기와를 지붕으로 올려 청와대라고 부릅니다.

㉣ 2022년 5월 10일부로 청와대가 국민들에게 개방이 되면서 많은 사람의 발걸음이 이어지고 있습니다.

확인학습

01 행정부에 대한 설명으로 옳지 <u>않은</u> 것은?

① 나라의 살림을 이끈다.
② 최고 책임자는 대통령이다.
③ 법을 바탕으로 잘못을 심판한다.
④ 행정 각 부를 두어 더 살기 좋은 사회를 만든다.

해설 법을 바탕으로 잘못을 심판하는 것은 사법부의 역할이다.

02 한국의 정부 구성과 역할에 대한 설명으로 옳은 것은?

① 행정 각 부의 장관은 선거로 선출된다.
② 대통령은 국민들의 직접 선거로 선출된다.
③ 국무회의에서는 국가의 예산을 결정하고 법을 만든다.
④ 국무총리는 행정부의 2인자로 대통령과 권한을 반씩 나누어 갖는다.

해설 ① 행정 각 부의 장관은 대통령이 임명한다.
③ 국가의 예산을 결정하고 법을 만드는 것은 국회(입법부)의 역할이다.
④ 국무총리는 행정부의 2인자로 대통령의 자리가 비어 있을 때 대통령의 권한을 대행한다.

03 대통령에 대한 설명으로 옳지 <u>않은</u> 것은?

① 임기는 4년이며 한 번만 할 수 있다.
② 국회에서 만든 법안을 거부할 수 있는 권한이 있다.
③ 행정부의 최고 책임자이며 국무총리를 임명할 수 있다.
④ 한국을 대표하는 국가원수로 외국과 조약을 체결할 수 있다.

해설 대통령의 임기는 5년이고, 한 번만 할 수 있다.

정답 01 ③ 02 ② 03 ①

4. 사법부(법원)

(1) 사법부
① 사법부의 역할
　㉠ 법을 해석·적용하고 법에 따라 재판을 진행하여 다툼(분쟁)을 해결합니다. 공정한 재판으로 국민의 권리와 이익을 보호하고 사회질서를 유지해야 합니다.
　㉡ 위법행위에 대한 처벌을 내립니다.
　㉢ **한국의 사법부는 법원**입니다.
② 법원의 구성
　㉠ 법원은 **대법원, 고등법원, 지방법원**으로 이루어져 있습니다.
　㉡ 이 외에도 이혼과 같은 가정 문제와 미성년자들과 관련된 재판을 전문적으로 다루는 **가정법원**, 특허와 관련된 문제를 전문으로 하는 특허법원, 행정소송을 다루는 **행정법원** 등이 있습니다.
　㉢ 대법원은 1명의 대법원장, 13명의 대법관으로 구성되어 있습니다.

〈대법원〉

(2) 공정한 재판을 위한 제도
① **삼심제도**
　㉠ 한 사건에 대하여 세 번까지 재판을 받을 수 있습니다. 판결에 이의가 있을 경우 상급 법원에 재판을 다시 청구할 수 있습니다.
　㉡ 1심은 지방법원, 2심은 고등법원, 3심은 대법원에서 담당합니다.
　㉢ 국민의 자유와 권리를 보호하기 위한 제도로 억울한 판결을 받은 사람에게 다시 재판 받을 수 있는 기회를 줍니다.
　㉣ 법원 스스로 잘못된 판결을 바로잡을 수 있는 기회를 주고 신중한 판결을 내리도록 합니다.
　㉤ 특허재판 등 일부 재판들은 삼심제도가 적용되지 않는 경우도 있습니다.
② 사법부 독립
　㉠ 사법부는 입법부나 행정부 등 다른 곳에 속하지 않고 독립된 기관입니다.
　㉡ 외부의 영향이나 간섭을 받지 않고 공정하게 법을 집행할 수 있습니다.

③ 공개재판주의
　㉠ 재판은 특별한 경우를 제외하고는 공개적으로 이루어집니다.
　㉡ 재판의 과정과 결과가 일반 대중들에게 공개되기 때문에 공정한 재판이 운영됩니다.
④ 증거재판주의
　㉠ 재판에서는 합당한 절차를 거쳐 받아들여진 증거에 의한 내용만 사실로 인정됩니다.
　㉡ 명백한 사실을 통해서 공정한 재판이 이루어집니다.

(3) 재판의 종류
① 민사재판
　㉠ **개인과 개인 사이의 문제**를 해결하는 재판입니다.
　㉡ 형사사건이 아니므로 검사가 없고, 피고와 원고 모두 변호인을 선임할 수 있습니다.
② 형사재판
　㉠ **범죄 행위가 발생했을 때** 형법에 따라 이를 처벌하기 위해 검사가 소송을 제기해 이루어지는 재판입니다.
　㉡ 검사가 피해자 대신 법원에 심판을 요청합니다.
　㉢ 재판에서는 범죄인지 아닌지를 가리고, 이에 따른 형벌을 결정합니다.
③ 가사재판
　㉠ 가족들 사이에서 생기는 문제를 해결하는 재판입니다.
　㉡ 결혼, 이혼, 자녀 양육, 재산 상속과 관련된 문제를 해결합니다.
　㉢ 청소년과 관련된 분쟁도 가사재판에 해당합니다.

확인학습

01 사법부에 대한 설명으로 옳지 <u>않은</u> 것은?

① 대법관은 대통령이 적합한 사람을 골라 임명한다.
② 위법행위를 저지른 사람이나 단체에게 처벌을 내린다.
③ 법을 집행하는 곳으로 한국에서는 법원이 이 역할을 맡는다.
④ 행정부, 입법부에 속하지 않고 독립되어 있어 공정성을 확보할 수 있다.

해설 대법관은 대법원장이 청구하여 대통령이 국회의 동의를 얻어 임명한다. 대통령이 적합한 사람을 찾아 국회의 동의를 얻어서 임명하는 것은 대법원장이다.

02 법원과 재판에 대한 설명으로 옳지 <u>않은</u> 것은?

① 지방법원, 고등법원, 대법원으로 이루어져 있다.
② 재판은 사건과 관련된 사람들만 참관할 수 있다.
③ 한 사건에 대한 판결은 세 번까지 받을 수 있다.
④ 대법원은 대법원장 1명과 대법관 13명으로 구성된다.

해설 특수한 경우를 제외하고는 재판은 공개적으로 진행되며, 누구나 참관할 수 있다.

03 공정한 재판을 위한 제도와 관련이 <u>없는</u> 것은?

① 재판은 증거를 바탕으로 이루어진다.
② 법원은 어디에도 속하지 않고 독립적으로 움직인다.
③ 법원의 공정한 판결을 위해 삼심제도가 이루어지고 있다.
④ 지방법원의 판결에 불복할 경우 가정법원으로, 가정법원의 판결에 불복하면 대법원으로 사건이 넘어간다.

해설 지방법원의 판결에 불복하면 상급 법원인 고등법원으로, 고등법원의 판결에도 불복하면 대법원으로 사건이 넘어가게 된다. 가정법원은 가정에서 발생하는 문제 및 청소년과 관련된 분쟁을 처리하는 곳이다.

5. 선거제도와 지방자치

(1) 선거

① 선거의 의미
- ㉠ 모든 국민의 의견을 듣고 나라의 일을 결정하는 것은 현실적으로 불가능하기 때문에 국민의 대표를 뽑기 위해 선거를 시행합니다.
- ㉡ 선거는 다수결의 원칙을 바탕으로 국민의 의견을 듣는 것으로, **가장 기본적인 정치 참여 방법**입니다.

심화

선거의 기능
- 선거는 대의 민주주의에서 국민이 정치 과정에 참여하는 가장 기본적인 방법입니다.
- 국민의 대표를 결정하는 공식적인 방법입니다.
- 선거로 국민에게 주권이 있음을 확인하고 대표자의 권력을 통제할 수 있습니다.
- 국민들은 자신의 주권을 행사하여 국민의 이익을 실현할 수 있습니다.

② **한국의 4대 선거원칙**
- ㉠ **보통 선거**: 만 18세 이상이라면 성별, 신분, 학력 등의 조건과 관계없이 누구나 선거에 참여할 수 있습니다.
- ㉡ **평등 선거**: 모든 사람이 동등하게 1표의 투표권을 행사합니다.
- ㉢ **직접 선거**: 투표권을 가진 사람 본인이 직접 투표합니다.
- ㉣ **비밀 선거**: 어느 후보, 또는 정당에게 투표했는지 비밀이 지켜집니다.

더 알아보기

외국인의 선거 참여
영주권 취득일 후 3년이 경과한, 만 18세 이상의 외국인등록대장에 올라 있는 사람들은 지방 선거에서 투표권을 행사할 수 있습니다.

③ 선거의 종류
- ㉠ 대통령 선거: 대선이라고도 하며, 대통령을 뽑는 선거입니다. 대통령의 임기가 5년이기 때문에 5년에 한 번 대선을 실시하여 대통령을 선출합니다.
- ㉡ 국회의원 총선거: 총선이라고도 하며, 국회의원을 뽑는 선거입니다. 국회의원의 임기가 4년이기 때문에 4년에 한 번 총선이 실시됩니다. 지역구 국회의원과 비례대표 국회의원을 뽑습니다.
- ㉢ 지방 선거: 4년에 한 번 실시하며 각 지역의 지방자치단체장, 지방의회의원, 교육감을 선출합니다.

> **심화**
>
> **공정한 선거를 위한 제도**
> - (중앙)선거관리위원회: 국민투표를 공정하게 관리하고 정치 자금에 관한 사무를 처리하는 중립적인 기관입니다. 선거운동, 투표, 개표 등 전반적인 선거 과정을 단속하며 선거와 관련된 정보를 제공하고 선거 참여를 독려하는 활동도 합니다.
> - 선거공영제: 선거관리위원회가 선거 과정을 관리하는 범위 내에서 선거에 관련한 경비 중 일부를 국가나 지방자치단체에서 부담하는 제도입니다. 후보자들의 균등한 선거운동 기회를 보장하기 위해 이루어지고 있습니다.

(2) 지방자치제

① 지방자치제의 의미
　㉠ 지역 주민들이 스스로 자기 지역의 대표를 뽑아 지역을 대표하여 정치를 담당하도록 하는 것을 뜻합니다.
　㉡ 주권을 가진 주민들이 자기 지역의 문제 해결에 참여하여 정치 의식을 높일 수 있습니다. 지방자치제는 모든 지역에서 발생하는 문제를 중앙정부에서 해결하기 어렵다는 한계를 극복하기 위해 시행됩니다.

② 지방자치단체
　㉠ 지방의회: 지역 주민이 뽑은 의원으로 구성된 지방자치단체의 의결기관입니다. 지방의회에서 결정한 내용을 지방자치단체가 실행하고, 주민을 대표해 지방 정부를 점검합니다.
　㉡ 지방자치단체는 광역자치단체와 기초자치단체로 구분됩니다.
　㉢ 지방의회의원과 지방자치단체장의 임기는 4년이고 지방 선거를 통해 선출됩니다.

(3) 정당

① 정당의 의미와 역할
　㉠ 정치적으로 비슷한 의견을 가진 사람들이 정권을 획득하고 이상적인 정치를 펼치기 위해 모인 것을 정당이라고 합니다.
　㉡ 정당은 국민들의 뜻을 대변하여 정부를 비판하기도 하고 대안을 제시하기도 합니다.
　㉢ 정부와 국회에 국민들의 뜻을 대신 전달하고 정책을 만듭니다.
　㉣ 한국은 2개 이상의 정당을 허용하는 복수정당제를 채택하고 있습니다.

② 정당의 종류
　㉠ 여당: 대통령이 소속되어 있는, 정권을 잡고 있는 정당을 말합니다.
　㉡ 야당: 여당을 제외한 모든 정당을 말합니다.
　㉢ 제1야당: 야당 중에서 의회 의석 수가 가장 많은 정당을 제1야당이라고 합니다.

확인학습

01 선거에 대한 설명으로 옳지 <u>않은</u> 것은?

① 가장 기본적인 정치 참여 방법이다.
② 외국인은 한국에서 선거에 참여할 수 없다.
③ 국민을 대표하는 사람을 뽑기 위해 이루어진다.
④ 간접 민주주의의 한계를 보완하기 위해 선거를 시행한다.

해설 한국 영주 자격을 취득한 지 3년이 경과한 18세 이상의 외국인은 지방 선거에 참여할 수 있다.

02 선거의 4대 원칙에 대한 설명으로 옳은 것은?

① 어느 후보나 정당에게 투표했는지 출구조사에서 말해야 한다.
② 만 20세 이상이면 누구나 선거에 참여하여 투표권을 행사할 수 있다.
③ 투표 당일 외국에 있는 사람은 다른 사람에게 투표를 부탁할 수 있다.
④ 나이, 성별, 학력 등 조건과 관계없이 모든 사람의 표가 같은 가치를 갖는다.

해설 평등 선거에 대한 설명이다.
① 어느 후보나 정당에게 투표했는지 비밀이 지켜진다.
② 만 18세부터 선거에 참여할 수 있다.
③ 재외국민이라면 재외선거를 통해, 선거 당일 투표에 참여할 수 없다면 사전투표를 통해 선거에 참여할 수 있다. 직접 선거 원칙에 의해 투표는 다른 사람이 아닌, 투표권을 가진 본인이 직접 해야 한다.

정답 01 ② 02 ④

03 선거에 대한 설명으로 옳은 것은?

① 대통령을 뽑는 대선은 4년에 한 번 실시한다.
② 국회의원을 뽑는 총선은 5년에 한 번 실시한다.
③ 국민들의 효율적인 선거 참여를 위해 사전투표가 실시된다.
④ 지방 선거는 3년에 한 번 실시하며 비례대표 국회의원을 뽑는다.

해설 선거일에 투표하기 어려운 사람들은 별도의 신고 없이 사전투표 기간에 사전투표소에 가서 투표할 수 있다.
① 대선은 5년에 한 번 실시한다.
② 총선은 4년에 한 번 실시한다.
④ 지방 선거는 4년에 한 번 실시하며 지방자치단체장, 지방의회의원, 교육감을 뽑는다. 비례대표 국회의원을 뽑는 것은 국회의원 총선거이다.

참고 **사전투표**
선거 당일 투표가 어려운 유권자가 별도의 부재자신고 없이 사전투표 기간(선거일 전 5일부터 2일간) 동안 전국 사전투표소에서 본인의 지역구와 상관없이 투표할 수 있는 제도이다.

04 지방자치제에 대한 설명으로 옳지 않은 것은?

① 기초자치단체와 광역자치단체가 있다.
② 지역 주민들이 자기 지역의 대표를 뽑는다.
③ 지방의회는 지방자치단체의 최종 결정 기관이다.
④ 지방의회의원과 지방자치단체장의 임기는 5년이다.

해설 지방의회의원과 지방자치단체장의 임기는 4년이다.

05 한국의 지방자치제에 대한 설명으로 옳은 것은?

① 지방의회는 결정된 사항을 직접 실행한다.
② 지방자치단체장은 다섯 번까지 할 수 있다.
③ 지방의회는 지방의 일을 어떻게 처리할지 결정한다.
④ 지방자치단체에서는 문제 해결을 위한 계획만 세운다.

해설 ① 지방의회는 문제를 처리하는 방법을 결정하고, 이를 시행하는 것은 지방자치단체이다.
② 지방자치단체장은 세 번까지 할 수 있다.
④ 지방자치단체는 문제 해결을 위한 계획을 세우고 실행한다.

06 한국의 지방자치제에 대한 설명으로 옳지 않은 것은?

① 중앙정부의 권력 남용을 방지한다.
② 지역 주민이 직접 지역의 대표자를 뽑는다.
③ 지역 주민이 직접 지역 정치에 참여할 수는 없다.
④ 한국의 지방자치단체는 광역자치단체와 기초자치단체로 나뉜다.

해설 지방자치제는 지역 주민이 직접 정치에 참여하는 것이다.

07 한국에서 외국인 영주권자가 가질 수 없는 권리는?

① 주민소환권
② 주민투표권
③ 대통령 선거권
④ 지방 선거 투표권

해설 외국인 영주권자는 대통령 선거에서 투표할 수 없다. 외국인 영주권자는 주민소환권(①), 주민투표권(②), 지방 선거 투표권(④)을 갖는다.

08 평등한 선거를 위한 제도에 대한 설명으로 옳지 않은 것은?

① 선거관리위원회에서 개표를 진행한다.
② 선거관리위원회는 선거법을 위반하는 후보가 있는지 감시한다.
③ 선거공영제는 후보자들이 균등하게 선거운동을 할 수 있도록 하는 제도이다.
④ 선거가 끝나면 후보자들은 선거비용 전액을 지방자치단체로부터 돌려받는다.

해설 후보자들은 선거비용 중 일부를 지방자치단체로부터 돌려받을 수 있다. 선거에서 당선되거나 유효 투표 총수의 15% 이상을 득표했을 때는 선거비용 전액을 돌려받을 수 있고, 유효 투표 총수의 10% 이상 15% 미만을 득표한 경우에는 선거비용의 50%를 돌려받을 수 있다.

정답 06 ③ 07 ③ 08 ④

09 한국의 정당에 대한 설명으로 옳지 않은 것은?

① 잘못된 정책 수행에 대한 책임은 국민들이 진다.
② 국회와 정부에 국민의 뜻을 전달하고 정책을 개발한다.
③ 두 개 이상의 정당을 보장하는 복수정당제가 시행되고 있다.
④ 정치에 대해 비슷한 생각을 가진 사람들이 만든 자발적 단체이다.

해설 정당이 잘못된 정책 수행으로 국민들의 신뢰를 얻지 못할 경우, 국민들은 선거에서 그 정당을 선택하지 않는 것으로 책임을 묻는다.

참고 한국의 정당
- 정치에 대해 비슷한 생각을 가진 사람들이 모여서 만든 자발적 단체이다.
- 국회와 정부에 국민의 뜻을 전달하고 정책을 개발한다.
- 복수정당제는 두 개 이상의 정당이 정치활동을 할 수 있도록 보장하는 제도이다.

10 2024년 기준 한국의 정당이 아닌 것은?

① 정의당
② 국민의힘
③ 미래통합당
④ 더불어민주당

해설 미래통합당은 2020년에 당명을 '국민의힘'으로 이름을 바꾸었다.

6. 남북관계와 국제관계

(1) 분단된 한국

① 남북 개별 정부 수립
　㉠ 1945년 8월 15일 광복을 맞이하여 일본으로부터 독립한 후 북쪽에는 소련이, 남쪽에는 미국이 들어왔습니다.
　㉡ 1948년 남한은 **대한민국**, 북한은 **조선민주주의인민공화국** 정부를 수립하였습니다.

② 6 · 25 전쟁
　㉠ **1950년 6월 25일** 북한의 남침으로 전쟁이 시작되었습니다.
　㉡ 남한은 UN군의 지원을, 북한은 소련군의 지원을 받으며 3년간 전쟁이 지속되었습니다.
　㉢ 1953년 정전협정을 체결하여 전쟁이 중단되었습니다.

심화

6 · 25 전쟁(한국전쟁)의 전개 과정
- 1950년 6월 25일 북한이 남침하여 서울을 점령하자 UN군이 참전하였습니다.
- 1950년 9월 UN군의 인천상륙작전으로 서울을 되찾고 압록강까지 진격했습니다.
- 1950년 10월 중국군이 참전하여 북한을 도우면서 서울이 함락되었습니다(1 · 4 후퇴).
- 38도선에서 남과 북은 계속 대치했고, 1953년 7월에 정전협정이 체결되면서 휴전선이 그려졌습니다.

③ 남북정상회담
　㉠ 제1차 남북정상회담: 2000년 6월 15일, 최초의 남북정상회담이 평양에서 이루어졌습니다. 김대중 전 대통령과 김정일 위원장이 평양에서 만나 6 · 15 남북공동선언을 발표하여 남북 간 갈등을 풀어나갈 것을 약속했습니다.
　㉡ 제2차 남북정상회담: 2007년 10월 4일, 두 번째 남북정상회담이 평양에서 이루어졌습니다. 노무현 전 대통령과 김정일 위원장이 평양에서 만나 10 · 4 남북공동선언을 발표하였습니다.
　㉢ 2018년 남북정상회담: 문재인 정부는 2018년 3번의 남북정상회담을 추진하였습니다. 2018년 4월 27일 판문점 평화의 집에서 이루어진 남북정상회담에서는 문재인 전 대통령과 김정은 위원장이 판문점공동선언을 발표하였습니다. 이후 같은 해 5월 26일 판문점 통일각에서, 9월 18일 평양에서 남북정상회담이 열렸습니다.

> **심화**
>
> **6·15 남북공동선언**
> - 2000년 제1차 남북정상회담에서 발표된 남한과 북한의 공동선언입니다.
> - 남과 북의 통일문제를 자주적으로 해결하기로 합의하였고, 1국가 2체제 통일 방안을 협의하였습니다.
> - 그 밖에 이산가족 문제 해결과 경제 협력, 남북 간 교류 활성화를 합의하였습니다.

(2) 남북 통일을 위한 노력

① 남북 분단의 현실
  ㉠ 1945년에는 38도선, 1953년에는 휴전선으로 남과 북이 나뉘었습니다.
  ㉡ 분단으로 남과 북으로 흩어져 만나지 못하는 **이산가족**이 생겼고, 분단 상황이 길어지면서 남북의 언어와 문화가 달라졌습니다.
  ㉢ 종전이 아닌 휴전 상태이기 때문에 막대한 국방비를 계속 지출하고 있습니다.

② 통일을 해야 하는 이유
  ㉠ 민족 동질성 회복: 남과 북으로 나뉘어 있는 이산가족과 민족들이 다시 만나 민족적 동질성을 회복하기 위해 통일이 이루어져야 합니다.
  ㉡ 경제 발전과 평화 유지: 국토를 효율적으로 이용할 수 있고 국방비 지출이 줄어들어 경제 발전을 이룰 수 있습니다. 또한 전쟁에 대한 불안감이 없는 평화로운 한국을 유지할 수 있으며 세계 평화에도 기여할 수 있습니다.

> **심화**
>
> **통일비용과 분단비용**
> - 통일비용: 남과 북이 통일되는 과정에서 발생하는 모든 비용을 말합니다. 남북 간의 차이를 좁히고 사회·경제·문화 등을 통합하는 과정에서 드는 비용입니다.
> - 분단비용: 남과 북이 분단 상태를 유지할 때 발생하는 모든 비용을 말합니다. 남북 간의 경계 유지에 드는 국방비, 안보와 관련된 비용, 외교적으로 발생하는 각종 불이익 및 문제 해결 비용, 이산가족들이 겪는 고통 등이 분단비용에 속합니다.

③ 통일을 위한 노력
  ㉠ 1970년대 박정희 정부 시기에 7·4 남북 공동 성명을 발표하였고, 1990년대 노태우 정부 시기에 남북한 동시 국제 연합 가입, 남북 기본 합의서 발표 등의 노력이 있었습니다. 그리고 꾸준히 남북 간 교류를 확대하기 위해 남북정상회담을 추진하고 있습니다. 또한 민간 단위에서도 남북 교류를 증대하기 위해 여러 가지 노력이 필요합니다.
  ㉡ 통일이 되었을 때를 대비하여 여러 가지 법과 제도를 마련해야 합니다. 교육, 연구 등을 지원할 수 있는 법과 제도적 장치가 필요하고, 사회통합을 위한 민간 단위의 노력도 필요합니다.

(3) 국제관계

① 세계 속의 한국

㉠ 한국 기업이 해외에 진출하고, 해외 기업체에 한국 기업이 투자를 하기도 합니다.

㉡ 도움이 필요한 지역이나 국가에 건설 지원, 의료 지원 등으로 원조를 하기도 합니다.

㉢ 분쟁 지역이나 도움이 필요한 곳에 파병을 하여 도움을 주기도 합니다.

② **한국의 위상**

㉠ 서울 올림픽(1988), 한·일 월드컵(2002), G20 정상회의(2010), 평창 동계올림픽(2018) 등 국제적인 행사를 개최하였습니다.

㉡ UN(국제연합), WHO(세계보건기구), ICPO(인터폴), IPCC(기후변화에 관한 정부 간 협의체) 등의 국제기구에서 한국인들이 활약하기도 합니다.

〈올림픽공원 평화의 문〉

더 알아보기

국제기구에서 활약하는 한국인
- 반기문: 아시아인 최초로 UN(국제연합) 사무총장직을 지냈습니다.
- 이종욱: WHO(세계보건기구) 사무총장을 지냈으며, 국제기구 사무총장직을 역임한 최초의 한국인입니다.
- 김종양: 한국인 최초로 ICPO(인터폴) 총재에 취임하였습니다.
- 이회성: IPCC(기후변화에 관한 정부 간 협의체) 의장으로 취임하였습니다.
- 문대연: NPFC(북태평양수산위원회) 사무국장으로 취임하였습니다.
- 임기택: IMO(국제해사기구) 사무총장으로 취임하였습니다.

③ 한국의 외교 관계

㉠ 중국: 옛날부터 불교, 유교, 한자 등 많은 영향을 받았으며, 오늘날은 한국의 대표적인 무역 상대국으로 많은 교류를 하고 있습니다.

㉡ 일본: 과거 식민지배 역사가 있지만 오늘날은 문화적·경제적으로 활발히 교류하고 있습니다. 식민지배 역사와 관련하여 해결해야 할 문제가 남아 있습니다.

㉢ 미국: 군사적으로 한국과 긴밀한 관계이며 사회적·문화적·경제적으로 많은 영향을 주고받는 나라입니다.

㉣ 러시아: 한국전쟁 당시 북한을 지원하여 한동안 교류하지 않았으나 최근에는 외교관계를 통해 교류가 활발해지고 있습니다.

㉤ 한국은 EU(유럽연합)와 3대 주요 협정을 모두 체결하였고, 문재인 정부의 신남방정책으로 ASEAN(동남아시아국가연합) 국가와의 협력을 활성화했습니다.

확인학습

01 남북 정부 수립 과정에 대한 설명으로 옳은 것은?

① 1948년 남북은 함께 정부를 수립하였다.
② 1945년 8월 15일 일본으로부터 해방되었다.
③ 독립 후 휴전선을 경계로 남과 북은 분단되었다.
④ 독립 후 남쪽에는 소련이, 북쪽에는 미국이 들어왔다.

해설 ① 1948년 남한은 대한민국, 북한은 조선민주주의인민공화국 정부를 각각 수립했다.
③ 독립 후 38도선을 경계로 분단되었다.
④ 독립 후 남쪽에는 미국이, 북쪽에는 소련이 들어왔다.

02 1950년 북한의 남침으로 시작되어 남북 분단에 직접적인 영향을 준 전쟁은?

① 아편전쟁
② 6·25 전쟁
③ 베트남전쟁
④ 제2차 세계대전

해설 ① 아편전쟁: 18세기 아편 문제로 발생한 영국과 청나라 사이의 전쟁
③ 베트남전쟁: 베트남 독립 과정에서 일어난 미국과의 전쟁
④ 제2차 세계대전: 1939년부터 독일, 이탈리아, 일본 중심의 군국주의 국가와 영국, 프랑스 등의 연합국 사이의 세계적인 규모의 전쟁

03 남북정상회담에 대한 설명으로 옳지 않은 것은?

① 최초의 남북정상회담은 2002년에 열렸다.
② 최초의 남북정상회담에서는 남북공동선언을 발표했다.
③ 남북정상회담은 김대중, 노무현, 문재인 정부에서 추진하였다.
④ 남한과 북한의 최고 지도자들이 만나 남북문제의 해결을 논하였다.

해설 남북 분단 이후 최초의 남북정상회담은 2000년 6월 15일 평양에서 열렸다.

정답 01 ② 02 ② 03 ①

04 남북 분단과 통일에 대한 설명으로 옳지 않은 것은?

① 남북 분단으로 서로 만나지 못하는 이산가족들이 있다.
② 통일을 하려면 정부와 지방자치단체의 노력만 있으면 된다.
③ 통일이 되면 경제 발전과 국토를 효율적으로 이용할 수 있다.
④ 분단 상태가 지속되면서 남북은 사회적, 문화적, 언어적으로도 차이가 생겼다.

해설 통일을 위해서는 법적, 제도적인 장치 마련이 필요하지만 일반 대중들도 통합적이고 서로 어우러질 수 있는 사회를 만들도록 노력해야 한다.

05 1948년에 수립된 남한 정부의 명칭은?

① 조선
② 대한민국
③ 대한제국
④ 조선민주주의인민공화국

해설 ① 조선: 이성계가 고려를 멸망시키고 건국한 나라
③ 대한제국: 1897년 10월 12일부터 1910년 8월 29일까지의 조선의 국명
④ 조선민주주의인민공화국: 1948년 북한에 수립된 북한 정부의 명칭

06 독도에 대한 설명으로 옳지 않은 것은?

① 독도 경비대가 독도를 지키고 있다.
② 독도에 가려면 울릉도를 거쳐 들어가야 한다.
③ 섬 전체가 많이 훼손되어 복구 작업이 진행중이다.
④ 일본에서 일방적으로 독도의 소유권을 주장하고 있다.

해설 독도는 우수한 자연생태계를 자랑하며 천연기념물(천연보호구역)로 지정되어 이를 잘 보존하고 있다.

참고 **독도**
- 한국의 동쪽 제일 끝에 위치한 섬
- 독도는 1145년 ≪삼국사기≫에서부터 한국 영토로 기록되어 있다.
- 특히 ≪세종실록지리지≫(1454)에는 울릉도와 독도의 위치가 정확히 표기되어 있다.
- 1877년 일본 최고 행정기관인 태정관에서 독도는 일본과 관련이 없다고 기록하였다.
- 1950년 연합국은 일본이 한국에 반환해야 하는 영토로 지정했다.
- 이처럼 독도가 한국의 영토임을 증명해 주는 자료가 많지만 일본은 계속해서 독도를 일본 땅이라고 주장하고 있다.

〈독도〉

07 한국에 대한 설명으로 옳지 않은 것은?

① 한국 기업이 해외에 진출하기도 한다.
② 해외의 기업체에 한국 기업이 투자하는 경우도 많다.
③ 아직까지 국제기구에서 활약하는 한국인은 나오지 않았다.
④ 올림픽, 월드컵과 같은 국제적인 스포츠 행사를 개최한 적이 있다.

해설 반기문 UN 전 사무총장, 이종욱 WHO 전 사무총장, 김종양 인터폴 총재, 이회성 IPCC 의장 등 많은 한국인이 국제기구에서 활약하고 있다.

08 한국의 국제관계에 대한 설명으로 옳은 것은?

① 일본과는 역사적으로 해결해야 할 문제가 남아 있다.
② 미국은 옛날부터 한국에 불교, 한자 등의 영향을 주었다.
③ 중국과는 한국전쟁 이후 관계가 악화되어 교류하지 않는다.
④ 러시아는 군사적으로 긴밀한 관계를 유지하고 있으며 활발하게 교류하는 나라이다.

해설 ② 한국에 불교, 한자 등으로 영향을 준 나라는 중국이다.
③ 중국은 오늘날 한국의 대표적인 무역 상대국으로 활발하게 교류하는 나라이다.
④ 군사적으로 긴밀한 관계를 유지하며 활발히 교류하는 나라는 미국이다.

09 한국전쟁에 대한 설명으로 옳지 <u>않은</u> 것은?

① 1950년 북한의 남침으로 시작되었다.
② 인천상륙작전으로 남한은 서울을 되찾았다.
③ 남한과 북한 모두 외국군의 개입을 받으며 전쟁을 치렀다.
④ 1953년 정전협정이 체결되며 남북한 단일 정부를 수립했다.

해설 1953년 정전협정이 체결되며 전쟁이 중단되었고, 전쟁 이전의 남북 개별 정부 수립 상태가 장기화되었다.

10 〈보기〉가 설명하는 것은?

―― 보기 ――
- 남과 북이 통일되는 과정에서 발생하는 비용
- 남북 간 사회적·정치적·문화적 격차를 줄이고 사회를 통합하는 과정에 드는 비용

① 분단비용
② 기회비용
③ 통일비용
④ 투자비용

해설 통일비용에 대한 설명이다.

참고 **분단비용**
남과 북이 분단 상태를 유지하면서 발생하는 유·무형의 모든 비용을 말한다. 남북 간 경계 유지에 드는 국방비, 안보와 관련된 비용, 외교적으로 발생하는 각종 불이익 및 문제 해결 비용, 이산가족의 고통 등이 분단비용에 속한다.

정답 09 ④ 10 ③

제5장 경제

1. 일상생활과 경제활동

(1) 경제활동과 한국의 경제

① 경제활동
　㉠ 사람이 생활하고 살아가기 위해 필요한 재화와 서비스를 제공하고 소비하는 활동을 경제활동이라고 합니다. 경제활동을 통해 경제가 활성화되고 사회가 유지됩니다.
　㉡ 한국의 국민경제 주체는 가계, 기업, 정부입니다.

> **심화**
>
> 한국의 국민경제 주체와 순환
> - 가계는 재화와 서비스를 소비합니다. 기업에 노동, 자본, 토지 등을 제공합니다.
> - 기업은 재화와 서비스를 생산합니다. 가계에 노동, 자본, 토지의 대가로 임금, 이자 등을 제공합니다.
> - 정부는 가계, 기업이 납부한 세금으로 나라를 운영합니다. 가계, 기업에 공공재를 제공합니다.

② 합리적인 경제활동의 필요성
　㉠ 빠르게 변화하는 경제 상황 속에서 능동적으로 생활하기 위해서는 합리적으로 선택하는 능력을 길러야 합니다.
　㉡ 합리적인 경제활동을 위해서는 다양한 기준과 대안을 살펴 더 가치 있는 것을 선택해야 합니다.

③ **한국의 경제 체제**
　㉠ 한국의 경제 체제는 **시장경제체제**입니다.
　㉡ 개인이 자유롭게 경제문제를 해결하고 자신의 재산을 소유할 수 있는 사유재산권이 보장됩니다.
　㉢ 직업을 자유롭게 선택할 수 있으며, 개인의 능력과 필요에 따라 재산을 모을 수 있습니다.
　㉣ 개인의 이익, 자기가 속한 집단의 이익을 위해 노력하는 과정에서 경제가 활성화되고 사회·문화적으로도 풍요로워집니다.

> **심화**
>
> **한국의 시장경제체제와 정부의 역할**
> - 시장경제체제의 가장 큰 특징은 자유로운 경쟁과 사유재산권의 인정입니다.
> - 정부는 자유로운 경쟁 속에서 약자들이 피해를 보는 등 시장경제체제의 부작용이 발생하지 않도록 경제활동에 부분적으로 개입합니다.
> - 정부는 공정한 경쟁이 이루어질 수 있도록 독과점 기업, 대기업의 횡포를 막습니다.
> - 사회질서, 국민의 안전과 건강을 위협하는 기업들을 규제하고 제지합니다.
> - 공공재 개발 및 마련, 복지제도 시행 등으로 사회적 약자들의 기본권을 지원합니다.
>
> **공정거래위원회**
> - 독점과 불공정 거래 등으로 다른 기업이나 소비자에게 피해를 주는 것을 막고, 경쟁 촉진, 소비자 주권 확립, 중소기업 경쟁기반 확보, 경제력 집중 억제 등의 기능을 합니다.
> - 기업 간의 공정하고 자유로운 경쟁을 보장하기 위해 경제활동의 기본질서를 확립하는 역할을 합니다.

(2) 일상생활과 경제

① **한국의 화폐**
  ㉠ 한국 화폐로는 동전, 지폐가 있고 수표를 사용하기도 합니다.
  ㉡ 10원, 50원, 100원, 500원 동전이 사용되고 있으며, 지금은 쓰이지 않지만 1원, 5원 동전도 있습니다.
  ㉢ 1,000원, 5,000원, 10,000원, 50,000원권 지폐가 쓰이고 있습니다.
  ㉣ 요즘은 신용카드, 체크카드, 모바일 간편 결제 서비스의 사용이 활발해지고 있습니다.

② **물가**
  ㉠ 다양한 재화, 서비스의 가치를 종합하여 계산한 평균 가격, 또는 전반적인 물건의 가격을 물가라고 합니다.
  ㉡ 한국은 공공요금의 물가는 비교적 저렴한 편이지만 식재료의 물가는 비싼 편입니다.
  ㉢ 물가가 오르면 돈의 가치가 떨어져 결과적으로 소득이 줄어들게 됩니다. 그렇기 때문에 물가상승률이 높아지지 않도록 해야 합니다.

③ **실업**
  ㉠ 일할 의지가 있지만 일자리를 못한 상태를 실업이라고 합니다.
  ㉡ 일을 하지 않아 소득이 없어 개인적으로 많은 어려움을 겪고, 사회적으로 경제활동 인구가 줄어들어 많은 사회 문제가 발생합니다.
  ㉢ 최근에는 청년 실업률이 높아 일자리를 늘리는 정책이 생기고 있습니다.

확인학습

01 한국의 경제와 경제활동에 대한 설명으로 옳지 않은 것은?

① 사유재산권이 보장된다.
② 자유롭게 직업을 선택할 수 있다.
③ 국민경제 주체는 가계, 기업, 정부이다.
④ 생활에 필요한 재화와 서비스를 소비하는 것을 경제활동이라고 한다.

해설 생활에 필요한 재화와 서비스를 소비하는 것과 생산하는 것 모든 활동을 통틀어 경제활동이라고 한다.

02 한국의 경제에 대한 설명으로 옳지 않은 것은?

① 개인이 자기 재산을 소유할 수 있다.
② 개인의 노력으로 재산을 모을 수 있다.
③ 정부는 시장의 경쟁에 개입하지 않는다.
④ 이익을 얻기 위한 노력은 경제 활성화, 사회·문화 발전에도 도움이 된다.

해설 한국 경제는 기본적으로 자유로운 경쟁을 원칙으로 하지만, 독과점, 대기업의 횡포 등을 방지하기 위하여 정부가 부분적으로 경쟁에 개입한다.

03 한국 화폐에 대한 설명으로 옳은 것은?

① 동전에는 역사적인 인물들이 그려져 있다.
② 십 원 동전과 오십 원 동전은 지금은 쓰이지 않는다.
③ 온라인 결제를 제외하고는 모두 현금 결제를 해야 한다.
④ 한국에서 쓰이는 지폐는 천 원권, 오천 원권, 만 원권, 오만 원권이다.

해설 ① 역사적인 인물들이 그려진 것은 지폐이다.
② 지금 쓰이지 않는 동전은 1원과 5원 동전이다.
③ 오프라인에서도 신용카드, 체크카드 결제가 활발하게 이루어지고 있으며, 요즘은 모바일 간편 결제의 사용도 늘고 있다.

참고 한국의 동전
• 10원 동전 뒤에는 다보탑, 50원 동전 뒤에는 벼 이삭, 100원 동전 뒤에는 이순신 장군, 500원 동전 뒷면에는 학이 그려져 있다.
• 지금은 쓰이지 않는 1원 동전 뒤에는 무궁화, 5원 동전 뒤에는 거북선이 그려져 있다.

정답 01 ④ 02 ③ 03 ④

04 물가에 대한 설명으로 옳은 것은?

① 한국은 식재료 물가가 저렴하다.
② 물가가 오르면 돈의 가치가 떨어진다.
③ 재화와 서비스의 가치를 모두 합한 가격을 말한다.
④ 물가상승률이 높아지면 사람들의 소득이 높아진다.

해설 ① 한국은 공공요금 물가가 비교적 저렴하고, 식재료 물가는 비싼 편이다.
③ 물가는 재화나 서비스의 가치를 종합하여 계산한 평균 가격이다.
④ 물가상승률은 물가가 오르는 정도를 말한다. 물가가 많이 오르면 그만큼 돈의 가치가 많이 떨어지므로 소득이 오히려 낮아진다.

05 실업에 대한 설명으로 옳지 않은 것은?

① 일을 하고 싶지만 일을 못하는 상태를 말한다.
② 재화와 서비스를 생산하는 경제활동 인구가 줄어 사회적으로도 문제가 된다.
③ 소득이 끊겨 생활이 어려워지기 때문에 개인적으로 많은 어려움을 겪게 된다.
④ 정부는 청년 실업 인구의 생활비를 지원하며 관련된 사회 문제를 해결해야 한다.

해설 청년 실업을 해결하기 위해서는 일자리 창출 등의 정책 마련이 필요하다. 실업 인구의 생활비 지원 등은 실업이라는 근본적인 문제를 해결하는 방법이 아니다.

06 한국이 채택하고 있는 경제체제는?

① 시장경제체제
② 계획경제체제
③ 명목경제체제
④ 실질경제체제

참고 **시장경제체제**
- 개별 경제 주체가 자유로운 계약에 기초하여 합리적으로 경제활동을 수행한다.
- 개인이 각자의 이익을 추구하도록 자유를 최대한 보장한다.
- 한국에서는 이를 헌법으로 보장한다.

정답 04 ② 05 ④ 06 ①

07 합리적인 소비와 관련된 설명으로 옳지 않은 것은?

① 물가를 고려하여 합리적인 선택을 해야 한다.
② 지출을 줄이기 위해 정신적인 만족감은 고려하지 않아도 된다.
③ e-나라지표에서 소비자 물가지수와 같은 정보를 얻을 수 있다.
④ 충동적인 소비보다는 계획적으로 소비하는 것이 건강한 소비습관이다.

해설 합리적인 소비가 반드시 지출 총액을 줄이는 것을 의미하는 것은 아니다. 합리적인 소비를 위해 비용을 고려하는 것은 필요하지만 정신적인 만족감이나 소비를 통해 얻는 여러 가지 이익을 다양하게 고려해야 한다.

08 한국의 국민경제에 대한 설명으로 옳지 않은 것은?

① 정부는 세금으로 나라를 운영한다.
② 가계는 정부에 임금과 이자 등을 지급한다.
③ 기업은 재화와 서비스를 생산하는 역할을 한다.
④ 재화와 서비스를 소비하는 역할은 주로 가계에서 담당한다.

해설 가계는 정부에 세금을 납부한다. 임금과 이자는 기업이 가계에 지급한다.

09 시장경제체제에서 정부의 역할로 옳지 <u>않은</u> 것은?

① 특정 재화의 가격이 폭등하면 정부에서 가격 상한선을 규제한다.
② 정부의 세금으로 공공서비스를 제공하여 국민들의 안정적인 생활을 지원한다.
③ 특정 기업에서 재화를 지나치게 싸게 팔아 경쟁업체들이 막대한 피해를 입으면 정부에서 이를 규제한다.
④ 특정 기업이 시장을 독점하여 다른 기업의 경쟁시장 진입을 불가능하게 하면 경쟁업체들은 이 문제를 스스로 해결해야 한다.

참고 시장경제체제에서 정부는 공정한 경쟁이 이루어질 수 있도록 법이나 제도를 마련하는 등 시장에 부분적으로 개입한다.

10 한국의 시장경제체제에서 정부의 역할이 <u>아닌</u> 것은?

① 시장에서 물건이 팔리는 가격을 정한다.
② 경제적 약자들이 소외되지 않도록 한다.
③ 시장에서 공정한 경쟁이 유지되도록 한다.
④ 법이나 제도를 통해 경제활동 과정에서 피해를 주는 행위를 막는다.

해설 시장경제체제는 자유롭게 경쟁하는 것을 원칙으로 한다. 정부에서는 자유롭게 경쟁할 수 있는 환경을 갖추고, 그 안에서 약자들이 피해를 보는 일이 발생하지 않도록 최소한으로 개입하게 된다.

참고 시장경제체제를 위한 정부의 노력
- 경제활동 과정에서 사회적 피해를 주지 않도록 법이나 제도를 마련한다.
- 시장에서 공정한 경쟁이 유지되게 한다.
- 복지 정책을 통해 경제적 약자들이 소외되지 않게 한다.

정답 09 ④ 10 ①

2. 경제 성장

(1) 한강의 기적과 한국의 경제 성장

① **한국의 경제 성장 과정**

㉠ **한강의 기적**: 한국전쟁 이후 산업시설 대부분이 파괴되는 등 심각한 가난에 시달렸지만 높은 교육열과 풍부한 노동력, 경제적 위기를 극복하겠다는 의지로 짧은 기간에 급속도로 이루어진 경제 성장을 한강의 기적이라고 합니다.

㉡ 한국전쟁 이후 1960년대 한국의 1인당 국민 총소득(GNI)은 79달러였으나 1980년대까지 엄청난 경제 성장을 이루었고, 2021년에는 처음으로 1인당 국민 총소득이 35,000달러를 돌파하였습니다.

㉢ **1997년 IMF 외환위기**를 겪었지만 예상보다 빠르게 위기를 극복하였습니다.

㉣ 2008년에는 세계 규모의 금융위기가 닥쳐 한국 경제에도 위기가 있었습니다.

㉤ 현재는 선박·자동차·반도체 산업, 각종 서비스 산업 등이 한국의 경제 성장을 주도하고 있습니다.

더 알아보기

IMF 외환위기
- 한국의 경제 성장 과정에서 많은 외국 자본이 한국에 유입됐습니다.
- 금융기관들은 외국 자본에 기대어 자본을 마련했고 그 결과 외국에 진 빚이 늘어났습니다.
- 한국에 투자되었던 해외 자본이 빠져나가고 한국의 여러 기관과 기업들이 어려움을 겪게 되었으며, 한국 정부는 국제통화기금에 도움을 요청하게 됐습니다.
- 한국은 빌려온 외화를 바탕으로 경제를 다시 일으켰고, 금 모으기 운동과 같은 국민들의 노력 끝에 한국은 예상보다 빠르게 빚을 갚을 수 있었습니다.
- IMF 시기를 거치며 많은 기업이 문을 닫거나 직원들을 해고했고, 그 결과 실업자가 늘어나면서 고용이 불안정해졌습니다.

② **한국의 경제 성장 요인**

㉠ 풍부한 노동력: 풍부한 노동력으로 경제 성장을 이루고 외화를 벌 수 있었습니다.

㉡ 높은 교육열: 높은 교육열로 우수한 인재를 기를 수 있었고, 그 인재들의 노력이 경제 성장으로 이어졌습니다.

㉢ 경제적 위기를 극복하겠다는 국민들의 의지: 나라에 닥친 어려움을 극복하겠다는 국민들의 의지가 모여 경제적 위기를 극복할 수 있었습니다.

(2) 한국의 경제 교류
　① 수출입 시장에서의 한국
　　㉠ 한국은 수출과 수입 모두 꾸준하게 이루어지고 있으며 무역 규모는 상위권을 유지하고 있습니다.
　　㉡ 수출주도형 경제성장정책으로 2018년에는 세계에서 7번째로 연간 수출액 6,000억 달러를 돌파하였습니다.
　　㉢ 산업통상자원부 사이트 내 'FTA 추진현황' 자료에 따르면 2024년 기준 59개 국가와 자유무역협정(FTA)을 체결하였습니다. 한국은 FTA를 적극적으로 체결하여 무역 시장에서의 경쟁력을 강화하고 있으며, 수출입 시장에서 안정적인 시장을 확보하고 있습니다.
　　㉣ OECD에 가입하여 지속 가능한 성장, 무역 시장의 확대 등을 위하여 노력하고 있습니다.
　　㉤ 한국은 세계로 해외 투자나 해외여행을 늘리고 있고, 한국으로 들어오는 투자와 여행도 늘어나고 있습니다.
　② 시대별 주요 수출품
　　㉠ 1950년대에는 흑연, 텅스텐, 철광석, 김 등 농축수산물과 광산물을 주로 수출했습니다.
　　㉡ 1960년대에는 주로 옷, 신발, 가방, 가발 등의 경공업 제품을 수출했습니다.
　　㉢ 1970년대에는 배, 기계, 철강과 같은 중화학공업 제품을 주로 수출했습니다.
　　㉣ 1980년대에는 자동차, 전기, 전자 제품 등을 주로 수출했습니다.
　　㉤ 1990~2010년대에는 반도체, 스마트폰, 신소재를 주로 수출했습니다.
　　㉥ 현대에는 첨단산업 제품의 수출이 꾸준히 이루어지고 있으며, 드라마나 음악 등 문화 콘텐츠, 의료 서비스의 수출도 이루어지고 있습니다.
　③ **국제사회의 도움을 받던 나라에서 도움을 주는 나라가 된 한국**
　　㉠ 6·25 전쟁 후, 한국은 세계에서 가장 가난한 나라 중 하나였고, 국제사회의 도움을 받는 나라였습니다.
　　㉡ 2009년에 OECD 개발원조위원회(DAC) 회원국으로 결정되어 2010년부터 정식으로 활동하며 한국은 세계 최초로 도움을 받던 나라에서 도움을 주는 나라가 되었습니다.

확인학습

01 짧은 시간 안에 급속도로 일어난 한국의 경제 성장을 가리키는 말은?

① 새마을운동 ② 남산의 기적
③ 한강의 기적 ④ 라인강의 기적

해설 한국의 경제 성장을 이르는 말은 한강의 기적이다.
① 새마을운동은 '잘 살아보세'라는 구호를 바탕으로 1970년대에 근면, 자조, 협동의 정신으로 이루어진 빈곤퇴치·지역사회개발 운동이다.
④ 라인강의 기적은 제2차 세계대전 이후, 전쟁에서 진 독일은 극심한 빈곤 상태였지만 독일은 우수한 노동력을 바탕으로 좋은 품질의 제품을 생산하여 독일의 라인강을 통해 무역활동을 전개했다. 그 결과 눈부신 경제 성장을 이루어 경제 선진국 대열에 합류할 수 있었다.

02 한국의 경제 성장 과정에 대한 설명으로 옳지 않은 것은?

① 2024년 기준 1인당 국민 총소득은 3만 달러를 넘어섰다.
② 한국 경제는 6·25 전쟁 이후 위기 없이 계속해서 성장하고 있다.
③ 한국의 경제 성장은 세계 경제사적으로도 의미 있는 사건으로 평가된다.
④ 한국은 6·25 전쟁 후 산업시설이 대부분 파괴되는 등 심각한 가난에 시달렸다.

해설 한국 경제는 6·25 전쟁 이후 한강의 기적이라 불릴 정도로 급속도로 성장했지만, 1997년 IMF 외환위기, 2008년 세계 금융위기를 거치며 위기를 맞기도 했다.

03 한국의 경제 성장 요인에 대한 설명으로 옳은 것은?

① 풍부한 자원이 경제 성장의 발판이 되었다.
② 노동력이 부족해 경제 성장에 어려움을 겪었다.
③ 높은 교육열로 우수한 인재를 길러낼 수 있었다.
④ 지금까지도 국제사회의 도움을 받고 있기 때문에 빚을 갚아야 한다.

해설 한국의 높은 교육열은 우수한 인재의 양성으로 이어졌고, 우수한 인재들이 모여 한국의 경제 성장을 이루었다.
①·② 한국은 자원이 풍부한 나라가 아니다. 한국의 경제 성장의 바탕은 풍부한 노동력이다.
④ 1997년 IMF 외환위기 당시 IMF로부터 외화를 빌렸고, 2001년 국채를 모두 갚았다. 오늘날 한국은 국제사회에 도움을 주고 있는 나라 중 하나이다.

04 한국의 경제 교류에 대한 설명으로 옳지 않은 것은?

① 한국 경제는 수출, 수입 모두 꾸준히 큰 규모를 유지하고 있다.
② 한국의 주요 무역 상대국가로는 중국, 미국, 베트남, 일본 등이 있다.
③ 안정적인 시장을 확보하여 노력하지 않고도 무역 규모를 유지하고 있다.
④ 약 60개 국가와 FTA를 체결하며 무역시장에서 경쟁력을 강화하고 있다.

해설 안정적인 무역 규모를 꾸준히 유지하기 위해서는 변화하는 세계 경제를 파악하고 이를 바탕으로 경제 협약을 체결하는 등 꾸준한 노력이 필요하다.

참고 자유무역협정(FTA)
- 상품, 서비스 교역에 대한 관세나 어려움을 줄이거나 없애는 등 무역 특혜를 부여하는 협정으로, FTA 체결을 통해 안정적인 수출입 시장을 확보할 수 있다.
- 산업통상자원부 사이트 내 'FTA 추진현황' 자료에 따라 한국은 2024년 기준 칠레, 싱가포르, EFTA(유럽자유무역연합), ASEAN(동남아국가연합), 인도, EU(유럽연합), 페루, 미국, 튀르키예, 호주, 캐나다, 중국, 뉴질랜드, 인도네시아, 캄보디아, 베트남, 콜롬비아, 중미, 영국, RCEP 총 59개 국가와 21건 협약을 체결하였다.

05 한국의 주요 수출품에 대한 설명으로 옳은 것은?

① 1970년대에는 자동차, 전자 제품 등을 주로 수출했다.
② 1980년대에는 반도체, 휴대 전화, 신소재를 주로 수출했다.
③ 2000년대 한국의 주요 수출품으로는 가발, 가방, 옷 등이 있다.
④ 요즘은 드라마, 영화, 음악 등 문화 콘텐츠와 서비스 산업의 수출도 이루어진다.

해설 ① 1970년대 주요 수출품은 배, 기계, 철강 등이다.
② 1980년대 주요 수출품은 자동차, 전기, 전자 제품 등이다.
③ 가발, 가방, 옷과 같은 경공업 제품을 주로 수출하던 시기는 1960년대이다. 1990~2010년대에는 반도체, 휴대 전화, 신소재 수출이 주로 이루어지기 시작하여 오늘날까지 이어지고 있다.

06 한국의 산업 발달 과정을 바르게 연결한 것은?

① 농업 - 경공업 - 첨단산업 - 중화학공업
② 농업 - 경공업 - 중화학공업 - 첨단산업
③ 농업 - 첨단산업 - 중화학공업 - 경공업
④ 농업 - 중화학공업 - 경공업 - 첨단산업

참고 한국의 산업 발달 과정
농업(1960년대 이전) → 경공업(1960년대) → 중화학공업(1970~1980년대) → 첨단산업(2000년대 이후)

정답 04 ③ 05 ④ 06 ②

07 한국에서 수출하는 품목이 아닌 것은?

① 석유
② 반도체
③ 석유제품
④ 무선통신기기

해설 석유는 한국의 주요 수입품이다.

참고 한국의 10대 수출 품목(2023년 기준)

1위	반도체	6위	선박 해양 구조물 및 부품
2위	자동차	7위	철강판
3위	석유제품	8위	평판디스플레이 및 센서
4위	자동차 부품	9위	정밀화학원료
5위	합성수지	10위	무선통신기기

출처: e-나라지표

08 한국의 경제 성장과 관련된 설명으로 옳은 것은?

① IMF 외환위기를 극복 중인 나라
② 전쟁으로 파괴된 산업시설로 어려움을 겪는 나라
③ 경제적 어려움을 겪지 않고 지속적으로 성장 중인 나라
④ 세계 최초로 도움을 받는 나라에서 도움을 주는 나라로 바뀐 나라

해설 한국은 한국전쟁 이후 UN을 비롯한 여러 국제기구로부터 도움을 받아 전쟁 후의 어려움을 극복했다. 이후 놀라운 경제 성장을 이루어 OECD 개발원조위원회 회원국으로도 인정받으며 도움이 필요한 나라에 도움을 주는 나라가 되었다.
① 한국은 2001년 IMF에게 빌린 외화를 전부 갚아 외환위기를 극복했다.

참고 어려운 나라를 돕는 한국
- 2010년 국제적인 도움이 필요한 개발도상국가의 원조를 지원하는 OECD 개발원조위원회(DAC) 회원국으로 인정받았다.
- 한국국제협력단(KOICA), 대외경제협력기금(EDCF) 등으로 도움이 필요한 나라를 지원하고 있다.

09 국민들의 생활수준을 알기 위해 사용되는 지표는?

① 국내 총소득
② 국내 총생산
③ 국민 총소득
④ 1인당 국민 총소득

해설 ① 국내 총소득: 국내 거주인이 1년 동안 벌어들인 소득
② 국내 총생산: 국내에서 일정기간 동안 생산한 최종 생산물의 가치를 합한 것
③ 국민 총소득: 한 나라의 국민이 일정 기간 벌어들인 소득의 합계

10 한국의 경제 교류에 대한 설명으로 옳은 것은?

① 세계 최초로 도움을 받는 나라에서 주는 나라로 바뀌었다.
② 우수한 노동력은 국내 경제에만 기여했고 해외로는 나가지 못했다.
③ 한국은 세계 여러 나라와 무역협정을 맺지 못해 무역 시장에서 어려움을 겪고 있다.
④ 6·25 전쟁 이후 한국은 국제사회의 도움을 받지 못해 오랫동안 빈곤상태가 유지됐다.

해설 ② 1960~1970년대에 한국에서는 독일로 대규모 인력을 파견했다.
③ 2024년 기준 한국은 59개 국가와 FTA를 체결하며 무역 시장에서의 경쟁력을 강화하고 있다.
④ 6·25 전쟁 이후 한국은 국제사회의 도움을 받아 기본적인 식량 지원, 의료 지원 등을 받을 수 있었고, 경제적인 지원을 받아 경제 성장을 이룰 수 있었다.

참고 **1960~1970년대 파독 간호사와 파독 광부**
1960~1970년대 한국에서는 해외 수출 인력으로 간호사와 광부를 독일로 파견했다. 한국에서는 실업난이 계속됐고, 제2차 세계대전 이후 독일은 노동력이 부족해 힘든 육체노동이 필요한 인력이 매우 부족했다. 독일로 건너간 파독 간호사와 광부들이 한국으로 보낸 외화가 한국 경제 성장에 큰 도움이 되었다.

정답 09 ④ 10 ①

3. 시장과 소비자

(1) 시장의 종류

① 정기 시장
   ㉠ 정기 시장은 정해진 날짜에 열리는 시장을 말합니다. 요즘에는 많이 사라지고 있지만 아파트 단지에서 특정 요일에 장터가 열리기도 합니다.
   ㉡ 여전히 일부 지방에서는 정기 시장이 열리기도 하며, 일부 지역에서는 정기 시장이 하나의 관광지로 관심을 받기도 합니다.
   ㉢ 주로 3일장, 5일장 등으로 열립니다.

② 상설 시장
   ㉠ 날마다 열리는 시장을 말합니다. 전통시장, 슈퍼마켓, 대형 마트, 백화점, 편의점 등이 있습니다.
   ㉡ **전통시장**: 옛날식 시장으로 대체로 물건값이 싸고 **흥정**을 하여 가격을 깎을 수 있으며, 같은 가격에 물건을 더 주는 **덤** 문화가 있습니다. 재래시장이라고도 합니다.
   ㉢ 슈퍼마켓: 주로 동네에 있으며 채소나 과일, 과자, 간단한 생필품을 판매합니다.
   ㉣ **대형 마트·백화점**: 현대식 시장으로 주차장이 넓고 물건의 종류가 다양합니다.
   ㉤ 편의점: 대부분 24시간 동안 영업하며 식료품 위주의 간단한 생활용품을 살 수 있습니다.

〈전통시장〉

③ 온라인 쇼핑과 홈쇼핑
   ㉠ 정보통신기술이 발달하여 직접 매장에 가지 않고 물건이나 서비스를 구매할 수 있습니다. 온라인 쇼핑과 홈쇼핑을 통틀어 통신판매라고도 합니다.
   ㉡ **온라인 쇼핑**: 인터넷, 스마트폰을 이용해 온라인 쇼핑몰에서 원하는 물건이나 서비스를 구입할 수 있습니다. 홈페이지의 상품평이나 블로그 등의 SNS를 통해 상품의 정보를 얻을 수 있지만 직접 눈으로 상품을 보지 못하고 구매해야 한다는 한계가 있습니다.
   ㉢ TV 홈쇼핑: 텔레비전의 홈쇼핑 채널을 통해 상품에 대한 정보를 볼 수 있습니다. 방송을 보고 전화를 걸어 상품을 주문하거나 스마트폰으로 주문할 수 있습니다.

〈TV 홈쇼핑〉

(2) 소비자의 권리와 책임
　① 소비자의 권리
　　㉠ 구입한 상품에서 발생하는 위험에서 보호받을 권리가 있으며, 수리·교환·환불·피해 보상을 요구할 수 있습니다.
　　㉡ 상품을 선택할 때 필요한 정보를 제공받을 권리가 있으며, 자유롭게 상품을 선택하여 구매할 권리가 있습니다.
　② **소비자를 보호하는 제도와 기관**
　　㉠ **소비자기본법**: 소비자의 기본적인 권리와 책임을 나누고 소비자의 권익을 증진하기 위해 기업, 정부의 역할을 규정한 법입니다.
　　㉡ **제조물 책임법**: 제조업체가 상품에 대한 책임을 지도록 하는 제도입니다.
　　㉢ **리콜 제도**: 생산자는 상품에 문제가 있을 경우 이를 소비자에게 알려주고, 그 상품을 수리·교환해 주는 제도입니다.
　　㉣ **의무표시제**: 소비자의 안전과 관련된 중요한 정보(원산지, 유통 기한, 영양 성분 등)를 반드시 표시하게 하는 제도입니다.
　　㉤ 한국소비자원: 소비자와 판매자 사이에 문제가 발생했을 때 해결을 위해 도움을 주는 기관입니다.
　③ 소비자의 책임
　　㉠ 소비자는 상품을 구입할 때 가격과 품질을 생각하고 소비에 필요한 상품 정보를 반드시 확인해야 합니다.
　　㉡ 소비자의 권리를 주장하고 공정하고 올바른 거래가 이루어지도록 해야 합니다.

확인학습

01 정기 시장에 대한 설명으로 옳은 것은?

① 명절에 붐빈다.
② 정해진 날짜에만 열린다.
③ 식당이나 영화관 같은 문화 시설과 가깝다.
④ 백화점이나 대형 마트와 같은 현대식 시장이다.

해설 ① 농수산물의 수요가 많은 명절에 붐비는 시장은 전통시장이다.
③ 백화점이나 대형 마트는 문화 시설과 가까이에 있는 경우가 많다.
④ 백화점이나 대형 마트는 상설 시장이다.

02 다음 중 상설 시장이 아닌 것은?

① 5일장
② 백화점
③ 편의점
④ 대형 마트

해설 5일장은 정기 시장이다.

03 상설 시장에 대한 설명으로 옳지 않은 것은?

① 거의 매일 열리는 시장이다.
② 편의점은 보통 24시간 동안 영업한다.
③ 재래시장에 가면 덤으로 물건을 더 받을 수도 있다.
④ 자동차를 가지고 다양한 물건을 사려면 슈퍼마켓에 가야 한다.

해설 다양한 물건을 살 수 있으며 주차장이 잘 갖춰진 상설 시장은 대형 마트와 백화점이다. 슈퍼마켓은 동네에 있으며 주차 공간이 없거나 협소하고 물건도 비교적 다양하지 않다.

04 온라인 쇼핑에 대한 설명으로 옳지 않은 것은?

① 눈으로 직접 상품을 볼 수 없다는 단점이 있다.
② 상품평이나 블로그의 후기는 모두 믿을 수 있다.
③ 모바일 결제 등으로 빠르고 간단하게 결제할 수 있다.
④ 인터넷이나 스마트폰을 이용해 쉽게 상품을 구입할 수 있다.

해설 상품평이나 블로그의 후기를 참고하여 온라인으로 상품을 구매할 수 있지만, 그 정보들이 모두 사실인 것은 아니다. 거짓으로 작성된 후기가 있을 수 있으므로 온라인 쇼핑을 할 때는 꼼꼼하게 상품 정보를 찾아보고 상품평을 비교해야 한다.
③ 현대에는 정보통신기술이 발달하여 스마트폰 결제 시스템이 간소화되었다. 여러 가지 결제 플랫폼을 통해 쉽고 간단하게 상품을 구매할 수 있다.

05 통신판매에 대한 설명으로 옳지 않은 것은?

① 온라인 쇼핑과 TV 홈쇼핑이 있다.
② 통신판매로 구매한 상품은 교환이나 환불을 받을 수 없다.
③ 스마트폰을 이용해 원하는 상품을 구입하는 것은 온라인 쇼핑이다.
④ TV 홈쇼핑은 텔레비전의 홈쇼핑 채널을 보며 상품에 대한 정보를 얻을 수 있다.

해설 통신판매로 구매한 상품도 교환이나 환불을 받을 수 있다.

06 소비자의 권리에 속하지 않는 것은?

① 자유롭게 상품을 선택하고 구매할 권리
② 상품을 구입할 때 증정품을 요구할 권리
③ 상품을 구입할 때 필요한 정보를 제공받을 권리
④ 구입한 상품으로 인한 위험으로부터 보호받을 권리

참고 **소비자의 기본 권리**
- 구매한 상품에서 발생한 위험으로부터 보호받을 권리
- 상품 선택에 필요한 지식, 정보를 제공받을 권리
- 상품 사용 시 상표, 구입 장소, 가격, 거래 조건 등을 자유롭게 선택할 권리
- 상품 소비에 영향을 주는 국가 정책에 의견을 반영할 권리
- 상품 사용 중 발생한 피해에 대해 보상받을 권리
- 합리적인 소비를 위해 필요한 교육을 받을 권리
- 소비자의 권익 증진을 위해 단체를 조직하고 활동할 권리
- 안전하고 쾌적한 환경에서 소비할 권리

07 소비자를 보호하는 제도가 아닌 것은?

① 보상판매
② 리콜 제도
③ 의무표시제
④ 제조물 책임법

해설 보상판매는 소비자 보호 제도가 아니라 일종의 할인 제도이다.

참고 **보상판매**
보상판매는 어떤 제조업자가 일정 기준에 따라 자기 회사에서 제조한 구제품의 가격을 인정하여 구제품을 가져오는 고객에게 신제품의 가격 일부를 할인하여 판매하는 것이다.

08 물건을 구매하다가 피해를 입은 소비자가 도움 받을 수 있는 기관은?

① 기획재정부
② 한국소비자원
③ 산업통상자원부
④ 식품의약품안전처

해설 소비자 보호 기관으로는 한국소비자원, 한국소비자단체협의회, 한국소비자연맹 등이 있다.

09 현금을 사용한 내역으로 연말정산에 도움이 되는 것은?

① 소득공제
② 현금영수증
③ 카드영수증
④ 수표영수증

참고 현금영수증
- 현금을 사용하고 발급받는 영수증을 말한다.
- 이후에 연말정산에서 소득에 대한 세금을 줄여준다.
- 현금영수증 카드나 전화번호를 등록해 놓고 발급받을 수 있다.

10 〈보기〉가 설명하는 것은?

• 보기 •
- 주로 식품 따위의 상품에 적용된다.
- 상품이 시중에서 유통될 수 있는 기한을 말한다.

① 유통 기한
② 소비 기한
③ 유통 마감일
④ 상품 제조일

해설 유통 기한에 대한 설명이다.

참고 유통 기한과 소비 기한
- 유통 기한은 상품이 시중에 유통되어 판매할 수 있는 기한을 말한다.
- 소비 기한은 상품을 실제로 먹고 사용할 수 있는 기한을 말한다.
- 보통 유통 기한이 지난 식품이라도 부패하지 않았거나 상하지 않았을 경우에는 섭취 또는 사용이 가능한 경우가 많다.

정답 09 ② 10 ①

4. 금융기관

(1) 금융기관의 종류 중요

① **시중은행**
  ㉠ 전국에 지점이 있어 이용하기 편리한 은행입니다.
  ㉡ KB국민은행, 우리은행, 신한은행, KEB하나은행 등이 있습니다.

〈은행 거래〉

② **지역은행**
  ㉠ 지역 경제 발전을 위한 은행으로 **특정한 지역에서만 영업**하는 은행입니다.
  ㉡ 대구은행, 부산은행, 광주은행, 제주은행 등이 있습니다.

③ **상호저축은행**
  ㉠ 시중은행보다 금리가 높지만 상대적으로 안전성이 낮습니다.
  ㉡ 지점이 적어 이용하기 비교적 불편합니다.

④ **인터넷 전문은행**
  ㉠ 실물 은행 점포가 없거나 아주 적고 인터넷을 통해 금융서비스를 제공하는 은행입니다.
  ㉡ 스마트폰, 인터넷 등을 통해 은행 거래를 할 수 있습니다.
  ㉢ 대표적으로 카카오뱅크, 케이뱅크 등이 있습니다.

⑤ **그 외 금융기관**
  ㉠ 우체국, 새마을금고, 단위농협: 전국에 지점이 있으며 안전합니다.
  ㉡ 증권회사: 증권시장과 투자자 사이에서 증권 매매 업무를 담당합니다. 은행 이자보다 이익을 많이 얻을 수 있지만 위험성이 높습니다.
  ㉢ 보험회사: 평소에 보험료를 내고 필요할 때 보험금을 받을 수 있습니다. 중간에 보험을 해지할 경우 손해를 볼 수 있습니다.

더 알아보기

예금자보호법 중요
- 금융기관의 파업이나 영업 정지 등 문제가 발생해서 거래 고객에게 예금액을 지불하지 못할 경우 예금자를 보호하는 법입니다.
- 금융기관별로 원금과 이자를 합하여 1인당 최고 5,000만 원까지 보장해 줍니다.

심화

자산관리 방법
- 여유 자금을 은행에 예금하거나 적금을 들어 돈을 모을 수 있습니다.
- 대출: 목돈이 필요할 경우 은행에서 대출을 받을 수 있습니다. 금리에 따라 이자가 달라질 수 있어 금리를 확인해야 하며, 신용 점수에 따라 혜택을 받을 수도 있어 신용 점수를 잘 관리해야 합니다.
- 주식: 회사의 주식을 구입해 주주가 되어 배당금을 받고, 주가가 오르면 주식을 팔아 이익을 얻을 수 있습니다. 주가가 많이 오를수록 수익이 높지만 주가가 떨어지면 손해를 볼 수 있어 안전하지 않습니다.
- 채권: 정부나 기업에서 오랫동안 쓸 큰 금액의 돈을 마련하기 위해 일반인들에게 돈을 빌리고 주는 차용 증서입니다. 채권을 구입해 되팔거나 이자를 받는 투자 방법으로 국가에서 발행하는 국채와 일반 기업이나 은행에서 발행하는 사채가 있습니다. 주식보다는 수익이 낮지만 안정적입니다.
- 투자: 건물, 토지 등을 구입해 값이 오르면 되팔거나 임대료를 받는 부동산 투자를 통해 이익을 볼 수 있습니다. 또는 자산운용회사를 통해 기업이나 사업에 투자하여 이익을 볼 수 있습니다. 이 경우 수익이 클 수 있지만 손해를 볼 가능성이 있어 주의해야 합니다.
- 펀드: 여러 사람의 돈을 전문가(펀드 매니저)에게 맡겨 기업에 투자를 하고 여기서 올린 수익을 다시 투자자에게 나눠주는 것입니다. 그러나 투자 결과에 대해서는 투자자 본인이 책임을 지기 때문에 주의해야 합니다.

보험
- 보험: 평소 보험금을 내고 아프거나 위기에 처했을 때 보험금을 받아 어려움을 해결할 수 있습니다.
- 손해보험: 각종 사고에 대비한 보험으로 자동차보험, 화재보험 등이 있습니다.
- 생명보험: 사람의 신체나 생명의 위험에 대비한 보험입니다.

(2) 금융 거래

① 계좌 만들기
  ㉠ 은행을 이용하려면 계좌가 필요합니다.
  ㉡ 계좌를 만들기 위해서는 본인의 신분증(주민등록증, 운전면허증, 여권, 외국인등록증 등)이 반드시 필요합니다.
  ㉢ 인감도장이 있어야 하며, 요즘은 서명으로 대체 가능한 경우도 많습니다.

더 알아보기

금융실명제
- 반드시 본인이 본인의 이름으로만 은행 거래가 가능하도록 만든 법입니다.
- 금융 거래를 투명하게 하기 위한 제도입니다.

② 다양한 저축 상품
  ⊙ 보통예금: 계좌에 돈을 넣고 자유롭게 입금과 출금을 할 수 있습니다. 보통예금 계좌의 이자율은 낮은 편입니다.
  ⓒ 정기적금: 정해진 기간 동안 일정한 금액을 정기적으로 적립하고, 해지 시에는 모인 금액과 그에 대한 이자를 돌려받습니다.
  ⓒ 정기예금: 일정 기간 동안 일정 금액을 넣어 두고, 넣어 놓은 금액에 대한 이자를 받습니다.
③ 금융 거래 방법
  ⊙ 은행 지점을 방문하여 창구에서 대면 거래가 가능합니다.
  ⓒ 은행 자동화기기(ATM), 인터넷뱅킹, 스마트폰 모바일뱅킹 등을 통하여 금융 거래를 할 수 있습니다.

확인학습

01 지점이 많아 이용하기 편리한 금융기관은?

① 시중은행
② 한국은행
③ 상호저축은행
④ 인터넷 전문은행

해설 시중은행에 대한 설명이다.

참고 한국은행
• 한국은행은 화폐를 발행하는 중앙은행으로, 일반적인 금융 거래는 이루어지지 않는다.
• 화폐가 시중에 유통되는 양이나 금리 등이 적절하게 유지되도록 살펴보고 관리하는 역할을 한다.

01 ① 정답

02 지역은행에 대한 설명으로 옳은 것은?

① 전국 곳곳에 지점이 있다.
② 시중은행보다 금리가 높다.
③ 신한은행, KEB하나은행은 지역은행이다.
④ 지역 경제 발전을 위한 자금을 공급한다.

해설 ① 지역은행은 특정 지역에서만 영업하는 은행이다.
② 시중은행보다 금리가 높은 곳은 상호저축은행이다.
③ 신한은행, KEB하나은행은 시중은행이다.

03 금융기관과 금융 거래에 대한 설명으로 옳지 <u>않은</u> 것은?

① 우체국에서는 금융 거래를 할 수 없다.
② 집을 사기 위해 은행에서 돈을 빌릴 수 있다.
③ 상호저축은행은 금리가 높지만 안정성이 비교적 낮다.
④ 은행에서 공과금이나 아파트 관리비를 납부할 수 있다.

해설 우체국에서도 금융 거래를 할 수 있다.

참고 **은행에서 하는 일**
- 은행에 돈을 맡겨두고 맡겨둔 금액에 해당하는 은행 이자를 받을 수 있다.
- 다른 사람, 또는 기관에 돈을 보내거나 공과금, 관리비를 납부할 수 있다.
- 개인이나 기업이 은행에서 돈을 빌릴 수 있다.
- 신용카드, 체크카드 등 카드를 발급받을 수 있다.

04 금융기관에 대한 설명으로 옳지 <u>않은</u> 것은?

① 인터넷 전문은행은 실물 점포가 없거나 아주 적다.
② 보험 상품을 중간에 해지하면 손해를 볼 수도 있다.
③ 증권 거래는 높은 수익을 기대할 수 있지만 안전하지 않다.
④ 은행의 폐업 등으로 예금을 돌려받지 못할 경우 예금보험공사에서 1억 원까지 보장해 준다.

해설 예금자보호법으로 보호받을 수 있는 금액은 원금과 이자를 포함하여 5,000만 원까지이다.

참고 **보험**
- 보험: 평소 보험금을 내고 보험금을 받아 위기 상황을 해결하는 것
- 손해보험: 사고에 대비하여 가입하는 보험으로, 자동차보험, 화재보험이 대표적임
- 생명보험: 사람의 생명, 신체의 건강 등에 위험이 생겼을 경우를 대비하여 가입하는 보험으로, 대표적으로 암보험, 실비보험 등이 있음

정답 02 ④ 03 ① 04 ④

05 금융 거래에 대한 설명으로 옳지 않은 것은?

① 은행 거래를 하려면 은행 계좌가 필요하다.
② 요즘은 다양한 방법으로 은행 거래를 할 수 있다.
③ 성인 자녀의 신분증으로 부모의 계좌를 만들 수 있다.
④ 은행 계좌를 만들거나 가입한 금융 상품을 해지하려면 신분증을 가져가야 한다.

해설 한국에서 은행 거래를 할 때는 반드시 본인이 본인 명의로 거래를 해야 한다. 다른 사람의 신분증을 도용하여 금융 거래를 할 수 없으며, 다른 사람 명의의 계좌를 개설하는 등의 행위는 불가능하다.
② 은행 창구에서 대면 거래를 할 수 있으며 외에도 비대면으로 자동화기기(ATM), 스마트폰 모바일 뱅킹, 인터넷 뱅킹 등 다양한 방법으로 은행 거래를 할 수 있다.

06 은행 상품에 대한 설명으로 옳은 것은?

① 정기예금은 입금과 출금이 자유롭다.
② 보통예금은 이율이 높은 금융 상품이다.
③ 보통예금은 일정 기간 동안 일정한 돈을 넣어 놓고 이자를 받는 것이다.
④ 정기적금은 일정한 금액을 정기적으로 적립하여 원금과 이자를 돌려받는 것이다.

해설 ① 입금과 출금이 자유로운 것은 보통예금이다.
② 보통예금의 이율은 낮은 편이다.
③ 일정 기간 동안 일정한 돈을 넣어 놓고 이자를 받는 것은 정기예금이다.

07 〈보기〉가 설명하는 것은?

• 보기 •
- 반드시 본인의 이름으로 금융 거래를 해야 한다고 정한 법이다.
- 투명한 금융 거래를 위해 만들어진 제도이다.

① 금융실명제
② 소비자보호법
③ 예금자보호법
④ 개인정보보호법

해설 금융실명제에 대한 설명이다.

05 ③ 06 ④ 07 ①

08 다음 중 시중은행의 특징으로 옳은 것은?

① 예금 금리가 높다.
② 전국에 지점이 있다.
③ 인터넷으로만 거래할 수 있다.
④ 예금자보호제도가 적용되지 않는다.

해설 시중은행은 전국에 지점이 있어 이용하기 편리하다.

09 은행 거래에서 보안을 위해 사용되는 것은?

① 신용카드
② 체크카드
③ 교통카드
④ OTP 카드

참고 OTP 카드
- 은행에서 발급 가능하다.
- 은행 거래 시마다 새로운 비밀번호를 생성해 준다.

10 자산을 관리하는 방법이 아닌 것은?

① 예금
② 소비
③ 주식
④ 부동산

해설 소비는 필요한 재화나 서비스를 구매하여 이용하는 것을 말한다.

참고 자산 관리 방법
- 예금: 은행에 돈을 맡기고 이자를 받는 것으로 가장 안전한 방법
- 주식: 어떤 회사의 주식을 구입하여 주가 변동에 따른 시세차익이나 배당금을 얻는 방법
- 부동산: 임대료를 받거나 부동산 시세차익을 얻는 방법
- 채권: 정부나 기업에서 발행하는 증서로 수익률은 낮지만 안정적인 방법

정답 08 ② 09 ④ 10 ②

5. 취업과 근로

(1) 한국의 일자리 상황

① **한국의 실업률**
　㉠ **비교적 낮은 실업률**: 한국은 다른 선진국에 비해 **여성의 경제활동 참여율이 낮고 자영업자의 비율이 높아** 실업률이 낮게 나타납니다.
　㉡ 그러나 한국의 청년(15~24세) 실업률은 다른 선진국에 비해 높은 편에 속합니다.
　㉢ 직업을 구하기 위한 경쟁은 더욱 치열해지고, 비정규직(기간제) 근로자의 비중은 증가하였습니다.

> **심화**
>
> **자영업자가 많은 한국**
> - 한국은 요식업이나 숙박업 등 개인사업을 하는 사람이 많습니다.
> - 프랜차이즈는 특정 제품이나 서비스를 개발한 가맹 본부를 중심으로 상표나 상호, 기술 등을 이용하여 제품이나 서비스를 가맹점에서 판매합니다. 가맹점주들은 수익의 일정 부분을 가맹 본부와 나누어야 합니다.

② **한국 취업시장의 특징**
　㉠ 일자리를 구하기 위한 경쟁이 점점 심해지고 있습니다.
　㉡ 계약직, 일용직 등 **비정규직 근로자**의 비중이 높아지고 있습니다.
　㉢ 정부는 실업자에 대한 사회보장제도와 근로자의 기본적인 권리나 처우 개선을 위한 여러 가지 제도를 마련하고 있습니다.
　㉣ 경력단절여성과 청년 구직자를 위한 취업지원프로그램 제공 등 여러 가지 정책이 시행되고 있습니다.
　㉤ 청년, 여성, 노인 등을 위한 맞춤형 일자리의 확대 등 많은 노력이 이루어지고 있습니다.

> **심화**
>
> **한국의 근로 조건**
> - 최저임금제: 국가가 임금 최저수준을 정하여 근로자의 생활을 보장해야 합니다.
> - 주 52시간 근무제: 하루 8시간, 주 40시간 근무를 기본으로 하며 초과 근무 시간(12시간)을 포함하여 일주일에 52시간을 넘게 일할 수 없습니다.
> - 임금: 고용주는 근로자에게 매달 1회 이상 정해진 날짜에 정해진 금액을 지불해야 합니다.

(2) 외국인의 취업

① 한국에서 취업하기
  ㉠ 인터넷이나 모집 공고에 관심을 두고 채용 정보를 모아야 합니다.
  ㉡ 해당 분야에 필요한 능력을 갖추기 위해 노력해야 합니다.
  ㉢ 한국산업인력공단 등에서 실시하는 직업 교육, 취업지원프로그램에 참여하여 기술이나 자격을 갖춰야 합니다.

② **취업 시 주의사항** 중요
  ㉠ 지원하기 전, 해당 회사가 합법적으로 등록되어 운영되고 있는 업체인지 확인해야 합니다. 또한 해당 회사가 불법적인 일을 하는 곳이 아닌지 꼼꼼하게 알아봐야 합니다.
  ㉡ 취업할 때는 반드시 **근로계약서**를 작성해야 합니다. 근로계약서상의 내용이 불법적이지 않은지 확인해야 합니다.
  ㉢ 취업한 후에는 회사에서 근로계약서상의 내용을 준수하는지, **근로자의 권리**를 침해하지 않는지 살펴보아야 합니다. 또한 부당한 대우를 받지 않는지 확인해야 합니다.
  ㉣ 문제가 발생할 경우 문제 해결을 요구할 수 있는 부서가 있을 경우에는 문제 상황을 전달하여 해결하고, 상황이 여의치 않을 경우에는 **고용노동부**나 **산업인력공단** 등에 도움을 요청해야 합니다.

심화

근로자의 권리(노동삼권) 중요
- 단결권: 근로자는 근로 조건 개선을 위해 단결할 권리가 있습니다.
- 단체교섭권: 근로자단체는 사용자와 근로 조건을 두고 교섭(서로 의논함)할 권리가 있습니다.
- 단체행동권: 근로자는 근로 조건의 개선을 위해 사용자에 대항하여 단체행동을 할 권리가 있습니다.

근로자의 권리 보호
- 근로자의 사고나 어려움에 대비하는 조치로는 산업재해보상보험과 고용보험이 있습니다.
- 산업재해보상보험을 통해 업무 중에 일어난 사고로 인한 부상이나 상해에 대한 보상을 받을 수 있습니다.
- 근로자가 실직했을 때 근로자는 일정 기간 동안 급여를 지급받을 수 있고, 재취업에 필요한 교육이나 사업에 참여할 수 있습니다.

확인학습

01 노동할 의사와 능력이 있지만 취직하지 못한 사람의 비율을 뜻하는 용어는?

① 출산율 ② 실업률
③ 취업률 ④ 고용률

해설 실업률은 만 15세 이상의 인구 중 노동할 의지와 능력이 있지만 일자리가 없어 실업 상태인 사람들의 비율을 말한다.

참고 비교적 낮은 한국의 실업률
한국은 다른 선진국에 비해 실업률이 낮게 나타나는데, 이는 한국에서 여성의 경제활동 참여율이 비교적 낮고 자영업자의 비율이 높기 때문이다. 실업률을 계산할 때 '노동할 의지와 능력이 있는 만 15세 이상의 인구'로 제한되는데, 한국의 경우 경력단절 후 재취업하지 못하고 있는 타의적 전업주부, 자영업자는 포함되지 않기 때문에 실업률이 낮게 나타나는 것이다.

02 한국 취업시장의 특징으로 옳지 않은 것은?

① 비정규직의 비중이 높다.
② 정부에서는 실업 문제에 개입하지 않는다.
③ 일자리를 구하기 위한 경쟁이 심해지고 있다.
④ 자영업자가 많아 실업률이 비교적 낮게 나타난다.

해설 정부에서는 청년, 여성, 노인 등을 위한 맞춤형 일자리 확대를 위해 제도적인 노력을 하고 있으며 경력단절 여성 대상 재취업 교육, 청년 구직자를 위한 취업 교육 등 다양한 노력을 하고 있다.

03 선진국과 비교하여 한국의 일자리 상황에 대한 설명으로 옳은 것은?

① 자영업자가 많다.
② 여성의 경제활동 참가율이 높다.
③ 실업률은 다른 선진국에 비해 높은 편이다.
④ 실업에 대한 사회보장 제도가 충분히 시행되고 있다.

해설 ② 다른 선진국에 비해 여성의 경제활동 참가율이 낮다.
③ 실업률은 다른 선진국에 비해 낮은 편이다.
④ 실업에 대한 사회보장 제도가 부족하여 실업으로 인한 어려움이 크다.

04 한국에서 일자리를 구할 때 해야 할 일로 옳은 것은?

① 채용 정보는 친구를 통해서 들어야 한다.
② 산업인력공단 등의 기관에서 실시하는 취업지원프로그램의 도움을 받을 수 있다.
③ 한국에서 일자리를 구하는 것은 불가능하므로 고향에서 한국 취업이 결정되어야 한다.
④ 원하는 일자리에 알맞은 능력이나 기술을 갖추려면 한국에서 대학원을 졸업해야 한다.

해설 ① 채용 정보는 주변 사람을 통해 들을 수도 있지만 평소에 채용 공고를 꼼꼼히 살펴보는 것이 더 정확하다.
③ 한국에서 각종 기관의 도움을 받아 알맞은 기술이나 능력을 길러 취직할 수 있다.
④ 대학원을 졸업해야만 취직할 수 있는 것은 아니다.

05 한국에서 일자리를 구할 때 주의해야 할 점으로 옳지 <u>않은</u> 것은?

① 근로계약서는 취업 후 1년이 지나고 쓴다.
② 근로자의 기본 권리를 침해하지 않는지 확인해야 한다.
③ 지원하려는 회사가 합법적으로 운영되는지 확인해야 한다.
④ 근무 중에 문제가 생겼을 때는 고용노동부, 산업인력공단의 도움을 받을 수 있다.

해설 근로계약서는 취업할 때 작성한다.

참고 근로계약서
- 인력을 채용한 회사와 회사로부터 근로의 대가를 지급받기로 한 근로자가 약속한 근로 조건을 적은 계약서를 말한다.
- 취업한 후 바로 작성하는 것이 원칙이며, 회사는 근로계약서에 적힌 근로 환경 및 급여, 복지 등을 근로자에게 제공해야 한다.
- 근로자는 계약서에 적힌 조건을 꼼꼼히 읽고 숙지해야 하며, 약속한 조건을 지키며 일을 하고, 회사가 약속한 조건이나 급여, 복지를 제공받는다.

정답 04 ② 05 ①

06 취업을 목적으로 회사에 보여주기 위해 자신의 정보를 기재 후 제출하는 문서는?

① 등본
② 이력서
③ 졸업증명서
④ 외국인등록증

> **참고 이력서**
> • 취업을 목적으로 자신의 정보를 기재한 문서
> • 인적사항, 학력, 경력 등이 포함됨

07 일자리와 관련된 업무를 하는 정부 부처는?

① 교육부
② 여성가족부
③ 고용노동부
④ 질병관리청

> **해설** ① 교육부: 교육에 관련된 업무
> ② 여성가족부: 여성 권익, 가족 등과 관련된 업무
> ④ 질병관리청: 감염병이나 질병 등과 관련된 업무

08 〈보기〉가 설명하는 것은?

> **보기**
> • 한국의 자영업자들이 주로 택하는 사업 방식 중 하나
> • 특정 제품, 서비스를 개발한 가맹 본부를 중심으로 상품이나 기술을 판매하고, 가맹점주가 수익을 가맹 본부와 나누는 형태의 사업

① 방문판매
② 상품연구
③ 고객응대
④ 프랜차이즈

> **해설** 프랜차이즈에 대한 설명이다.

09 한국 근로자의 권리가 아닌 것은?

① 단결권
② 단체교섭권
③ 단체행동권
④ 개인교섭권

> **참고** 한국에서의 근로자의 권리(노동삼권)
> - 단결권: 근로자가 근로 조건 개선을 위해 단결할 수 있는 권리
> - 단체교섭권: 근로자 단체가 사용자와 근로 조건에 관하여 교섭할 수 있는 권리
> - 단체행동권: 근로자가 근로 조건을 위해 사용자에 대항하여 단체 행동을 할 수 있는 권리

10 한국의 근로 조건에 대한 설명으로 옳은 것은?

① 한 주당 추가 근로 시간은 무제한이다.
② 원칙적으로 근로 시간은 1일 9시간이다.
③ 최저임금제를 통해 최소한의 임금을 보장한다.
④ 회사가 어려우면 잠시 멈췄다가 밀린 임금을 한꺼번에 주어도 된다.

> **해설** ① 한 주당 추가 근로 시간은 최대 12시간이다.
> ② 원칙적으로 근로 시간은 1일 8시간, 일주일 40시간이다.
> ④ 사용자는 매달 1회 이상 일정한 날짜에 임금을 주어야 한다.

정답 09 ④ 10 ③

제6장 법

1. 한국의 법

(1) 대한민국 헌법

① 헌법의 특징
  ㉠ 국가를 이끄는 법으로 **최고법의 지위**를 갖습니다. 최고법의 지위를 갖기 때문에 다른 법과 충돌하게 되면 헌법이 가장 먼저 적용됩니다.
  ㉡ **국민의 기본적인 의무와 권리를 정하는 법**입니다.
  ㉢ 대한민국 헌법 제1조에서 대한민국은 민주공화국임이 명시되어 있습니다.
  ㉣ 대한민국 헌법은 지금까지 9번 개정되었습니다.

> **심화**
>
> **헌법 제1조**
> - 제1항 대한민국은 민주공화국이다.
> - 제2항 대한민국의 주권은 국민에게 있고, 모든 권력은 국민으로부터 나온다.
>
> **헌법재판소**
> - 헌법을 수호하며 국민의 기본권을 보호하는 기관입니다.
> - 입법부, 사법부, 행정부에 속하지 않는 독립된 기관입니다.
> - 헌법이 보호하는 국민의 기본권을 침해하는 일이 발생했는지 판단합니다.
> - 국회가 만든 법이 헌법에 어긋나지 않는지 판단합니다.
> - 대통령, 장관, 법관과 같은 고위 공무원을 파면할 때 심판하는 역할을 합니다.

(2) 대한민국 국민의 권리

① 한국인의 기본권
  ㉠ 헌법으로 보장되는 기본적인 국민의 권리를 말합니다. 헌법에서는 포괄적으로 인간의 존엄과 가치, 행복 추구권을 묶어 기본권으로 규정하고 있습니다.
  ㉡ 기본권을 실현하기 위해 구체적으로 **자유권, 평등권, 사회권, 참정권, 청구권**을 보장하고 있습니다.
  ㉢ 인간의 존엄과 가치, 행복 추구권: 인간으로서의 존엄과 가치를 가지며 행복을 추구할 권리를 말합니다. 인간이 태어나면서 가지는 자연적 권리로, 헌법이 보장하고 있는 모든 기본권이 궁극적으로 지향하는 근본 가치이며, 다른 기본권을 포함하는 포괄적인 기본권입니다.

② **자유권**
　　㉠ 국가 권력이나 외부로부터 개인의 **자유를 침해받지 않을 권리**입니다.
　　㉡ 신체, 직업선택, 양심, 종교, 언론 및 출판, 집회 및 결사, 학문과 예술의 자유 등이 있습니다.
③ **평등권**
　　㉠ 성별, 종교, 직업, 인종 등 어떤 이유로든 **차별받지 않을 권리**입니다.
　　㉡ 모든 국민은 법 앞에 평등하기 때문에 균등한 기회를 보장받습니다.
④ **사회권**
　　㉠ 인간다운 생활에 필요한 **최소한의 수준을 보장받을 권리**입니다.
　　㉡ 모든 국민은 인간으로서의 존엄과 가치를 가지기 때문에 이를 헌법으로 보장합니다.
⑤ **참정권**
　　㉠ **정치에 참여할 권리**입니다.
　　㉡ 국민의 선거권은 헌법으로 보장되는 권리입니다.
⑥ **청구권**
　　㉠ 국가에 일정한 요구를 할 수 있는 권리입니다.
　　㉡ 재판을 받을 권리, 잘못된 심판에 대한 보상을 청구할 권리, 공무로 인한 피해에 대한 배상을 청구할 수 있습니다.
　　㉢ **다른 기본권을 보장하기 위해 청구권을 보장**합니다.

더 알아보기

자유권의 내용 더 알아보기
- 신체의 자유: 법률에 의해서만 체포, 구속, 압수, 수색, 심문을 받을 수 있습니다.
- 거주, 이전의 자유: 거주 또는 이주와 관련하여 자유롭게 개인이 결정할 수 있습니다.
- 주거의 자유: 영장 없이는 주거에 대한 압수, 수색이 불가능합니다.
- 양심의 자유: 자기 자신의 판단에 따라 옳고 그름을 자유롭게 정할 수 있습니다.
- 언론, 출판 및 집회, 결사의 자유: 언론과 출판에 대한 허가나 검열, 집회와 결사에 대한 허가는 불가능합니다. 다만 방송과 신문의 기능을 보장하기 위해 법률이 적용될 수 있으며, 언론과 출판은 다른 사람의 명예나 권리, 사회윤리를 침해해서는 안 됩니다.
- 학문과 예술의 자유: 모든 저작가와 발명가, 과학기술자의 권리는 법률로 보호됩니다. 학문 연구, 연구 발표, 가르칠 자유 등이 있습니다.

(3) 국민의 4대 의무 🔑
① 납세의 의무
   ㉠ 국민은 국가에 세금을 납부해야 합니다.
   ㉡ 국가는 법률에 의해 국민에게 세금을 부과할 수 있으며, 세금으로 국가를 운영하여 유지하고 발전을 도모합니다.
② 교육의 의무
   ㉠ 국민으로서 법으로 정한 의무교육 이상의 교육을 받아야 합니다.
   ㉡ 특별한 이유 없이 자녀를 학교에 보내지 않을 경우 부모는 법에 의해 과태료를 내야 합니다.
③ 국방의 의무
   ㉠ 모든 국민은 국가의 안전과 독립 유지를 위해 나라를 지킬 의무가 있습니다.
   ㉡ 대한민국 국민인 남성은 헌법에 따라 국방의 의무를 성실히 수행해야 하며, 여성은 지원에 의해 군복무를 할 수 있습니다.
④ 근로의 의무
   ㉠ 모든 국민은 정당한 근로를 통해 개인의 생활을 유지해야 합니다.
   ㉡ 개인의 발전과 행복, 국가의 발전을 위해 근로를 하고 경제활동에 참여합니다.

(4) 그 외 헌법상 국민의 의무
① 환경보전의 의무
   ㉠ 모든 국민은 건강하고 쾌적한 환경에서 생활할 권리를 가집니다.
   ㉡ 국가와 국민은 환경보전을 위하여 노력해야 합니다.
② 공공복리에 적합한 재산권 행사의 의무
   ㉠ 재산권 행사는 공공복리에 적합하도록 해야 합니다.
   ㉡ 공공복리란 현대 국가에서 사회적 약자를 보호하는 복지국가의 이념에 따라 국가 권력이 사회적·경제적 과정에 개입하여 모든 사람이 인간다운 생존을 확보하도록 하는 데 책임과 의무가 있다는 의미입니다.

확인학습

01 대한민국 국민의 기본권에 대한 설명으로 옳지 않은 것은?

① 헌법에 의해 보장된다.
② 재판을 받을 권리는 청구권에 해당한다.
③ 자유권은 개인의 자유를 침해받지 않을 권리를 말한다.
④ 인간다운 생활을 위한 최소 수준을 보장받을 권리는 생활권이다.

해설 인간다운 생활을 위한 최소 수준을 보장받을 권리는 사회권이다.

02 헌법에 대한 설명으로 옳지 않은 것은?

① 헌법은 매년 개정된다.
② 최고법의 지위를 갖는다.
③ 다른 법과 충돌하면 우선 적용된다.
④ 국민의 기본권과 대한민국의 정통성이 명시되어 있다.

해설 헌법은 매년 개정되지 않는다. 지금까지 헌법은 9번 개정되었다.

참고 헌법에 명시된 대한민국의 정체성
- 헌법 제1조에서 대한민국은 민주공화국이며, 국가의 주인은 국민이라고 명시되어 있다.
- 대한민국은 3·1 운동으로 건립된 대한민국 임시정부의 법통과 4·19 민주이념을 계승한 나라임이 명시되어 있다.

03 대한민국 국민의 4대 기본의무가 아닌 것은?

① 교육의 의무　　② 근로의 의무
③ 납세의 의무　　④ 환경보전의 의무

해설 대한민국 국민의 4대 기본의무는 교육의 의무, 근로의 의무, 납세의 의무, 국방의 의무이다. 국민의 4대 기본의무 외에 모든 국민이 환경을 오염시키지 않을 의무인 환경보전의 의무도 있다.

참고 헌법에 명시된 국민의 의무
- 국민의 4대 기본 의무로는 교육, 근로, 납세, 국방의 의무가 있다.
- 4대 기본 의무에 공공복리에 적합한 재산권 행사의 의무, 환경보전의 의무 2가지를 추가하여 6대 의무라고 하기도 한다.

정답 01 ④　02 ①　03 ④

04 법적으로 규정된 의무가 아닌 것은?

① 납세의 의무
② 교육의 의무
③ 준법의 의무
④ 근로의 의무

해설 법을 잘 지키는 정신을 준법정신이라고 한다. 준법의 의무는 법적 의무는 아니지만 도덕적으로 지켜야 할 의무에 해당된다.
①·②·④ 국민의 4대 기본의무이다.

05 〈보기〉가 설명하는 것은?

- 보기 -
- 입법부, 사법부, 행정부에 속하지 않은 기관
- 국민의 기본권을 침해하는 일이 발생했는지 판단하는 곳
- 국회가 만든 법이 헌법에 어긋나지 않는지 판단하는 곳

① 청와대
② 대법원
③ 고등법원
④ 헌법재판소

해설 헌법재판소에 대한 설명이다.

2. 외국인과 법

(1) 법과 준법정신
  ① 법
    ㉠ 안전하고 공정한 사회, 자유롭고 행복한 사회를 만들기 위해 법을 만듭니다.
    ㉡ 법은 국민의 자유와 권리를 보장하고 갈등 해결하며 사회질서 유지의 역할을 합니다.
    ㉢ 국가 운영의 바탕이 되기 때문에 사회 구성원들은 법을 잘 지켜야 합니다.
  ② **준법정신**
    ㉠ 법률, 규칙을 잘 지키는 정신을 준법정신이라고 합니다.
    ㉡ 법을 잘 만들어도 그 법을 지키지 않으면 법의 역할을 수행할 수 없습니다. 그리고 법을 지키지 않으면 그에 따른 처벌을 받게 됩니다.

(2) 외국인의 권리와 의무
  ① **외국인의 권리** 🗨중요
    ㉠ 국적과 상관없이 인권을 보장받습니다.
    ㉡ 국제법에 따라 한국에서도 생명권, 명예권, 재산권 등의 기본적인 권리를 보장받을 수 있습니다.
    ㉢ 정치적 권리, 경제활동 및 직업선택 등 일부 권리는 제한됩니다.
    ㉣ **영주권 취득 후 3년이 지나면** 외국인도 **지방 선거에 참여**할 수 있습니다.
  ② 외국인의 의무
    ㉠ 외국인도 세금을 납부해야 합니다.
    ㉡ 법과 질서를 잘 지켜야 하며, 사회의 안전에 반하는 행동을 해서는 안 됩니다.

> **더 알아보기**
>
> 외국인의 의무
> - 한국에 90일을 초과하여 체류하는 외국인은 외국인등록을 해야 합니다.
> - 외국인도 세금을 납부해야 하며 국민연금에 가입해야 합니다.

확인학습

01 법에 대한 설명으로 옳은 것은?

① 국가의 이익을 위해 만든 것이다.
② 자유로운 경쟁을 위해 가끔은 어겨도 된다.
③ 국가 운영의 바탕이 되므로 잘 지켜야 한다.
④ 외국인은 한국의 법을 잘 지키지 않아도 된다.

해설 ① 법은 안전하고 공정한 사회를 구현하기 위해 만든 것으로, 국민을 위해 만든 것이기도 하다.
② 법을 어기는 위법행위를 하면 처벌을 받는다.
④ 외국인도 한국에 체류하는 동안은 한국의 법을 지켜야 한다.

02 한국에서 법적으로 외국인에 해당하지 않는 사람은?

① 한국어를 배우러 어학당에 다니는 일본인 학생
② 한국인 부모에게서 태어난 미국 이민 2세대 자녀
③ 좋아하는 가수의 공연을 보러 한국에 온 베트남인
④ 한국 대학에서 프랑스어를 가르치는 프랑스인 교수

해설 외국인은 대한민국의 국민이 아니거나 어떠한 국적도 갖지 않은 사람이다. 미국에서 한국인 부모에게서 태어난 사람은 나중에 미국 국적과 한국 국적 중 하나를 선택할 수 있다. 이러한 사람을 '복수국적자'라고 한다.

03 외국인의 권리에 대한 설명으로 옳은 것은?

① 외국인은 한국에서 선거에 참여할 수 없다.
② 한국에서 외국인의 재산은 보호받을 수 없다.
③ 한국과 교류가 적은 나라의 국민은 한국에 입국하려면 시험을 본다.
④ 일부 권리는 제한되지만 국제법에 의해 기본적인 권리는 보장받을 수 있다.

해설 ① 영주권을 취득한 지 3년이 경과한 외국인은 지방 선거에 참여할 수 있다.
② 재산권은 기본적으로 보장되는 권리 중 하나이다.

정답 01 ③ 02 ② 03 ④

04 외국인의 의무에 대한 설명으로 옳은 것은?

① 외국인은 한국에서 세금을 내지 않는다.
② 한국에 90일을 초과하여 체류하려면 외국인등록을 해야 한다.
③ 한국의 법은 외국인에게 적용되지 않으므로 지키지 않아도 된다.
④ 사회통합프로그램 종합평가에 합격해야만 한국에서 체류할 수 있다.

해설 ③ 외국인도 한국의 법과 규칙, 질서를 잘 지키며 한국에 체류해야 한다.
④ 단기 체류를 할 경우에는 사회통합프로그램 평가에 응시하지 않아도 한국에 머물 수 있다.

05 한국에서 보장받을 수 있는 외국인 자녀의 권리가 아닌 것은?

① 신체적 자유
② 표현의 자유
③ 양육받을 권리
④ 사회보장을 받을 권리

해설 한국에서 외국인 자녀도 대한민국 헌법이나 여러 국제법에 의하여 권리를 보장받으나 사회보장을 받을 권리는 이에 해당하지 않는다. '인권'에 해당하는 권리는 보장받으나 사회보장은 '대한민국 국민'의 권리이기 때문이다.

정답 04 ② 05 ④

3. 외국인을 위한 법과 제도

(1) 한국 체류와 관련된 법

① **외국인의 한국 체류** 중요
  ㉠ 한국에 입국하려면 여권과 사증(비자)이 있어야 합니다.
  ㉡ 과거에 불법 체류 경력이 있으면 한국에 입국할 수 없습니다.
  ㉢ 한국에서 **90일을 초과하여 체류**할 경우에는 출입국·외국인청에서 **외국인등록**을 해야 합니다.
  ㉣ 등록외국인이 체류지를 변경하였을 경우 전입일로부터 15일 이내(20.12.10. 기준)에 **체류지변경신고**를 해야 합니다.

② 단기 체류와 장기 체류
  ㉠ 단기 체류: 90일 이하로 한국에 머무는 것을 말합니다. 보통 관광, 방문 등의 목적을 가지고 한국에 체류하는 경우는 단기 체류입니다.
  ㉡ 장기 체류: 90일을 초과하여 한국에 머무는 것을 말합니다. 유학이나 연수, 취업, 주재, 결혼 등의 목적을 가지고 한국에 체류하는 경우는 장기 체류입니다. 장기 체류 시에는 90일 이내에 출입국·외국인청에 외국인등록을 해야 합니다.

(2) 외국인의 한국 체류를 돕는 법과 제도

① **재한외국인처우기본법** 중요
  ㉠ 외국인의 한국 사회 정착을 돕기 위해 제정한 법입니다.
  ㉡ 한국에 사는 외국인(재한외국인과 그 자녀)이 차별을 받지 않고 인권을 보장받도록 하고, 사회 적응을 돕는 법입니다.

② 외국인을 위한 여러 가지 서비스와 제도
  ㉠ 다국어 전화 상담 서비스: 외국인종합안내센터(1345)를 비롯하여 외국인의 한국 체류와 관련된 공공기관들은 여러 가지 언어로 상담 서비스를 제공합니다.
  ㉡ 외국인 근로자 긴급의료지원: 의료보장제도 혜택을 받지 못하는 외국인 근로자들을 대상으로 긴급한 상황이 발생했을 때 의료 서비스를 지원합니다.
  ㉢ 외국인을 위한 전자 정부: 하이코리아 홈페이지(www.hikorea.go.kr)에서 여러 가지 민원을 처리할 수 있습니다.

(3) 외국인의 한국 생활
① 외국인이 활동할 수 있는 단체
㉠ 한국에 체류하는 외국인이 점점 늘어나면서 한국에서 외국인들이 참여할 수 있는 사회활동이나 활동할 수 있는 단체가 늘고 있습니다.
㉡ 외국인자율방범대: 지자체별로 외국인자율방범대를 구성하여 외국인 주민들의 자치 활동 참여 기회를 늘리고 공동체를 형성하는 데 도움을 줍니다.
㉢ 외국인 주민이나 다문화 가족 대상의 정책을 모니터링하고 외국인 주민들의 한국 생활을 지원하는 외국인 주민·다문화 가족 지원 협의회, 외국인 주민 모니터단 등의 단체도 있습니다.

확인학습

01 외국인의 한국 체류와 관련한 설명으로 옳지 않은 것은?

① 한국에 입국하려면 비자와 여권이 필요하다.
② 과거에 불법 체류 경험이 있으면 입국할 수 없다.
③ 한국에 90일을 초과하여 체류할 경우에는 체류지변경신고를 해야 한다.
④ 비자를 소지해도 입국허가요건을 어기면 입국허가를 받지 못할 수도 있다.

[해설] 90일을 초과하여 한국에 체류할 경우에는 외국인등록을 해야 한다. 체류지변경신고는 머무는 지역이 바뀌었을 때 하는 것으로, 전입일로부터 15일 이내에 해야 한다.

02 외국인이 출입국·외국인청에 방문하여 외국인등록을 해야 하는 기한으로 옳은 것은?

① 30일
② 60일
③ 90일
④ 120일

[해설] 한국에서 외국인이 90일을 넘게 체류할 경우에는 출입국관리법에 따라 관할 출입국·외국인청에 방문하여 외국인등록을 해야 한다.

[정답] 01 ③ 02 ③

03 다음 중 단기 체류자가 아닌 사람은?

① 판문점의 DMZ에 관광을 온 미국인
② 한국의 대학교에 유학을 온 베트남인
③ 서울에서 열리는 학술대회에 참석하러 온 일본인
④ LA행 비행기로 환승하기 위해 공항에 대기 중인 대만인

해설 유학을 하면 한국에 90일을 초과하여 머무르기 때문에 장기 체류자에 해당한다.
①·③·④ 한국에서 잠깐 머무르는 단기 체류자이다.

04 외국인등록을 한 외국인이 사는 곳이 바뀔 경우 체류지변경신고를 해야 하는 기한은?

① 전입일로부터 5일 이내
② 전입일로부터 7일 이내
③ 전입일로부터 10일 이내
④ 전입일로부터 15일 이내

해설 체류지가 바뀔 경우, 전입일로부터 15일 이내에 새로운 체류지의 관할 출입국·외국인청이나 시·군·구청에 체류지변경신고를 해야 한다.

05 〈보기〉가 설명하는 것은?

― 보기 ―
- 외국인의 한국 사회 정착을 돕기 위해 정한 법이다.
- 외국인의 인권을 보장하고 차별을 방지하며 사회 적응을 돕는다.

① 차별금지법
② 주민등록법
③ 외국인등록법
④ 재한외국인처우기본법

06 다음 중 외국인이 한국에 들어오기 위해 필요한 서류는?

① 사증
② 주민등록증
③ 운전면허증
④ 박사학위증

해설 외국인이 한국에 들어오기 위해서는 유효기간이 지나지 않은 여권과 방문목적에 맞는 사증, 즉 비자(VISA)가 필요하다.

참고 사증(비자)
- 외국인이 한국에 들어오는 것을 한국 정부가 허가함을 증명하는 서류이다.
- 크게 외교·공무사증, 비영리 단기 사증, 취업사증, 일반 장기 사증으로 나눈다.

07 외국인의 한국 체류와 관련한 설명으로 옳지 않은 것은?

① 외국인은 한국 국적을 얻을 수 없다.
② 90일 이하로 한국에 머무는 것은 단기 체류이다.
③ 다국어 전화 상담 서비스를 제공하는 공공기관들도 있다.
④ 재한외국인처우기본법 등 외국인의 한국 사회 정착을 돕는 법과 제도가 있다.

해설 외국인도 일정 조건을 충족하면 한국 국적을 얻을 수 있다. 한국 국적을 얻는 것을 귀화라고 한다.

참고 귀화의 종류
- 귀화의 종류로는 일반귀화, 간이귀화, 특별귀화가 있다.
- 각각의 요건이 조금씩 다르기 때문에 자세히 알아보고 준비해야 한다.

08 외국인의 한국 체류와 관련한 설명으로 옳은 것은?

① 외국인은 한국에서 지방자치활동에 참여할 수 없다.
② 출입국·외국인청의 모든 업무는 인터넷으로도 처리할 수 있다.
③ 1339에 전화를 걸어 한국 체류와 관련된 다국어 전화 상담을 받을 수 있다.
④ 의료보장제도 혜택을 받지 못하는 외국인 근로자에게 긴급의료를 지원하는 제도가 있다.

해설 ① 외국인도 외국인자율방범대와 같은 지방자치활동에 참여할 수 있다.
② 하이코리아 홈페이지에서 국적 및 체류와 관련된 업무 중 일부를 처리할 수 있지만 모든 업무를 인터넷으로 처리할 수 있는 것은 아니다.
③ 1339는 질병관리청의 긴급전화번호로, 감염병이나 질병과 관련된 신고를 하거나 관련 정보를 문의할 때 필요하다. 한국 체류와 관련하여 다국어 전화 상담이 필요할 때는 외국인종합안내센터 1345에 전화해야 한다.

정답 06 ① 07 ① 08 ④

09 한국에 사는 외국인의 언어적 어려움을 해결하기 위한 다국어 상담 서비스를 실시하지 않는 기관은?

① 법무부
② 국방부
③ 여성가족부
④ 고용노동부

해설 국방부에서는 외국인 대상 다국어 상담 서비스를 운영하지 않고 있다.

10 한국에서 긴급한 의료 지원이 필요한 외국인 근로자나 국적 취득 전의 결혼이민자를 위해 제공하는 의료 지원에 대한 설명으로 옳지 않은 것은?

① 최소한의 건강한 삶을 위한 교육 정책이다.
② 입원부터 퇴원까지 드는 진료비를 지원한다.
③ 1회에 500만 원의 한도에서 지원을 해주고 있다.
④ 의료보장제도의 혜택을 받지 못하는 외국인을 위한 것이다.

해설 국내에 거주하는 외국인들이 최소한의 건강한 삶을 보장받을 수 있도록 하는 의료 정책으로 1회 500만 원 한도 내에서 지원해 준다.

4. 대한민국 국민

(1) 대한민국 국민의 자격

① 국적
　㉠ 대한민국 국민이 되기 위해서는 한국 국적이 필요합니다.
　㉡ 국적: 어떤 사람이 공식적으로 어느 나라의 구성원이 되는 자격을 말합니다.
　㉢ 영주권: 일정한 자격을 갖춘 사람은 활동 범위나 기간에 제한 없이 한국에 체류할 수 있습니다.

② **국적을 얻는 방법**
　㉠ 속인주의(혈통주의): 부모의 국적에 따라 자녀의 국적을 결정합니다.
　㉡ 속지주의(출생지주의): 태어난 곳이 어느 나라의 영토인가에 따라 국적을 결정합니다.
　㉢ **한국에서는 속인주의를 채택**하고 있습니다. 부모 중에서 한 사람 이상이 한국인이면 자녀도 한국 국적을 얻게 됩니다.

③ 외국국적불행사서약
　㉠ 복수국적을 유지하되 한국 내에서는 외국 국적을 행사하지 않겠다는 서약입니다.
　㉡ 한국 국적 취득 후 1년 내에 신청할 수 있습니다.
　㉢ 서약 이후 서약에 어긋나는 행위를 하면 과태료 부과 등의 제재를 포함하여 「국적법」 제14조의2에 따른 국적선택명령이나 제14조의3에 따른 국적 상실 결정 등의 불이익이 발생합니다.

(2) 한국인이 되는 절차

① **귀화의 종류** ※ 자세한 사항은 「국적법」을 확인하시기 바랍니다.

구분	일반귀화	간이귀화	특별귀화
주요 대상	혈연이나 지연 등 한국과 아무 관련이 없는 성년 외국인	한국과 일정한 관계가 있는 외국인	• 한국에 특별한 공로를 했거나 특정 분야의 능력으로 기여할 것이라고 인정되는 외국인 • 부모 중 한쪽이 한국 국민인 경우(다만, 성년이 된 후에 양자로 입양된 사람은 제외)
조건	• 5년 이상 계속하여 한국 주소지 보유 • 생계유지능력 보유 • 나이가 대한민국의 「민법」상 성년일 것 • 대한민국에서 영주할 수 있는 체류자격을 가지고 있을 것	• 부모 중 한 명이 한국인인 경우 • 성년일 때 한국 국민에게 입양된 경우 • 3년 이상 계속하여 한국 주소지 보유 • 한국 국민 배우자와 결혼, 2년 이상 한국 주소지 보유 / 혼인 3년 경과, 1년 이상 한국 주소지 보유	한국 주소지 보유

② 귀화 절차
　㉠ 2018년 3월 1일부터 귀화 필기시험이 사회통합프로그램 종합평가로 대체되었습니다.
　㉡ **사회통합프로그램 귀화용 종합평가**: 한국 국민이 갖춰야 할 한국어 능력과 한국 문화, 한국 사회 이해 등 종합적인 기본소양을 충분히 갖추었는지 평가하는 시험으로, 100점 만점에 60점 이상을 득점하여 시험에 합격해야 귀화허가 신청을 할 수 있습니다.
　㉢ 귀화용 종합평가에 합격한 후에는 **귀화 면접심사**에서 합격해야 합니다.

심화

국민선서
- 2018년 개정된 국적법으로 귀화자는 법무부 장관 앞에서 국민선서를 하고 국적증서를 받아야 대한민국 국적을 취득할 수 있습니다.
- 선서의 내용: "나는 자랑스러운 대한민국 국민으로서 대한민국의 헌법과 법률을 준수하고 국민의 책임과 의무를 다할 것을 엄숙히 선서합니다."

확인학습

01 어떤 사람이 어느 나라의 구성원이 되는 자격을 지칭하는 말은?

① 이민
② 국적
③ 영주권
④ 외국인등록

해설 국가의 구성원인 국민이 되는 자격을 '국적'이라고 하고, 이러한 사항을 규정하고 있는 법은 '국적법'이라고 한다.
① 이민: 자기 나라를 떠나 다른 나라로 이주하는 일
③ 영주권: 일정한 자격을 갖춘 외국인에게 주는, 그 나라에서 살 수 있는 권리
④ 외국인등록: 장기 체류하는 외국인의 신분을 정확히 파악하기 위해 한국에 90일을 초과하여 머무르는 외국인을 등록하는 제도

02 태어난 장소가 아닌 부모의 국적에 따라 국적을 부여하는 것으로 한국에서 채택하는 국적 부여 방법은?

① 속인주의
② 속지주의
③ 복수국적
④ 출생지주의

해설 한국은 부모의 국적에 따라 국적을 부여하는 속인주의(혈통주의)를 택하고 있다.
②·④ 속지주의의 다른 말은 출생지주의로, 태어난 장소에 따라 국적을 부여하는 것이다.

03 다음 중 한국 국적을 가지지 않는 사람은?

① 한국에서 한국인 부모님 사이에서 태어난 아이
② 미국에서 한국인 부모님 사이에서 태어난 아이
③ 한국에서 프랑스인 부모님 사이에서 태어난 아이
④ 미국에서 미국인 어머니와 한국인 아버지 사이에서 태어난 아이

해설 한국은 부모의 국적에 따라 국적을 부여하는 속인주의를 택하고 있다. 한국은 속인주의를 택하기 때문에 한국에서 태어났어도 프랑스인 부모님 사이에서 태어난 ③의 아이는 한국 국적을 갖지 않는다.
② 속지주의를 택하는 미국에서 태어났지만 부모가 모두 한국인이기 때문에 한국 국적도 가지고 있다.
④ 속지주의를 택하는 미국에서 태어났고 부모 중 한쪽만 한국인인데, 한국에서는 부모 중 한쪽만 한국인이라도 한국 국적을 부여하므로 한국 국적도 가지고 있다.

정답 01 ② 02 ① 03 ③

04 다음 중 한국에서 가능한 귀화의 종류가 아닌 것은?

① 일반귀화
② 간이귀화
③ 특별귀화
④ 포상귀화

해설 귀화의 종류에는 '일반귀화, 간이귀화, 특별귀화'가 있다.

05 귀화에 대한 설명으로 옳은 것은?

① 한국인 배우자와 이혼을 하면 한국 국적을 잃는다.
② 귀화 필기시험이 사회통합프로그램 귀화용 종합평가로 대체되었다.
③ 한국에서 오래 살았다면 귀화 면접심사 없이 한국 국적을 얻을 수 있다.
④ 한국인 자녀를 양육할 의무가 있는 사람은 귀화 절차 없이 한국 국적을 얻는다.

해설 ① 일정 조건을 만족하면 한국인 배우자와 이혼하더라도 한국 국적을 유지할 수 있다.

06 복수국적을 가진 사람이 어떤 사정에 의하여 한쪽의 국적을 포기할 수 없을 경우에 대신 한국에서 외국 국적을 행사하지 않겠다고 서약하는 것은?

① 귀화신청
② 외국인등록
③ 국적회복허가
④ 외국국적불행사서약

해설 복수국적자 중 외국 법에 의하여 국적을 포기할 수 없거나, 외국에서 살다가 영주할 목적으로 만 65세 이후에 한국에 입국하여 국적회복허가를 받은 사람 등은 외국국적불행사서약을 해야 한다.

07 일반귀화의 조건이 아닌 것은?

① 한국에 주소지가 있을 것
② 귀화 신청 당시 성년일 것
③ 한국에서 3년 이상 생활했을 것
④ 한국 국민으로서의 기본적인 소양을 갖출 것

해설 일반귀화의 경우 한국에서 5년 이상 거주해야 한다.

정답 04 ④ 05 ② 06 ④ 07 ③

08 간이귀화의 조건이 아닌 것은?

① 부모의 한쪽이 한국 국적자인 경우
② 미성년자가 한국인에게 입양된 경우
③ 한국인과 혼인을 하여 2년 이상 한국에 주소를 가지고 산 경우
④ 부모 중 한쪽이 한국에서 태어났고, 본인도 한국에서 태어난 경우

해설 간이귀화의 요건에서 입양의 경우, 성인일 때 입양되어야 그 조건을 만족한다.

09 한국에 특별한 공로가 있거나 부모 중 어느 한쪽이 한국 국민인 경우, 한국에 주소가 있으면 국적을 부여하는 제도는?

① 간이귀화　　　　　　　　② 특별귀화
③ 일반귀화　　　　　　　　④ 임시귀화

해설 부모 중 어느 한쪽이 한국 국민이거나 한국에 특별한 공로가 있는 경우, 한국에 주소가 있으면 국적을 부여하는 제도는 특별귀화이다.

10 한국으로 귀화한 외국인은 한국 국적을 취득한 날로부터 얼마 이내에 외국 국적을 포기해야 하는가?

① 1년　　　　　　　　　　② 2년
③ 3년　　　　　　　　　　④ 4년

해설 한국으로 귀화한 외국인은 한국 국적을 취득한 날로부터 1년 이내에 외국 국적을 포기해야 한다.

정답 08 ② 09 ② 10 ①

5. 가족과 법

(1) 결혼과 법

① 부부가 되기 위한 조건

  ㉠ 한국에서는 만 18세 이상이면 결혼할 수 있습니다. 하지만 미성년자가 결혼하려면 부모 또는 법적인 보호자의 동의가 필요합니다.

  ㉡ **혼인 신고** 🈷️ : 부부가 되었음을 시청·구청·군청 등에 신고하여 법적으로 부부임을 인정받는 것입니다. 결혼식을 했더라도 혼인 신고를 하지 않으면 부부로 인정받지 못합니다.

② 결혼과 관련된 법

  ㉠ 부부는 함께 사는 것을 기본으로 하며, 생활비를 공동부담하고 각자의 재산을 소유할 수 있습니다.

  ㉡ 혼인의 종류로는 법률혼, 사실혼이 있으며 한국은 혼인 신고를 통해 부부관계를 인정하는 법률혼주의를 채택합니다.

  ㉢ 사실혼과 동거는 실제로 함께 살고 있지만 혼인 신고를 하지 않은 경우이므로 부부로서의 법적인 보호를 받을 수 없으며, 사실혼 관계에서는 한쪽이 다른 사람과 결혼을 하더라도 이중혼인이 성립되지 않습니다.

(2) 이혼과 법

① **이혼** 🈷️

  ㉠ 두 사람이 이혼에 합의하면 **협의이혼**을 할 수 있습니다. 가정법원에서 두 사람의 이혼 의사를 확인하고 이혼을 성립하게 합니다.

  ㉡ 한쪽이 이혼에 동의하지 않으면 재판을 통해 **재판상 이혼**을 할 수 있습니다.

> **심화**
>
> 협의이혼
> - 두 사람이 합의할 경우 이혼숙려기간을 거치고 이혼을 하게 됩니다.
> - 이혼숙려기간: 이혼하기로 한 부부가 이혼을 다시 생각하는 시간을 가지는 것으로, 함부로 이혼하는 것을 막는 제도입니다. 미성년 자녀가 있을 경우 3개월, 없을 경우 1개월을 이혼숙려기간으로 가지며 이 기간 후에도 이혼 의사가 확실할 경우 이혼이 성립됩니다.

> 재판상 이혼 사유
> - 배우자가 부정한 행위를 했을 경우
> - 부부로서 동거하지 않거나 상대방을 부양하지 않을 경우
> - 배우자나 그 부모로부터 매우 부당한 대우를 받은 경우
> - 자신의 부모가 배우자로부터 매우 부당한 대우를 받은 경우
> - 배우자의 생사 여부를 3년이 넘게 알 수 없는 경우
> - 기타 혼인 상태를 유지하기 어려운 중대한 사유가 있는 경우

② 이혼 후 법적 권리
  ㉠ 이혼이 성립된 후, 이혼 과정에서 자녀의 양육권, 양육비, 면접교섭권 등을 협의하여야 합니다. 만약 협의하지 못했을 경우 당사자의 청구나 가정법원의 직권에 의하여 제한하거나 배제할 수 있습니다.
  ㉡ 자녀의 양육권을 가진 쪽이 상대방에게 **양육비**를 청구할 수 있습니다.
  ㉢ 자녀의 양육권을 갖지 못한 쪽은 **면접교섭권**을 요구할 수 있습니다.
  ㉣ 이혼 시에는 재산분할을 할 수 있으며, 이혼의 원인과 책임이 있는 사람은 상대방에게 **위자료**를 지급해야 합니다.

③ **가정폭력**
  ㉠ 가족에게 신체적, 정신적, 재산적으로 피해를 주는 것을 가정폭력이라고 합니다. 물리적인 폭력 외에도 언어적인 폭력도 가정폭력입니다.
  ㉡ 가정폭력이 발생했을 경우에는 경찰 또는 가정폭력과 관련된 기관에 도움을 요청합니다.
  ㉢ 가정폭력으로 이혼을 하는 부부들도 있습니다.

(3) **가족과 관련된 법**
  ① 출생 신고
    ㉠ 아기가 태어나면 읍·면·동사무소에 방문하거나 인터넷으로 아기가 태어났음을 신고해야 합니다.
    ㉡ 출생 신고를 해야만 아기가 법적으로 한국 국민임을 인정받을 수 있습니다.
    ㉢ 출생 신고를 정해진 기간 안에 하지 않으면 과태료를 내야 하며, 출생 신고를 하지 않으면 법적으로 존재하지 않는 사람이 되므로 반드시 출생 신고를 해야 합니다.
  ② 사망 신고
    ㉠ 사람이 죽으면 사망 사실을 안 날부터 1개월 이내에 사망 신고를 해야 합니다.
    ㉡ 사망 신고는 읍·면·동사무소에 방문하여 접수합니다.

심화

가족관계
- 법으로 규정하는 가족의 범위: 배우자, 자신의 부모와 자녀, 형제자매까지를 가족으로 규정하고 있습니다.
- 생계를 함께하는 친족 사이에는 기본적인 부양 의무, 재산 상속권이 생기기도 합니다.

확인학습

01 한국에서 결혼이 가능한 나이는?

① 만 15세 이상
② 만 16세 이상
③ 만 17세 이상
④ 만 18세 이상

해설 한국에서는 만 18세 이상이면 결혼을 할 수 있다. 단, 만 19세 미만 미성년자가 결혼을 하려면 부모나 법적인 보호자의 동의가 필요하다.

02 〈보기〉가 설명하는 것은?

— 보기 —
- 법적으로 부부임을 인정받기 위해 시·구·군청에 신고하는 것
- 법률혼주의를 택하는 한국에서 부부관계를 법적으로 인정받으려면 반드시 해야 한다.

① 사망 신고
② 출생 신고
③ 혼인 신고
④ 실종 신고

해설 혼인 신고에 대한 설명이다.

03 결혼에 대한 설명으로 옳지 않은 것은?

① 부부가 되면 기본적으로 같이 살아야 한다.
② 법적으로 가사노동은 생활비를 벌어온 것으로 인정된다.
③ 혼인 신고를 하지 않으면 법의 보호를 받지 못할 수 있다.
④ 결혼을 통해 부부가 되면 개인 재산은 인정되지 않고 공동 재산이 된다.

해설 부부가 되어도 각자의 재산을 소유할 수 있다.
① 부부는 원칙적으로 함께 사는 것을 기본으로 한다.
② 법적으로 가정주부의 가사노동도 생활비를 벌어온 것으로 인정된다.
③ 혼인 신고 없이 사실혼 관계만 유지할 경우 한쪽이 다른 사람과 결혼을 해도 중혼으로 인정되지 않으며, 한쪽이 사망해서 상속권에 문제가 있을 때에도 배우자로 인정받지 못하는 등의 문제가 생길 수 있다.

04 이혼에 대한 설명으로 옳지 않은 것은?

① 부부관계를 끊고 싶을 때에는 합의나 재판에 의해 이혼할 수 있다.
② 부부 양측이 모두 이혼을 원하면 가정법원의 확인을 받아서 이혼할 수 있다.
③ 부부 중 한쪽만 이혼을 원할 경우에는 재판을 통하여 강제로 이혼할 수 있다.
④ 이혼의 원인을 제공하고 잘못이 있는 배우자는 상대방에게 위약금을 지급해야 한다.

해설 이혼에 대한 원인을 제공하거나 잘못이 있는 배우자는 상대방에게 위자료를 지급해야 한다.

05 이혼에 대한 설명으로 옳은 것은?

① 이혼을 하려면 고등법원에 가야 한다.
② 양육권이 있는 부모는 면접교섭권도 갖는다.
③ 신중하게 이혼을 결정하도록 하는 제도로 이혼숙려기간이 있다.
④ 자녀 양육권, 양육비에 관련된 문제는 가정법원을 통해 결정해야 한다.

해설 ① 이혼을 하려면 가정법원에 가야 한다.
② 면접교섭권은 양육권을 갖지 않은 부모가 요구하는 것이다.
④ 이혼 과정에서 두 사람이 자녀 양육권, 양육비 등의 문제에 대한 협의가 이루어지면 가정법원을 통하지 않고 결정할 수 있다.

참고 면접교섭권
• 부부가 이혼한 뒤 양육권을 갖지 않은 부모가 자녀와 만나거나 전화, 편지 등을 할 수 있는 권리를 말한다.
• 면접교섭권을 주장할 수는 있지만 반드시 받아들여지는 것은 아니며 그 범위가 제한되기도 한다.

정답 03 ④ 04 ④ 05 ③

06 가정폭력에 대한 설명으로 옳은 것은?

① 가정폭력은 이혼사유로 보기 어렵다.
② 자녀를 양육하면서 발생하는 체벌은 가정폭력이 아니다.
③ 가족에게 언어적으로 피해나 고통을 주는 것은 해당되지 않는다.
④ 스스로를 돌볼 수 없는 늙은 부모를 방임하는 것은 가정폭력에 해당한다.

해설 늙은 부모를 부양하지 않는 것은 가정폭력이며 노인학대로 볼 수 있다.
① 가족에게 물리적 폭행, 언어폭력 등 신체적·정신적으로 피해와 고통을 주는 모든 행위, 재산상 피해를 입히는 행위는 가정폭력이며 이혼사유가 될 수 있다.
② 체벌은 가정폭력이 될 수 있으며 아동학대로 볼 수 있다.
③ 언어적으로 피해나 고통을 주는 것도 가정폭력에 해당한다.

07 〈보기〉가 설명하는 것은?

> **보기**
> • 부부가 각자 자기 재산을 가질 수 있다.
> • 자기 뜻에 따라 자신의 재산을 처분할 권리가 있다.

① 공동재산
② 재산분할
③ 부부별산제
④ 사유재산권

해설 부부별산제에 대한 설명이다.

참고 **부부별산제**
• 혼인 전부터 가지고 있었던 고유재산과 혼인 후 자기 명의로 얻은 재산을 본인이 관리하는 제도이다.
• 본인 명의의 재산을 스스로의 의사에 따라 처분하는 등 관리할 수 있다.

08 가족과 관련된 법에 대한 설명으로 옳은 것은?

① 아이가 태어나면 출생 신고를 해야 한다.
② 사망 신고와 출생 신고는 모두 인터넷으로 할 수 있다.
③ 법으로 규정하는 가족의 범위에는 배우자의 형제자매도 포함된다.
④ 혼인 신고를 하지 않아도 함께 생활하면 법적으로 부부관계가 인정된다.

해설 ② 사망 신고는 인터넷으로 할 수 없다.
③ 배우자의 형제자매는 함께 살고 있지 않으면 법적인 가족으로 보지 않는다.
④ 한국은 법률혼주의를 채택하므로 혼인 신고를 해야 부부로 인정된다.

09 재판상 이혼 사유에 해당하지 않는 것은?

① 배우자가 부정한 행위를 저지른 경우
② 배우자로부터 매우 부당한 대우를 받은 경우
③ 배우자의 부모와 자신의 부모가 심하게 싸운 경우
④ 배우자가 살았는지 죽었는지 3년이 넘게 알 수 없는 경우

10 협의이혼에 대한 설명으로 옳은 것은?

① 이혼숙려기간은 짧게 줄일 수 없다.
② 한쪽이 이혼에 동의하지 않을 때 협의이혼이 이루어진다.
③ 결혼생활을 오래 유지한 부부일수록 이혼숙려기간이 길게 적용된다.
④ 이혼숙려기간 후에도 이혼을 원할 때는 가정법원의 확인을 받고 이혼이 성립된다.

해설 ① 특별한 사유가 있을 경우 '단축사유서'를 제출해 이혼숙려기간을 줄일 수 있다.
② 한쪽이 이혼에 동의하지 않을 때는 재판상 이혼을 하게 된다. 협의이혼은 양쪽이 이혼에 합의할 때 이루어진다.
③ 이혼숙려기간은 미성년 자녀가 있을 경우 3개월, 없을 경우에는 1개월이다. 결혼생활 유지 기간과는 무관하다.

정답 08 ① 09 ③ 10 ④

6. 재산과 법

(1) 금전 거래와 부동산 거래
① 계약과 계약서
㉠ 둘 이상의 사람이 어떤 조건으로 계약했다는 것을 증명하기 위해 계약서를 써야 합니다.
㉡ **차용증**: 다른 사람의 돈이나 물건을 빌렸다는 사실을 증명하기 위해 이를 기록한 문서입니다. 다른 사람에게 돈을 빌려주었을 때 차용증을 써서 돈을 빌려주었다는 사실을 증명할 수 있습니다.
㉢ 영수증: 다른 사람이나 기관, 단체에 일정한 금액을 지불했다는 것을 증명하는 문서입니다. 돈을 갚거나 재화를 구매했을 때 영수증을 받아 이 사실을 증명할 수 있습니다.
㉣ 임대차계약서: 물건을 사용하게 하고 이에 대한 돈을 지급할 것을 기록한 문서입니다.

② 부동산 거래
㉠ 계약서를 작성할 때는 법률 전문가의 도움을 받는 것이 좋습니다.
㉡ **등기부 등본**: 부동산에 대한 권리, 거래 관계가 기록된 서류입니다. 집이나 땅과 같은 부동산 거래를 할 때는 반드시 등기부 등본을 먼저 확인해야 합니다.
㉢ 보통 부동산 거래는 금액이 크기 때문에 계약금을 걸고 거래를 하게 됩니다.
㉣ 이사를 할 경우에는 전입 신고를 하고 확정일자를 받아야 보증금을 지킬 수 있고 권리를 보장받을 수 있습니다.

(2) 재산 문제 해결하기
① 내용증명
㉠ 소송 시 증거로 삼기 위해 우편물의 내용을 증명하는 것입니다.
㉡ 같은 내용의 서류를 3통 작성하여 우체국에 보내면 우체국이 그 내용을 증명해 줍니다. 3통의 서류는 각각 보내는 사람, 받는 사람, 우체국이 1통씩 보관합니다.
㉢ 직접 우체국에 가서 신청할 수 있으며, 인터넷 우체국으로도 신청이 가능합니다.

② 재산 피해를 입었을 경우
㉠ 돈을 빌리고 갚지 않았을 경우에는 민사소송을 통해 문제를 해결할 수 있습니다.
㉡ 돈을 빌린 사람이 빌린 돈을 갚지 않으면 가압류, 가처분 신청을 할 수 있습니다.
㉢ 부동산 거래에서 여러 가지 재산 피해 문제가 발생할 수 있기 때문에 계약서를 꼼꼼히 확인하고 작성해야 하며, 모든 과정에서 받게 되는 증명서와 서류를 잘 보관해야 합니다.

③ 전문가의 도움 받기
㉠ 금전 거래나 부동산 거래를 하면서 계약서를 작성할 경우에는 법률 전문가의 도움을 받는 것이 좋습니다.
㉡ 변호사나 법무사의 도움을 받을 수 있고, 부동산 거래 시에는 공인중개사의 도움을 받을 수 있습니다.
㉢ 도움을 받고자 하는 사람이 합법적으로 전문가 자격을 취득하였는지 살펴보는 것이 좋습니다.

확인학습

01 다른 사람과 돈을 주고받는 거래를 할 때 작성해야 할 문서는?

① 계약서
② 등기부 등본
③ 혼인 신고서
④ 임대차계약서

해설 돈을 주고받는 거래에서 서로 지켜야 할 의무나 책임을 문서에 적어 약속한 것은 계약서이다.
② 등기부 등본: 부동산에 대한 권리가 적혀 있는 문서
③ 혼인 신고서: 결혼한 것을 관청에 알리기 위한 문서
④ 임대차계약서: 상대에게 물건이나 부동산을 빌려주는 대가로 돈을 받을 것을 적은 문서

02 〈보기〉에서 설명하는 문서로 옳은 것은?

• 보기 •
- 다른 사람의 돈이나 물건을 빌렸다는 사실을 적은 문서
- 다른 사람에게 돈을 빌려주었을 경우 이 문서를 작성해 돈을 빌려주었다는 사실을 증명할 수 있다.
- 이 문서는 돈을 빌린 사람이 갚지 않을 경우 증거로 삼을 수 있다.

① 영수증
② 차용증
③ 출생 신고서
④ 근로계약서

해설 차용증에 대한 설명이다.

정답 01 ① 02 ②

03 〈보기〉에서 설명하는 문서로 옳은 것은?

> • 보기 •
> • 다른 사람이나 기관, 단체에 일정 금액을 지불했다는 사실을 증명하는 문서
> • 정해진 액수의 돈을 갚거나, 값을 지불하고 재화를 구매했을 때 받는다.
> • 이 문서를 통해 상환, 구매 행위를 증명할 수 있다.

① 영수증
② 차용증
③ 출생 신고서
④ 근로계약서

해설 영수증에 대한 설명이다.

04 돈을 빌린 사람이 돈을 갚지 못할 경우에 대신 돈을 갚겠다는 약속을 하는 것은?

① 혼인 신고
② 보증계약
③ 근로계약
④ 임대차계약

해설 ① 혼인 신고: 두 사람이 부부가 되었음을 법적으로 인정받기 위해 관청에 그 사실을 알리는 일
③ 근로계약: 일을 할 때 어떤 조건으로 일을 할지에 대한 근로자와 사용자 사이의 약속
④ 임대차계약: 물건이나 땅 혹은 건물을 빌려주고 그 대가로 돈을 받는 계약

05 계약을 맺을 때 도움을 받을 수 있는 법률 전문가는?

① 법원
② 검찰
③ 경찰
④ 변호사

해설 계약을 맺을 때 도움을 받을 수 있는 법률 전문가는 변호사이다. 변호사 외에도 법무사, 공인중개사 등 거래의 내용과 관련된 법률 전문가의 도움을 받을 수 있다.
① 법원은 재판을 담당하는 사법기관이다.
②·③ 검찰과 경찰은 법 집행기관이다.

정답 03 ① 04 ② 05 ④

06 부동산 거래에 대한 설명으로 옳은 것은?

① 등기부 등본은 반드시 계약 전에 확인해야 한다.
② 확정일자를 받는 것은 집주인의 이익을 위한 것이다.
③ 계약서를 쓸 때는 대리인 없이 거래 당사자들끼리 쓰는 것이 좋다.
④ 부동산 거래는 거래 파기를 막기 위해 모든 금액을 한꺼번에 지불한다.

해설 ② 확정일자를 받는 것은 임차인의 보증금을 보장하기 위한 것이다.
③ 계약서를 쓸 때는 법률 전문가의 도움을 받는 것이 좋다.
④ 부동산 거래는 금액이 크기 때문에 일반적으로 계약금을 걸고, 중도금을 내고 잔금을 납부하게 된다.

07 다음 중 집을 빌리는 사람을 보호하기 위한 법은?

① 헌법
② 국적법
③ 근로기준법
④ 주택임대차보호법

해설 ① 헌법: 국가의 조직과 국민의 기본권을 보장하는 가장 근본적인 법
② 국적법: 한국 국적을 얻기 위한 조건을 정한 법
③ 근로기준법: 일을 하는 사람의 기본적인 생활을 보장하고 균형 있는 국민경제의 발전을 위해 만들어진 법

참고 주택임대차보호법
- 서민들의 안정적인 주거생활을 위해 제정한 법이다.
- 임대차 기간의 최소 기간을 2년으로 보장하여 임대차 기간을 따로 정하지 않았더라도 임차인은 2년까지 거주할 수 있다.
- 계약 기간이 끝나기 한 달 전까지 집주인과 집을 빌린 사람이 그 계약을 끝내겠다는 말을 하지 않으면 계약이 자동으로 연장되어 그 집에서 2년 더 살 수 있다.
- 계약 기간 동안은 주택의 소유권이 다른 사람에게 넘어가도 원래 계약한 임차인의 조건은 그대로 유지된다.
- 합법적으로 전입 신고 후 확정일자를 받아 실제로 주택에 거주할 경우 임차인의 보증금은 우선적으로 보호받는다.

정답 06 ① 07 ④

08 한국에서의 상속에 대한 설명으로 옳지 <u>않은</u> 것은?

① 유언장은 어떤 형식이든지 법적 효력이 있다.
② 한국에서는 유언에 따른 상속을 인정하고 있다.
③ 유언이 없을 때에는 법에 따라 상속이 이루어진다.
④ 상속을 받을 때는 재산과 함께 빚도 상속받게 된다.

해설 유언장이 법적 효력을 가지려면 일정한 양식을 따라야 한다.

참고 상속
- 유언장은 내용, 주소, 날짜 등 정해진 형식을 지켜 남겨야만 법적인 효력을 갖는다.
- 상속 순위는 직계비속이 상속 1순위이며 직계존속이 2순위이다. 배우자는 1순위나 2순위 상속자와 공동 상속인이 된다.
- 상속을 받을 때는 빚도 같이 받게 된다.

09 내용증명에 대한 설명으로 옳지 <u>않은</u> 것은?

① 인터넷을 통해서도 내용증명을 신청할 수 있다.
② 내용증명과 관련된 모든 서류는 법원에서 보관한다.
③ 내용증명을 할 때는 동일한 내용의 편지를 3부 작성한다.
④ 법적 분쟁이 발생하면 내용증명을 통해 사실관계를 입증할 수 있다.

해설 내용증명을 하면 같은 내용의 편지를 3부 작성하여 보내는 사람, 받는 사람, 우체국이 각각 1부씩 보관한다.

10 재산 문제를 해결하는 방법에 대한 설명으로 옳지 <u>않은</u> 것은?

① 내용증명은 소송 시 증거가 된다.
② 돈을 빌린 사람이 돈을 갚지 않으면 형사소송이 진행된다.
③ 돈을 빌린 사람이 돈을 갚지 않으면 가압류, 가처분 신청을 할 수 있다.
④ 변호사나 공인중개사의 도움을 받아 계약서를 작성하면 문제 발생 위험을 줄일 수 있다.

해설 이 경우에는 민사소송으로 문제를 해결할 수 있다.

7. 법 집행과 생활법률

(1) 법

① 법과 재판의 종류

민법		민사재판
• 권리 다툼 시 기준 제시 • 분쟁 해결의 기능	→	• 개인 간 다툼 해결 • 개인이 자유롭게 신청 가능
형법		형사재판
• 질서 유지를 위해 행위 규제 • 법을 어길 시 처벌	→	• 범죄 유무, 형벌의 정도 판결 • 검·경찰이 범죄 사실 확인 후 신청

② **삼심제도** 〈중요〉

　㉠ 한 사건에 대해 세 번의 판결을 받을 수 있는 제도로서, 국민의 자유와 권리를 최대한 보장하고 **재판의 공정성을 확보**할 수 있습니다.

대법원		3심
↑	↑	↑
지방법원 합의부	고등법원	2심
↑	↑	↑
지방법원 단독부	지방법원 합의부	1심

③ **법 집행기관** 〈중요〉

　㉠ **검찰**: 법원에 재판을 요청하고, 범죄를 수사하여 증거를 모아 재판에 참여하여 처벌을 요구합니다.

　㉡ **경찰**: 국민의 생명·재산 보호, 범죄 예방·진압·수사, 교통 단속·위해 방지 등을 위하여 활동합니다.

　㉢ 특별 사법경찰: 환경, 교도소, 마약 등 특수한 분야의 범죄에 한해 수사를 담당하며 일반 사법경찰과 동일한 수사권을 가집니다.

(2) 생활법률

① **경범죄** 〈중요〉

　㉠ 일상생활에서 일어날 수 있는 비교적 가벼운 위법행위를 말합니다.

　㉡ 종량제 봉투를 사용하지 않고 쓰레기를 배출하거나 부피가 큰 쓰레기를 신고하지 않고 버리면 쓰레기 무단투기로 과태료를 내야 합니다.

　㉢ 그 외 광고물 무단 부착, 노상방뇨, 장난전화, 무임승차 등이 경범죄에 해당됩니다.

② 학교폭력
- ㉠ 학교 안이나 밖에서 학생을 대상으로 일어나는 폭력행위, 정신적·재산상 피해를 주는 행위를 말합니다.
- ㉡ 학생이 아닌 사람이 가해자라도 피해자가 학생의 신분이라면 학교폭력에 해당됩니다.
- ㉢ 최근에는 학교폭력이 심각한 사회 문제로 인식되고 있습니다.
- ㉣ 학교폭력이 일어나면 반드시 부모와 학교에 알려야 합니다.

확인학습

01 사람들 사이에 권리 다툼이 발생할 경우, 이것을 해결하는 기준이 제시된 법은?

① 헌법
② 민법
③ 형법
④ 상법

해설 국민 각자의 권리 다툼(민사분쟁)을 해결하는 법은 민법이다.
① 헌법: 국민과 국가의 권리, 의무를 규정한 최고의 법
③ 형법: 범죄와 그에 따른 처벌에 대한 법률
④ 상법: 상행위(장사)에 대한 법률

02 개인 간의 다툼을 해결하기 위해 판결을 내리는 것을 무엇이라고 하는가?

① 헌법재판
② 민사재판
③ 형사재판
④ 행정소송

해설 개인 간의 다툼을 해결하고 판단하는 재판은 민사재판이다.
① 헌법재판: 헌법재판소에서 국민과 국가 간, 또는 국가 기관끼리의 다툼을 해결하는 재판
③ 형사재판: 국민이 범죄를 저지를 경우 범죄 여부와 형벌을 판단하는 재판
④ 행정소송: 행정기관의 처분에 대하여 국민이 그 처분의 취소나 변경을 요구하는 소송

정답 01 ② 02 ②

03 삼심제도에서 가장 높은 지위를 가지는 곳은?

① 대법원
② 행정법원
③ 헌법재판소
④ 법원행정처

해설 대한민국 삼심제도에서 가장 상급기관은 대법원이다.
②·③ 행정소송 및 헌법재판
④ 대법원에 소속된 기관

04 한 사건에 대하여 세 번의 심판을 받을 수 있는 심급제도는?

① 삼심제도
② 다층제도
③ 중복심판제도
④ 고등심판제도

해설 삼심제도는 한 사건에 대하여 세 번의 심판을 받을 수 있는 제도이다. 법원을 상급 법원과 하급 법원으로 나누어 여러 번 재판을 받을 수 있게 하였다고 해서 심급제도라고도 한다.

05 경범죄에 속하지 <u>않는</u> 것은?

① 노상방뇨
② 음주운전
③ 암표 매매
④ 광고물 무단 부착

해설 음주운전은 경범죄가 아니다. 음주운전을 할 경우, 도로교통법 위반으로 처벌받는다.

정답 03 ① 04 ① 05 ②

8. 범죄와 법

(1) 형법과 형사재판

① **형법**
  ㉠ 사회질서를 유지하고 사람들의 권리와 자유를 보호하기 위해 제정한 법입니다.
  ㉡ 죄형법정주의: 범죄가 되는 행위를 정하여 그에 해당하는 위법행위가 발생하면 처벌을 내립니다. 이때 각 위법행위에 대해 어떤 처벌을 할 것인지도 함께 정합니다.

② **형사재판**
  ㉠ 경찰이나 검찰이 수사를 하고, 검사가 기소를 하면 형사재판이 이루어집니다.
  ㉡ 형사재판에서 유죄인지 무죄인지 판단하고 유죄일 경우, 형을 집행합니다.
  ㉢ 검사는 증거를 모아 재판을 요청하고, 피고인의 유죄를 주장합니다.
  ㉣ 피고인은 변호인을 통해 자신을 변호합니다.

더 알아보기

피의자와 피고인
- 피의자: 혐의가 있어 조사를 받지만 기소되지 않은 사람
- 피고인: 검사의 요청으로 재판을 받기 위해 기소된 피의자

심화

국민참여재판
- 형사재판 과정에서 일반 국민이 배심원으로 참여하는 재판입니다.
- 배심원 판결은 절대적인 것은 아니나 판사는 판결 시 배심원의 의견을 참고해야 합니다. 또한 배심원의 의견과 다른 평결 시에는 평결의 이유를 밝혀야 합니다.

(2) 범죄와 형벌

① 범죄 🔖

　㉠ 강도, 강간, 살인 등 피해자에게 신체적·정신적·물질적으로 큰 피해를 주는 심각한 위법행위는 큰 처벌을 받습니다.

　㉡ **특정범죄가중처벌법**: 사회질서를 저해하고 많은 사람에게 피해를 줄 수 있는 위법행위나 비슷한 범죄가 자주 발생할 것으로 예상되는 경우 등 기존 처벌이 약한 특정 범죄에 대해 가중처벌을 규정하는 법입니다. 뇌물죄, 상습 강도 및 절도, 어린이 보호구역에서 어린이를 다치거나 사망하게 하는 것, 마약 관련 범죄 등이 포함됩니다.

② 형벌 🔖

　㉠ 생명형: 생명을 뺏는 가장 무거운 형벌로 사형이 있습니다.
　㉡ 자유형: 일정 기간 동안 교도소에 가둬 신체적 자유를 뺏는 형벌로 징역이 있습니다.
　㉢ 재산형: 벌금을 물리거나 재산을 뺏는 형벌입니다.
　㉣ 명예형(자격형): 범죄인의 명예나 자격을 뺏고 공무원이 되는 자격이나 선거권, 피선거권 등을 뺏는 형벌입니다.

> **심화**
>
> **형사재판에서의 권리 보장**
> - 무죄 추정의 원칙: 유죄 판결이 확정되기 전까지는 무죄로 여겨야 합니다.
> - 국선변호인 선정 제도: 경제적인 어려움으로 변호인을 선임하기 어려울 경우, 국가 비용으로 변호인을 선임해 주는 제도입니다.
> - 영장주의: 판사의 영장 없이 체포, 구속, 압수, 수색을 받을 수 없습니다.
> - 미란다 원칙: 용의자가 수사기관에 체포될 때 변호사를 선임하거나 진술을 거부할 권리 등이 있다는 것을 알려주어야 한다는 원칙입니다.
> - 고문 금지: 폭행, 협박, 고문 등에 의해 자백을 받을 수 없으며, 그러한 방법으로 받은 자백은 인정되지 않습니다.

확인학습

01 형법과 형사재판에 대한 설명으로 옳은 것은?

① 경찰이 기소를 하면 재판이 이루어진다.
② 원고는 변호인을 통해 자신을 변호한다.
③ 형법은 개인 간의 다툼을 조정하기 위해 제정한 법이다.
④ 법으로 규정된 내용에 따라 범죄인지 판단하고 처벌한다.

해설 한국에서는 법으로 규정된 내용에 따라 범죄 여부를 판단하고 처벌 방법을 결정하는 죄형법정주의를 택하고 있다.
① 형사재판에서 기소는 검찰이 하는 것이다.
② 원고는 소송을 거는 사람으로, 형사재판에서 원고는 검찰이 된다. 검찰은 변호인이 필요하지 않다.
③ 형법은 사회질서 유지, 개인의 권리와 자유 보호를 위해 제정한 법이다. 개인 간 다툼을 조정하는 것은 민법이다.

02 민사 및 형사재판에 대한 설명으로 옳지 않은 것은?

① 재판은 법원에서 실시하며 최종결정은 법관(판사)이 한다.
② 법관은 법과 자신의 양심에 따라 공정하게 판결해야 한다.
③ 민사재판은 개인이 자유롭게 신청할 수 없고, 허가를 받아야 한다.
④ 형사재판은 경찰과 검찰에서 범죄 사실에 대한 확인을 거친 후에 재판을 신청한다.

해설 민사재판은 제한 없이 누구나 신청할 수 있다.

03 국민으로서 하지 말아야 하는 행동과 그러한 행동을 하면 처벌받는 사항을 적어놓은 법은?

① 헌법
② 민법
③ 형법
④ 상법

해설 하지 말아야 할 행동과 그러한 행동을 하면 처벌받는 사항을 적어놓은 법은 형법이다.
① 헌법: 국민과 국가의 권리, 의무를 규정한 최고의 법
② 민법: 국민 각자의 권리 다툼(민사분쟁)을 해결하는 법
④ 상법: 상행위(장사)에 대한 법률

정답 01 ④ 02 ③ 03 ③

04 법을 집행하는 기관으로서 검찰에서만 수행하는 역할이 아닌 것은?

① 범죄를 수사한다.
② 경찰 수사를 지휘한다.
③ 범죄자에 대한 재판을 법원에 요청한다.
④ 재판에 참여하여 범죄자의 처벌을 요구한다.

해설 범죄수사는 법을 집행하는 경찰과 검찰의 공통적인 역할이다.

05 범죄에 대한 설명으로 옳지 않은 것은?

① 법을 어기고 잘못을 저질렀으므로 처벌의 대상이 된다.
② 비교적 가벼운 범죄인 경범죄는 처벌 대상이 되지 않는다.
③ 강도, 살인, 강간 등 심각한 위법행위는 큰 처벌을 받는다.
④ 많은 사람에게 피해를 줄 수 있는 위법행위는 더 큰 처벌을 받는다.

해설 경범죄도 범죄이기 때문에 처벌을 받는다. 단, 죄의 정도가 비교적 가볍기 때문에 상대적으로 가벼운 처벌이 이루어진다.

06 형사재판에 대한 설명으로 옳은 것은?

① 판사는 법과 증거를 바탕으로 양심적인 판결을 내려야 한다.
② 기소되지 않았지만 혐의가 있어서 조사를 받는 사람은 피고인이다.
③ 변호사는 증거를 모아 재판을 요청하고 피고인의 유죄를 주장한다.
④ 유죄인지 무죄인지는 검사가 판단하고 형사재판에서는 형의 종류와 정도를 결정한다.

해설 ② 기소되지 않았지만 혐의가 있어서 조사를 받는 사람은 피의자이다. 피의자가 기소되면 피고인이 된다.
③ 증거를 모아 재판을 요청하고 피고인의 유죄를 주장하는 것은 검사이다.
④ 유죄인지 무죄인지, 형의 종류와 정도는 모두 형사재판에서 결정한다.

정답 04 ① 05 ② 06 ①

07 〈보기〉가 설명하는 것은?

> • 보기 •
> • 비슷한 범죄가 자주 일어날 것으로 예상되는 범죄, 기존 처벌이 약한 특정한 범죄에 강력하게 대처하는 법이다.
> • 어린이 보호구역에서 어린이를 다치거나 사망하게 하는 것, 마약 관련 범죄 등을 대상으로 한다.

① 일반화 오류
② 죄형법정주의
③ 무죄 추정의 원칙
④ 특정범죄가중처벌법

해설 특정범죄가중처벌법에 대한 설명이다.

08 형사재판의 권리 보장에 대한 설명으로 옳지 않은 것은?

① 영장이 없으면 체포, 구속, 압수, 수색을 할 수 없다.
② 용의자를 체포할 때는 용의자의 권리를 미리 알려줘야 한다.
③ 무죄 추정의 원칙으로 유죄 판결 전까지는 무죄로 여겨야 한다.
④ 용의자가 변호인을 선임하지 않으면 국가에서 강제로 변호인을 지정해 준다.

해설 변호인을 선임하는 것은 개인의 선택이며, 변호인을 선임하고자 하는 용의자가 경제적 어려움으로 선임하지 못할 경우에는 국가에서 변호인을 선임해 주는 국선변호인 선정 제도가 있다.

09 〈보기〉가 설명하는 것은?

―• 보기 •―
- 재판 과정에서 국민이 배심원으로 참여하는 재판이다.
- 판사는 배심원의 판결을 참고하여 최종 판결을 한다.

① 공개재판
② 국민청원
③ 국민신문고
④ 국민참여재판

해설 국민참여재판에 대한 설명이다.

10 다음 중 신체의 자유를 빼앗는 형벌은?

① 생명형　　　　　　　② 자유형
③ 재산형　　　　　　　④ 명예형

해설 자유형에 대한 설명이다. 자유형으로는 징역이 있다.

정답 09 ④　10 ②

9. 권리 보호와 법

(1) 권리를 보호받는 법

① **재판** 🗨
- ㉠ **소송**: 사람들 사이에 일어난 갈등이나 다툼을 법에 따라 판결하여 문제를 해결해 달라고 법원에 요구하는 것을 말합니다. 또는 집단이나 국가에 의한 피해에 대한 보상을 요구하기 위해 소송을 걸 수 있습니다.
- ㉡ **재판**: 소송으로 재판이 이루어집니다. 법원에서는 재판으로 개인 간의 갈등이나 다툼을 해결하거나 개인의 권리를 보호해 줍니다.
- ㉢ 소송과 재판이 진행될 경우에는 보통 변호사 등 법률 전문가의 도움을 받게 됩니다.
- ㉣ **대안적 분쟁 해결 제도**: 재판은 많은 비용이 필요하고, 재판에 관계된 모두가 재판 과정을 힘들어 합니다. 그렇기 때문에 가능하면 재판까지 가지 않고 협상, 조정, 중재 등의 방법으로 갈등을 해결하는 것이 좋습니다.

② **대한법률구조공단** 🗨
- ㉠ 법을 잘 모르거나 가난하다는 이유로 법의 보호를 받지 못하는 사람들을 보호하기 위한 기관입니다.
- ㉡ 변호사를 구하기 어려운 경우 법률 서비스를 받을 수 있습니다.
- ㉢ 외국인도 외국인등록 사실증명을 받고, 소득 수준이 일정한 기준을 충족하면 최소한의 비용을 내고 소송을 지원받을 수 있습니다.

(2) 권리를 보호해 주는 국가 기관 🗨

① **국가인권위원회**
- ㉠ **인권을 보호**하는 기관입니다.
- ㉡ 부당한 차별을 당하는 등 인권 침해를 당한 경우 도움을 받을 수 있습니다.
- ㉢ 한국 생활 중 겪은 불이익이나 불편에 대한 상담도 받을 수 있습니다.

② **국민권익위원회**
- ㉠ 부패 방지 및 **국민의 권익 보호**, **구제**를 위한 기관입니다.
- ㉡ 국가 기관의 잘못으로 피해를 입었을 경우, 구제를 요청하고 도움을 받을 수 있습니다.

③ **한국소비자원**
- ㉠ **소비자의 권리와 이익을 보호**하기 위한 기관입니다.
- ㉡ 물건을 구매하거나 서비스를 이용하는 과정에서 불편을 겪은 경우 도움을 받을 수 있습니다.

(3) 근로자의 권리 보호

① **직장에서 발생하는 갈등**
　㉠ **직장 내 괴롭힘**: 직장에서의 관계, 지위를 이용해 직장 안팎에서 다른 사람을 신체적·정신적으로 괴롭히는 행위를 직장 내 괴롭힘이라고 합니다. 한국에서는 2019년부터 직장 내 괴롭힘을 금지하는 법안이 시행되고 있습니다.
　㉡ **직장 내 성희롱**: 직장에서의 위계나 권력, 또는 관계 등을 이용해 다른 사람에게 신체적·정신적으로 성적인 불쾌감을 느끼게 하는 것을 직장 내 성희롱이라고 합니다. 직장 내 성희롱이 발생했을 경우에는 고충처리기관에 신고하고, 고용노동부, 국가인권위원회, 재판 등을 통해 도움을 받을 수 있으며, 가해자는 처벌을 받아야 합니다.

심화

모성보호(관련)법
- 사회 구성원의 출산과 양육을 지원하기 위해 제정된 법입니다.
- 출산 전후 휴가 확대, 육아휴직 급여 지급, 남녀 고용 평등법 적용 확대, 성희롱 처벌 강화 등이 주된 내용입니다.
- 임산부는 초과 근무를 할 수 없으며, 근로 시간을 단축할 수 있고, 배우자 출산 시 휴가가 가능합니다.

② 비정규직 근로자 보호
　㉠ 비정규직 근로자는 정규직 근로자에 비해 고용 기간이 짧고 급여가 적습니다.
　㉡ 2024년 통계청의 조사 결과 기준 대한민국 임금 근로자 중 비정규직 근로자의 비율은 약 37%에 이르는 것으로 조사되었습니다.
　㉢ 비정규직 근로자도 근로계약서를 작성하고 최저임금을 보장받습니다.
　㉣ 이유 없이 비정규직 근로자를 차별할 수 없습니다.

확인학습

01 다음 중 권리를 보호받는 방법과 관련이 없는 것은?

① 재판
② 소송
③ 법원
④ 근로

해설 갈등이 일어났을 때 소송을 걸어 법원에서 재판을 받을 수 있으며, 재판을 통해 갈등을 해결하고 권리를 보호받을 수 있다.

02 〈보기〉가 설명하는 것은?

• 보기 •
- 법을 모르거나 경제적으로 어려운 사람들을 위한 기관이다.
- 변호사를 구하기 어려울 경우 법률 서비스를 제공하는 기관이다.
- 외국인등록 사실증명을 한 외국인에게도 법률 서비스를 제공한다.

① 한국소비자원
② 국민권익위원회
③ 국가인권위원회
④ 대한법률구조공단

해설 대한법률구조공단에 대한 설명이다.

03 〈보기〉가 설명하는 것은?

• 보기 •
- 소비자의 권리와 이익을 보호하는 기관이다.
- 물건 구매, 서비스 이용 과정 등에서 불편을 겪었을 시 도움을 받을 수 있다.

① 한국소비자원
② 국민권익위원회
③ 국가인권위원회
④ 대한법률구조공단

해설 한국소비자원에 대한 설명이다.

정답 01 ④ 02 ④ 03 ①

04 〈보기〉가 설명하는 것은?

> **보기**
> - 부패를 방지하고 국민의 권익 보호, 구제를 위한 기관이다.
> - 국가 기관에 의해 피해를 입은 사람에게 도움을 주는 기관이다.

① 한국소비자원 ② 국민권익위원회
③ 국가인권위원회 ④ 대한법률구조공단

해설 국민권익위원회에 대한 설명이다.

05 〈보기〉가 설명하는 것은?

> **보기**
> - 부당한 차별을 당하는 등 인권 침해를 당했을 때 도움을 받을 수 있다.
> - 한국 생활 중 겪은 불이익이나 불편에 대한 상담도 받을 수 있다.

① 한국소비자원 ② 국민권익위원회
③ 국가인권위원회 ④ 대한법률구조공단

해설 국가인권위원회에 대한 설명이다.

06 대안적 분쟁 해결 방식에 대한 설명으로 옳은 것은?

① 협박, 강요, 무시 등의 방법이 있다.
② 재판을 받기 위해 거쳐야 하는 중간 과정이다.
③ 금전적, 시간적 비용을 줄이기 위해 재판까지 가지 않는 방법이다.
④ 재판의 판결이 마음에 들지 않을 경우 판결을 다시 요청하는 것이다.

해설 재판이 이루어지면 관련된 사람들은 정신적으로 많은 스트레스를 받거나 감정이 상하게 되며, 재판을 준비하는 비용의 부담이 커진다. 이를 줄이기 위해 대안적 분쟁 해결 방식으로 문제를 해결하기도 한다.
① 대안적 분쟁 해결 방식으로는 협상, 조정, 중재가 있다.
② 대안적 분쟁 해결 방식은 재판까지 가지 않기 위한 방법이다.
④ 판결 결과에 불복하여 상위 법원에 재판을 다시 요구하는 것은 항소이다.

정답 04 ② 05 ③ 06 ③

07 한국의 소송에 관한 설명으로 옳지 않은 것은?

① 소송은 법원의 재판을 통해 분쟁을 해결하는 방식이다.
② 가족 문제는 소송을 통하여 법원에 판결을 요청할 수 없다.
③ 개인 간 재산 문제는 소송을 통하여 법원에 판결을 요청할 수 있다.
④ 국가에 의하여 피해를 받을 경우 국가를 상대로 소송을 제기할 수 있다.

해설 가족 문제가 발생한 경우에도 법원의 판결을 통하여 해결할 수 있다.

08 국가인권위원회에 대한 설명으로 옳지 않은 것은?

① 한국 국민이 아니라도 도움을 받을 수 있는 기관이다.
② 부당한 대우 등 인권 침해를 당했을 경우, 도움을 요청할 수 있다.
③ 국가 기관에 의해 부당한 대우를 받은 사람만 도움을 받을 수 있다.
④ 인권 침해가 사실로 인정되면, 침해 당사자에게 문제 해결을 권한다.

해설 국가 기관이 아닌 회사나 다른 사람에게 인권 침해를 받은 경우에도 상담, 조사, 구제의 방법을 통하여 도움을 받을 수 있다.

09 근로자의 권리 보호에 대한 설명으로 옳지 않은 것은?

① 직장 내 괴롭힘을 법적으로 금지하고 있다.
② 비정규직 근로자는 근로계약서를 쓰지 않는다.
③ 사회 구성원의 출산과 양육을 돕기 위해 모성보호관련법이 시행된다.
④ 직장에서의 관계를 이용해 상대에게 성적으로 불쾌감을 주는 것은 명백한 위법행위이다.

해설 비정규직 근로자도 근로계약서를 작성한다.

10 비정규직 근로자에 대한 설명으로 옳지 않은 것은?

① 기간제 근로자와 아르바이트로 나눈다.
② 정규직 근로자에 비해 고용 기간이 짧다.
③ 비정규직 근로자도 최저임금을 보장받는다.
④ 한국에서는 비정규직 근로자를 거의 볼 수 없다.

해설 2024년 기준 한국의 임금 근로자 중 비정규직 근로자는 약 37%로 나타났다.

제7장 역사

1. 고조선

(1) **한국 역사의 흐름**

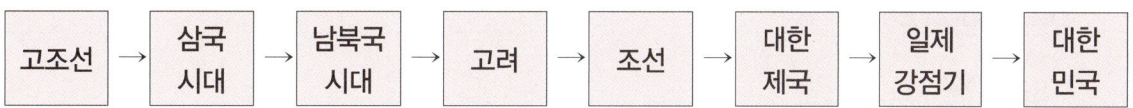

(2) **고조선**

① 고조선의 건국
  ㉠ 기원전 2333년 청동기 문화를 바탕으로 아사달을 도읍으로 하여 **단군왕검**이 건국했습니다.
  ㉡ 곰과 호랑이가 주인공인 건국 신화(단군 신화)가 있습니다.
  ㉢ 후에 철기 문화를 받아들여 크게 발전했습니다.

> **더 알아보기**
>
> **단군 신화**
> 하늘을 다스리는 왕(환인)의 아들 환웅은 바람, 구름, 비를 다스리는 신하를 데리고 태백산에 내려와 홍익인간의 뜻을 가지고 인간 세상을 다스렸다. 어느 날 곰과 호랑이가 환웅을 찾아와 인간이 되고 싶다고 하자, 환웅은 쑥과 마늘을 주며 "100일 동안 동굴 안에서 햇빛을 보지 않고 쑥과 마늘만 먹으면 인간이 될 수 있다."라고 했다. 호랑이는 100일을 참지 못하고 동굴에서 도망쳤고, 100일 동안 햇빛을 보지 않고 쑥과 마늘을 먹은 곰은 여자(웅녀)가 되어 환웅과 결혼했다. 환웅과 웅녀의 아이가 단군왕검이고, 단군왕검이 고조선을 세웠다.

② **고조선의 특징**
　㉠ **8조법**: 법을 통해 국가를 다스렸다는 것을 알 수 있습니다. 8조법을 통해 고조선이 범죄를 엄하게 다스렸고, 곡물을 화폐처럼 썼으며, 신분제 사회였음을 알 수 있습니다.
　㉡ **참성단**: 강화도 마니산에 있는 유적으로 하늘에 제사를 올리기 위해 쌓은 제단입니다. 국가적으로 하늘에 제사를 올렸다는 것을 알 수 있습니다.
　㉢ **고인돌**: 청동기 시대 대표적인 무덤으로, 큰 세력을 가진 지배자나 족장의 무덤입니다.

더 알아보기

8조법
8개 조항이 있었지만 지금은 아래 3개 조항만 전해집니다.
- 살인자는 즉시 사형에 처한다.
- 남의 신체를 상하게(다치게) 한 자는 곡물로 보상한다.
- 남의 물건을 훔친 자는 노비가 되며, 용서를 받으려면 돈을 내야 한다.

확인학습

01 한국 역사상 최초의 국가는?

① 발해 ② 고려
③ 조선 ④ 고조선

해설 한국 역사상 최초의 국가는 고조선이다.

02 한국 역사상 국가와 건국한 인물을 바르게 연결한 것은?

① 신라-주몽 ② 조선-대조영
③ 고려-이성계 ④ 고조선-단군왕검

해설 고조선을 건국한 인물은 단군왕검이다.

참고 한국 역사의 흐름

		시조 / 건국 시기	
고조선		시조	단군왕검
		건국 시기	기원전 2333년
삼국 시대	신라	시조	박혁거세
		건국 시기	기원전 57년
	고구려	시조	주몽(동명성왕)
		건국 시기	기원전 37년
	백제	시조	온조
		건국 시기	기원전 18년
남북국 시대	통일 신라	문무왕이 676년 고구려, 백제, 신라를 통일	
	발해	시조	대조영
		건국 시기	698년
고려		시조	왕건
		건국 시기	918년
조선		시조	이성계
		건국 시기	1392년
대한제국		1897년 고종이 조선의 국호를 대한제국으로 바꿈	
대한민국		1948년 8월 15일 대한민국 정부 수립	

정답 01 ④ 02 ④

03 고조선에 대한 설명으로 옳지 않은 것은?

① 기원전 2333년에 건국되었다.
② 청동기 문화를 바탕으로 건국되었다.
③ 후에 철기 문화를 받아들여 발전했다.
④ 단군왕검은 고조선이라는 이름으로 나라를 세웠다.

해설 단군왕검은 조선이라는 이름으로 나라를 세웠다. 하지만 후에 이성계가 조선을 건국하면서 단군왕검이 건국한 조선과 구분하기 위해 더 옛날에 세운 단군왕검의 조선을 옛날 조선이라는 의미로 고(古)조선이라고 부르게 되었다.

04 고조선 이후 철기 문화가 보급되면서 세워진 초기 국가가 아닌 것은?

① 부여
② 조선
③ 옥저
④ 고구려

해설 철기 문화가 보급되면서 한반도와 만주지방의 여러 곳에서 부여, 고구려, 옥저, 동예, 삼한(마한, 진한, 변한) 등의 나라가 세워졌다. 조선은 1392년 이성계가 건국한 국가로, 초기 국가가 아니다.

참고 **고조선에 이어 세워진 초기 국가**
- 고조선에 이어 부여, 고구려, 옥저, 동예와 같은 나라가 세워졌다.
- 삼한(3한)이라 불리는 마한, 진한, 변한이 건국되었다.

05 다음 중 고조선과 관련이 있는 것은?

① 8조법
② 첨성대
③ 경국대전
④ 몽촌토성

해설 8조법은 고조선의 법으로, 지금은 8개 조항 중 3개 조항만 전해진다.
② 첨성대는 신라 시대 유적으로, 별을 관측하던 곳이다.
③ 경국대전은 조선의 기본이 되는 법전이다.
④ 몽촌토성은 백제의 유적이다.

06 최초의 민족국가인 고조선을 건국한 것을 기리는 날은?

① 제헌절
② 광복절
③ 개천절
④ 현충일

해설 개천절(10월 3일)은 기원전 2333년에 단군이 처음으로 나라를 세운 것을 기념하는 날이다.

07 단군왕검이 하늘에 제사를 올리기 위해 쌓은 제단으로 강화도 마니산 꼭대기에 있는 문화재는?

① 참성단
② 고인돌
③ 첨성대
④ 석굴암

해설 참성단은 강화도 마니산에 있는 것으로 단군이 하늘에 제사를 올리기 위해 쌓은 제단이다. 지금도 매년 개천절(10월 3일)에 참성단에서 천제를 지낸 후 칠선녀의 성무와 성화 채화 행사가 열린다.

08 8조법에 대한 설명으로 옳지 않은 것은?

① 사유재산을 인정했다.
② 범죄를 엄격하게 다스렸다.
③ 곡식을 화폐처럼 사용했다.
④ 8개 조항이 모두 전해진다.

해설 현재 8조법의 8개 조항 중 3개 조항만이 전해진다. 8조법은 살인과 같은 큰 죄를 엄격하게 다스렸고, 곡물을 화폐처럼 사용하도록 했다. 또한 도둑질에 대한 처벌 내용이 있다는 점으로 보아 사유재산을 인정했다는 것을 알 수 있으며, 도둑질을 하면 노비가 된다고 한 것으로 보아 신분사회였다는 것을 알 수 있다.

정답 06 ③ 07 ① 08 ④

09 청동기 시대의 대표적인 무덤 양식으로 큰 세력을 지녔던 지배자나 족장의 무덤은?

① 고인돌
② 참성단
③ 무령왕릉
④ 광개토대왕릉비

해설 고인돌은 청동기 시대의 지배자가 자신의 세력을 과시하기 위해 만든 큰 무덤이다.

10 고조선과 단군 신화에 대한 설명으로 옳은 것은?

① 단군 신화에 나오는 동물은 곰과 사자이다.
② 환웅은 인간 세계에 내려와 한국 최초의 국가를 세웠다.
③ 환웅이 인간 세계에 데려온 신하들을 보아 농경사회였음을 알 수 있다.
④ 100일 동안 햇빛을 보지 않고 쑥과 마늘을 먹은 곰은 잘생긴 남자가 되었다.

해설 환웅은 인간 세계에 내려올 때 바람, 구름, 비를 다스리는 신하들을 데려왔다.
① 단군 신화에 나오는 동물은 곰과 호랑이이다.
② 한국 최초의 국가를 세운 것은 환웅이 아니라 그의 아들인 단군왕검이다.
④ 100일 동안 동굴에서 나오지 않고 쑥과 마늘을 먹은 곰은 여자가 되어 환웅과 결혼했고, 그 아들인 단군왕검이 고조선을 세웠다.

참고 단군 신화의 의미
- 환웅이 인간 세상으로 내려올 때 바람, 구름, 비를 다스리는 신하들을 데리고 왔다고 하는데, 바람, 구름, 비는 날씨와 관련이 있다. 이를 통해 고조선이 날씨의 영향을 많이 받는 농경 중심 사회였다는 것을 알 수 있다.
- 단군 신화는 여자로 변한 곰과 환웅이 결혼하여 그 아들인 단군왕검이 고조선을 건국했다는 내용이다. 이는 곰을 숭배하는 부족과 환웅 부족이 힘을 합쳐 고조선을 건국했다는 의미로 해석할 수 있다.

2. 삼국 시대와 남북국 시대

(1) 삼국 시대 중요

① 삼국의 건국과 발달

구분	고구려	백제	신라
건국	기원전 37년 주몽이 졸본(압록강 중류)에 건국	기원전 18년 온조가 한강 유역에 건국	기원전 57년 박혁거세가 마을 대표들의 추천을 받으며 경주에 건국
발전	5세기에 영토를 크게 확장하며 발전함 • 광개토대왕: 만주까지 영토를 넓힘 • 장수왕: 평양성으로 도읍지 이동, 한강 이남까지 영토 확장	4세기에 남해안까지 영토를 넓히고 중국, 일본과 교류하며 가장 먼저 전성기를 맞음 • 근초고왕: 마한 통합으로 영토 확장, 일본에 문화 전파, 가장 빠른 전성기 • 성왕: 사비로 도읍지 이동	6세기에 한강 유역을 차지하고 가야를 정복하며 삼국 통일의 기반을 다짐 • 법흥왕: 불교를 나라 종교로 인정, 왕권 강화, 국가 기틀 마련 • 진흥왕: 화랑도 정비, 한강 하류지역 영토 회복, 중국과 교류
문화	• 씩씩하고 용맹한 기상이 특징	• 온화하고 섬세한 아름다움이 특징 • 불교 문화 발달 • 문화적으로 일본에 많은 영향을 줌	• 화려한 아름다움이 특징
문화재	중원고구려비, 광개토대왕릉비, 장군총, 무용총(수렵도), 사신도	무령왕릉, 정림사지 5층 석탑, 백제금동대향로, 금제장식	진흥왕 순수비, 단양적성비, 분황사 석탑, 금동미륵보살반가사유상, 첨성대, 석굴암, 불국사 등

㉠ 한반도에서 고구려, 백제, 신라 **세 나라가 공존하던 시기**를 **삼국 시대**라고 합니다.
㉡ 삼국 외에도 **가야**라는 연맹 국가가 있었으나 후에 신라에 흡수되었습니다.

> **더 알아보기**
>
> **가야**
> - 낙동강 근처의 작은 나라들이 모여 만든 연맹 국가입니다.
> - 초기에는 **금관가야**, 후기에는 **대가야**가 국가의 중심이 되었습니다.
> - **철기 문화를 발전시켜** 신라, 일본에 많은 영향을 주었습니다.

(2) 남북국 시대 중요
  ① 남북국 시대

구분	통일 신라	발해
성립 배경	백제와 고구려를 차례로 멸망시켜 흡수함	멸망한 고구려 유민을 이끌고 대조영이 건국
문화적 특징	고구려의 용맹함, 백제의 우아함을 결합한 문화	• 고구려의 씩씩함과 용맹함에 주변 국가의 문화가 더해져 독자적이고 웅장하며 세련된 문화 발달 • 불상, 석등, 연꽃무늬 기와 등 불교 문화 발달

㉠ **통일 신라**와 **발해**가 공존하던 시기를 **남북국 시대**라고 합니다.
㉡ 백제와 고구려를 멸망시키고 신라가 삼국을 통일하였습니다.
  ② 통일 신라
㉠ 문무왕이 삼국 통일을 이끌었고 민족융합정책을 시행했습니다.
㉡ 경주를 중심으로 불교 문화가 크게 발달했습니다.
㉢ 장보고가 청해진을 세워 나라를 지켰으며 활발한 해상 무역이 이루어졌습니다.

확인학습

01 광개토대왕의 업적으로 옳은 것은?

① 불교 수용
② 태학 설립
③ 율령 반포
④ 영토 확장

해설 광개토대왕은 대외 정복정책으로 만주까지 영토를 크게 넓혔다.
①·②·③ 불교 수용, 태학 설립, 율령 반포는 소수림왕의 업적이다.

02 살수에서 고구려를 침략한 수나라 대군을 물리친 사람은?

① 계백
② 장수왕
③ 연개소문
④ 을지문덕

해설 살수대첩은 을지문덕 장군이 살수에서 수나라 대군을 물리친 전쟁을 말한다. 살수는 오늘날 청천강으로, 을지문덕 장군의 지략으로 수나라의 113만 대군을 물리쳤다.
① 계백: 백제 말기의 장군으로 황산벌전투에서 백제를 지키기 위해 5천의 군사로 신라 김유신 장군의 5만 대군에 맞서 용감히 싸우다 전사함
② 장수왕: 도읍을 국내성에서 평양성으로 옮기고, 남쪽으로 영토를 넓혀 백제와 신라를 위협함
③ 연개소문: 고구려 말기 장군으로 당나라의 침입을 네 차례 막음

03 젊은이들을 교육하여 인재를 양성하는 기능을 담당한 신라의 청소년 단체는?

① 화랑도
② 수렵도
③ 첨성대
④ 무용총

해설 화랑도는 젊은이들을 교육하여 인재를 양성하는 기능을 담당한 청소년 단체로, 삼국 통일의 원동력이 되었다.
② 수렵도: 활쏘기와 말타기를 즐겨하던 고구려인의 모습이 담긴 벽화
③ 첨성대: 동양에 남아 있는 가장 오래된 천문대
④ 무용총: 수렵도가 발견된 고구려의 고분(옛날 무덤)

참고 **고구려와 신라의 고분**
- 고구려의 고분: 장군총, 쌍영총, 무용총
- 신라의 고분: 천마총, 호우총

정답 01 ④ 02 ④ 03 ①

04 삼국이 통일된 과정을 바르게 연결한 것은?

① 나·당 연합 → 백제 멸망 → 고구려 멸망 → 나·당 전쟁 → 삼국 통일
② 나·당 연합 → 백제 멸망 → 나·당 전쟁 → 고구려 멸망 → 삼국 통일
③ 나·당 전쟁 → 고구려 멸망 → 백제 멸망 → 나·당 연합 → 삼국 통일
④ 나·당 전쟁 → 나·당 연합 → 백제 멸망 → 고구려 멸망 → 삼국 통일

해설 나·당 연합(648년) → 백제 멸망(660년) → 고구려 멸망(668년) → 나·당 전쟁(670~676년) → 신라의 삼국 통일(676년)

05 장보고가 신라와 신라 백성들을 지키기 위해 완도에 설치한 것은?

① 청해진
② 석굴암
③ 불국사
④ 벽란도

해설 장보고는 신라의 장군으로 서남해안을 위협하는 해적으로부터 신라와 신라의 백성들을 지키기 위해 완도에 청해진을 설치하였다.
② 석굴암: 경주에 있는 대한민국의 대표적인 석굴 사원
③ 불국사: 경주에 있는 신라 불교 문화의 귀중한 유적으로 삼층석탑, 다보탑, 백운교, 연화교 등의 훌륭한 문화재가 있으며, 1995년 유네스코 세계문화유산으로 지정된 절
④ 벽란도: 예성강 하구에 있던 고려 시대의 국제 무역항

06 다음 중 삼국 시대의 삼국에 포함되는 나라는?

① 부여
② 조선
③ 고려
④ 백제

해설 삼국 시대의 삼국은 고구려, 백제, 신라이다.

07 삼국 시대의 왕과 왕의 업적에 대한 설명으로 옳지 않은 것은?

① 근초고왕 - 남해안까지 신라의 영토를 넓혔다.
② 법흥왕 - 불교를 공인하고 왕권을 강화하였다.
③ 소수림왕 - 불교를 수용하고 태학을 설립하였다.
④ 진흥왕 - 화랑도를 개편하고 영토를 확장하였다.

해설 근초고왕은 백제를 가장 강한 국가로 발전시킨 왕으로 마한 지역을 모두 통합하여 남해안까지 영토를 넓혔다.

08 〈보기〉가 설명하는 나라는?

•보기•

- 옛 고구려의 장수인 대조영이 오늘날의 지린성 지역을 도읍으로 하여 건국함
- 해동성국이라 불리며 고구려의 기상과 문화를 이어감
---

① 고려 ② 발해
③ 부여 ④ 조선

해설 발해는 옛 고구려 유민들을 이끌고 대조영이 건국한 나라로, 고구려의 기상과 문화를 이어가고자 하였다.

09 한강 유역을 확보하고 대가야를 정복하였으며, 삼국 통일의 기틀을 마련한 신라의 왕은?

① 법흥왕 ② 진흥왕
③ 근초고왕 ④ 광개토대왕

해설 진흥왕은 신라의 전성기를 맞이한 왕으로 화랑제도를 정비하고 한강 하류 지역을 되찾았으며 북한산에 진흥왕 순수비를 세웠다.

10 〈보기〉의 유적지와 관련이 깊은 나라는?

•보기•

무령왕릉, 정림사지 5층 석탑
---

① 백제 ② 부여
③ 신라 ④ 고구려

해설 백제의 문화는 온화하고 우아하며 섬세한 멋이 있다. 탑·불상·절과 같은 불교 중심의 문화재가 많다.

정답 08 ② 09 ② 10 ①

3. 고려 시대

(1) 고려 전기

① 건국과 발전

㉠ **태조 왕건의 고려 건국**: 왕건은 고려를 건국(918)하고 불교를 장려했으며 민족 통합에 힘썼습니다. 훗날 태조의 **훈요 10조**를 바탕으로 불교를 고려 정치의 기본으로 삼고, 백성을 위한 정치를 해야 한다고 당부했습니다.

㉡ 북쪽으로 나아가는 북진정책을 시행했으며 불교를 숭상했습니다. 후에는 유학이 보급되면서 문화도 함께 발달했습니다.

㉢ **사회 모습**: 신분에 따라 사는 모습이 다른 신분제 사회였으며, 다양한 종교가 발달했지만 대부분의 국민들이 불교를 믿었습니다. 그래서 불상·석탑과 같은 문화재가 발달했으며 연등회·팔관회 등의 불교 행사가 크게 이루어졌습니다.

㉣ **국가 운영**: 민생을 안정시키기 위해 세금을 낮췄으며 나중에는 많은 비용이 드는 불교 행사를 축소하기도 했습니다. 또한 과거제를 시행하여 인재를 등용했고 유교를 보급하기도 했습니다.

> **더 알아보기**
>
> **고려의 건국 배경**
> - 후백제와 후고구려가 건국되었고, 신라와 함께 후삼국 시대가 열렸습니다.
> - 왕건이 궁예를 몰아내 고려를 건국했고 신라가 항복했습니다.
> - 후백제가 멸망하며 왕건의 고려가 통일왕조의 시대를 열었습니다.
>
> **과거제도와 시무 28조**
> - 고려 광종은 인재를 등용하기 위해 국가적인 시험인 과거제를 시행했습니다.
> - 고려 성종은 최승로의 28개 제안인 '시무 28조'를 수용하여 유교를 고려 정치의 중심으로 삼았습니다.

② 대외 관계

㉠ 북방 민족의 침입과 극복: 거란, 여진, 몽골족의 침입을 받으면서 강화도로 도읍을 옮기기도 하였습니다.

㉡ 대외 교류: 개경(지금의 개성) 예성강 하구의 벽란도를 중심으로 바닷길을 이용하여 송(중국), 일본, 아라비아, 거란, 여진 등과 활발한 교류를 하였습니다.

③ 문벌 귀족의 분열과 무신 정권의 등장

㉠ 이자겸의 난과 묘청의 서경 천도 운동 등 무신 정권의 등장으로 고려 전기의 지배층이었던 문벌 귀족의 사회가 흔들리기 시작했습니다. 그 후 무신 정변이 일어나고 무신들이 권력을 가지게 되었습니다.

ⓛ 갈수록 권력 다툼에만 집중하는 무신들에 항거하며 농민들과 천민들이 연이어 난을 일으켰습니다.

(2) 고려 후기

① 원 간섭기와 반원 자주 정책
  ㉠ 몽골 침입 이후 고려는 원나라의 간섭을 받았습니다.
  ㉡ 이때 권문세족이라는 세력이 권력을 장악하였고, 공민왕은 이들을 저지하기 위해 반원 자주 정책을 펼쳤습니다.

② 새로운 세력의 등장
  ㉠ 홍건적과 왜구의 침략을 막으며 신흥무인세력의 권력이 커졌습니다.
  ㉡ 성리학을 공부하고 과거에 합격해 관리가 된 신진사대부 세력이 성장했습니다.
  ㉢ 훗날 신흥무인세력의 이성계와 신진사대부가 협력하여 고려가 멸망하였고, 조선이 건국되었습니다.

(3) 고려의 문화

① **팔만대장경** 중요
  ㉠ 부처의 힘으로 외적의 침입을 막기 위해 만든 목판활자입니다.
  ㉡ 팔만대장경판은 2007년 유네스코 세계기록유산으로 지정되었습니다.
  ㉢ 팔만대장경판이 보관되어 있는 **해인사 장경판전**은 1995년 유네스코 세계문화유산으로 등재되었습니다.

② **직지심체요절** 중요
  ㉠ 석가모니의 가르침을 해설한 책입니다.
  ㉡ **세계 최초의 금속활자본**으로 공인되었고, 2001년 유네스코 세계문화유산으로 지정되었습니다.
  ㉢ 현재 프랑스 국립도서관에 소장되어 있습니다.

③ **고려청자**
  ㉠ **상감기법**으로 만든 상감청자가 특히 유명합니다.
  ㉡ 특유의 아름답고 신비로운 푸른빛으로 많은 인기를 얻었습니다.

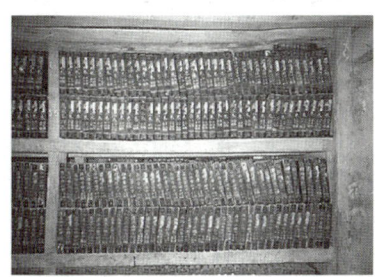
〈팔만대장경판〉

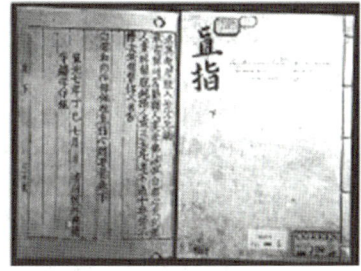
〈직지심체요절〉

〈고려청자〉

확인학습

01 태조 왕건의 정책으로 옳은 것은?

① 나라 전체에 도교를 장려하여 많은 절과 탑을 세웠다.
② 백성들의 생활을 안정시키기 위해 세금을 줄여 주었다.
③ 민족 융합을 위해 지방 세력인 신진사대부를 후하게 대접하였다.
④ 고구려의 옛 땅을 되찾기 위해 남쪽으로 영토를 넓히려 노력했다.

해설 ① 불교를 숭상하여 절과 탑을 세웠다.
③ 민족 융합을 위해 지방 세력인 호족을 후하게 대접하였다. 신진사대부는 고려 말에 등장한 정치 세력이다.
④ 고구려의 옛 땅인 한반도 북부를 되찾기 위해 북진정책을 펼쳤다.

02 후삼국 시대부터 고려 건국까지의 과정에 대한 설명으로 옳지 <u>않은</u> 것은?

① 견훤이 지금의 전주인 완산주에 후백제를 건국하였다.
② 궁예가 후고구려를 세웠으나 가혹한 정치로 민심을 잃었다.
③ 국력이 약해진 통일 신라는 경상도 지역에서만 세력을 유지하였다.
④ 혼란스러운 시기에 김유신이 고려를 세운 뒤 후삼국 시대를 통일하였다.

해설 김유신은 신라의 장군으로 백제와 고구려를 나·당 연합군으로 멸망시키고 삼국 통일에 최고의 공을 세웠다. 그 후 왕건이 통일 신라, 후백제를 차례로 멸망시킨 후, 발해의 유민을 받아들여 후삼국을 통일했다.

참고 **후삼국 시대**
통일 신라가 분열되어 후백제, 후고구려, 신라 등 세 나라가 대립하던 시기이다.

정답 01 ② 02 ④

03 고려 사회의 모습으로 옳지 <u>않은</u> 것은?

① 광종이 과거제도를 폐지하였다.
② 지방 호족은 향리가 되어 지방관을 도와주었다.
③ 벽란도를 중심으로 바닷길을 이용한 무역을 하였다.
④ 성종에게 최승로가 정치 개혁안 시무 28조를 올렸다.

해설 고려 광종은 과거제도를 처음으로 시행하였다.

04 고려 시대의 대외 관계에 대한 설명으로 옳지 <u>않은</u> 것은?

① 이순신이 귀주대첩으로 승리한 이후 천리장성을 쌓았다.
② 윤관은 별무반을 조직하여 여진을 물리치고 동북 9성을 쌓았다.
③ 몽골의 연이은 침입 때문에 고려는 도읍을 강화도로 옮기기도 했다.
④ 거란이 침입하자 서희는 거란 장수 소손녕을 찾아가 강동 6주를 얻어왔다.

해설 이순신은 조선의 장군이며 임진왜란에서 활약했다. 귀주대첩에서 활약한 장군은 강감찬이다. 강감찬은 거란이 10만 대군을 이끌고 쳐들어오자 뛰어난 작전으로 적들을 물리치고 귀주대첩을 승리로 이끌었다.

05 몽골과의 강화가 굴욕적이라며 끝까지 저항한 고려의 특수 부대는?

① 화랑도   ② 삼별초
③ 별기군   ④ 교정도감

해설 삼별초는 고려 무신정권 때의 특수 부대로, 몽골과의 강화(講和)는 굴욕적인 항복이라고 주장하며 끝까지 싸울 것을 주장하였다. 배중손의 지휘 아래 근거지를 '강화도 → 진도 → 제주도'로 옮겨 가며 끝까지 항전한 모습에서 고려인의 자주정신과 꿋꿋한 기상을 엿볼 수 있다.
① 화랑도: 신라 시대 청소년 수련 단체
③ 별기군: 조선 최초의 신식 부대
④ 교정도감: 고려 시대의 권력 기구

참고 강화(講和)는 전쟁을 중지하고 양국이 서로 합의하는 것을 말한다.

정답 03 ① 04 ① 05 ②

06 고려의 문화에 대한 설명으로 옳지 <u>않은</u> 것은?

① 팔만대장경은 몽골이 고려를 침입하자 만든 대장경판이다.
② 봉정사 극락전은 한국에서 가장 오래된 목조 건축물로 추정된다.
③ 고려청자는 아름다운 푸른빛의 그릇으로 외국으로 많이 수출되었다.
④ 직지심체요절은 금속활자로 인쇄된 책으로 국립중앙박물관에 보관되어 있다.

해설 직지심체요절은 세계에서 가장 오래된 금속활자본으로 현재 프랑스 국립도서관에 보관되어 있어 반환을 요구 중이다. 유네스코 세계기록유산으로 지정되어 있다.
① 팔만대장경판은 부처님의 힘으로 몽골의 침략을 막으려는 소망으로 16년에 걸쳐 만든 것으로, 글자의 모양이 고르고 아름다워 일찍부터 발달한 한국의 목판 인쇄술을 잘 보여주고 있다. 현재 경남 해인사에 보관되어 있다.
② 봉정사 극락전, 부석사 무량수전은 현재 남아 있는, 나무로 된 목조 건물 중 가장 오래된 것으로 추정된다.
③ 고려청자는 은은하면서도 맑고 투명한 푸른빛을 띠고 있으며, 선의 흐름이 부드러우면서도 생동감이 느껴진다. 상감기법을 이용하여 무늬를 새긴 상감청자가 특히 유명하다.

07 다음 중 고려와 관련이 <u>없는</u> 것은?

① 목화 재배
② 일부일처제
③ 신분제 폐지
④ 묘청의 서경 천도 운동

해설 고려 시대는 신분에 따라 사는 지역, 집의 크기, 머리 모양, 옷의 색 등이 결정되는 신분 사회였다.
① 문익점이 중국에서 목화씨를 들여와 재배에 성공한 후 고려인들은 따뜻한 솜옷을 입을 수 있었다.
② 고려 사회는 현재와 같이 남성과 여성 각각 1명의 배우자만 두는 혼인 형태(일부일처제)를 유지하였다. 또한 여성의 재혼이 비교적 자유로웠으며, 재산도 남성과 동일하게 상속받았고, 호적에도 태어난 순서대로 기재되었다.
④ 승려 출신 묘청은 고려 수도를 개경에서 서경으로 옮기려고 하였지만 이것이 좌절되자 무력으로 정부에 저항하였다.

정답 06 ④ 07 ③

08 김부식이 지은 것으로 한국에서 가장 오래된 역사서는?

① 삼국사기
② 삼국유사
③ 난중일기
④ 단군 신화

해설 김부식이 지은 삼국사기는 한국에서 가장 오래된 역사서이다.
③ 난중일기: 조선 시대 충무공 이순신 장군이 임진왜란 중에 쓴 일기

09 신진사대부에 대한 설명으로 옳지 않은 것은?

① 과거를 보고 정계에 진출한 성리학자들이다.
② 정도전과 같은 급진파는 조선의 건국에 앞장섰다.
③ 정몽주와 같은 온건파는 고려를 개혁해야 한다고 주장하였다.
④ 최무선과 같은 무신들은 친원파 세력으로 음서제를 주장하였다.

해설 대토지를 소유한 친원파 세력으로 음서제를 주장한 것은 신진사대부 이전의 권문세족의 특징이다. 신진사대부는 권문세족과 달리 중소지주들이었다.

참고 고려 신진사대부
- 최무선: 고려 말 일본(왜)의 잦은 침입에 대항하여 화약을 개발한 후 〈화통도감〉을 설치하여 화약과 화포를 만듦
- 정몽주: 고려 말 나라가 혼란스러울 때, 정도전·이성계 등이 새로운 나라를 세워야 한다고 주장하는 것에 반대하다가 개성 선죽교에서 죽임을 당함

10 고려 시대와 관련이 없는 것은?

① 고려청자
② 팔만대장경
③ 직지심체요절
④ 불국사와 석굴암

해설 불국사와 석굴암은 통일 신라와 관련이 있는 것이다.

4. 조선 시대

(1) 조선의 건국과 발전

① **조선의 건국** 🔑
   ㉠ 홍건적과 왜구를 무찌르며 세력을 넓힌 **이성계**가 요동 정벌을 위해 파견한 군대를 위화도에서 돌리며 정권을 잡게 되었습니다.
   ㉡ 이후 **조선을 건국**하고 **도읍을 한양으로** 옮겼습니다.

② **조선의 발전** 🔑
   ㉠ 태종: 사병을 폐지하고 호패법으로 세금을 철저히 거두며 왕권을 강화했습니다.
   ㉡ **세종대왕**: 백성들을 위해 오늘날의 한글인 **훈민정음**을 만들었고 토지제도를 정비했습니다. 학자들과 함께 우리나라의 기후에 알맞은 농사법을 정리한 책인 ≪**농사직설**≫을 편찬했으며, 여러 가지 **과학 발명품**도 발명했습니다. 또한 역사, 예절, 지리, 문화와 관련된 책을 만들었습니다.

더 알아보기

훈민정음

의미	백성을 가르치는 바른 소리
만든 사람	세종대왕
창제 이유	우리 고유의 글자가 없었고, 일반 백성들이 한자를 배우는 것이 어려웠기 때문에 훈민정음을 만들게 되었습니다.
의의	• 우리 고유의 글자를 가지게 되었고, 백성들은 쉽게 글을 배울 수 있어 생활이 편리해졌습니다. • 민족 문화의 자주성을 높이게 되었습니다. • 오늘날 한글은 만든 사람과 만든 이유가 정확하게 밝혀진 유일한 문자로 평가받고 있습니다.

   ㉢ 세조: 조선의 법전인 ≪경국대전≫을 편찬하기 시작했습니다.
   ㉣ 성종: 세조가 시작한 ≪**경국대전**≫을 완성하여 법에 따라 나라를 다스릴 수 있었습니다.
   ㉤ 영조: 탕평책을 시행하여 인재를 골고루 등용하였고, 세금을 줄여 백성들의 생활을 안정시켰습니다.
   ㉥ 정조: 탕평책을 시행하였고 왕실의 도서관인 규장각의 기능을 강화하였으며 수원 화성을 만들었습니다.

더 알아보기

집현전 학자들과 장영실
- 집현전은 궁중에 있었던 학문 연구 기관입니다.
- 집현전 학자들은 훈민정음 해례본과 여러 가지 실용적인 책을 만들기도 했습니다.
- 과학기술에 뛰어난 재능을 보인 장영실을 등용하여 여러 가지 발명품을 만들었습니다.

(2) 외세의 침략

① **임진왜란**
  ㉠ 1592년 일본이 조선을 침략하여 일어난 전쟁입니다.
  ㉡ **이순신** 장군이 크게 활약했으며 결국 전쟁에서 승리하여 조선을 지켰습니다.

② 병자호란
  ㉠ 1636년 청나라가 조선에게 신하가 될 것을 요구하며 일어난 전쟁입니다.
  ㉡ 국력이 약했던 조선이 청나라에 항복한 것을 두고 '삼전도의 굴욕'이라고도 합니다.

(3) 조선 시대 과학기술과 사회 제도

① **조선 시대 과학기술**
  ㉠ 앙부일구(해시계), 자격루(물시계): 세종대왕이 학자들과 함께 시간을 정확히 알기 위해 만들었습니다.
  ㉡ 측우기: 세종대왕이 학자들과 함께 내린 비의 양을 측정하기 위해 만든 기구로, 전국 각지에 설치하여 비가 얼마나 내리는지 측정한 최초의 우량계입니다.
  ㉢ 혼천의: 하늘과 별의 움직임을 관측하는 기구로, 농사를 짓기 위해 별의 움직임을 살펴보는 기구입니다.

〈해시계〉　　〈측우기〉　　〈혼천의〉

② 조선의 사회와 문화
  ㉠ 조선 전기는 양반, 중인, 상인, 천민으로 구성된 **신분제 사회**였지만 후기에는 재산을 쌓은 사람들이 신분을 사고팔면서 신분제가 무너지게 되었습니다.
  ㉡ 한글이 창제되고 사용이 확대되면서 한글소설이 발달하였습니다. 또한 판소리, 탈놀이, 민화와 같은 서민 문화가 발달하였습니다.
  ㉢ 4번의 사화(4대 사화)로 피해를 입은 사람들은 서원과 향약을 기반으로 성장하였습니다. 선조 때는 사림 내부의 갈등으로 붕당이 형성되었고 붕당 정치가 일어났습니다.

확인학습

01 이성계가 요동 정벌을 중단하여 정권을 잡은 사건은?

① 위화도 회군
② 서경 천도 운동
③ 반원 자주 정책
④ 동학 농민 운동

해설 고려 말기 장수였던 이성계는 요동을 정벌하러 가던 길에 날씨 등의 네 가지 이유를 들며 정벌을 중단해야 한다고 왕에게 요청했지만 그것이 받아들여지지 않자 압록강의 위화도에서 군사를 돌려 정변을 일으키고 권력을 장악하여 조선을 건국하였다.

02 조선의 왕에 대한 설명으로 옳지 않은 것은?

① 세조는 왕권을 강화하기 위해 집현전을 없앴다.
② 태종은 왕자의 난 끝에 왕이 되어 호패법을 시행하였다.
③ 세종은 농사를 짓는 백성을 위해 과학기술을 발전시켰다.
④ 연산군은 조선 최고의 법전을 완성하고 나라를 평안하게 이끌었다.

해설 연산군은 주변 사람들을 무차별하게 죽이며, 나라를 다스리는 데는 관심이 없고 방탕한 생활을 한 폭군으로 알려져 있다. 조선 최고의 법전인 《경국대전》을 완성하고 나라를 평안하게 이끈 것은 성종이다.

참고 성종
- 지리서 《동국여지승람》, 역사서 《동국통감》, 음악서 《악학궤범》 등의 책을 만들었다.
- 세조 때부터 만들기 시작한 《경국대전》을 완성하였다.

03 조선 사회에서 강조한 내용이 아닌 것은?

① 신하가 왕에게 충성하는 것
② 자식이 부모에게 불효하는 것
③ 어린이가 어른을 존경하는 것
④ 친구끼리 신뢰하고 의지하는 것

해설 조선 사회는 유교를 바탕으로 하여 부모에게 효도하는 것을 중요하게 생각했다. 삼강오륜이라는 유교적 가르침을 사회의 기본으로 삼았는데 그중 부위자강(父爲子綱)은 자식이 부모를 섬겨야 한다는 내용이다.
① 삼강오륜의 군위신강(君爲臣綱)의 내용으로, 신하는 왕을 섬겨야 한다는 내용이다.
③ 삼강오륜의 장유유서(長幼有序)의 내용으로, 어른과 어린이 사이에는 엄격한 체계가 있으며 복종해야 할 질서가 있다는 내용이다.
④ 삼강오륜의 붕우유신(朋友有信)의 내용으로, 친구 사이에는 믿음이 있어야 한다는 내용이다.

참고 삼강오륜
- 유교에서 강조하는 인간이 지켜야 할 강령과 도리로 조선 사회의 기본이 되었다.
- 삼강: 군위신강, 부위자강, 부위부강
- 오륜: 부자유친, 군신유의, 부부유별, 장유유서, 붕우유신

04 훈민정음에 대한 설명으로 옳지 않은 것은?

① 모든 소리를 발음대로 적을 수 있다.
② 백성을 가르치는 바른 소리라는 뜻이다.
③ 세종대왕이 만든 글자와 책의 이름이다.
④ 일부 양반 계층만 글자를 쓸 수 있게 되었다.

해설 훈민정음이 만들어진 이후로는 한자를 배우기 어려웠던 일반 백성들이 글자를 쉽게 배울 수 있게 되었다.

05 정치 · 사회 · 경제 · 문화의 기본 규범을 담은 조선 최고의 법전은?

① 경국대전   ② 농사직설
③ 삼국사기   ④ 난중일기

해설 《경국대전》은 조선 시대에 나라를 다스리는 기준이 된 최고의 법전이다.
② 농사직설: 조선의 풍토에 맞는 농사법을 연구한 책으로 농민들은 과거보다 더 효율적으로 농사를 지을 수 있게 되었음
④ 난중일기: 충무공 이순신이 임진왜란 때 쓴 일기

정답 03 ② 04 ④ 05 ①

06 한양의 4대문의 방향과 이름의 연결이 바르지 않은 것은?

① 동 – 흥인지문
② 서 – 돈의문
③ 남 – 독립문
④ 북 – 숙정문

해설 남대문의 또 다른 이름은 숭례문이다. 독립문은 조선 말기 민족의 자주독립과 자강의 의지를 담아 세운 건물의 이름이다.

07 조선 시대 과학 발명품에 대한 설명으로 옳은 것은?

① 혼천의는 비가 온 양을 측정하는 기구이다.
② 앙부일구는 천체의 움직임을 관측하는 기구이다.
③ 자격루는 물의 흐름을 이용해 시각을 알려주는 기구이다.
④ 측우기는 해의 움직임을 따라 시각을 알 수 있게 하는 기구이다.

해설 자격루는 물의 흐름을 이용하여 자동적으로 시각을 알려 주는 물시계로, 비가 오거나 흐린 날에도 사용할 수 있다.
① 혼천의: 별자리의 각도와 천체의 위치를 관측하는 기구
② 앙부일구: 해의 움직임에 따라 시간을 측정하는 해시계
④ 측우기: 비가 온 양을 측정하는 기구

08 조선 시대의 신분제도에 대한 설명으로 옳은 것은?

① 양반은 관리가 되어 나라를 다스리는 데 직접 참여했다.
② 천민은 관청에서 의학·통역·기술 등의 분야에서 일했다.
③ 중인은 농업, 수공업, 상업 등에 종사하였으며, 농민이 가장 많았다.
④ 상민은 노비, 광대, 백정, 무당 등의 직업에 종사한 최하층민이었다.

참고 신분제 국가, 조선
• 양반은 유교를 숭상하여 충효를 중시했으며, 과거를 보고 관리가 되어 나라를 다스리는 일에 직접 참여했다.
• 중인은 의학·통역·기술 등의 분야에서 일했으며, 주로 양반을 도와 관청에서 일했다.
• 상민은 농업, 수공업, 상업 등에 종사했으며, 농민이 가장 많았다.
• 천민은 최하층민으로 노비, 광대, 백정, 무당 등의 직업에 종사했다.

09 임진왜란에 대한 설명으로 옳지 않은 것은?

① 나라 곳곳에서 양반, 노비, 승려까지도 의병들을 조직해 싸웠다.
② 일본의 도요토미 히데요시가 조선에 군사를 이끌고 쳐들어온 것이다.
③ 곽재우는 한산대첩, 명량대첩 등 거북선을 이끌고 큰 승리를 거두었다.
④ 권율이 이끄는 조선군과 백성들은 행주산성에서 힘을 합쳐 왜군을 무찔렀다.

해설 한산대첩과 명량대첩 등에서 활약하고 거북선을 만든 인물은 이순신이다. 곽재우는 임진왜란이 일어나자 의병을 일으켜 일본에 대항했고, 붉은 옷을 입고 전장에서 활약해 '홍의장군'이라고 불렸다.

참고 임진왜란
- 1592년부터 1598년까지 두 차례에 걸쳐 일본이 조선에 쳐들어온 전쟁
- 바다에서는 이순신이 거북선을 앞세워 뛰어난 전술로써, 육지에서는 홍의장군 곽재우가 의병을 이끌고서 일본군을 물리쳤다.
- 1597년 일본은 임진왜란 중 교섭이 잘 되지 않자 다시 조선을 침략했는데, 이를 정유재란이라고 하기도 한다.

10 조선 시대 인물들에 대한 설명으로 옳지 않은 것은?

① 허준은 백성들의 건강을 위해 동의보감을 쓴 뛰어난 의학자이다.
② 광해군은 임진왜란 이후 조선에 도움이 되는 외교를 펼치려 노력했다.
③ 장영실은 자격루를 만들고 높은 벼슬까지 오른 노비 출신의 과학자이다.
④ 인조는 병자호란이 일어나자 일본에 조선통신사를 보내 강화를 요청했다.

해설 조선통신사는 조선 시대에 일본으로 보냈던 외교 사절단(사신)이다.

참고 병자호란
- 청(후금)나라가 조선에 쳐들어온 전쟁
- 인조는 남한산성으로 몸을 피했다가 결국 삼전도에서 청나라에 항복했다.
- 후에 청나라를 공격하자는 북벌정책이 추진되었다.

5. 일제 강점과 독립운동

(1) 문화의 개방과 폐쇄
  ① **실학의 발달**
    ㉠ 나침반, 자명종 같은 서양 문물의 영향을 받아 실생활에 도움이 되는 학문을 연구하는 학자들이 등장했습니다.
    ㉡ 대표적인 실학자인 **정약용**은 농업 외에 과학, 상공업의 발달에도 관심을 가졌습니다.
  ② **흥선대원군**
    ㉠ 개혁정책: 능력에 따라 인재를 등용하고 서원을 정리했습니다. 양반에게도 세금을 걷어 국가 수입을 늘리고, 임진왜란 때 불에 탔던 경복궁을 재건했습니다.
    ㉡ **쇄국정책**: 청나라 외 모든 나라와 교류를 금지하고 서양과 교류하지 않겠다는 의미를 담은 **척화비**를 전국에 세웠습니다.
  ③ **외세의 침략과 개항**
    ㉠ 강화도 조약(1876): 일본의 강압적인 요구로 체결한 불평등 조약입니다. 이로 인해 개항을 하게 되었습니다.
    ㉡ 갑신정변(1884): 김옥균을 중심으로 개화를 지지하는 세력이 조선의 자주성 회복과 근대화를 위해 정변을 일으켰습니다.
    ㉢ 동학 농민 운동(1894): 동학교도인 농민들이 외세의 간섭에 저항하며 일으킨 운동으로, 외세를 몰아내는 것과 잘못된 사회적 제도를 없앨 것을 요구하였습니다.
    ㉣ 갑오개혁(1894~1896): 신분제 폐지, 조혼 금지, 재판소 설치, 종두법 시행 등을 요구하며 근대적인 개혁을 추진하였습니다.
    ㉤ 을미사변(1895): 조선의 명성황후가 친일 세력을 제거하는 등 일본을 몰아내려고 하자 일본에서 명성황후를 시해한 사건입니다.
    ㉥ **을사조약**(1905): **일본이 조선의 외교권을 박탈**하며 조선을 식민지화하기 위해 강제로 맺은 불평등 조약입니다.

(2) **일제강점기**
  ① **일제의 침략**
    ㉠ 일본은 청일전쟁(1894~1895)과 러일전쟁(1904~1905)에서 승리하며 권력을 키우고 1905년 을사조약을 통해 조선의 외교권을 빼앗았습니다.
    ㉡ **1910년**에는 조선의 국권을 강제로 빼앗으며 **식민통치를 시작**했습니다.

② **일제의 식민 통치**
  ㉠ 1910년대: 헌병이 조선 백성들의 생활을 감시한 시기로 무단통치 시기라고 불립니다. 토지조사사업으로 조선의 땅을 빼앗았습니다.
  ㉡ 1920년대: 조선의 땅에서 생산되는 쌀을 모두 빼앗아 일본으로 보냈습니다.
  ㉢ 1930년대: 우리 민족의 고유한 민족성을 없애기 위해 일본식 이름으로 바꿀 것을 강요하고 신사참배를 강요했습니다. 일본이 벌이는 전쟁에 조선 사람들을 강제로 참여시키고 일본군 '위안부' 피해자가 생겼습니다.

(3) **독립운동**
  ① **3·1 운동(1919)**
    ㉠ 일본의 강압통치에 맞서 조선의 독립을 요구한 만세운동이었습니다.
    ㉡ 전국 각지에서 만세운동이 일어났지만 일본이 이를 잔인하게 진압하며 많은 희생자가 발생했습니다.

배경	• 미국의 윌슨 대통령이 민족자결주의 원칙을 주장 • 한국의 독립을 요구하는 2·8 독립선언 발표
의의	• 국민에게 독립에 대한 희망을 불러일으켰습니다. • 중국 상하이에 대한민국 임시 정부를 세우는 데 많은 영향을 끼쳤습니다. • 비슷한 처지에 있던 다른 나라에도 용기와 희망을 주었습니다.

  ② **독립운동가의 활약**
    ㉠ **유관순**: 3·1 운동을 주도하다 일본에 체포되어 고문을 당하고 감옥에서 목숨을 잃었습니다.
    ㉡ **김구**: 중국 상하이의 대한민국 임시 정부를 지휘한 독립운동가로, 저서로는 ≪백범일지≫가 있습니다.
    ㉢ 안중근: 만주 하얼빈에서 이토 히로부미를 사살한 독립운동가입니다.
    ㉣ **주시경**: 한국 고유문자인 한글을 연구하여 민족의 정신을 지켰습니다.
    ㉤ 김좌진, 홍범도 등이 이끄는 독립군 부대가 전국적으로 활약했으며, 윤봉길과 이봉창은 일본의 고위 관료들에게 폭탄을 던지는 등 조선의 독립의지를 세상에 알렸습니다.
  ③ **조선의 독립**
    ㉠ 1945년 8월 15일 국권을 되찾으며 광복을 맞았습니다.

확인학습

01 조선 후기 양반들이 파벌을 나누어 정권을 다투던 것은?

① 탕평책
② 붕당 정치
③ 세도 정치
④ 중도 정치

해설 붕당 정치는 양반들이 정치적 뜻을 같이하는 사람들끼리 모여 붕당을 형성하고, 정권을 장악하기 위해 다투는 정치 형태를 말한다.
① 탕평책: 붕당 정치가 심해지자 그 갈등을 줄이고 왕권을 강화하기 위해 영조와 정조가 시행한 정책
③ 세도 정치: 정치 세력 간의 균형이 붕괴되면서 소수의 힘 있는 가문에게 권력이 집중된 조선 후기의 정치 현상

02 두 차례의 전란을 겪은 후 서양과 교류하지 않겠다는 결의를 다지기 위해 흥선대원군이 전국에 세운 비석은?

① 척화비
② 북한산비
③ 진흥왕 순수비
④ 광개토대왕릉비

해설 척화비는 백성들에게 서양의 침략을 일깨우고, 서양과 교류하지 않겠다는 결의를 다지기 위해 흥선대원군이 전국에 세운 비석이다.

03 운요호사건을 계기로 조선과 일본이 체결한 조약은?

① 을사조약
② 베이징 조약
③ 제물포 조약
④ 강화도 조약

해설 강화도 조약은 운요호사건을 계기로 체결된 것으로, 조선이 외국과 맺은 최초의 근대적 조약이며 일본의 침략 의도가 담긴 불평등 조약이다. 강화도 조약으로 조선의 항구를 열게 되었다.

정답 01 ② 02 ① 03 ④

04 1919년 2·8 독립선언이 계기가 되어 일어난 운동으로 온 겨레가 참여한 독립만세운동은?

① 3·1 운동
② 4·19 혁명
③ 동학농민운동
④ 6·10 만세운동

해설 3·1 운동은 1919년 3월 1일에 일어난 운동으로 시민과 학생들이 벌인 평화적 만세운동이다.

05 독립운동가로서 상하이 임시 정부를 지휘하고 ≪백범일지≫를 쓴 사람은?

① 김구
② 유관순
③ 윤봉길
④ 안중근

해설 김구는 중국 상하이의 대한민국 임시 정부를 지휘한 독립운동가이며, 저서로는 ≪백범일지≫가 있다.

06 중국 하얼빈에서 이토 히로부미를 사살한 독립운동가는?

① 김구
② 유관순
③ 윤봉길
④ 안중근

해설 안중근은 한국의 침략에 앞장선 이토 히로부미를 중국 하얼빈역에서 총으로 사살했다.

07 청산리전투에서 일본군을 크게 무찌른 독립운동가는?

① 권율
② 윤봉길
③ 안중근
④ 김좌진

해설 김좌진은 1920년 10월 청산리 계곡에서 일본군과 전투를 벌여 승리했다.

정답 04 ① 05 ① 06 ④ 07 ④

08 일제 강점기 조선의 독립운동과 관련이 없는 인물은?

① 유관순
② 이성계
③ 이봉창
④ 안중근

해설 이성계는 조선을 건국한 인물로, 일제 강점기 조선의 독립운동과는 관련이 없다.

09 김옥균, 서재필, 박영효가 중심이 된 한국 최초의 자발적 근대화 운동은?

① 갑신정변
② 갑오개혁
③ 병자호란
④ 기묘사화

해설 1884년에 일어난 갑신정변은 한국 최초의 자발적 근대화 운동으로, 청의 간섭을 물리치고 근대국가를 수립하기 위해 일어났다.

10 도시락 폭탄을 던져 일본군의 주요 인물을 죽인 독립운동가는?

① 권율
② 윤봉길
③ 안중근
④ 김좌진

해설 윤봉길은 중국 상하이 훙커우 공원에서 도시락 폭탄을 던져 일본군의 주요 인물을 죽인 독립운동가이다.

6. 한국의 역사적 인물

(1) 화폐 속 인물들
① 퇴계 이황
  ㉠ 조선 중기의 학자로, 안동에 **도산서원**을 세워 많은 제자를 가르쳤습니다.
  ㉡ 이이와 함께 한국 최고의 성리학자로 손꼽힙니다.

② 율곡 이이
  ㉠ 조선 중기의 정치가이자 학자입니다.
  ㉡ **신사임당의 아들**이며, 일본의 침략에 미리 대비하여야 한다며 **십만양병설**을 주장했습니다.

③ 세종대왕
  ㉠ 조선의 제4대 왕으로 집현전을 두어 학문을 발전시켰습니다.
  ㉡ 백성들을 위해 **훈민정음**을 만들었으며 조선 왕조의 기틀을 확고히 다진 성군입니다.

④ 신사임당
  ㉠ 조선 중기의 예술가로 글솜씨와 그림 실력이 뛰어났습니다.
  ㉡ 율곡 이이의 어머니로 훌륭한 아들을 길러 현모양처의 본보기로 존경받습니다.
  ㉢ 한국 화폐에 최초로 실린 여성 위인입니다.

⑤ 이순신
  ㉠ 조선 중기의 장군으로 **임진왜란**에서 군인들을 이끌고 전투마다 큰 승리를 거두어 왜군을 물리칠 수 있었습니다.
  ㉡ **거북선**으로 해전에서 많은 승리를 거두었습니다.

(2) 위기에서 나라를 구한 인물들
① 을지문덕
  ㉠ 고구려의 장군으로 수나라의 침략을 막았습니다.
  ㉡ **살수대첩**: 고구려와 수나라가 살수에서 벌인 전투입니다. 수나라가 대규모 병력을 파견하여 고구려를 공격하였으나 을지문덕이 살수(청천강)에서 지략을 발휘하여 수나라 군대를 크게 물리쳤습니다.

② 서희
  ㉠ 고려의 장군으로 **외교 담판**을 통해 거란과 전쟁 없이 거란을 물리쳤습니다.
  ㉡ 거란을 몰아내고, 고려가 고구려를 계승한 나라임을 강조하여 고려 북쪽 땅(강동 6주)을 회복하였습니다.

③ **이순신**
   ㉠ 조선의 장군으로 **임진왜란**에서 승리를 거두며 일본을 조선에서 몰아냈습니다.
   ㉡ 뛰어난 전술과 **거북선**, 화포를 이용해 일본 수군과의 해전에서 크게 승리하고 조선 땅을 지켰습니다.

(3) **한국의 여성 위인들**
   ① **허난설헌**
      ㉠ **조선을 대표하는 시인**으로, 여성이 글을 쓰며 문인으로 활약하기 어려운 시기였음에도 글을 써서 많은 사랑을 받았습니다.
      ㉡ 불행한 결혼생활로 일찍 세상을 떠났지만, 남동생이자 ≪홍길동전≫의 작가인 허균이 누나의 작품을 모아 작품집을 만들어 중국과 일본에서도 인기를 얻었습니다.
   ② **김만덕**
      ㉠ **조선 시대 제주도의 큰 상인**으로, 많은 돈을 벌었습니다. 제주도에 크게 흉년이 들어 제주도 사람들이 어려워할 때 자기 재산으로 쌀을 사서 제주도 사람들을 도왔습니다.
      ㉡ 정조는 김만덕의 선행에 감동하여 김만덕을 서울로 불렀고, 김만덕의 소원이었던 금강산 관광을 시켜 주었습니다.
   ③ **유관순**
      ㉠ 유관순은 어린 나이임에도 천안 아우내장터에서 **3·1 운동을 이끌었습니다**.
      ㉡ 3·1 운동을 이끌었다는 이유로 일본 경찰에게 체포되었지만 재판장에서도 일본의 잘못을 비판하는 등 독립에 대한 열망을 굽히지 않았습니다.
      ㉢ 감옥에 갇혀서도 만세 운동을 이끌었지만 일본 경찰의 계속적인 폭행과 고문으로 결국 감옥에서 목숨을 잃었습니다.

확인학습

01 조선 시대 성리학의 기초를 세우고 청렴한 삶을 산 것으로 유명하며 천 원권 지폐에 그려져 있는 사람은?

① 이순신 ② 신사임당
③ 율곡 이이 ④ 퇴계 이황

참고 **퇴계 이황**
- 조선 중기의 성리학자로 안동에 도산 서원을 세워 많은 제자를 가르쳤다.
- 평소 청렴하고 윤리적인 생활을 하여 많은 이의 존경을 받았다.

02 퇴계 이황과 함께 손꼽히는 조선의 정치가이자 학자로서 오천 원권에 그려져 있는 사람은?

① 이순신 ② 신사임당
③ 세종대왕 ④ 율곡 이이

참고 **율곡 이이**
- 퇴계 이황이 이룩한 학문적 토대 위에서 성리학을 조선 사회에 적용시켰다.
- 일본에서 전쟁을 일으킬 것을 예상하고 이에 미리 대비해야 한다는 내용의 십만양병설을 주장하는 선견지명을 보였다.

03 다음 중 한국의 지폐 속 인물에 대한 설명으로 옳은 것은?

① 만 원권 지폐에는 이순신이 있다.
② 신사임당은 지폐 속 유일한 여성이다.
③ 오만 원권 지폐에는 세종대왕이 있다.
④ 율곡 이이는 지폐 속 유일한 고려 시대 사람이다.

해설 신사임당을 제외한 모든 지폐 속 인물은 남성이다.
① 만 원권 지폐에는 세종대왕이 있다.
③ 오만 원권 지폐에는 신사임당이 있다.
④ 지폐 속 인물들은 모두 조선 시대 사람이다.

정답 01 ④ 02 ④ 03 ②

04 한국의 화폐 속 인물에 대한 설명으로 옳은 것은?

① 만 원권에 그려진 사람은 조선 후기를 대표하는 풍속 화가이다.
② 오천 원권에 그려진 사람은 오만 원권에 그려진 사람의 아들이다.
③ 오백 원짜리 동전에 그려진 사람은 조선을 대표하는 여성 시인이다.
④ 오만 원권에 그려진 사람은 자신의 학문을 통해 사회를 개혁하기 위해 노력했다.

해설 오만 원권에 그려진 신사임당은 오천 원권에 그려진 율곡 이이의 어머니이다.
① 만 원짜리 지폐에는 세종대왕이 그려져 있다. 조선 후기의 대표적인 풍속 화가는 단원 김홍도이다.
③ 오백 원짜리 동전에는 학이 그려져 있다.
④ 오만 원권에 그려진 사람은 신사임당으로 글과 그림에 능한 예술가였다.

05 서민들의 생활모습을 해학적으로 그린 풍속화로 유명한 조선 후기의 화가는?

① 김홍도　　　　② 김정호
③ 김만덕　　　　④ 김유신

참고 **단원 김홍도**
김홍도는 조선 후기를 대표하는 화가로서 산수화, 인물화, 풍속화에 모두 능통하였다. 특히 농민이나 소공업자 등 서민들의 생활을 소재로 하여 그린 풍속화가 뛰어났다.

06 〈보기〉가 설명하는 인물은?

— 보기 —
• 고구려의 장군으로 수나라의 침략을 막았다.
• 오늘날의 청천강에서 뛰어난 지략으로 수나라의 엄청난 대군을 무찔렀다.

① 서희　　　　② 유관순
③ 김좌진　　　④ 을지문덕

해설 수나라로부터 고구려를 지킨 장군은 을지문덕이다. 을지문덕은 오늘날의 청천강인 살수에서 지략을 발휘해 수나라 대군을 무찔렀다.

04 ②　05 ①　06 ④

07 〈보기〉가 설명하는 인물은?

보기

- 고려의 장군으로 뛰어난 외교 능력으로 거란을 물리쳤다.
- 고려가 고구려를 계승한 나라임을 강조하여 고려 북쪽 땅을 회복했다.

① 서희 ② 권율
③ 김좌진 ④ 허난설헌

해설 전쟁 없이 외교 담판으로 거란족을 물리치고 강동 6주를 회복한 사람은 서희이다.

08 〈보기〉의 단어들과 관련된 인물은?

보기

임진왜란, 거북선, 학익진 전법

① 안중근 ② 이순신
③ 김시민 ④ 퇴계 이황

해설 거북선을 이용하여 임진왜란에서 활약한 사람은 이순신이다. 이순신은 뛰어난 전술을 펼쳐 일본군과의 전쟁에서 승리를 거두었는데, 학이 날개를 펼친 모양처럼 배를 배치하여 적을 공격하는 '학익진 전법'을 사용한 것으로 유명하다.

정답 07 ① 08 ②

09 한국의 여성 위인들에 대한 설명으로 옳은 것은?

① 신사임당은 시와 그림에 능한 예술인이며 퇴계 이황의 어머니이다.
② 허난설헌은 조선을 대표하는 여성 시인으로 ≪홍길동전≫은 허난설헌의 작품이다.
③ 유관순은 어린 나이에 3·1 운동을 이끌었고, 감옥에 갇혀서도 독립운동을 펼쳤다.
④ 김만덕은 흉년이 들어 굶주린 독도의 백성들에게 자기 돈으로 쌀을 사서 도와 주었다.

해설 ① 신사임당은 시와 그림에 능한 예술인이며 율곡 이이의 어머니이다.
② 허난설헌은 조선을 대표하는 여성 시인이며 ≪홍길동전≫을 쓴 허균의 누나이다. 허난설헌이 세상을 떠난 후, 허균은 누나의 작품을 모아 시집을 만들었다.
④ 김만덕은 제주도의 큰 상인으로 흉년으로 굶주린 제주도 백성들을 도와주었다.

10 다음 중 조선 시대의 인물이 아닌 사람은?

① 이순신   ② 김만덕
③ 을지문덕   ④ 신사임당

해설 을지문덕은 고구려의 장군이다.

7. 한국의 문화유산

(1) 한국의 불교 문화유산

① **불교의 유입**
   ㉠ **삼국 시대에 불교가 유입**되었으며 통일 신라, 발해, 고려 시대에 크게 발전하였습니다.
   ㉡ 불교 문화유산으로는 절, 불상, 탑이 있습니다.

② **불교 문화유산**
   ㉠ 삼국 시대: 금동연가7년명여래입상(고구려), 부여 정림사지5층석탑(백제), 분황사 모전석탑(신라)
   ㉡ 남북국 시대: 불국사·다보탑·석가탑·석굴암(통일 신라), 영광탑(발해)
   ㉢ 고려 시대: 부석사 무량수전

(2) 한국의 유교 문화유산

① **유교의 발달**
   ㉠ **조선 시대의 국가 통치 이념**이 되어 '**효**'와 '**예**', 임금을 향한 '**충**'을 강조하였습니다.
   ㉡ 삼강오륜과 관혼상제(관례, 혼례, 상례, 제례)를 중요하게 여겼습니다.

② **유교 문화유산**
   ㉠ 삼강행실도: 삼강오륜 중 삼강에 해당하는 모범적인 사례를 모아 놓은 책입니다.
   ㉡ **서원**: 서원은 조선 시대 성리학자들이 학문을 가르치며 인재를 양성하던 곳입니다. 한국의 9개 서원(영주 소수서원, 함양 남계서원, 경주 옥산서원, 안동 도산서원, 장성 필암서원, 달성 도동서원, 안동 병산서원, 정읍 무성서원, 논산 돈암서원)은 2019년 유네스코 세계문화유산으로 등재되기도 하였습니다.

(3) 역사 속의 과학기술

① **삼국 시대와 고려 시대**
   ㉠ 첨성대: 신라는 천문관측을 위해 첨성대를 세웠습니다. 하늘과 별의 움직임을 관찰하여 농업에 도움이 되도록 하였습니다.
   ㉡ 목판 인쇄술: 무구정광대다라니경(통일 신라), **팔만대장경**(고려)
   ㉢ 세계 최초의 금속활자: **직지심체요절**(고려)

② **조선 시대**
   ㉠ **훈민정음**: 세종대왕이 발음기관의 모양을 본떠 만든 문자로 우리 고유의 말을 소리 나는 대로 적을 수 있는 과학적인 문자입니다.
   ㉡ 세종대왕의 과학 발명품: 백성들의 편리한 생활을 위해 여러 가지 해시계(앙부일구), 물시계(자격루), 측우기, 혼천의 등의 과학 발명품을 만들었습니다.
   ㉢ **거중기**: 정조의 명으로 수원 화성을 만들 때, **정약용**이 발명한 것으로 무거운 물건을 쉽게 들어 올릴 수 있도록 만들어진 기구입니다.

확인학습

01 한국의 문화유산에 대한 설명으로 옳지 않은 것은?

① 조선 시대에 유교 문화유산이 발달했다.
② 한국의 주요 불교 문화유산으로는 서원이 있다.
③ 과학기술의 발달을 엿볼 수 있는 문화유산이 많다.
④ 삼국 시대에 불교의 영향을 받은 문화유산이 많았다.

해설 서원은 유교 문화유산이다.

02 한국의 불교 문화유산에 대한 설명으로 옳은 것은?

① 불교는 조선 시대에 유입되었다.
② 교회, 스테인드글라스 등의 문화유산이 발달하였다.
③ 오늘날 남아 있는 절은 모두 조선 시대 이후에 만들어져 역사가 깊지 않다.
④ 대표적인 불교 문화유산으로는 불국사, 석굴암, 정림사지5층석탑 등이 있다.

해설 ① 불교는 삼국 시대에 유입되었다.
② 교회, 스테인드글라스는 기독교와 관련이 깊다. 한국은 기독교 문화유산이 발달하지는 않았다.
③ 오늘날 남아 있는 절은 불국사, 부석사와 같이 오랜 역사를 가진 절이 많다.

정답 01 ② 02 ④

03 한국의 유교 문화유산에 대한 설명으로 옳은 것은?

① 성리학 교육기관인 서원이 발달하였다.
② 유교는 개인주의를 주요 내용으로 삼으며 발달하였다.
③ 임진왜란과 일제강점기, 한국전쟁을 거치며 서원은 모두 파괴되었다.
④ 유교는 고조선부터 국가 통치 이념으로 자리 잡아 오늘날까지 사회적으로 영향을 주고 있다.

해설 ② 유교는 효, 예, 충을 가장 중요하게 생각한다.
③ 오늘날까지 남아있는 9개 서원은 2019년 유네스코 세계문화유산에 등재되었다.
④ 유교는 조선 시대 국가 통치 이념이었으며, 오늘날까지 사회적·문화적으로 많은 영향을 주고 있다.

04 한국 역사 속 과학기술에 대한 설명으로 옳은 것은?

① 세계 최초의 금속활자는 조선 시대에 만들어졌다.
② 목판 인쇄술의 발달로 직지심체요절이 만들어졌다.
③ 삼국 시대와 고려 시대에는 과학기술의 발전이 부족했다.
④ 조선 시대의 대표적인 과학 발명품으로는 앙부일구, 자격루, 측우기 등이 있다.

해설 ① 세계 최초의 금속활자인 직지심체요절은 고려 시대에 만들어졌다.
② 직지심체요절은 금속활자이며, 목판 인쇄술의 발달로 만들어진 것은 무구정광대다라니경, 팔만대장경 등이 있다.
③ 삼국 시대와 고려 시대에도 과학기술의 발전이 이루어졌다.

05 조선 시대 과학기술의 발달과 관련이 없는 것은?

① 자격루
② 혼천의
③ 첨성대
④ 훈민정음

해설 첨성대는 신라의 유물이므로 조선 시대 과학기술의 발달과는 관련이 없다.

제8장 지리

1. 한국의 기후와 지형

(1) 한국의 기후

계절	날씨	특징
봄	• 3~5월로 날씨가 따뜻하고 이른 봄에는 꽃샘추위가 나타납니다. • 황사 현상과 미세 먼지가 심해 마스크를 착용하는 것이 좋습니다.	• 농촌에서는 모내기와 씨뿌리기를 하며 한 해의 농사를 준비합니다. • 꽃구경과 나들이를 가는 사람이 많습니다.
여름	• 6~8월로 덥고 습한 날씨가 계속되고 밤에도 기온이 높은 열대야 현상이 나타납니다. • 비가 많이 오는 장마와 태풍이 옵니다.	• 시원한 산이나 계곡, 바다로 피서를 가는 사람이 많습니다.
가을	• 9~11월로 하늘이 높고 맑으며 시원하고 건조한 날씨가 이어집니다.	• 과일과 곡식을 수확하는 계절입니다. • 단풍이 들면 단풍을 보기 위해 단풍놀이를 가기도 합니다.
겨울	• 12~2월로 춥고 건조한 날씨가 이어지고 눈이 내립니다.	• 스키, 스케이트, 눈썰매를 타는 등 겨울 스포츠를 즐깁니다. • 눈이 내리면 눈꽃을 보러 가는 사람도 많습니다.

(2) 한국의 지형

① 동고서저
  ㉠ 북동쪽에 설악산, 오대산(태백산맥), 함경산맥 등이 있어 동쪽이 더 높습니다.
  ㉡ 남서쪽에는 한강, 금강과 같이 큰 강을 중심으로 평야가 발달해 서쪽이 더 낮습니다.
  ㉢ 동쪽이 높고 서쪽이 낮은 동고서저의 지형입니다.
② 산이 많고 바다로 둘러싸인 한반도
  ㉠ 국토의 약 65%가 산지로 이루어져 있습니다.
  ㉡ 삼면이 바다로 둘러싸여 있습니다.
  ㉢ 동해안: 평야가 적고, 바다의 수심이 깊으며 해안선이 단조롭습니다.
  ㉣ 서해안: 바다의 수심이 얕고 갯벌이 발달했으며, 섬이 많고 간척사업이 활발합니다.
  ㉤ 남해안: 해안선이 복잡하고 섬이 많습니다.

확인학습

01 한국의 지형적 특징이 <u>아닌</u> 것은?

① 삼면이 바다로 둘러싸여 있다.
② 국토의 약 65%가 평야로 이루어져 있다.
③ 남서쪽에는 큰 강을 중심으로 평야지대가 발달해 있다.
④ 북동쪽에는 태백산맥과 함경산맥 등 높은 산지가 펼쳐져 있다.

해설 한국은 국토의 약 65% 이상이 산지로 이루어져 있다.

02 다음 중 바다의 수심이 얕고 간척사업이 활발한 해안은?

① 동해안
② 서해안
③ 남해안
④ 북해안

해설 한국은 동해안, 서해안, 남해안 삼면이 바다로 이루어져 있다. 그중 서해안은 바다의 수심이 얕고 갯벌이 발달했으며 섬이 많고 간척사업이 활발하다.

03 황사 현상과 꽃샘추위가 나타나는 계절은?

① 봄
② 여름
③ 가을
④ 겨울

해설 한국의 봄은 날씨가 따뜻해지고, 황사 현상과 꽃샘추위가 나타나는 계절이다.

정답 01 ② 02 ② 03 ①

04 가을철에 볼 수 있는 생활 모습은?

① 장마와 태풍이 찾아온다.
② 농촌에서는 모내기를 한다.
③ 여러 가지 과일과 곡식을 수확한다.
④ 두꺼운 옷을 입고, 따뜻한 음식을 먹는다.

해설 가을은 수확의 계절로 여러 가지 과일과 곡식이 익으면 거두어들이는 모습을 볼 수 있다. ①은 여름, ②는 봄, ④는 겨울의 생활 모습이다.

05 한반도 동쪽에 남북으로 길게 뻗어 있으며 한국에서 가장 큰 산맥은?

① 소백산맥
② 태백산맥
③ 차령산맥
④ 광주산맥

해설 국내 주요 산맥 중 남북으로 길게 뻗어 있는 산맥은 마천령산맥, 낭림산맥, 태백산맥이다. 그중 가장 큰 산맥은 백두대간의 중심이 되는 태백산맥이다.

2. 수도권

(1) 서울특별시

① 위치
　㉠ 지리적으로 한반도의 거의 중앙에 있습니다.
　㉡ 한강을 중심으로 남북으로 펼쳐져 있으며 북쪽을 강북, 남쪽을 강남이라고 합니다.

② 특징
　㉠ **한국의 수도**이자 정치・경제・문화・역사의 중심지입니다.
　㉡ 교통이 발달하였고 편의시설, 교육시설, 문화시설이 잘 갖춰져 있습니다.
　㉢ 25개 자치구로 이루어져 있고, **한국 전체 인구의 약 20%**가 서울에 살고 있습니다.
　㉣ 1988년 서울 올림픽, 2002년 한일월드컵이 개최되기도 하였습니다.
　㉤ 지역 축제: 서울 빛초롱축제, 서울거리예술축제

〈수도권〉

(2) 경기도

① 위치
　㉠ 한반도 중앙부의 서쪽에 있습니다.
　㉡ 북쪽은 황해도, 동쪽은 강원도, 남쪽은 충청남도와 접해 있고, 서쪽은 황해에 접해 있으며, 중앙에 서울특별시와 인천광역시가 있습니다.

② 특징
　㉠ 교통이 발달해 **일찍부터 산업이 발달**했고 공장들이 한데 모인 공업 지대도 많습니다.
　㉡ 특히 한강 주변에 기름진 평야가 있어 농사가 발달했습니다.
　㉢ 서울의 넘치는 인구를 수용하기 위해 분당, 일산, 파주, 용인 등 **신도시**가 생겨났고, 교육과 문화가 발달한 주거지가 형성되었습니다.
　㉣ 28개의 '시'와 3개의 '군'으로 이루어져 있습니다. 경기도에 **가장 많은 인구**가 살고 있습니다.
　㉤ 지역 축제: 이천 도자기축제, 고양 국제꽃박람회

(3) 인천광역시

① 위치: 경기도 중서부에 있는 광역시입니다.

② 특징

  ㉠ 오래전부터 대표적인 한국 **제2의 항구도시**입니다.
  ㉡ 한국 최대 공항인 **인천국제공항**이 있어 많은 나라 간의 교류를 이어주고 있습니다.
  ㉢ 2014년 인천아시안게임으로 더욱 유명해졌습니다.
  ㉣ 크고 작은 일부 섬을 포함하면 서울을 제외하고 수도권에서 가장 큰 도시입니다.
  ㉤ 지역 축제: 강화 고려인삼축제

확인학습

01 한국의 수도와 관련이 없는 것은?

① 인천국제공항
② 1988년 올림픽
③ 2002년 한일월드컵
④ 정치·경제·교통·문화의 중심지

해설 서울은 한국의 수도로서 정치·경제·문화·교통의 중심지이며, 1988년에 서울 올림픽, 2002년에 한일월드컵 대회가 개최된 도시이다.

02 한국의 교통로로 이용되었던 고개 중 서울과 속초를 잇는 고개는?

① 한계령
② 추풍령
③ 대관령
④ 문경새재

해설 태백산맥을 넘어가는 고개로서 서울과 속초를 이어주는 것은 한계령이다.
  ② 추풍령: 경상북도와 충청북도를 이어주는 고개
  ③ 대관령: 서울과 영동지방을 이어주는 고개
  ④ 문경새재: 경상도와 서울을 이어주는 고개

03 인천에 위치한 곳으로 화교 고유의 문화를 간직하고 있는 곳은?

① 이태원
② 을왕리
③ 서래마을
④ 차이나타운

해설 차이나타운은 130년이 넘게 화교 고유의 풍습과 문화를 간직하고 있는 곳으로 마치 중국의 거리를 그대로 옮겨 놓은 듯한 느낌을 주는 곳이다.

04 각 지역에 대한 설명으로 옳은 것은?

① 서울에는 국제공항과 항구가 위치해 있다.
② 인천에는 주요 정부기관들이 집중되어 있다.
③ 인천은 한국의 수도로서 특별시에 해당한다.
④ 경기도는 농업, 공업, 서비스업 등 여러 산업이 발달했다.

해설 경기도는 교통이 편리하고 주변 인구도 많아서 오래 전부터 각종 산업이 발달해 왔다.

05 서울에 대한 설명으로 옳은 것은?

① 한강을 중심으로 어업이 발달했다.
② 2014년 아시안게임 개최지로 유명해졌다.
③ 주요 대기업이나 금융기관들의 본사가 많이 있다.
④ 지하철이 없어 버스와 같은 대중교통 시설이 발달했다.

해설 서울은 정치, 경제, 문화 등의 중심지로 각종 기관과 기업 본사, 문화 시설 등이 집중되어 있다.
② 2014년 아시안게임 개최지는 인천이다.

06 서울과 관련이 없는 국제행사는?

① 1988년 하계올림픽
② 1986년 아시안게임
③ 2018년 동계올림픽
④ 2010년 G20 정상회의

해설 2018년 동계올림픽은 한국의 강원도 평창에서 개최되었다.

정답 03 ④ 04 ④ 05 ③ 06 ③

07 서울에 많은 사람들이 몰리면서 나타난 문제점이 아닌 것은?

① 환경 오염
② 교통 혼잡
③ 주택 부족
④ 물가 하락

해설 서울에 인구가 집중되면서 환경 오염, 교통 혼잡, 주택 부족, 소음, 높은 물가 등의 문제점이 나타났다. 서울시에서는 이를 해결하기 위해 관공서를 지방으로 이전하거나 서울 인근 경기 지역에 계획 신도시를 조성하는 등의 방안을 마련하고 있다.

08 경기도에 해당하지 않는 곳은?

① 성남
② 분당
③ 일산
④ 인천

해설 인천은 경기도에 속한 도시가 아니라 광역시라는 독립된 단위의 자치 지역이다.
①·②·③ 서울의 인구 집중 문제를 해결하기 위해 건설한 경기도의 대표적인 신도시이다.

09 대도시 주변에 계획적으로 건설된 주거 목적의 도시 혹은 지역은?

① 수도
② 신도시
③ 혁신도시
④ 위성도시

해설 신도시는 대도시에 집중된 인구를 분산하기 위하여 주거를 목적으로 지은 도시이다.
④ 위성도시는 주거뿐만 아니라 행정·공업 등 전반적으로 대도시의 기능을 분산시키는 역할을 한다.

10 각 도시에 대한 설명이 옳지 않은 것은?

① 분당 – 신도시, 대기업 본사
② 수원 – 경기도의 행정중심지, 농업 연구 기관
③ 안산 – 공업기능, 반월산업단지와 해양연구소
④ 과천 – 서울의 행정기능 분담, 경기도청 소재지

해설 과천은 서울에 몰린 행정기능을 분담하는 도시로 정부청사가 있는 곳이다. 경기도청은 수원에 있다.

3. 충청 지역

(1) 충청 지역의 위치와 특징

① 위치
㉠ 한국의 중간 지역에 있어 경상 지역과 전라 지역을 이어 주는 역할을 합니다.
㉡ 북쪽은 수도권과 강원도, 남쪽은 금강을 경계로 전라북도와 연결되며, 동쪽은 소백산맥을 경계로 경상북도와, 서쪽은 서해와 연결됩니다.

② 특징
㉠ **호서지방**이라고도 불립니다.
㉡ 충주의 '충', 청주의 '청'을 따서 충청 지역이라고 부르게 되었습니다.
㉢ 충청남도와 충청북도로 이루어져 있습니다.

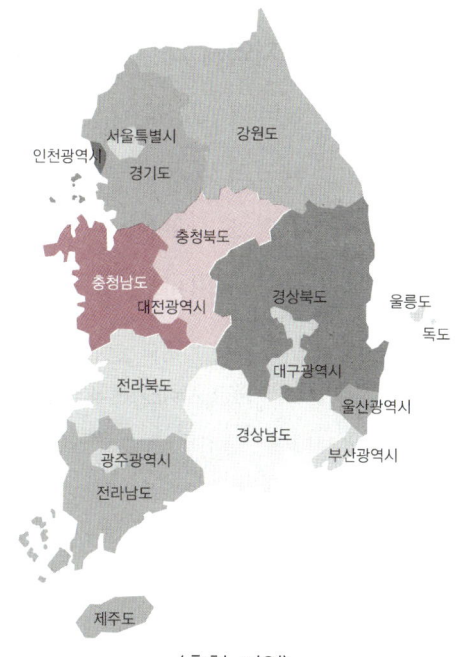

〈충청 지역〉

(2) 주요 도시와 지역 축제 및 관광 명소

① **주요 도시**
㉠ **대전광역시**: 1993년에 세계과학엑스포를 개최하였으며 대표적인 **과학도시**입니다. 주요 철도와 도로가 대전을 지나 교통이 발달하였습니다.
㉡ **세종특별자치시**: 행정 중심 복합도시로 **서울의 주요 행정기관을 세종시로 이전**하여 국토의 균형 잡힌 발전을 도모합니다.
㉢ **공주, 부여**: 삼국 시대 **백제의 옛 도읍**으로 백제의 문화유산을 많이 볼 수 있습니다.
㉣ 홍성은 충청남도 도청 소재지, 청주는 충청북도 도청 소재지로 발전하였습니다.

② **지역 축제와 관광 명소**
㉠ 대전 사이언스페스티벌: 대전의 대표적인 축제로 과학, 예술과 관련된 문화 행사가 열립니다.
㉡ 보령 머드축제: 대천해수욕장에서 열리는 여름 행사로 청정 갯벌에서 만들어지는 보령 머드를 이용한 여러 가지 체험 행사를 즐길 수 있습니다.
㉢ 백제 문화제: 충청남도 공주와 부여에서 열리는 축제로 백제의 역사를 알아볼 수 있는 행사입니다.
㉣ 금산 인삼축제: 금산은 충청 지역 최초로 인삼 재배를 시작한 곳으로 인삼과 관련된 여러 가지 체험 행사를 즐길 수 있습니다.
㉤ 단양팔경: 충청북도 단양군의 8개 명승지를 말합니다. 단양팔경으로는 도담삼봉, 석문, 옥순봉, 하선암, 중선암, 상선암, 사인암, 구담봉이 있습니다.

확인학습

01 충청 지역에 대한 설명으로 옳은 것은?

① 호남지방이라고도 불린다.
② 한국의 북쪽 끝에 위치한 지역이다.
③ 주요 도시로는 부산, 울산, 포항 등이 있다.
④ 경상 지역과 전라 지역을 잇는 역할을 한다.

해설 ① 충청 지역은 호서지방이라고 불린다.
② 충청 지역은 한국의 중간 지역에 있다.
③ 부산, 울산, 포항은 경상 지역에 있다.

02 충청 지역의 도시에 대한 설명으로 옳지 않은 것은?

① 대전은 대표적인 과학도시이다.
② 공주와 부여는 백제의 옛 도읍지이다.
③ 단양에는 철쭉으로 유명한 지리산이 있다.
④ 세종특별자치시는 행정 중심 복합도시이다.

해설 철쭉으로 유명하고 단양에 있는 산은 소백산이다.

03 1993년 세계과학엑스포가 개최된 도시는?

① 부여
② 홍성
③ 공주
④ 대전

해설 1993년에 대전의 대덕연구단지 내에서 국제박람회인 세계과학엑스포가 개최되었다.

01 ④ 02 ③ 03 ④ 정답

04 충청 지역에 대한 설명으로 옳은 것은?

① 남한의 중간 부분에서 오른쪽에 위치하고 있다.
② 충청남도는 유일하게 바다가 접하지 않은 지역이다.
③ 수도권 – 경상도 – 전라도를 이어주는 교통의 중심지이다.
④ 충청북도는 서쪽으로 강원도, 북쪽으로 경기도를 접하고 있다.

해설 충청 지역은 수도권 – 영남 – 호남을 이어주는 교통의 중심지이다.
① 남한의 중간 부분에서 왼쪽에 위치하고 있다.
② 바다가 접하지 않은 지역은 충청북도이다.
④ 충청북도는 서쪽으로 경기도, 북쪽으로 강원도를 접하고 있다.

05 충청 지역의 도시 중에서 국제공항이 있는 곳은?

① 충주
② 청주
③ 김해
④ 공주

해설 충청북도 청주에는 국제공항이 있다.
① 충주: 호수가 유명한 곳이다.
③ 김해: 국제공항이 있으며 경상도의 도시이다.
④ 공주: 공주는 충청남도에 있지만 도시 내에 공항이 없다.

06 〈보기〉가 설명하는 도시는?

─• 보기 •─
국토의 균형 있는 발전을 위해 서울에 있던 주요 정부 기관들을 이전했다.

① 세종
② 나주
③ 춘천
④ 파주

해설 서울에 있던 주요 행정부처의 일부가 세종특별자치시로 옮겨졌다.

정답 04 ③　05 ②　06 ①

07 충청 지역에 대한 설명으로 옳지 <u>않은</u> 것은?

① 충청남도와 충청북도로 이루어져 있다.
② 공주와 부여에는 역사적인 관광지가 많이 있다.
③ 단양군에는 단양팔경이라고 불리는 8개 명승지가 있다.
④ 충청 지역의 대표적인 축제로는 머드축제, 춘향제, 치맥페스티벌이 있다.

해설 충청 지역의 대표적인 축제로는 보령 머드축제, 백제 문화제, 대전 사이언스페스티벌, 금산 인삼축제가 있다.

08 충청남도 금산의 특산물은?

① 쌀
② 감자
③ 인삼
④ 굴비

해설 금산의 특산물은 인삼이다. 금산에서는 인삼축제가 열리기도 한다.

09 충청 지역과 관련이 <u>없는</u> 것은?

① 과학도시
② 교통의 중심지
③ 한국 제1무역항
④ 행정 중심 복합도시

해설 한국 제1무역항은 부산으로, 부산은 경상 지역의 도시이다.
① 충청 지역의 대전은 대표적인 과학도시이다.
② 충청 지역에는 청주 국제공항과 KTX 오송역이 있으며, 경상 지역과 전라 지역을 이어 주는 교통의 요충지이다.
④ 충청 지역의 세종특별자치시는 행정 중심 복합도시이다.

10 지역 축제 및 관광 명소의 연결이 옳지 <u>않은</u> 것은?

① 금산 – 인삼축제
② 동해 – 머드축제
③ 대전 – 사이언스페스티벌
④ 공주·부여 – 백제 문화유산

해설 머드축제는 보령에서 열린다. 동해는 강원도의 도시이다.

4. 전라 지역

(1) 전라 지역의 위치와 특징
   ① 위치
      ㉠ 한반도 서남부 지역에 위치해 있습니다.
      ㉡ 동쪽으로 경상 지역과 접하고, 북쪽으로 충청 지역과 연결됩니다.
   ② 특징
      ㉠ **호남지방**이라고도 합니다.
      ㉡ 전주의 '전', 나주의 '라(나)'를 따서 전라 지역이라고 부르게 되었습니다.
      ㉢ 전라도는 전라북도, 전라남도로 이루어져 있습니다.
      ㉣ 2024년 1월 18일부터 전라북도가 전북특별자치도로 명칭이 변경되었습니다.
      ㉤ **호남평야**와 **나주평야**를 중심으로 벼농사가 발달했습니다.
      ㉥ 바다와 갯벌을 마주하고 있어 수산자원이 풍부하고, 풍부한 식량자원을 바탕으로 음식문화가 발달하였습니다.
      ㉦ 최근에는 **새만금 간척지구**, 목포항 등을 중심으로 한 개발에 집중하고 있습니다.

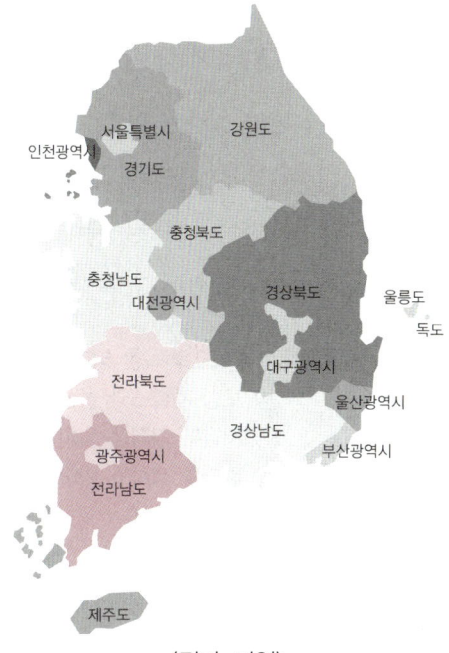

〈전라 지역〉

(2) 주요 도시와 지역 축제 및 관광 명소
   ① 주요 도시
      ㉠ **광주광역시**: 전라 지역의 정치, 경제, 사회, 문화의 중심 도시입니다. **5·18 민주화 운동의 중심**이 되었던 도시입니다.
      ㉡ **전주**: **전통 한옥**이 잘 보존되어 있습니다.
      ㉢ 여수: 2012년에 세계박람회가 개최되었습니다.
      ㉣ 광양, 광주 등지에서는 공업도 발달하였습니다.
   ② **지역 축제와 관광 명소**
      ㉠ **전주 한옥마을**: 전통 한옥이 잘 보존되어 있어 관광지로 유명합니다.
      ㉡ 고창, 화순: 고인돌이 많이 있으며 세계문화유산으로 지정되어 있습니다.
      ㉢ 전주 세계소리축제: 한국의 전통음악을 알리고 세계적인 음악적 유산과 교류하는 문화 예술 축제입니다.
      ㉣ 광주 디자인비엔날레: 광주광역시에서 열리는 디자인 축제입니다.
      ㉤ 남원 춘향제: 《춘향전》의 배경인 남원에서 열리는 문화 축제입니다.
      ㉥ 순천 남도음식문화 큰잔치: 순천에서 열리는 남도음식 축제입니다.

확인학습

01 전라 지역에 대한 설명으로 옳은 것은?

① 포항 제철소와 울산 조선소 등이 자리 잡고 있다.
② 동북부 지역에 위치해 있어 동해안 중심지 역할을 한다.
③ 일찍이 기름진 땅에 벼농사가 잘되는 지역으로 유명하다.
④ 바다를 접하고 있지 않아 지역 음식으로 발효식품이 발달했다.

해설 기름지고 비옥한 땅에 벼농사가 발달했다.
① 포항 제철소와 울산 조선소는 경상 지역에 속한다.
② 서남부 지역에 위치해 있어 서해안 중심지 역할을 한다.
④ 바다를 접하고 있어 어업과 수산업이 발달했다.

02 전라 지역에 대한 개발정책에 해당되지 않는 것은?

① 새만금 간척지구
② 세종특별자치시 선정
③ 목포항 대불 부두 개발
④ 여수 웅천지구 택지 개발

해설 세종특별자치시는 충청 지역에 속한다.

03 〈보기〉가 설명하는 지역은?

> **보기**
> • 전라 지역의 정치, 경제, 사회, 문화의 중심지
> • 5·18 민주화 운동의 중심 도시

① 광주광역시
② 부산광역시
③ 울산광역시
④ 대전광역시

해설 광주광역시에 대한 설명이다.
②·③ 경상 지역의 도시이다.
④ 충청 지역의 도시이다.

정답 01 ③ 02 ② 03 ①

04 전라 지역과 관련이 없는 것은?

① 고인돌
② 춘향제
③ 한옥마을
④ 세계도자기엑스포

해설 2001 세계도자기엑스포는 경기 지역에 속하는 이천, 광주, 여주에서 열렸다.

05 전라 지역에 대한 설명으로 옳지 않은 것은?

① 공업은 발달하지 않았다.
② 전통 한옥이 잘 보존된 관광지가 있다.
③ 2012년에는 여수에서 세계박람회가 열렸다.
④ 음식문화가 발달하여 음식문화축제가 열린다.

해설 광양, 광주는 공업이 발달하였다. 특히 광주는 자동차, 첨단산업, 가전제품 등의 공업단지가 있다.

정답 04 ④ 05 ①

5. 경상 지역

(1) 경상 지역의 위치와 특징

① 위치
  ㉠ 한국의 동남쪽에 위치해 있습니다.
  ㉡ 동쪽과 남쪽에 바다가 있어 항만이 발달하였습니다.

② 특징
  ㉠ **영남지방**이라고도 합니다.
  ㉡ 경주의 '경', 상주의 '상'을 따서 경상 지역이라고 부르게 되었습니다.
  ㉢ 경상북도와 경상남도로 이루어져 있습니다.
  ㉣ 낙동강 지역으로 예부터 벼농사가 발달했으며, 국내 최대의 과일 재배 지역으로 참외와 사과가 많이 납니다.
  ㉤ 국내 어업 생산량의 약 60%를 차지할 정도로 어업도 발달했습니다.

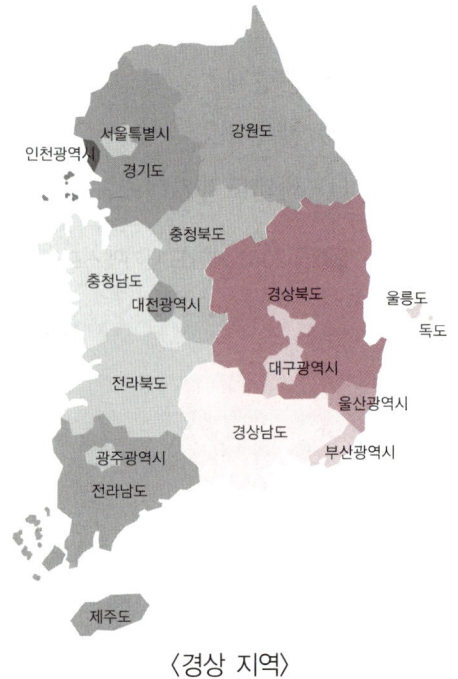

〈경상 지역〉

(2) 주요 도시와 지역 축제 및 관광 명소

① **주요 도시**
  ㉠ **부산광역시**: **한국 제1무역항**이며 한국에서 **두 번째로 큰 도시**입니다. 공업이 발달했습니다.
  ㉡ 대구광역시: 분지 지형으로 다른 지역에 비해 여름에 많이 덥습니다.
  ㉢ **울산광역시**: 한국 최대의 **중화학공업도시**로 대표적으로 **조선업이 발달**했습니다.
  ㉣ **경주**: 신라 시대의 유물이 경주 지역 전체에 골고루 분포되어 있습니다.
  ㉤ 구미(섬유·전자산업)와 포항(제철)은 울산과 함께 경상 지역의 대표적인 공업 도시입니다.
  ㉥ 경상북도 성주는 대표적인 참외 생산지이며 경상북도는 사과가 유명합니다.
  ㉦ 통영 굴, 영광 굴비 등 다양한 해산물이 유명합니다.

② **지역 축제와 관광 명소**
  ㉠ **부산국제영화제**: 매년 10월에 열리는 **아시아 최대의 영화 축제**입니다.
  ㉡ **안동 하회마을**: 조선 시대 **유교 문화**가 생생히 살아 있는 **전통 마을**입니다.
  ㉢ 통영 한산대첩축제: 이순신 장군이 승리로 이끌었던 한산도대첩을 기념하고 이순신 장군을 기리는 축제입니다.
  ㉣ 진주 남강 유등축제: 진주 남강에서 등을 띄우는 행사를 체험할 수 있습니다.
  ㉤ **합천 해인사 장경판전**: 고려 시대 목판본 **팔만대장경**이 보관되어 있는 절입니다.

ⓗ **경주 역사유적지구**: 경주 곳곳에서 **신라의 문화유산**을 살펴볼 수 있습니다. 대표적인 문화유적으로 불국사, 석굴암, 첨성대, 천마총 등이 있습니다.

ⓢ 창녕 우포늪: 한국 최대의 늪으로 다양한 생태환경을 볼 수 있어 세계적으로도 중요하게 평가되고 있습니다.

확인학습

01 경상 지역에 대한 설명으로 옳은 것은?

① 한국의 동서쪽에 위치해 있다.
② 부산, 대전, 광주 등과 같은 주요 도시를 포함한다.
③ 전자, 철강, 조선, 자동차 같은 큰 공업 단지가 있다.
④ 백제의 수도인 경주를 중심으로 문화유산이 풍부하다.

해설 경상 지역에서는 일찍이 공업이 발달했다.
① 한국의 동남쪽에 위치해 있고, 영남지방이라고도 불린다.
② 부산, 대구, 울산 등과 같은 주요 도시를 포함한다. 대전은 충청 지역, 광주는 전라 지역의 도시이다.
④ 신라의 수도인 경주를 중심으로 문화유산이 풍부하다. 백제의 수도였던 도시는 충청 지역의 공주와 부여이다.

02 〈보기〉가 설명하는 도시는?

— 보 기 —
- 매년 10월 국제영화제가 열린다.
- 2002년 아시안게임의 개최지였다.
- 한국 제2의 도시이며, 제1무역항이다.

① 울산　　　　　　　　② 부산
③ 마산　　　　　　　　④ 경산

해설 부산 국제영화제(BIFF)는 이제 아시아 최고의 영화제로 자리 잡았으며 특히 남포동 영화의 거리는 많은 젊은이들이 모이는 명소가 되었다.

정답 01 ③　02 ②

03 경상 지역의 대표적인 문화유산이 아닌 것은?

① 석굴암
② 부석사
③ 오죽헌
④ 도산서원

해설 오죽헌은 강원 지역 강릉의 대표적인 문화유산이다.
① 석굴암: 경상북도 경주에 있는 문화유산이다.
② 부석사: 경상북도 영주에 있는 문화유산이다.
④ 도산서원: 경상북도 안동에 있는 문화유산이다.

04 경상 지역의 도시와 그 설명이 옳지 않은 것은?

① 포항 – 제철공업이 발달하였다.
② 구미 – 섬유산업과 전자산업이 발달했다.
③ 경주 – 역사유적지구가 있어 신라의 문화유산을 볼 수 있다.
④ 울산 – 대표적인 중화학공업도시로 세계과학엑스포가 열리기도 했다.

해설 세계과학엑스포가 열린 곳은 충청 지역의 대전이다. 울산은 경상 지역의 대표적인 중화학공업도시이다.

05 경상 지역의 명소나 축제가 아닌 것은?

① 창녕 우포늪
② 해인사 장경판전
③ 통영 한산대첩축제
④ 남도음식문화큰잔치

해설 남도음식문화큰잔치는 전라도 순천의 축제이다.

6. 강원 지역

(1) 강원 지역의 위치와 특징

① 위치

㉠ 한반도 중부지방 동쪽에 있습니다.

㉡ 북쪽은 함경남도·평안남도, 동쪽은 동해, 서쪽은 황해북도·개성특별시와 만나고 있습니다.

㉢ **태백산맥**을 기준으로 영서지방과 영동지방으로 나뉩니다.

㉣ 전체 면적의 80% 이상이 산으로 이루어져 있습니다.

〈강원 지역〉

② 특징

㉠ 강릉의 '강', 원주의 '원'을 따서 강원 지역이라고 부르게 되었습니다.

㉡ 2023년 6월부터 강원도가 강원특별자치도로 명칭이 변경되었습니다.

㉢ 자연경치가 아름답고 경제발전에 유리한 조건을 가지고 있습니다.

㉣ 수산업과 함께 공업기지들이 설치되어 있습니다.

㉤ **고랭지농업, 목축업이 발달**했습니다.

㉥ 최근 서울역에서 강릉역까지 이어지는 고속철도가 생기면서 과거에 비해 교통이 편리해졌습니다.

㉦ 금강산, 송도원, 동정호를 비롯한 많은 명승지들이 있어 관광에 유리합니다.

㉧ 겨울에 눈이 많이 내려 겨울철 스포츠를 하기 좋은 지역입니다.

(2) 주요 도시와 지역 축제 및 관광 명소

① **주요 도시**

㉠ **평창**: **2018년 동계올림픽**이 개최되었습니다.

㉡ 춘천, 양양 등: 젊은이들의 여행지로 인기가 많은 곳입니다.

② **지역 축제와 관광 명소**

㉠ 산을 중심으로 한 관광 명소: 설악산, 오대산

㉡ 해수욕장 발달: 경포대, 낙산해수욕장

㉢ **강릉 단오제**: 단오를 전후로 벌이는 축제로 풍년과 집안의 안녕을 기원하는 축제입니다.

㉣ 평창 대관령 눈꽃축제, 화천 산천어축제, 횡성 한우축제 등이 열립니다.

㉤ 정동진: 해마다 새해가 되면 해돋이를 보러 가는 사람이 많습니다.

확인학습

01 과거 강원 지역에서 관광산업이 발달했던 이유가 <u>아닌</u> 것은?

① 다양한 축제 문화
② 아름다운 산과 동해 바다
③ 교통이 편리한 지리적 조건
④ 비교적 시원한 여름과 따뜻한 겨울

해설 강원 지역은 높은 산이 많아서 과거에는 다른 지역에서 혹은 다른 지역으로 이동하는 것이 불편했다. 그러나 최근에는 철도, 항공, 고속버스 등이 많이 개통되면서 타 지역과의 교류가 보다 활발하게 이루어지고 있다.

02 강원 지역에 대한 설명으로 옳은 것은?

① 백제 유적 등이 많아 관광업이 발달했다.
② 전체 면적 대부분이 평야로 이루어져 있다.
③ 설악산, 오대산과 같은 아름다운 산이 많이 있다.
④ 서해와 인접해 있어 많은 해수욕장이 발달해 있다.

해설 강원 지역에는 높은 산이 많고 자연 경관이 뛰어나 국립공원으로 지정된 곳이 많다.
① 백제 유적은 충청남도에 많이 남아 있다.
② 전체 면적의 80% 이상이 산으로 이루어져 있다.
④ 동해와 인접해 있어 많은 해수욕장이 발달해 있다.

03 강원 지역의 산업에 대한 설명으로 옳지 <u>않은</u> 것은?

① 축산업, 농업 등이 종합적으로 발달해 있다.
② 여름에 놀러 가기 좋은 해수욕장이 발달해 있다.
③ 겨울에 이용할 수 있는 유명한 스키장이 많이 있다.
④ 지하광물자원이 풍부해 많은 광산들이 생겨나고 있다.

해설 한때는 광산산업이 발달했으나 현재는 석탄의 수요가 줄어 많은 광산들이 사라졌다.

정답 01 ③ 02 ③ 03 ④

04 강원 지역의 대표적인 특산물이 아닌 것은?

① 감자
② 황태
③ 참외
④ 고랭지 배추

해설 참외는 경상북도 성주의 대표적인 특산물이다.

05 강원 지역에 대한 설명으로 옳지 않은 것은?

① 자연 경관이 아름다워 관광지가 많다.
② 겨울에 눈이 많이 내려 겨울 스포츠를 즐기기 좋다.
③ 태백산맥을 기준으로 영남지방과 영북지방으로 나뉜다.
④ 강릉 단오제, 대관령 눈꽃축제 등의 지역 축제가 열린다.

해설 강원 지역은 태백산맥을 기준으로 영서지방과 영동지방으로 나뉜다.

정답 04 ③ 05 ③

7. 제주 지역

(1) 제주특별자치도

① 위치와 특징

〈제주 지역〉

㉠ 한반도 최남단에 위치한 섬이며 **화산섬**입니다.
㉡ 한국에서 가장 큰 섬으로, 섬 가운데에 있는 **한라산**은 한국에서 가장 높은 산입니다.
㉢ 아름다운 자연 경관과 따뜻한 날씨 덕분에 자연스럽게 대표적인 한국의 관광 도시가 되었습니다.
㉣ 바람이 많이 불기로 유명하고, 오래전 화산 활동으로 만들어진 현무암이 많습니다.
㉤ 바람·돌·여자가 많아 '**삼다도**'라고 불렸으며, 도둑·거지·대문이 없다고 하여 '삼무도'라고 불리기도 했습니다.
㉥ 바다에 들어가 해산물을 채취하는 해녀가 많았으나 지금은 그 수가 많이 줄었습니다.
㉦ 대부분의 외국인이 비자 없이 방문할 수 있습니다.

② 제주도의 관광 명소와 축제

㉠ 한라산, 성산일출봉, 만장굴, 주상절리 등의 자연경관을 찾는 사람이 많습니다.
㉡ 탐라문화제: 제주도의 종합 향토문화축제입니다.
㉢ 마라도, 우도 등 주변 섬으로도 관광을 가는 사람이 많습니다.

확인학습

01 제주도에 대한 설명으로 옳은 것은?

① 유네스코는 제주도 전역을 지질공원으로 선정하였다.
② 제주도에는 남한에서 가장 높은 산인 백두산이 있다.
③ 여름에는 비가 너무 많이 내려서 제주도에 갈 수 없다.
④ 제주도는 울릉도에 이어 한국에서 두 번째로 큰 섬이다.

해설 제주도는 세계자연유산, 생물권 보전지역, 지질공원으로 유네스코 세계자연유산으로 선정되었다.
② 제주도에는 남한에서 가장 높은 산인 한라산이 있다.
④ 제주도는 한국에서 가장 큰 섬이다.

02 옛말에 제주도에서 많다고 손꼽히던 것이 아닌 것은?

① 돌
② 바람
③ 여자
④ 남자

해설 옛날에는 제주도를 돌, 바람, 여자가 많다고 하여 '삼다도'라고 불렀다.

03 제주도와 관련이 없는 것은?

① 오름
② 화산섬
③ F1 서킷
④ 용암동굴

해설 F1 서킷은 전라남도 영암 국제자동차경주장에 위치해 있다. 2013년에는 '2013 F1 코리아 그랑프리'가 열리기도 했다.
①·②·④ 제주도의 화산 지형과 용암동굴은 2007년 유네스코로부터 국내 최초 세계자연유산에 등재되었다.

참고 오름
제주 방언으로 '산', '산봉우리'를 뜻하는 말인데, 비교적 작은 화산 폭발로 만들어진 제주도만의 특별한 지형이다.

정답 01 ① 02 ④ 03 ③

04 광역시가 아닌 도시는?

① 부산
② 대전
③ 대구
④ 제주

해설 제주는 특별자치도이다.

참고 한국의 행정구역
- 특별시: 특별행정구역으로서의 광역지방자치단체로, 서울이 특별시에 해당된다.
- 광역시: 특별시에 버금가는 광역행정구역으로서의 상급지방자치단체로, 부산·대구·인천·광주·대전·울산 6개 도시가 광역시에 해당된다.
- 그 외 세종특별자치시, 제주특별자치도 등이 있다.

05 제주도에 대한 설명으로 옳지 않은 것은?

① 서귀포시와 제주시로 구성되어 있다.
② 제주 종합 향토문화축제인 탐라문화제가 열린다.
③ 마라도, 우도 등 제주도의 주변 섬도 관광지로 유명하다.
④ 외국인은 제주도에 방문하기 매우 어려워 한국인들만 제주도를 찾는다.

해설 제주도는 대부분의 외국인이 비자 없이도 방문할 수 있어 많은 외국인 관광객이 찾는 곳이다.

제 3 편
실전 모의고사

제1회 실전 모의고사
제2회 실전 모의고사
제3회 실전 모의고사

제1회
※ 귀화용을 준비하시는 분은 문제를 아래와 같이 교체하여 풀어 보시기 바랍니다.

영주용	귀화용	영주용	귀화용
18	01	29	06
20	02	31	07
22	03	32	08
25	04	33	09
27	05	36	10

제2회
※ 귀화용을 준비하시는 분은 문제를 아래와 같이 교체하여 풀어 보시기 바랍니다.

영주용	귀화용	영주용	귀화용
20	01	31	06
23	02	32	07
24	03	34	08
25	04	35	09
27	05	36	10

제3회
※ 귀화용을 준비하시는 분은 문제를 아래와 같이 교체하여 풀어 보시기 바랍니다.

영주용	귀화용	영주용	귀화용
18	01	27	06
19	02	30	07
20	03	32	08
22	04	34	09
25	05	36	10

제1회 실전 모의고사

시험 시간 60분(객관식＋작문형) | 정답 및 해설 p.485

필기시험

[01-04] 다음 (　)에 들어갈 가장 알맞은 것을 고르시오.

01 예전에는 실수를 자주 했는데 요즘은 많이 (　　).

① 급해졌다　　　　　② 꼼꼼해졌다
③ 활발해졌다　　　　④ 무뚝뚝해졌다

02 사람들과 잘 (　　) 서로 예의를 지켜야 한다.

① 겁내려면　　　　　② 보내려면
③ 지내려면　　　　　④ 해내려면

03 아무리 (　　) 안경이 어디 있는지 보이지 않아요.

① 가져도　　　　　　② 얻어도
③ 잃어도　　　　　　④ 찾아도

04 요즘 사람들은 신문을 (　　) 대신 TV 뉴스나 인터넷 기사를 더 많이 본다.

① 듣는　　　　　　　② 쓰는
③ 읽는　　　　　　　④ 말하는

[05-10] 다음 ( )에 들어갈 가장 알맞은 것을 고르시오.

05

가: 밖에 비가 오는데 어떻게 할까요?
나: 소나기라고 했으니 곧 ( ) 잠시 후에 가요.

① 그치려면
② 그칠 텐데
③ 그치느라고
④ 그치자마자

06

가: 벨라 씨는 상사가 회식하자고 하면 어떻게 해요?
나: 중요한 약속이 있어서 ( ).

① 못 가요
② 못 가는 척해요
③ 못 갈 뻔했어요
④ 못 갈 수 있어요

07

가: 오늘 수업이 끝나고 뭐 할 거예요?
나: 친구 생일 선물을 ( ) 백화점에 갈 거예요.

① 살까 봐
② 산 데다가
③ 살 정도로
④ 사기 위해서

08

가: 오늘 학교에 왜 늦게 왔어요?
나: 제 차 앞에서 교통사고가 ( ) 차가 많이 막혔어요.

① 나도
② 나도록
③ 나는 동안
④ 나는 바람에

09

> 내일은 부모님이 집에 계시지 않아서 제가 동생을 (   ).

① 돌보지 못해요 ② 돌본 적이 있어요
③ 돌봤기 때문이에요 ④ 돌볼 수밖에 없어요

10

> 나는 너무 화가 나서 그동안 그가 나에게 주었던 편지를 (   ).

① 찢어서 태워 버렸다 ② 찢어서 태우자고 했다
③ 찢어서 태울 걸 그랬다 ④ 찢어서 태웠기 때문이다

[11-12] 다음을 한 문장으로 알맞게 연결한 것을 고르시오.

11

> 기차를 놓치다 / 역까지 허겁지겁 뛰어가다

① 기차를 놓친 덕에 역까지 허겁지겁 뛰어갔다.
② 기차를 놓칠까 봐 역까지 허겁지겁 뛰어갔다.
③ 기차를 놓치나 마나 역까지 허겁지겁 뛰어갔다.
④ 기차를 놓친 데다가 역까지 허겁지겁 뛰어갔다.

12

> 가족에게 소식을 전하다 / 친구들과 연락하다 / SNS를 하다

① 가족에게 소식을 전할 겸 친구들과 연락할 겸 SNS를 한다.
② 가족에게 소식을 전하느라고 친구들과 연락하고 SNS를 하세요.
③ 가족에게 소식을 전하면서 친구들과 연락하느라고 SNS를 했다.
④ 가족에게 소식을 전하자마자 친구들과 연락하면서 SNS를 할 것이다.

13 다음 ㉠에 들어갈 내용으로 알맞은 것을 고르시오.

> 구직 활동을 하면서 면접을 볼 일이 생기면 어떤 옷을 입고 가는 게 좋을까요? 대부분의 전문가들은 기본적으로 정장같이 격식 있는 옷차림을 추천합니다. 물론 호황일 때는 눈에 띄는 옷차림이 자유분방한 사고를 지닌 것으로 보여서 좋은 평가를 받을 수도 있습니다. 하지만 불황일수록 보수적인 사람들이 채용 담당자가 되기 때문에 옷을 단정하게 입어야 면접관에게 안정감을 준다고 합니다. 튀는 옷차림은 호황일 때나 존중받을 수 있다는 의미입니다. 이렇듯 (㉠   ).

① 경제 상황과 면접 옷차림은 서로 아무런 관계가 없다고 합니다
② 개성 있는 옷차림은 신뢰감을 주기 때문에 면접에 유리하다고 합니다
③ 경기 침체기에는 개방적인 사람들이 채용을 담당한다는 점을 기억해야 합니다
④ 면접 옷차림은 경제 상황을 고려하되 가능한 한 단정하게 입는 것이 좋습니다

14 다음 부동산 매물 정보의 내용으로 옳은 것을 고르시오.

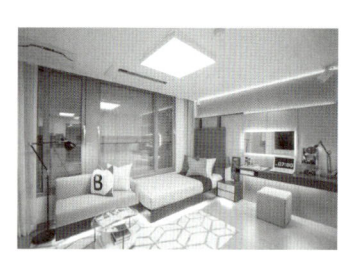

원룸
보증금 1000, 월세 70

매물 정보	
주소	서울시 마포구 신라빌라
위치	5층
상세 설명	• 버스정류장, 지하철역 도보 5분 • 냉장고, 세탁기, 냉방 시설 있음 • 작년에 리모델링 완료
문의	시대 공인중개사(010-123-4567)

① 이 빌라는 총 5층 건물이다.
② 이 빌라에는 에어컨이 없다.
③ 이 빌라는 곧 수리를 할 예정이다.
④ 이 빌라에 살면 대중교통을 이용하기 편리하다.

[15-16] 다음을 읽고 물음에 답하시오.

(㉠). 그래서 미리 대처 방법을 확인해 두는 것이 중요합니다. 화재 시에 불이 난 것을 먼저 발견한다면 "불이야!"라고 소리치거나 비상벨을 눌러 주변에 알려야 합니다. 그리고 작은 불이라면 소화기나 물 양동이 등을 이용해서 불을 빨리 끄고, 불길이 커졌다면 절대 엘리베이터는 이용하지 말고, 젖은 수건 또는 담요로 코와 입을 막고 계단을 통해 밖으로 대피해야 합니다. 또 집에서 불이 났을 때 출입문으로 나가기 어렵다면, 베란다의 경량 칸막이를 이용하여 이웃집으로 대피하거나 완강기를 이용하여 창문으로 대피하는 방법이 있습니다. 119에 신고가 가능하다면 빠르게 신고하고, 그렇지 않다면 안전하게 대피한 후 신고해야 합니다. 이렇게 안전한 곳으로 대피한 후에는 대피하지 못한 사람이 있는지 확인하고 출동한 소방관에게 알려 주어 인명 피해를 최대한 줄여야 합니다.

15 위 글의 제목으로 가장 알맞은 것을 고르시오.

① 완강기 이용 방법
② 화재 시 대처 방법
③ 화재 시 불 끄는 방법
④ 대피 시 지켜야 할 규칙

16 위 글의 ㉠에 들어갈 내용으로 알맞은 것을 고르시오.

① 화재 사고는 항상 조심하면 절대 일어나지 않습니다
② 화재에 대비하기 위해서 소화기 같은 기구의 사용법을 알아 두어야 합니다
③ 화재 사고는 자주 발생하는 것이 아니기 때문에 대처하는 것이 어렵지 않습니다
④ 화재 사고는 예상치 못한 순간에 발생하기 때문에 막상 겪게 되면 당황하기 쉽습니다

[17-36] 다음 물음에 맞는 답을 고르시오.

17 태극기에 대한 설명으로 옳은 것을 〈보기〉에서 모두 고른 것은?

• 보기 •
ㄱ. 흰색 바탕은 용기와 굳건함을 나타낸다.
ㄴ. 4괘는 각각 밝음, 순수, 평화, 희망을 나타낸다.
ㄷ. 국경일이나 국가기념일에 태극기를 문가나 창가에 단다.
ㄹ. 흰색 바탕에 빨강과 파랑의 태극 문양이 중앙에 있고, 모서리에 검은색의 4괘가 있다.

① ㄱ, ㄴ　　　　　　② ㄴ, ㄷ
③ ㄷ, ㄹ　　　　　　④ ㄱ, ㄹ

18 4대 사회 보험에 대한 설명으로 옳은 것을 〈보기〉에서 모두 고른 것은?

• 보기 •
ㄱ. 산업재해보상보험은 모든 사고에 대해 피해를 보상받을 수 있도록 하는 제도이다.
ㄴ. 국민연금은 일정 기간 동안 보험료를 납부하여 목돈이 필요한 경우 찾아 쓸 수 있도록 한 제도이다.
ㄷ. 고용보험은 실직자에게 일정 기간 동안 실업급여를 제공하고, 실직자가 직장을 구할 수 있도록 지원하는 제도이다.
ㄹ. 건강보험은 질병·부상 등으로 발생하는 진료비의 부담을 방지하고, 정기적인 건강검진 서비스를 제공하는 제도이다.

① ㄱ, ㄴ　　　　　　② ㄴ, ㄹ
③ ㄱ, ㄷ　　　　　　④ ㄷ, ㄹ

19 한국의 경제에 대한 설명으로 옳지 <u>않은</u> 것은?

① ASEM, APEC, G20 정상회의 등을 개최하였다.
② 2009년에 개발원조위원회(DAC) 회원국으로 결정되었다.
③ 해외 원조를 받고 있는 나라 중 수출을 가장 많이 한다.
④ 세계 경제 문제 해결을 위해 적극적인 역할을 하고 있다.

20 〈보기〉가 설명하는 의료기관은?

> •보기•
> • 국민의 건강증진을 위해 설치된 공공 의료기관이다.
> • 진료비가 저렴하고 필요한 여러 치료를 받을 수 있다.

① 약국 ② 보건소
③ 동네의원 ④ 대학병원

21 고려의 문화에 대한 설명으로 옳은 것은?

① 고려의 영어 표기가 지금의 한국 영문명인 '코리아'가 되었다.
② 고려는 육로를 통해서만 주변의 여러 나라와 무역을 활발히 하였다.
③ 고려에는 발달된 공예품이 많았지만 다른 나라로 수출되지는 않았다.
④ 고려의 '직지심체요절'은 세계에서 두 번째로 오래된 금속 활자본이다.

22 한국의 교육 제도에 대한 설명으로 옳지 않은 것은?

① 1년을 두 개의 학기로 나누어 운영한다.
② 각 지역 행정복지센터에서 취학 통지서를 받아 초등학교 입학을 준비한다.
③ 초등학교·중학교·고등학교는 의무교육으로 무상으로 교육을 받을 수 있다.
④ 초등학교는 6년, 중학교는 3년, 고등학교는 3년이고, 대학교는 보통 4년 과정이다.

23 한국의 평생교육에 대한 설명으로 옳지 <u>않은</u> 것은?

① 이주민 대상으로는 한국 사회 정착 지원·교육과 취업·직업 교육 등을 한다.
② 평생교육은 국가·시·도 평생교육진흥원, 시·군·구 평생학습관에서만 이루어진다.
③ 나이와 상관없이 배울 수 있는 학교 교육과정 이외의 조직적인 교육활동을 말한다.
④ 평생학습계좌제, 평생학습포털 등으로 평생교육에 드는 비용을 지원받을 수 있다.

24 〈보기〉의 (가), (나)에 들어갈 용어로 적절한 것은?

• 보기 •

한옥에서는 (가)과 (나)을/를 흔히 볼 수 있는데 이는 사계절이 뚜렷한 한국의 기후에 맞춘 것이다. 추운 겨울에는 한국 고유의 난방 장치인 (가)이 있어 방을 따뜻하게 하였고, 더운 여름에는 바람이 잘 통하는 (나)에서 주로 생활하며 더위를 피하기도 하였다.

	(가)	(나)
①	남향	북향
②	솜이나 비단	모시나 삼베
③	온돌	대청마루
④	지붕	초가집

25 〈보기〉가 설명하는 사건은?

• 보기 •

이승만 정권이 장기집권을 위해 선거 결과를 조작하자 국민들은 이에 항의하며 시위를 하였다. 이 과정에서 시위에 참여한 고등학생 김주열 군이 실종되었다가 훼손된 시신으로 발견되자 국민들과 학생들의 시위는 더욱 거세져 전국적으로 확산되었다. 결국 이승만은 국민들의 요구에 대통령 자리에서 물러났다. 이 사건은 민주주의를 향한 국민들의 의지를 보여 주었다는 데 의미가 있다고 평가된다.

① 4·19 혁명
② 6월 민주항쟁
③ 5·16 군사정변
④ 5·18 민주화 운동

26 〈보기〉의 내용에서 찾아볼 수 있는 공통점으로 가장 적절한 것은?

> •보기•
> - 공부나 직장 일로 부모와 떨어져 살게 되더라도 명절이나 부모의 생일이 되면 부모를 찾아뵙는다.
> - 부모가 돌아가신 후에도 부모를 사랑하고 기억하는 마음으로 제사를 지낸다.

① 기념일을 챙기는 것을 중요하게 여긴다.
② 자신이 잘 아는 사람에게만 친절하게 대한다.
③ 이웃과 서로 도우며 살아가는 것을 중요하게 여긴다.
④ 부모를 공경하고 기쁘게 해 드리는 효를 중요하게 여긴다.

27 〈보기〉의 (가), (나)에 해당하는 인물로 옳은 것은?

> •보기•
> (가) 3월 1일 학생의 신분으로 태극기를 흔들며 대한 독립 만세를 외치는 시위를 이끌었다.
> (나) 3·1 운동 이후 대한민국 임시 정부에서 독립운동을 이끌었다.

	(가)	(나)
①	안중근	윤봉길
②	김구	안중근
③	유관순	김구
④	안창호	윤봉길

28 소비자를 보호하는 제도와 기관에 대한 설명으로 옳지 <u>않은</u> 것은?

① 제조물 책임법은 제조업체가 상품에 대한 책임을 지도록 하는 제도이다.
② 의무표시제는 가격과 품질 등 소비자의 이익과 관련된 중요한 정보를 반드시 표기하게 하는 제도이다.
③ 리콜제도는 상품에 문제가 있을 경우 생산자가 소비자에게 이를 알려 주고, 그 상품을 수리·교환해 주는 제도이다.
④ 소비자기본법은 소비자의 기본적인 권리와 책임을 나누고 소비자의 권익을 증진하기 위해 기업과 정부의 역할을 규정한 법이다.

29 〈보기〉의 내용에 해당하는 도시에 대한 설명으로 옳지 <u>않은</u> 것은?

・보 기・
• 국제공항과 항구가 있다.
• 수도권에서 서울 다음으로 큰 도시이다.

① 크고 작은 일부 섬들을 포함하고 있다.
② 2014년에는 아시안 게임을 개최하였다.
③ 서울과 경기도의 남쪽에 자리 잡고 있다.
④ 한국의 대표적인 항구도시로서 무역에서 큰 역할을 한다.

30 고려 시대에 대한 설명으로 옳은 것은?

① 모든 사람이 평등한 평등 사회였다.
② 과거제를 시행하여 인재를 등용하였다.
③ 최승로의 '시무 28조'는 불교를 고려 정치의 중심으로 삼았다.
④ 대부분의 국민들이 불교를 믿었으며, 불교 행사가 점점 더 확대되었다.

31 형법에 대한 설명으로 옳은 것을 〈보기〉에서 모두 고른 것은?

─• 보기 •─
ㄱ. 형법은 분쟁 해결의 기능을 가지고 있다.
ㄴ. 형법에서 규정한 내용을 어기면 범죄를 저지른 것이므로 그에 따른 처벌을 받게 된다.
ㄷ. 형법에는 사람들 사이에 권리의 다툼이 생겼을 때 문제를 해결하는 기준이 제시되어 있다.
ㄹ. 형법에는 한국인으로서 하지 말아야 할 행동과 그러한 행동을 했을 경우 받게 되는 형벌의 내용이 정해져 있다.

① ㄱ, ㄴ
② ㄱ, ㄹ
③ ㄴ, ㄷ
④ ㄴ, ㄹ

32 〈보기〉의 신고 내용을 해결할 수 있는 기관으로 가장 적절한 것은?

─• 보기 •─
• 회사 앞에 횡단보도가 있는데 횡단보도 점자블록이 없습니다. 시각장애인이 착각할 수 있으니 점자블록을 설치해 주시기 바랍니다.
• 인터넷에서 A 가수의 공연 표를 1장에 300만 원에 판매하고 있습니다. 불법 판매를 막을 수 있는 방안을 마련해 주시기 바랍니다.
• 면접 지원자가 면접에서 부적절한 질문을 받지 않도록 적극적인 대응을 취해 주시기 바랍니다.

① 헌법재판소
② 인터넷진흥원
③ 국민권익위원회
④ 국가인권위원회

33 다음 중 피고인에 대한 설명으로 옳은 것은?

① 민법 소송을 제기한 사람
② 범죄의 의심을 받고 있는 사람
③ 수사기관으로부터 수사를 받고 있는 사람
④ 형사 사건에 대해 책임을 져야 하는 사람

34 삼심제도에 대한 설명으로 적절하지 않은 것은?

① 재판의 평등성을 확보할 수 있는 제도이다.
② 국민의 자유와 권리를 최대한 보장하기 위한 제도이다.
③ 한 사건에 대해 세 번의 판결을 받을 수 있는 제도이다.
④ 1심은 지방법원, 2심은 고등법원, 3심은 대법원에서 이루어진다.

35 〈보기〉의 정책을 추진한 정부는?

―• 보기 •―
• 베트남 파병
• 새마을 운동
• 유신 헌법 선포

① 김대중 정부
② 박정희 정부
③ 노태우 정부
④ 김영삼 정부

36 재판상 이혼 사유로 옳지 않은 것은?

① 배우자가 부정한 행위를 저지른 경우
② 부부로서 동거하지 않거나 상대방을 부양하지 않는 경우
③ 자신의 부모가 배우자로부터 매우 부당한 대우를 받은 경우
④ 배우자가 살았는지 죽었는지 1년이 넘도록 알 수 없는 경우

〈여기서부터는 귀화용(심화) 문제입니다.
귀화를 준비하시는 분들은 아래의 문제들을 풀어 주시기 바랍니다.〉

01 〈보기〉에서 4대 사회보험에 속하는 것을 모두 고른 것은?

• 보기 •
ㄱ. 생명보험
ㄴ. 건강보험
ㄷ. 고용보험
ㄹ. 산업재해보상보험

① ㄱ, ㄴ, ㄷ
② ㄱ, ㄴ, ㄹ
③ ㄱ, ㄷ, ㄹ
④ ㄴ, ㄷ, ㄹ

02 〈보기〉에 해당하는 기관에 대한 설명으로 가장 옳은 것은?

• 보기 •
• 헌법을 수호하고 국민의 기본권을 보호한다.
• 국회에서 만든 법률이 헌법에 맞는지 판단한다.

① 국민들의 의사를 반영해 국가 예산안을 심의하고 확정하는 역할을 한다.
② 대통령, 장관, 법관과 같은 고위 공무원을 파면할 때 심판하는 역할을 한다.
③ 사회질서를 유지하고 치안을 관리하며 공공시설 관리, 정책 개발 등을 담당한다.
④ 국정감사로 국가 정치가 잘 운영되고 있는지 파악하고 잘못된 경우 바로잡게 한다.

03 〈보기〉에서 남북통일을 해야 하는 이유로 옳은 것을 모두 고른 것은?

보기

ㄱ. 국토를 효율적으로 이용하여 경제 발전을 이룰 수 있다.
ㄴ. 남북통일을 통한 군사력 강화로 주변 국가까지 영토를 넓힐 수 있다.
ㄷ. 평화적인 분위기 조성을 위한 모든 군사시설의 폐지로 국방비 지출을 줄일 수 있다.
ㄹ. 남과 북으로 나뉜 이산가족과 민족들이 다시 만나 민족적 동질성을 회복할 수 있다.

① ㄱ, ㄴ   ② ㄱ, ㄹ
③ ㄴ, ㄷ   ④ ㄷ, ㄹ

04 형사재판에 대한 설명으로 옳은 것을 〈보기〉에서 모두 고른 것은?

보기

ㄱ. 피고인은 검사를 통해 자신을 보호한다.
ㄴ. 검사는 증거를 모아 재판을 요청하고, 피고인의 유죄를 주장한다.
ㄷ. 형사재판에서 유죄인지 무죄인지를 판단하지만 형을 집행할 수는 없다.
ㄹ. 경찰이나 검찰이 수사를 하고, 검사가 기소를 하면 형사재판이 이루어진다.

① ㄱ, ㄴ   ② ㄱ, ㄷ
③ ㄴ, ㄹ   ④ ㄷ, ㄹ

05 고령화 사회의 원인으로 옳은 것을 〈보기〉에서 모두 고른 것은?

―• 보기 •―
ㄱ. 경제 성장 둔화 ㄴ. 위생 환경의 개선
ㄷ. 보건 기술의 발달 ㄹ. 다문화 사회로의 진입

① ㄱ, ㄴ ② ㄱ, ㄹ
③ ㄴ, ㄷ ④ ㄷ, ㄹ

06 한국의 민주주의 발전 과정에 대한 설명으로 옳지 않은 것은?

① 이승만 정부의 부정 선거를 규탄한 시위가 전국적으로 발생하였다.
② 6월 민주 항쟁 결과 대통령을 국민들이 직접 선출할 수 있게 되었다.
③ 박정희 정부는 국민들의 적극적인 지지를 받아 유신 헌법을 발표하였다.
④ 전두환 등 신군부의 등장에 대항하여 광주에서 민주화 운동이 전개되었다.

07 사망 및 재산 분쟁에 대한 법적 처리 방법으로 옳은 것은?

① 배우자는 직계비속보다 먼저 상속을 받을 수 있다.
② 고인이 남긴 빚을 물려받고 싶지 않다면 상속을 포기할 수 있다.
③ 누군가 사망하면 친족, 통장 등이 사망 장소 근처의 병원에 신고해야 한다.
④ 유언장을 쓸 때 증인이 있다면 법률에서 정한 형식을 갖추지 않아도 괜찮다.

08 〈보기〉의 (가), (나)에 들어갈 내용으로 알맞은 것은?

> **• 보기 •**
>
> 이혼소송 중에 상대방에게 재산분할이나 (가)를 받아야 할 경우 상대방이 마음대로 재산을 처분하지 못하도록 (나) 신청을 할 수 있다.

	(가)	(나)
①	위자료	가압류
②	수수료	개인회생
③	위자료	개인회생
④	수수료	가압류

09 한국의 비정규직 근로자에 대한 설명으로 옳지 않은 것은?

① IMF 이후 비정규직 근로자가 증가하기 시작했다.
② 정규직 근로자와 달리 비정규직 근로자는 고용 기간이 정해져 있다.
③ 비정규직 근로자는 정규직 근로자와 달리 근로계약서를 작성하지 않는다.
④ 비정규직 근로자의 권익을 보호하기 위해 2007년에 비정규직보호법이 시행되었다.

10 〈보기〉의 헌법이 제정된 배경으로 가장 적절한 것은?

> **• 보기 •**
>
> 제67조 제1항 대통령은 국민의 보통・평등・직접・비밀 선거에 의하여 선출한다.
> 제70조 대통령의 임기는 5년으로 하며, 중임할 수 없다.
>
> － 1988년 2월 25일 개정헌법

① 10・26 사태로 독재 정권이 무너졌기 때문이다.
② 촛불집회로 인해 대통령이 탄핵되었기 때문이다.
③ 4・19 혁명이 발생하여 대통령이 하야했기 때문이다.
④ 6월 민주 항쟁 때 시민들의 요구가 수용되었기 때문이다.

작문형

다음 내용을 포함하여 '건강의 중요성'이라는 제목으로 200자 내의 글을 쓰시오.

※ 작문 시험 시간은 10분이며, 답안지에는 제목을 쓰지 말고 본문만 쓰시오.(글자 수 및 평가 항목별로 채점되니 유의하시기 바랍니다.)

- 건강이 중요한 이유는 무엇인가?
- 건강을 지키기 위해 실천할 수 있는 좋은 습관은 무엇인가?
- 좋은 습관을 실천한 후로 어떤 변화가 일어날 수 있는가?

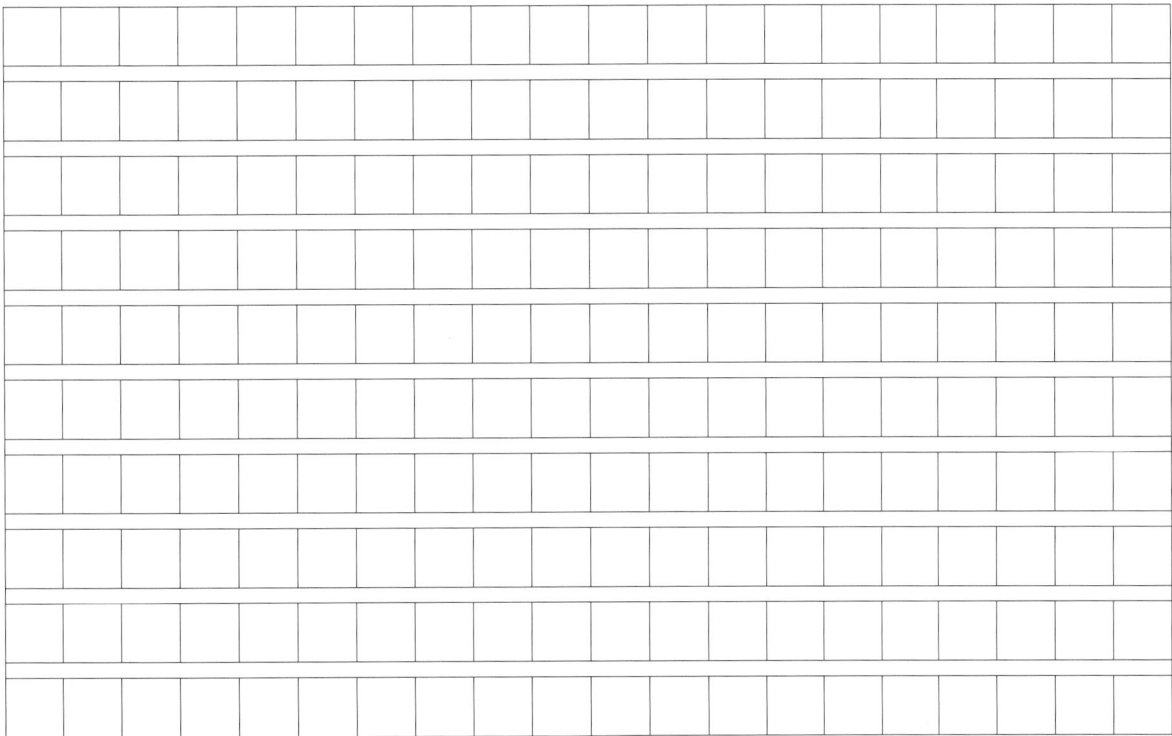

구술시험

시험 시간 10분

※ 실제 시험에서는 수험생에게 지문만 제공되며, 질문 내용은 견본과 비슷한 유형으로 변경될 수 있습니다.

※ [01-02] 다음 글을 읽고 구술감독관의 질문에 답하여 주시기 바랍니다.

> 대한민국을 상징하는 꽃은 '무궁화'이다. 무궁화는 영원히 피고 또 피어서 지지 않는 꽃이라는 의미를 가지고 있다. 청와대의 무궁화 문양, 애국가의 가사, '무궁화 꽃이 피었습니다'와 같은 놀이 등 무궁화는 대한민국 중심에 자리 잡고 있다. 예로부터 한국 사람들은 무궁화를 하늘나라의 꽃이라고 귀하게 생각했으며, 한국을 무궁화의 나라라고 부르기도 했다. 무궁화는 7월 초부터 10월 중순까지 매일 새로운 꽃이 피고 진다. 또 어떠한 환경에서도 잘 자라고, 나쁜 공기에도 강하다는 특징 때문에 근면, 끈기 등을 상징하였다. 그래서 무궁화는 일제강점기에 태극기와 함께 한국 사람들의 강인함과 독립정신을 의미하였다.

01 무궁화는 어떤 의미를 가지고 있습니까?

02 무궁화의 어떤 특징으로 근면과 끈기를 상징하는 꽃이 되었습니까?

03 정부에서는 왜 국민들에게 대중교통 이용을 권장합니까?

04 사회권을 침해당한 사례를 1가지 말해 보세요.

05 _____ 씨 고향과 비교하였을 때 한국의 경제적 자유 수준은 어느 정도인지 말해 보세요.

제2회 실전 모의고사

시험 시간 60분(객관식+작문형) | 정답 및 해설 p.495

필기시험

[01-04] 다음 (　)에 들어갈 가장 알맞은 것을 고르시오.

01 카메라로 촬영한 사진을 컴퓨터에 (　).

① 접속했다　　　　　　② 발급했다
③ 가입했다　　　　　　④ 저장했다

02 매년 매운맛을 강화한 라면이 (　) 있다.

① 맛있고　　　　　　　② 나오고
③ 평가하고　　　　　　④ 진화하고

03 이 집에 이사 온 지도 (　) 5년이 되어 간다.

① 거의　　　　　　　　② 대개
③ 내내　　　　　　　　④ 이따가

04 그 공연은 당일 취소와 환불이 (　).

① 못 간대요　　　　　　② 안 준대요
③ 못 한대요　　　　　　④ 안 된대요

[05-10] 다음 ( )에 들어갈 가장 알맞은 것을 고르시오.

05

가: 저 사람이 정말 외국인이에요?
나: 네, ( ) 한국말을 아주 잘해서 다들 한국 사람인 줄 알아요.

① 외국인처럼
② 외국인치고
③ 외국인조차
④ 외국인대로

06

가: 그 소식 들었어? 이번에 혜진 씨가 과장으로 진급했대.
나: 그래? 나도 혜진 씨처럼 열심히 ( ).

① 해 버렸어
② 할 뻔했어
③ 할 걸 그랬어
④ 할 수밖에 없었어

07

가: 머리 잘랐네요? 정말 잘 어울려요.
나: 네. 처음에는 좀 어색했는데 보면 ( ) 마음에 들어요.

① 볼 겸
② 볼수록
③ 보기가 무섭게
④ 볼 뿐만 아니라

08

가: 괜찮아요? 얼굴이 안 좋아 보여요.
나: 네, 괜찮아요. 머리가 ( ) 조금 전에 약을 먹었어요.

① 아파서
② 아프려면
③ 아프던지
④ 아프느라고

09

> 그는 어머니를 떠나보낸 후 애써 (   ).

① 태연해야 하다
② 태연할 뻔했다
③ 태연한 척했다
④ 태연할 수도 있다

10

> 내일은 광복절이니까 집집마다 태극기를 (   ).

① 달까요
② 달아주세요
③ 달 줄 몰라요
④ 달 것까지는 없어요

[11-12] 다음을 한 문장으로 알맞게 연결한 것을 고르시오.

11

> 집중호우와 폭염이 반복되다 / 과일값이 오르다

① 집중호우와 폭염이 반복되면서 과일값이 오르고 있어요.
② 집중호우와 폭염이 반복되려면 과일값이 오를 뻔했어요.
③ 집중호우와 폭염이 반복되더라도 과일값이 오르는 중이에요.
④ 집중호우와 폭염이 반복되자마자 과일값이 오를 수도 있어요.

12

> 배가 너무 고프다 / 뷔페에 가다 / 이것저것 닥치는 대로 먹다

① 배가 너무 고파서 뷔페에 가느니 이것저것 닥치는 대로 먹었다.
② 배가 너무 고프더라도 뷔페에 가서 이것저것 닥치는 대로 먹었다.
③ 배가 너무 고팠기 때문에 뷔페에 가도 이것저것 닥치는 대로 먹었다.
④ 배가 너무 고픈 나머지 뷔페에 가자마자 이것저것 닥치는 대로 먹었다.

13 다음 ㉠에 들어갈 내용으로 알맞은 것을 고르시오.

> 대표적인 개인형 이동장치(PM, Personal Mobility)인 전동 킥보드는 이제 우리 주변에서 흔히 볼 수 있는 교통수단이 되었다. 이는 (㉠) 안전 의식이 기술 발전의 속도를 따라가지 못하면서 안전사고도 증가하고 있다. 신체가 노출되는 전동 킥보드 특성상 사고 발생 시 운전자의 부상 위험도가 매우 높으며, 특히 머리 부상은 사망 사고로 이어질 수 있다. 따라서 전동 킥보드를 이용할 때는 안전모를 포함한 안전 장비를 착용해야 하며, 2인 이상 탑승 금지 등의 전동 킥보드 교통 법규를 준수해야 한다.

① 크기나 속도, 무게 면에서 자전거와 유사하지만
② 특히 날씨가 포근한 봄에 외출과 야외활동의 증가로
③ 전동 킥보드 이용 시에 면허 소지와 헬멧 등 안전 장비 착용을 의무화하였고
④ 가까운 거리를 쉽게 이동할 수 있다는 장점이 있어 많은 사람이 이용하고 있지만

14 다음 도서관 행사 포스터를 보고 알 수 <u>없는</u> 것을 고르시오.

오선지 위 인문학

- 기간: 8월, 매주 월요일 10:00~12:00
- 대상: 서울시민 30명
- 신청 방법: 전화 및 방문(선착순)
- 비용: 무료
- 기타: 온라인(비대면)과 오프라인 동시 진행

| 1강 | 유럽 귀족은 음악 하인이 있었다 | 3강 | 사랑할 수 있는 한 사랑하라 |
| 2강 | 패트론과 살롱의 스타 작곡가 | 4강 | 재즈와 클래식의 만남 |

미래 중앙 도서관
02-123-4567

① 진행 방법　　　　　　　　② 모집 인원의 수
③ 신청 기간과 비용　　　　　④ 온라인 접속 방법

[15-16] 다음을 읽고 물음에 답하시오.

세계적으로 석유, 석탄, 천연가스의 사용이 늘고 탄소의 발생량도 많아지면서 지구의 온도가 높아지는 온실 효과가 일어나고 있다. 그래서 최근에는 탄소의 발생을 막고 탄소 발생량을 0으로 만들자는 '탄소중립'이 중요한 가치로 떠오르고 있다. 그렇다면 일상에서 개인이 할 수 있는 탄소중립 활동에는 무엇이 있을까? 먼저 자전거나 대중교통을 이용함으로써 차에서 발생하는 탄소량을 줄일 수 있다. 또는 화석 원료를 필요로 하는 전기 에너지를 절약하는 것도 좋은 방법이다. 그러나 무엇보다 중요한 것은 (㉠) 폐기물을 매립하거나 소각하는 과정에서 생기는 탄소량을 낮추는 것이다.

15 위 글의 제목으로 가장 알맞은 것을 고르시오.

① 탄소중립의 필요성과 실천 방법
② 온실가스 감축 활동의 지원 방법
③ 탄소 에너지 발생량이 높아진 이유
④ 탄소중립 생활이 주는 경제적 혜택

16 위 글의 ㉠에 들어갈 내용으로 알맞은 것을 고르시오.

① 무공해차를 대여함으로써
② 쓰레기의 양을 줄임으로써
③ 종이 영수증을 사용함으로써
④ 전자 기기의 화면을 밝힘으로써

[17-36] 다음 물음에 맞는 답을 고르시오.

17 한국의 상징에 대한 설명으로 옳은 것을 〈보기〉에서 모두 고른 것은?

> • 보기 •
> ㄱ. 애국가는 전체 4절로 구성되어 있다.
> ㄴ. 훈민정음의 의미는 '널리 인간을 이롭게 하는 소리'이다.
> ㄷ. 한글 모음은 하늘(·), 땅(ㅡ), 사람(ㅣ)을 결합하여 만들었다.
> ㄹ. 태극기의 건, 곤, 감, 이는 각각 하늘, 땅, 불, 물을 의미한다.

① ㄱ, ㄴ ② ㄱ, ㄷ
③ ㄴ, ㄷ ④ ㄷ, ㄹ

18 한국의 주거 문화에 대한 설명으로 옳은 것을 〈보기〉에서 모두 고른 것은?

> • 보기 •
> ㄱ. 다가구 주택은 단독 주택에 포함되지 않는다.
> ㄴ. 요즘 한국인들은 단독 주택보다 아파트를 선호한다.
> ㄷ. 전세란 매달 집주인에게 돈을 내고 집을 빌리는 것이다.
> ㄹ. 집주인과 계약할 때에는 집주인의 등기부 등본을 확인해야 한다.

① ㄱ, ㄴ ② ㄱ, ㄹ
③ ㄴ, ㄷ ④ ㄴ, ㄹ

19 한국의 시장에 대한 설명으로 옳은 것은?
① 대형 마트에서는 흥정을 할 수 있어 값이 싸다.
② 온라인에서도 직접 물건을 보고 구매할 수 있다.
③ 상설 시장은 정해진 날짜에 열리는 시장을 말한다.
④ 일부 지방이나 아파트 단지에서는 여전히 정기 시장이 열린다.

20 외국인이 한국에서 누릴 수 있는 권리로 옳지 <u>않은</u> 것은?

① 범죄로부터 생명이나 재산을 보호받을 수 있다.
② 한국인과 동일한 정치적 권리를 보장받을 수 있다.
③ 취업한 이후에 적절한 노동 조건을 보장받을 수 있다.
④ 행복한 삶을 추구할 수 있는 권리를 보장받을 수 있다.

21 권리를 보호받을 수 있는 방법에 대한 설명으로 옳지 <u>않은</u> 것은?

① 리콜제도는 소비자의 권익을 보장해준다.
② 국가인권위원회는 인권을 보호하는 기관이다.
③ 경제적으로 어려울 때 법적으로 도움을 받을 수 있다.
④ 소송은 사람들의 권리와 자유를 보장하는 최선의 방법이다.

22 삼국 시대에 대한 설명으로 옳은 것은?

① 고구려는 삼국 통일을 이루었다.
② 고구려 광개토대왕은 영토를 크게 넓혔다.
③ 삼국 중 신라가 가장 먼저 전성기를 맞이했다.
④ 삼국 통일 이후 신라는 오늘날의 전주를 수도로 삼았다.

23 〈보기〉에 제시된 용어를 통해 설명할 수 있는 지역으로 가장 적절한 것은?

> • 보 기 •
> • 낙동강 중심의 벼농사
> • 국내 최대 과일 재배 지역
> • 항만 발달

① 충청 지역　　　　　　② 경상 지역
③ 강원 지역　　　　　　④ 전라 지역

24 〈보기〉의 내용에 해당하는 지역에 대한 설명으로 옳은 것은?

── • 보 기 • ──
• 한국에서 가장 큰 섬이다.
• 한국의 대표적인 관광지이다.

① 바람, 돌, 남자가 많기로 유명하다.
② 2007년에 세계자연유산으로 등재되었다.
③ 화산지형으로 지금도 화산이 활동 중이다.
④ 섬 중앙의 백두산은 남한에서 가장 높은 산이다.

25 〈보기〉의 밑줄 친 '의식'에 대한 설명으로 옳은 것은?

── • 보 기 • ──
• 이 의식은 보통 상견례 후 진행된다.
• 전통적인 방식에 따르면 이 의식에서 신부는 족두리를 쓴다.

① 기간에 따라 삼일장, 오일장, 칠일장 등이 있다.
② 아이가 어른이 되는 것을 기념하여 상투를 튼다.
③ 조상이 자손에게 덕을 준다는 믿음에서 유래했다.
④ 성인 남녀가 법적으로 부부가 되는 것을 기념한다.

26 〈보기〉의 내용에 공통적으로 해당되는 것은?

── • 보 기 • ──
• 음력 1월 1일   • 떡국
• 가장 큰 명절   • 설빔

① 오곡밥과 나물을 먹는다.
② 더위를 파는 풍습이 있다.
③ 집안의 어른께 세배를 올린다.
④ 햇곡식과 햇과일로 차례를 지낸다.

27 한국의 지형에 대한 설명으로 옳지 <u>않은</u> 것은?

① 동저서고의 지형을 띠고 있다.
② 삼면이 바다로 둘러 싸여 있다.
③ 평야는 남쪽과 서쪽 지역에 있다.
④ 설악산과 오대산은 태백산맥에 있다.

28 한국의 출산·보육 지원 제도의 특징으로 옳은 것을 〈보기〉에서 모두 고른 것은?

• 보기 •
ㄱ. 출산 지원금과 출산 축하금이 있다.
ㄴ. 영유아 보육비 지원은 아직 논의 중이다.
ㄷ. 취학 전 자녀가 교육기관에 다니지 않으면 지원되지 않는다.
ㄹ. 출산을 장려하고 양육의 경제적 부담을 줄이는 것이 목적이다.

① ㄱ, ㄴ
② ㄱ, ㄹ
③ ㄴ, ㄷ
④ ㄷ, ㄹ

29 〈보기〉의 내용을 통해 공통적으로 설명할 수 있는 것으로 가장 적절한 것은?

• 보기 •
• 백성들이 농사를 짓는 데 많은 도움을 받았다.
• 장영실이 자격루, 측우기, 혼천의 등을 만들었다.
• 세종대왕이 궁중 연구 기관에 학자들을 등용했다.

① 조선의 신분제
② 조선의 과학기술
③ 조선의 붕당 정치
④ 조선의 유교 사상

30 〈보기〉의 내용에서 찾아볼 수 있는 공통점으로 가장 적절한 것은?

> • 보기 •
> • 법무부의 사회통합프로그램
> • 여성가족부의 다문화가족지원센터

① 이주민을 위한 교육
② 증가하고 있는 평생교육
③ 어린이를 위한 유아교육
④ 한국 국민 모두가 받는 의무교육

31 〈보기〉의 내용과 가장 관계가 깊은 인물은?

> • 보기 •
> • 조선 중기의 예술가로 글 솜씨가 뛰어났다.
> • 한국 화폐에 실린 인물 중 최초의 여성이다.

① 서희   ② 유관순
③ 신사임당   ④ 허난설헌

32 소득세, 부가가치세, 상속세 등 내국세의 부과·감면·징수에 관한 사무를 담당하는 기관은?

① 관세청   ② 국세청
③ 검찰청   ④ 병무청

33 〈보기〉에 해당하는 용어로 알맞은 것은?

> • 보기 •
> 국가나 기업, 은행 등이 국민으로부터 돈을 빌리고 일정 기간 동안 이자를 제공하고 만기에 원금을 갚겠다는 증서이다. 회사에서 발행하는 회사채와 국가에서 발행하는 국채 등이 있다.

① 채권   ② 펀드
③ 주식   ④ 금리

34 아시아인 최초로 유엔(UN) 사무총장으로 취임한 사람은?

① 이종욱 ② 이회성
③ 반기문 ④ 김종양

35 〈보기〉의 정치 참여 주체에 대한 설명을 바르게 연결한 것은?

• 보 기 •
(가) 이해관계를 같이 하는 사람들이 특수한 목적을 실현하기 위해 만든다. 정부와 국회에 직접적인 압력을 행사하고, 해당 분야의 전문 지식을 바탕으로 사회 문제의 해결책을 제시하는 등의 역할을 한다.
(나) 신문, 텔레비전, 인터넷 등 대중 매체를 통해 사회 현상에 대한 시민의 의견이나 정보를 전달하는 역할을 한다.
(다) 사회 문제를 해결하고, 공동체의 가치를 지켜나가기 위해 자발적으로 만든다. 정책 결정 및 집행 과정을 감시하고 비판하며, 정책의 대안을 제시한다.

	(가)	(나)	(다)
①	이익 집단	언론	시민 단체
②	시민 단체	언론	이익 집단
③	언론	이익 집단	시민 단체
④	이익 집단	시민 단체	언론

36 〈보기〉의 내용과 관련 있는 용어는?

• 보 기 •
1993년 / 김영삼 정부 / 차명 또는 익명 계좌 개설 금지

① 금융투자 ② 금융자산
③ 금융실명제 ④ 전자금융거래

〈여기서부터는 귀화용(심화) 문제입니다.
귀화를 준비하시는 분들은 아래의 문제들을 풀어 주시기 바랍니다.〉

01 한국 국민의 4대 의무에 대한 옳은 설명을 〈보기〉에서 모두 고른 것은?

― 보기 ―
ㄱ. 헌법에 따라 모든 국민은 국방에 관한 의무를 지닌다.
ㄴ. 계획경제체제에 따라 모든 국민은 노동할 의무를 지닌다.
ㄷ. 모든 국민은 국가나 공공단체의 유지에 필요한 경비를 부담해야 한다.
ㄹ. 모든 국민은 자신이 보호하는 자녀에게 고등교육을 받게 할 의무가 있다.

① ㄱ, ㄴ
② ㄱ, ㄷ
③ ㄴ, ㄷ
④ ㄷ, ㄹ

02 〈보기〉의 (가), (나)에 해당하는 명칭으로 옳은 것은?

― 보기 ―
(가) 남한에 대한민국 정부가 수립되고, 북한에 공산주의 정권이 수립된 후 북한이 남침한 사건
(나) 2000년 최초 남북정상회담을 통해 만들어진 남북관계 선언

	(가)	(나)
①	6·25 전쟁	7·4 남북 공동 성명
②	정전협정	7·4 남북 공동 성명
③	6·25 전쟁	6·15 남북 공동 선언
④	정전협정	6·15 남북 공동 선언

03 한국의 선거에 대한 설명으로 옳지 <u>않은</u> 것은?

① 선거관리위원회에서 선거법 위반 행위를 단속한다.
② 국가나 지방자치단체가 선거 비용의 일부를 지원한다.
③ 헌법으로 복수 정당제와 정당 활동의 자유를 보장한다.
④ 대통령 중심제로 국회 다수 의석을 차지한 정당이 여당이 된다.

04 한국의 외교와 국제 관계에 대한 설명으로 옳지 <u>않은</u> 것은?

① 한국과 미국은 군사적으로 밀접한 관계를 맺고 있다.
② 한국에서 한·아세안 특별정상회의를 개최한 적이 있다.
③ 한국은 EU와 3대 주요협정을 모두 체결한 두 번째 국가이다.
④ 한국과 중국은 오래전부터 유교, 무역 등을 통해 많은 교류를 해 왔다.

05 〈보기〉에서 죄형법정주의와 관련된 설명으로 옳은 것을 모두 고른 것은?

• 보기 •

ㄱ. 근대형법의 기본원리이다.
ㄴ. 필요하다면 법관은 범죄와 형벌을 자유롭게 결정할 수 있다.
ㄷ. 예외적인 경우에 형법에 규정되지 않은 부분도 처벌할 수 있다.
ㄹ. 범죄와 형벌은 국회에서 제정한 법률에 의해 규정하여야 한다.

① ㄱ, ㄴ ② ㄱ, ㄹ
③ ㄴ, ㄷ ④ ㄷ, ㄹ

06 〈보기〉에서 설명하는 종교는?

• 보기 •

1860년 최제우가 서학에 반대하여 우리 민족의 정신을 세운다는 뜻으로 만든 우리 고유의 종교이다. 이 종교는 '사람이 곧 하늘'이라는 인내천(人乃天) 사상을 담고 있으며, 조선의 신분 제도를 반대하고 인간 평등을 주장하였다.

① 실학 ② 동학
③ 유교 ④ 천주교

07 〈보기〉에서 제시된 용어를 통해 알 수 있는 것은?

• 보기 •

• 긴급복지지원제도
• 국민기초생활보장제도

① 한국 국민이라면 누구나 신청할 수 있다.
② 한국에는 근로 여건을 보장하기 위한 제도가 있다.
③ 한국은 법적으로 임금의 최저 수준을 정하여 근로자를 보호한다.
④ 한국 정부는 빈곤한 생활을 하는 사람도 기초생활을 유지할 수 있게 지원해 준다.

08 〈보기〉의 헌법 조항으로 알 수 있는 한국의 경제체제의 특징이 아닌 것은?

─• 보 기 •─
헌법 제119조
제1항 대한민국의 경제 질서는 개인과 기업의 경제상의 자유와 창의를 존중함을 기본으로 한다.
제2항 국가는 균형 있는 국민 경제의 성장 및 안정과 적정한 소득의 분배를 유지하고, 시장의 지배와 경제력의 남용을 방지하며, 경제 주체 간의 조화를 통한 경제의 민주화를 위하여 경제에 관한 규제와 조정을 할 수 있다.

① 국가가 경제 활동에 대해 계획한다.
② 개인의 자유로운 이익 추구를 인정한다.
③ 개인이나 기업의 소득에 차이가 많이 날 수 있다.
④ 가격으로 해결할 수 없는 문제는 정부가 개입할 수 있다.

09 〈보기〉를 읽고 침해당한 권리는 어떤 권리인지 바르게 고른 것은?

─• 보 기 •─
• 성차별
• 사회적 불평등
• 교육 접근성 부족

① 사회권　　　　　② 참정권
③ 평등권　　　　　④ 자유권

10 〈보기〉의 (가), (나)에 들어갈 내용으로 알맞은 것은?

─• 보 기 •─
• (가)는 거란의 침략에 어떻게 대응했을까요?
• (나)의 외교 담판과 강감찬의 귀주 대첩으로 거란을 물리칠 수 있었어요.

　　　(가)　　　(나)
① 고려　　　서희
② 신라　　　서희
③ 신라　　　장수왕
④ 고려　　　장수왕

작문형

다음 내용을 포함하여 '나의 소비생활'이라는 제목으로 200자 내의 글을 쓰시오.

※ 작문 시험 시간은 10분이며, 답안지에는 제목을 쓰지 말고 본문만 쓰시오.(글자 수 및 평가 항목별로 채점되니 유의하시기 바랍니다.)

- 매달 어디에 생활비를 많이 지출하는가?
- 그중에서 어떤 지출 항목을 줄이고 싶은가?
- 생활비를 절약하기 위해 실천할 수 있는 방법은 무엇인가?

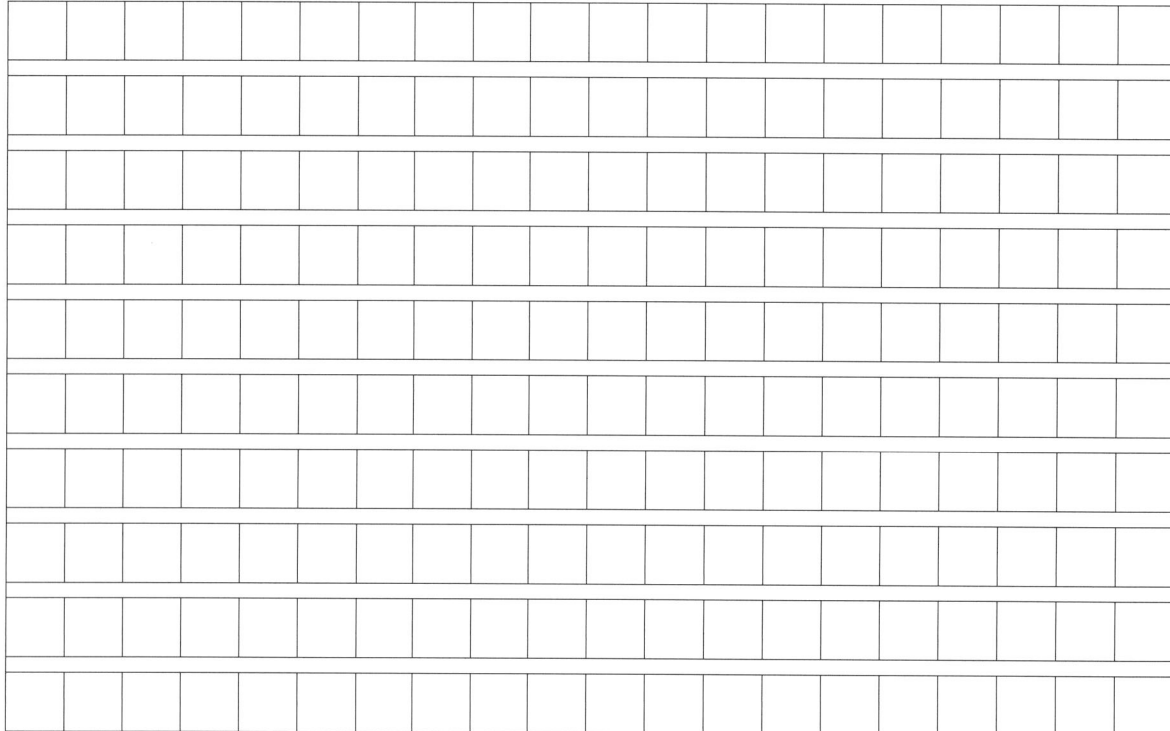

구술시험

시험 시간 10분

※ 실제 시험에서는 수험생에게 지문만 제공되며, 질문 내용은 견본과 비슷한 유형으로 변경될 수 있습니다.

※ [01-02] 다음 글을 읽고 구술감독관의 질문에 답하여 주시기 바랍니다.

> 동호회는 취미나 관심사가 같은 사람들이 모이는 모임이다. 낚시 동호회, 산악 동호회, 봉사 동호회 등 다양한 동호회가 있다. 주로 인터넷을 중심으로 활동하는 동호회가 많은데 이들은 서로 모여 정보를 교환하거나 온라인에서의 모임을 실제 모임으로 연결해 직접 만나기도 하며, 다양한 행사를 열기도 한다.
> 동창회는 학교의 발전과 친목을 목적으로 같은 학교를 나온 사람들이 모이는 모임이다. 초등학교, 중학교, 고등학교, 대학교 동창회가 있으며 체육대회나 개교기념일 등 정기적인 모임을 통해 축제나 행사를 개최한다.

01 동호회와 동창회는 어떤 모임이며, 각 모임의 장점은 무엇입니까?

02 _____ 씨의 고향에서는 어떤 모임이 있습니까?

03 국민의 5대 권리 중 하나를 골라 자세하게 말해 보세요.

04 5 · 18 민주화 운동에 대해 말해 보세요.

05 한국의 물가와 _____ 씨 고향의 물가 수준을 비교하여 말해 보세요.

제3회 실전 모의고사

시험 시간 60분(객관식 + 작문형) | 정답 및 해설 p.506

필기시험

[01-04] 다음 ( )에 들어갈 가장 알맞은 것을 고르시오.

01 오늘은 아버지 생신이어서 아침부터 미역국을 ( ).

① 끓였다 ② 담갔다
③ 부쳤다 ④ 마셨다

02 깨져도 다시 ( ) 수 있는 유리가 개발되었다.

① 보낼 ② 배울
③ 받을 ④ 붙일

03 칼륨은 몸속 노폐물 배출을 도와 혈액을 ( ) 만듭니다.

① 활발하게 ② 깨끗하게
③ 따뜻하게 ④ 재미있게

04 오늘 밤부터 추울지도 ( ) 따뜻하게 입고 가세요.

① 보니까 ② 모르니까
③ 도와주니까 ④ 생각하니까

[05-10] 다음 (　)에 들어갈 가장 알맞은 것을 고르시오.

05

가: 다니엘 씨, 며칠 동안 안 보이던데 어디 다녀왔어요?
나: 네, 오랜만에 고향에 (　) 며칠 더 지내다가 왔어요.

① 간 김에
② 간 다음에
③ 가는 동안
④ 가는 바람에

06

가: 어제 갑자기 약속을 취소해서 미안해요.
나: 아니에요. 몸은 좀 (　)?

① 괜찮았어요
② 괜찮을까요
③ 괜찮으세요
④ 괜찮을 거예요

07

가: 아무리 실력이 (　) 모두 성공하는 것은 아니라고 생각해요.
나: 저도 그렇게 생각해요.

① 좋아도
② 좋으면
③ 좋아하지만
④ 좋아하더니

08

가: 이번 달에 돈을 많이 써서 고민이에요. 소비를 줄이는 방법이 있을까요?
나: 저는 소비를 (　) 중고 물품을 구매해요.

① 줄이면
② 줄일 수밖에
③ 줄이는 바람에
④ 줄이기 위해서

09

배가 부르지만 너무 맛있어서 젓가락질을 (   ).

① 멈췄대요
② 멈출 뻔했어요
③ 멈출 수가 없어요
④ 멈추려던 참이에요

10

이별은 점차 시간이 지나면 (   ).

① 익숙할걸요
② 익숙한 셈이에요
③ 익숙해질 줄 몰랐어요
④ 익숙해지기 마련이에요

[11-12] 다음을 한 문장으로 알맞게 연결한 것을 고르시오.

11

지금까지 발표했던 글을 모으다 / 책을 내다

① 지금까지 발표했던 글을 모으면 책을 낼 뻔했다.
② 지금까지 발표했던 글을 모으지만 책을 내고 있다.
③ 지금까지 발표했던 글을 모아서 책을 내기로 했다.
④ 지금까지 발표했던 글을 모았더니 책을 내면 좋겠다.

12

이 드라마는 인생을 살다 / 자신의 행복을 찾아가다 / 모습을 그리고 있다

① 이 드라마는 인생을 살면서 자신의 행복을 찾아가는 모습을 그리고 있다.
② 이 드라마는 인생을 살려면 자신의 행복을 찾아갈수록 모습을 그리고 있다.
③ 이 드라마는 인생을 살아도 자신의 행복을 찾아가려면 모습을 그리고 있다.
④ 이 드라마는 인생을 살지만 자신의 행복을 찾아가기 위해서 모습을 그리고 있다.

13 다음 ㉠에 들어갈 내용으로 알맞은 것을 고르시오.

> 제로웨이스트(Zero Waste)는 'Zero'와 'Waste'가 합쳐진 단어이다. 말 그대로 쓰레기가 없는 것을 뜻하며, 이는 제품의 포장과 자재를 태우지 않고 다시 사용하는 것을 목표로 한다. 쓰레기를 소각장으로 보내는 것을 줄이고, 재활용하거나 재사용하는 것이다. 이렇게 제로웨이스트를 달성하면 탄소 배출을 낮추어 지구 온난화를 막고, 쓰레기 처리 비용을 줄여 자원도 절약할 수 있다. 다시 말해서 (㉠   ).

① 올바른 분리배출로 쓰레기 배출량을 줄일 수 있는 것이다
② 환경을 보호할 뿐만 아니라 경제적 이익도 얻을 수 있는 것이다
③ 일회용 컵이나 용기 대신 재사용할 수 있는 텀블러를 가지고 다녀야 한다
④ 제로웨이스트는 자연의 순환을 경험하면서 지구를 보호할 수 있는 유일한 방법이다

14 다음 여행 상품 광고에 대한 설명으로 옳은 것을 고르시오.

몽골 대자연을 경험하는 최고의 여행

일정: 울란바토르 → 어기호수 → 카라코룸 → 쳉헤르 → 울란바토르

몽골의 중부 지역을 여행하며 초원, 사막, 호수, 온천 등 몽골의 풍경을 누려 봅시다. 게르 숙박, 노천온천 즐기기, 초원에서 말 타기, 별 보기 등 몽골에서만 할 수 있는 힐링 컨셉의 체험 여행입니다. 몽골을 처음 방문하시는 분, 아이가 있는 가족도 부담 없이 다녀올 수 있습니다.

※ 박물관 관람도 일정에 포함됩니다.
문의: 시대여행사 1577-1234

① 일정 중 박물관도 방문합니다.
② 힐링 컨셉의 2박 3일 일정입니다.
③ 몽골 여행을 많이 다녀보신 분께 추천을 드립니다.
④ 사막에서 낙타 타기, 별 보기 등 체험 위주의 여행입니다.

[15-16] 다음을 읽고 물음에 답하시오.

공공 기관은 사람들의 공적인 이익을 목적으로 하는 국가의 기관을 말한다. 한국의 공공 기관에는 구청과 행정복지센터(주민 센터), 보건소, 소방서 등이 있다. 구청이나 행정복지센터는 행정적인 일들을 처리한다. 예를 들어, 결혼을 하면 구청이나 행정복지센터에 혼인 신고를 하고, 아이가 태어나면 출생 신고를 한다. 또한 이사를 하면 (㉠), 사망 시에는 사망 신고를 한다. 그리고 보건소에서는 사람들의 건강과 관련된 일을 한다. 사람들은 보건소에서 건강검진을 받고, 건강진단서를 받을 수 있으며, 예방 주사도 맞을 수 있다. 소방서에서는 화재가 났을 경우 불을 끄고, 사고가 나면 사람들을 구한다.

15 위 글의 제목으로 가장 알맞은 것을 고르시오.

① 국가의 중요성
② 공공 기관의 역사
③ 한국의 공공 기관
④ 각종 신고 시 주의할 점

16 위 글의 ㉠에 들어갈 내용으로 알맞은 것을 고르시오.

① 전입 신고를 하며
② 이삿짐센터 요청을 하며
③ 잔금의 이체를 요청하며
④ 부동산 중개업자를 요청하며

[17-36] 다음 물음에 맞는 답을 고르시오.

17 한국에서 가족과 친족 간에 부르는 호칭으로 옳은 것을 〈보기〉에서 모두 고른 것은?

> •보기•
> ㄱ. 아이는 엄마의 여동생을 '고모'라고 부른다.
> ㄴ. 아이는 아빠의 남동생을 '삼촌'이라고 부른다.
> ㄷ. 아이는 아빠의 누나를 '이모'라고 부른다.
> ㄹ. 아이는 엄마의 오빠를 '외삼촌'이라고 부른다.

① ㄱ, ㄴ
② ㄱ, ㄷ
③ ㄴ, ㄹ
④ ㄷ, ㄹ

18 재산과 관련된 문제에 대한 설명으로 옳지 <u>않은</u> 것은?

① 돈을 빌려주거나 빌릴 때에는 차용증을 작성하지 않도록 한다.
② 부동산 계약을 할 때 계약서와 등기부 등본 등을 자세히 확인해야 한다.
③ 돈이나 물건을 거래할 때 계약서를 작성해 두면 법의 도움을 받을 때 좋다.
④ 법무사, 변호사 등 법률전문가의 도움을 받으면 안전하게 거래할 수 있다.

19 장례 문화에 대한 설명으로 옳은 것은?

① 빈소에서 나올 때 방명록에 이름을 쓴다.
② 조문이 끝난 뒤에는 빈소 옆에서 식사를 하기도 한다.
③ 장례식장에 갈 때에는 흰색 옷을 입고 가는 것이 예의이다.
④ 유족을 위로하기 위해서 내는 축의금을 흰 봉투에 넣어서 준비한다.

20 한글에 대한 설명으로 옳은 것은?

① 한글은 소리와 자음, 모음으로 이루어져 있다.
② 한글이 만들어지기 전에 쓰던 고유 문자는 사용하기 어려웠다.
③ 백성들이 편하게 문자 생활을 할 수 있도록 세종대왕이 만들었다.
④ 자음자는 하늘, 땅, 사람의 모양을 바탕으로 기본 문자가 만들어졌다.

21 〈보기〉의 내용에 해당하는 인물의 업적에 대한 설명으로 옳은 것은?

─• 보 기 •─
• 조선 시대 천재 시인
• 《홍길동전》 작가의 누이

① 중국과 일본의 지식인들과 문인들에게 격찬을 받는 시를 남겼다.
② 조선 후기 서민들의 생활 모습을 해학적인 풍속화로 묘사하였다.
③ 역사상 가장 훌륭한 왕으로 손꼽히며 백성들을 위해 한글을 만들었다.
④ 전국을 돌아다니며 조사하여 정확한 지리를 담은 대동여지도를 그렸다.

22 한국의 가족 형태에 대한 설명으로 옳은 것은?

① 대가족은 집안의 중요한 일은 가족이 함께 결정한다.
② 독거노인은 자식들과 떨어져 혼자 사는 노인을 말한다.
③ 핵가족은 부모님을 모시고 살며 가족 간의 유대가 깊다.
④ 핵가족은 남편과 아내 모두 일을 해서 돈을 버는 부부이다.

23 집을 구할 때의 확인사항으로 옳은 것은?

① 집을 계약할 때에 등기부 등본은 확인하지 않아도 된다.
② 집을 계약할 때에는 부동산 중개업자와 계약하는 것이 안전하다.
③ 이사를 가기 전에 잔금을 지불하고 이사를 간 뒤에 집 열쇠를 받는다.
④ 이사를 했다면 행정복지센터에 방문하여 전입 신고를 하고 확정 일자를 받아야 한다.

24 〈보기〉의 내용에 해당하는 나라에 대한 설명으로 옳은 것은?

───• 보 기 •───
- 한국 역사에서 처음으로 등장한 나라
- 청동기 문화를 바탕으로 하는 나라

① 기원전 2333년에 환웅이 세운 나라이다.
② 만주 지방과 한반도 북쪽을 중심으로 한다.
③ ≪삼국사기≫에 건국 신화가 전해져 내려오고 있다.
④ 6조법으로 보아 아주 엄격한 사회였음을 짐작할 수 있다.

25 한국의 교육과정에 대한 설명으로 옳지 않은 것은?

① 고등학교 과정은 3년으로 의무교육이며 무상교육이다.
② 중학교 과정은 3년으로, 집에서 가까운 학교로 배정받는다.
③ 초등학교 과정은 6년으로, 만 6세부터 초등학교에 다닐 수 있다.
④ 6-3-3-4학제이며, 초등학교, 중학교, 고등학교, 대학교로 구성되어 있다.

26 〈보기〉의 내용에서 찾아볼 수 있는 공통점으로 가장 적절한 것은?

───• 보 기 •───
- 결혼식, 장례식, 제사, 생일잔치 등과 같은 날
- 일생에서 특별히 기억해야 하는 매우 중요한 순간

① 함께 기뻐하거나 슬퍼하면서 서로 돕는 의례문화
② 축의금을 주고받으며 서로의 감정을 공유하는 혼례문화
③ 조상을 추모하며 좀 더 행복한 가정이 되길 기원하는 제례문화
④ 죽은 사람에 대한 예를 갖추어 땅에 묻거나 화장을 하는 장례문화

27 한국의 문화에 대한 설명으로 옳은 것은?

① 한류의 인기는 2000년대 말 유럽을 중심으로 시작되었다.
② 한국의 청소년들이 가장 즐겨 듣는 음악 장르는 트로트이다.
③ 프로야구와 프로축구는 한국인들이 좋아하는 대중 스포츠이다.
④ 한국은 과거와 달리 외국의 대중문화를 거의 수용하지 않고 있다.

28 한국의 종교에 대한 설명으로 옳은 것은?

① 가톨릭은 한국에서 만들어진 고유의 종교이다.
② 불교는 한국에서 만들어진 가장 오래된 종교이다.
③ 유교는 조선 시대의 국가 통치 이념으로 채택되었다.
④ 조선 후기에 전파된 기독교는 천주교와 천도교로 구분되었다.

29 〈보기〉에서 설명하는 명절에 해당하는 것은?

> • 보기 •
> • 1년 중에서 밤이 가장 길고 낮이 가장 짧은 날이다.
> • 팥죽을 먹으며, 팥죽의 붉은색이 집에 있는 나쁜 것을 쫓아낸다고 믿는다.

① 동지　　　　　　　　② 추석
③ 설날　　　　　　　　④ 정월 대보름

30 〈보기〉의 설명에 해당하는 것은?

> • 보기 •
> • 민주주의 국가에서 가장 기본적인 정치 참여 방법이다.
> • 다수결의 원리를 기본으로 하여 국민들의 뜻에 따르는 것이다.

① 선거　　　　　　　　② 시위
③ 주민등록　　　　　　④ 외국인등록

31 한국의 경제 발전에 대한 옳은 설명을 〈보기〉에서 모두 고른 것은?

―• 보기 •―
ㄱ. 한국은 중화학공업부터 시작하여 경공업의 발전을 이루었다.
ㄴ. 한국과 무역을 많이 하는 나라는 중국, 미국, 일본 등이 있다.
ㄷ. 가난을 이겨 내고 잘 살아보겠다는 한국인의 의지와 노력이 있었다.
ㄹ. 한국의 산업 구조는 제조업과 서비스업이 주축을 이루고 있는 개발도상국형 구조이다.

① ㄱ, ㄴ
② ㄱ, ㄹ
③ ㄴ, ㄷ
④ ㄷ, ㄹ

32 신고에 대한 설명으로 옳지 <u>않은</u> 것은?

① 미성년자가 결혼하려면 부모 또는 법적인 보호자의 동의가 필요하다.
② 사망 신고는 사망 사실을 안 날부터 한 달 이내에 신고를 해야 한다.
③ 기한 내에 출생 신고를 하지 않을 경우 최대 5만 원의 과태료가 부과된다.
④ 이사한 날로부터 10일 이내에 새로운 거주지의 행정복지센터에 방문하여 전입 신고를 해야 한다.

33 〈보기〉의 사례에 대한 조언으로 가장 적절한 것은?

―• 보기 •―
회사 사정이 어려워져서 3년 동안 다닌 직장을 그만두게 되었어요. 요즘 새 직장을 알아보고 있는데 취직할 때까지 생계를 유지할 수 있는 방법이 있을까요?

① 노동조합에 가입하세요.
② 최저임금제를 적용하세요.
③ 고용보험을 통해 실업급여를 신청하세요.
④ 산업재해보상보험을 통해 피해를 보상해 달라고 요청하세요.

34 밑줄 친 '이것'에 대한 설명으로 옳지 않은 것은?

> • 보기 •
>
> 이것은 정치적인 의견이나 주장이 같은 사람들이 모여 정치적 이상을 실현하기 위해 만든 단체이다. 여론을 만들고 정책과 공약을 개발하여 유권자와 공직자를 연결하는 중요한 역할을 한다. 대통령 중심제인 한국의 경우, 대통령을 배출한 이것이 여당이 되고, 그렇지 않은 이것이 야당이 된다.

① 국회에 국민의 의견을 전달한다.
② 가입을 해야만 선거 후보자로 등록할 수 있다.
③ 국민들이 정치에 관심을 가지도록 만드는 역할을 한다.
④ 국회의원과 정치인뿐만 아니라 일반 국민도 가입할 수 있다.

35 한국의 법 집행에 대한 설명으로 옳지 않은 것은?

① 법 집행기관에는 경찰과 검찰이 있다.
② 범법 행위를 하면 형사재판을 받는다.
③ 학교폭력은 경범죄처벌법에 따라 처벌한다.
④ 한 사건에 대해 총 세 번의 심판을 받을 수 있다.

36 4대 사회보험에 대한 설명으로 옳은 것은?

① 근로자가 업무상 재해를 입었을 때 국가에서 보상을 해 준다.
② 사회보험으로 근로자의 직업 능력 개발 향상을 기대할 수 있다.
③ 생활이 어려운 계층이 기본적인 생활을 유지할 수 있도록 도와준다.
④ 갑자기 어려운 상황에 처해 생계유지가 힘들 때 실질적인 도움을 받을 수 있다.

〈여기서부터는 귀화용(심화) 문제입니다.
귀화를 준비하시는 분들은 아래의 문제들을 풀어 주시기 바랍니다.〉

01 자유권에 대한 설명으로 옳은 것은?

① 국가에 대하여 일정한 요구를 할 수 있는 권리
② 국가 권력에 의해 개인의 자유가 함부로 제한받지 않을 권리
③ 인간다운 생활에 필요한 최소한의 수준을 보장받을 수 있는 권리
④ 성별, 종류, 인종, 직업 등 어떠한 이유로도 부당하게 차별받지 않을 권리

02 〈보기〉의 (가), (나)에 들어갈 용어로 적절한 것은?

— 보 기 —

전 국민이 평소 보험료를 내고 그 대가를 지급받는 (가)와/과는 달리 (나)는 생계가 어려운 국민을 국가가 전적으로 지원함으로써 최저생활을 보장해 주는 제도이다.

	(가)	(나)
①	생계급여	공공부조
②	생계급여	실업급여
③	사회보험	공공부조
④	사회보험	실업급여

03 〈보기〉의 설명과 관련 있는 자산 관리 방법은?

― 보기 ―
- 회사의 주주가 되어 배당금을 받는다.
- 이익이 클 수 있으나 위험 부담도 크다.

① 예금 ② 채권
③ 주식 ④ 부동산

04 한국에서는 형사 절차를 진행할 때 피의자나 피고인의 인권이 침해되는 것을 막기 위해 여러 권리를 보장한다. 〈보기〉에서 알 수 있는 권리는?

― 보기 ―
김철수 씨는 지난 5일 사기 혐의로 구속됐다. 김철수 씨가 경제적으로 어려워 변호인을 구할 수 없자 법원에서는 국선 변호사를 구해 주었다. 국선 변호사는 나라에서 수임료를 받고, 김철수 씨를 위하여 변호하였다.

① 고문의 금지
② 적법 절차의 원칙
③ 무죄 추정의 원칙
④ 변호인의 도움을 받을 권리

05 시장경제체제가 잘 작동하도록 돕는 기업의 역할로 옳지 않은 것은?

① 기업은 재화와 서비스의 공급자로서 생산 활동의 주체이다.
② 국민에게 필요한 상품이나 서비스를 유통하여 이윤을 얻는다.
③ 기업은 경제적 약자들이 소외되지 않도록 복지 정책을 펼친다.
④ 생산 요소의 수요자에게 노동을 공급받고 그 대가 소득을 제공한다.

06 이혼에 대한 설명으로 옳지 않은 것은?

① 혼인 전 취득한 개인 재산은 법원에 재산 분할을 청구할 수 있다.
② 이혼 의사가 있는 부부는 이혼 전까지 일정한 숙려 기간을 거쳐야 한다.
③ 이혼을 하려는 부부는 가정법원에 협의 이혼 의사 확인 신청을 하여야 한다.
④ 이혼하는 부모는 양육을 맡지 않은 측의 자녀 면접 교섭에 관하여 협의해야 한다.

07 〈보기〉의 (　)에 들어갈 용어로 옳은 것은?

> • 보 기 •
> 　한 설문 조사에 따르면 노동자와 사용자 간 분쟁이 발생했을 때 노사 모두 파업이나 소송보다는 협상·조정·중재를 선호하는 것으로 나타났다. 좀 더 구체적으로 살펴보자면, 노사 분쟁을 해결하는 효율적인 방법으로는 '당사자들의 자율적 해결(44.2%)'과 '노동위원회를 통한 해결(40.1%)'이라고 생각하는 사람이 많았다. 특히 노동위원회를 경험해 본 사람 중 91%는 "(　　　)을/를 이용할 의향이 있다."라고 답했다.

① 단체교섭
② 노사 갈등
③ 노동쟁의조정제도
④ 대안적 분쟁 해결 제도

08 환율이 하락하면 수출과 수입에 미치는 영향은?

① 해외에서 한국 물건이 더 잘 팔린다.
② 한국으로 들어오는 물건의 양이 감소한다.
③ 원화의 가치도 함께 하락하여 외국 물건의 가격이 떨어진다.
④ 한국 상품의 가격이 상대적으로 높아져서 해외 수출이 감소한다.

09 공정거래위원회에 대한 설명으로 옳은 것은?

① 중소기업의 활동을 지원한다.
② 경제력이 한쪽에 집중되는 것을 억제한다.
③ 소비자들의 권리를 지키기 위한 활동을 한다.
④ 시장에서 자유로운 경쟁을 촉진하는 기능을 한다.

10 〈보기〉의 ㉠에 들어갈 내용으로 알맞은 것은?

> • 보 기 •
>
> 1970년대 한국은 경제개발계획에 따라 철강, 선박, 자동차 등의 제품을 생산하는 (㉠)을 육성하였다.

① 관광산업
② 의류산업
③ 중화학공업
④ 생명공학 산업

작문형

다음 내용을 포함하여 '한국에서 경험한 문화생활'이라는 제목으로 200자 내의 글을 쓰시오.

※ 작문 시험 시간은 10분이며, 답안지에는 제목을 쓰지 말고 본문만 쓰시오.(글자 수 및 평가 항목별로 채점되니 유의하시기 바랍니다.)

- 어떤 문화생활을 경험한 적이 있는가?
- 그 문화생활을 선택한 이유는 무엇인가?
- 경험한 문화생활이 나에게 어떤 도움이 되었는가?

구술시험

시험 시간 10분

※ 실제 시험에서는 수험생에게 지문만 제공되며, 질문 내용은 견본과 비슷한 유형으로 변경될 수 있습니다.

※ [01-02] 다음 글을 읽고 구술감독관의 질문에 답하여 주시기 바랍니다.

> 비정규직이란 사용자와 근로자가 일정 기간 동안 근로관계를 맺는 고용 형태를 말한다. 비정규직 제도는 노동의 효율적 이용과 생산성 향상을 목적으로 사용자에게 비용절감과 채용의 유연성을 제공해 주고, 근로자에게는 스케줄, 기술 수준 등에 따라 근로할 수 있게 해 준다. 그러나 한국의 비정규직은 IMF 경제위기 이후 발생한 실업문제 및 고용불안과 맞물려 정규직에 비해 열악한 대우, 불안정한 고용 환경 등 불평등의 상징이 되었고, 사회에서 이와 관련된 여러 가지 문제가 발생하고 있다. 이러한 비정규직 문제의 합리적인 해결을 위해서는 임금불평등의 개선, 다양한 기업복지프로그램 개발, 공공 산업복지의 확대, 정규직과 차별하지 않는 환경조성 등의 정책을 적극적으로 시행하려는 정부의 노력이 필요하다.

01 비정규직이란 무엇이며, 이것과 관련하여 한국 사회에서 자주 발생하는 문제는 무엇입니까?

02 비정규직 문제의 합리적인 해결을 위해서는 어떤 정책들이 필요합니까?

03 한국에서 보장하고 있는 노동삼권이란 무엇입니까?

04 납세의 의무란 무엇이며 이를 왜 이행해야 합니까?

05 청년 실업이 지속되면 어떤 문제가 생깁니까?

제4편
정답 및 해설

제1회 정답 및 해설
제2회 정답 및 해설
제3회 정답 및 해설

YouTube 접속 ➔ 사회통합프로그램 study 채널 검색 ➔ 구독
➔ [종합평가 한 권으로 끝내기] 재생 목록 click!

제1회 정답 및 해설

※ 작문형과 구술시험은 별도 표기하였습니다.

객관식 (01~36번)

01	02	03	04	05	06	07	08	09	10
②	③	④	③	②	②	④	④	④	①
11	12	13	14	15	16	17	18	19	20
②	①	④	④	②	④	③	④	③	②
21	22	23	24	25	26	27	28	29	30
①	③	②	③	①	④	③	②	③	②
31	32	33	34	35	36				
④	③	④	①	②	④				

귀화용 (01~10번)

01	02	03	04	05	06	07	08	09	10
④	②	②	③	③	③	②	①	③	④

※ ( ) 안에 있는 어휘는 동사 또는 형용사의 기본형입니다. 학습에 참고하시기 바랍니다.

객관식

01 요즘은 실수를 자주 하지 않는다는 의미이므로 '빈틈이 없이 작은 일에도 신경을 쓴다'라는 뜻을 지닌 '꼼꼼해졌다(꼼꼼하다)'가 가장 알맞은 단어이다.
① 급해졌다(급하다): 참고 견디는 것을 잘 못하다.
③ 활발해졌다(활발하다): 생기가 있고 힘차다.
④ 무뚝뚝해졌다(무뚝뚝하다): 말, 행동, 표정 등이 부드럽거나 상냥하지 않다.

02 예의는 공손한 말투나 바른 행동같이 사회생활을 하면서 당연히 지켜야 할 자세이므로 '다른 사람과 일정한 관계를 유지하며 생활하거나 살아가다'라는 뜻을 지닌 '지내려면(지내다)'이 가장 알맞은 단어이다.
① 겁내려면(겁내다): 무서워하거나 두려워하는 마음을 나타내다.
② 보내려면(보내다): 사람이나 물건 등을 다른 곳으로 가게 하다.
④ 해내려면(해내다): 맡은 일이나 닥친 일을 잘 처리하다.

03 안경이 보이지 않아서 여기저기 살피는 것이므로 '현재 없는 것을 얻으려고 살피다'라는 뜻을 지닌 '찾아도(찾다)'가 가장 알맞은 단어이다.
① 가져도(가지다): 무엇을 손에 쥐거나 몸에 지니다.
② 얻어도(얻다): 특별한 노력이나 대가 없이 받아 가지다.
③ 잃어도(잃다): 가지고 있던 물건이 자신도 모르게 없어져 더 이상 가지지 못하게 되다.

04 신문은 기사를 실은 종이이므로 '글을 보고 뜻을 알다'라는 뜻을 지닌 '읽는(읽다)'이 가장 알맞은 단어이다.
① 듣는(듣다): 귀로 소리를 알아차리다.
② 쓰는(쓰다): 연필이나 펜과 같은 필기도구로 종이 등에 획을 그어서 일정한 글자를 적다.
④ 말하는(말하다): 어떤 사실이나 자신의 생각 또는 느낌을 말로 나타내다.

05 강한 확신을 가지고 추측하여 뒤의 내용을 제시해야 하므로 '동사/형용사 + -(으)ㄹ 텐데'를 사용한 '그칠 텐데'가 가장 알맞다.
① 동사 + -(으)려면: 앞의 내용이 일어나기 위해서 뒤의 내용을 필요로 할 때 쓴다.
예 버스를 <u>타려면</u> 버스 정류장에 가야 해요.
③ 동사 + -느라고: 앞의 내용이 뒤에 오는 내용의 원인이나 목적일 때 쓴다. 뒤의 내용은 부정적인 뜻이 온다.
예 늦잠을 <u>자느라고</u> 지각을 했어요.
④ 동사 + -자마자: 앞의 내용이 일어난 다음 곧바로 뒤의 내용이 일어남을 나타낼 때 쓴다.
예 정류장에 <u>도착하자마자</u> 버스가 도착했어요.

06 그럴듯하게 꾸미는 태도나 행동을 나타내야 하므로 '동사/형용사 + -(으)ㄴ/는 척하다'를 사용한 '못 가는 척해요'가 가장 알맞다.
① 동사/형용사 + -아/어요: 어떤 사실이나 감정을 나타낼 때 쓴다.
예 그 학생은 키가 아주 <u>커요</u>.
③ 동사/형용사 + -(으)ㄹ 뻔하다: 어떤 일이 실제로 일어나지는 않았지만 그럴 가능성이 매우 높았음을 나타낼 때 쓴다.
예 하마터면 큰 불이 <u>날 뻔했어요</u>.
④ 동사/형용사 + -(으)ㄹ 수 있다: 어떤 일이 가능하거나 일어날 가능성이 있음을 나타낼 때 쓴다.
예 이러다가는 정말 큰 사고가 <u>날 수 있어요</u>.

07 어떤 일의 의도나 목적을 나타내야 하므로 '동사 + -기 위해서'를 사용한 '사기 위해서'가 가장 알맞다.
① 동사/형용사 + -(으)ㄹ까 봐: 어떤 행위가 발생하는 것 또는 어떤 상황이 될 것을 염려할 때 쓴다.
　예 서류를 놓고 왔<u>을까 봐</u> 걱정했어요.
② 동사/형용사 + -(으)ㄴ/는 데다가: 앞의 내용에 뒤의 내용이 덧붙어서 일어남을 나타낼 때 쓴다.
　예 오늘은 기온이 <u>낮은 데다가</u> 비까지 내려서 몹시 추워요.
③ 동사/형용사 + -(으)ㄹ 정도로: 어떤 일이 일어날 만한 수준임을 나타낼 때 쓴다.
　예 그 음식은 도저히 삼킬 수 <u>없을 정도로</u> 맛이 없었어요.

08 앞의 내용이 뒤에 오는 내용의 부정적인 원인이 되어야 하므로 '동사 + -는 바람에'를 사용한 '나는 바람에'가 가장 알맞다.
① 동사/형용사 + -아/어도: 가정이나 사실이 뒤 내용에서 어긋날 때 쓴다.
　예 저는 밤에 일찍 <u>자도</u> 아침에 늦게 일어나요.
② 동사 + -도록: 앞의 내용이 뒤에 오는 내용의 목적이 될 때 쓴다.
　예 잊지 <u>않도록</u> 꼭 메모해 두세요.
③ 동사 + -는 동안: 어떤 행위나 상황이 어느 한때로부터 다른 때까지 지속되는 시간을 나타낼 때 쓴다.
　예 제가 공부하고 <u>있는 동안</u> 그분이 커피를 사오셨어요.

09 다른 방법이나 대안 없이 부모님 대신 내가 동생을 돌봐야 하므로 '동사/형용사 + -(으)ㄹ 수밖에 없다'를 사용한 '동생을 돌볼 수밖에 없어요'가 가장 알맞다.
① 동사/형용사 + -지 못하다: 어떤 것을 하려는 의도는 있으나 이루어지지 않을 때 쓴다.
② 동사/형용사 + -(으)ㄴ 적이 있다: 경험이 있음을 나타낼 때 쓴다.
③ 동사/형용사 + -기 때문이다: 어떤 일의 까닭을 나타낼 때 쓴다.

10 내가 편지를 찢어서 태우는 행동이 이미 끝났음을 나타내야 하므로 '동사 + -아/어 버리다'를 사용한 '편지를 찢어서 태워 버렸다'가 가장 알맞다.
② 동사 + -자고 하다: 다른 사람에게 무언가 권유할 때 쓴다.
③ 동사 + -(으)ㄹ 걸 그랬다: 지난 행동을 후회하며, 하지 않은 일을 가정할 때 쓴다.
④ 동사/형용사 + -기 때문이다: 어떤 일의 까닭을 나타낼 때 쓴다.

11 기차를 놓칠 것 같아서 걱정하며 역까지 뛰어간다고 이어져야 자연스럽다. 그러므로 그러한 행위가 발생하는 것을 또는 그러한 상황이 될 것을 염려함을 나타내는 '동사/형용사 + -(으)ㄹ까 봐'를 써서 '기차를 놓칠까 봐 역까지 허겁지겁 뛰어갔다.'가 가장 알맞다.
① 동사/형용사 + -(으)ㄴ/는 덕에: 앞의 내용이 뒤에 오는 내용의 원인이나 이유가 될 때 쓴다. 주로 긍정적인 의미를 나타낼 때 쓴다.
③ 동사/형용사 + -(으)나 마나: 어떤 일이 일어나거나 일어나지 않거나 관계없을 정도로 뻔함을 나타낼 때 쓴다.
④ 동사/형용사 + -(으)ㄴ/는 데다가: 앞의 내용에 뒤의 내용이 덧붙어서 일어남을 나타낼 때 쓴다.

12 SNS를 하는 목적이 가족에게 소식을 전하고 친구들에게 연락하는 것이라고 이어져야 자연스럽다. 그러므로 앞에 나오는 여러 목적을 위해 뒤의 행동이 일어남을 나타내는 '동사 + -(으)ㄹ 겸'을 써서 '가족에게 소식을 전할 겸 친구들과 연락할 겸 SNS를 한다.'가 가장 알맞다.
② 동사 + -느라고: 앞의 내용이 뒤에 오는 내용의 원인이나 목적임을 나타낼 때 쓴다.
동사 + -고: 앞의 내용과 뒤의 내용이 차례대로 일어남을 나타낼 때 쓴다.
동사/형용사 + -(으)세요: 설명, 의문, 명령, 요청의 뜻을 나타낼 때 쓴다.
③ 동사/형용사 + -(으)면서: 두 가지 이상의 상태나 일이 동시에 일어남을 나타낼 때 쓴다.
④ 동사 + -자마자: 앞의 내용이 일어난 뒤 곧바로 뒤의 내용이 일어남을 나타낼 때 쓴다.
동사/형용사 + -(으)ㄹ 것이다: 추측이나 의지를 나타낼 때 쓴다.

13 개성 있는 옷차림은 경기가 좋을 때만 좋은 평가를 받을 수 있기 때문에 가능하다면 격식 있고 단정한 옷차림으로 면접을 보는 것이 좋다는 내용이다. 그러므로 ④가 가장 알맞다.

14 이 빌라의 총 층수는 알 수 없으며, 냉방 시설이 있다고 했으므로 이미 에어컨이 설치되어 있을 것이다. 그리고 이 빌라는 작년에 수리(리모델링)를 완료하였다. 그러므로 ④가 가장 알맞다.

15 화재 시 화재 상황을 주변에 알려야 한다는 것과 불을 끄거나 대피하는 방법, 119에 신고해야 한다는 것을 설명하고 있으므로 '화재 시 대처 방법'이 제목으로 가장 알맞다.
* 경량 칸막이: 화재 시 출입구나 계단으로 대피하기 어려운 경우 옆집으로 피할 수 있도록 여성이나 아이들도 부술 수 있게 만든 약한 벽
* 완강기: 화재 시 몸에 밧줄을 매고 높은 층에서 땅으로 천천히 내려올 수 있게 만든 비상용 기구

16 ㉠을 이유로 미리 대처 방법을 확인해 두는 것이 중요하다고 하면서, 화재 시 대처 방법을 설명하고 있으므로 '화재 사고는 예상치 못한 순간에 발생하기 때문에 막상 겪게 되면 당황하기 쉽습니다.'가 들어가는 것이 가장 알맞다.

17 ㄱ. 흰색 바탕은 밝음과 순수를 의미한다.
ㄴ. 4괘는 각각 하늘(건), 땅(곤), 물(감), 불(이)을 의미한다.

18 ㄱ. 산업재해보상보험은 업무 중 사고를 당했을 때 이에 대한 피해를 보상받을 수 있도록 하는 제도이다.
ㄴ. 국민연금은 소득이 있을 때 보험료를 납부하여 은퇴 이후 소득활동이 끊겼을 때 일정한 소득을 보장하는 제도이다.

19 한국은 2009년에 개발원조위원회(DAC) 회원국으로 결정되어 2010년부터 정식으로 활동하였으며, 해외 원조를 받던 나라에서 해외 원조를 하는 나라로 바뀐 최초의 국가이다.

20 보건소는 국민의 건강증진을 위해 각 시·군·구에 설치된 공공 의료기관으로, 진료비가 저렴하고 여러 가지 필요한 치료를 받을 수 있다.
① 약국: 몸이 아플 때 병원에서 진료를 받은 뒤, 병원에서 처방받은 약을 구입하거나 처방전 없이 살 수 있는 약에 한하여 약사에게 증상을 말한 뒤 구입할 수 있다.
③ 동네의원: 가벼운 질병이나 증상이 있을 때 갈 수 있는, 동네에 있는 가까운 병원이다.
④ 대학병원(종합병원): 치료가 어렵거나 정밀한 검진 및 진단이 필요한 경우에 대학병원에서 진료 및 치료를 받을 수 있다. 동네의원에서 진료 의뢰서를 받으면 더 쉽게 대학병원에서 진료를 받을 수 있다.

21 ② 고려는 바닷길을 통하여 중국, 일본, 아라비아 등 여러 나라와 무역을 했다.
③ 고려는 고려청자와 같은 공예품이 발달했으며, 이 공예품들은 다른 나라로 많이 수출되었다.
④ 고려의 '직지심체요절'은 독일의 구텐베르크가 발명한 활자보다 78년이나 앞선, 세계에서 가장 오래된 금속 활자본이다.

22 고등학교는 의무교육이 아니다.

23 평생교육은 국가·시·도 평생교육진흥원, 시·군·구 평생학습관, 대학 평생교육원, 지역 구민회관 등의 기관뿐만 아니라 백화점·대형 마트의 문화센터, 사이버대학교·원격평생교육원에서도 이루어진다.

24 한옥은 한국의 전통적인 집이다. 겨울에는 온돌로 방을 따뜻하게 했고, 여름에는 바람이 잘 통하는 대청마루에서 생활하며 더위를 피했다.

25 ② 6월 민주항쟁(6월 항쟁): 1987년 6월에 일어난 국민들의 민주항쟁이다. 1980년에 있었던 5·18 민주화 운동에 대해 진실을 밝힐 것과 대통령 직선제를 요구하며 전국에서 민주화 시위가 일어났다. 결국 노태우는 전두환 정부와의 합의 아래 대통령 직접 선거와 국민의 기본권 보장을 내용으로 하는 6·29 민주화 선언을 발표했다.
③ 5·16 군사정변: 4·19 혁명 이후 1961년 5월 16일, 박정희 등 일부 군인들이 무력으로 정권을 장악했다.
④ 5·18 민주화 운동: 1980년 5월 18일, 전두환을 중심으로 한 새로운 군인들의 정치 집권에 항의하며 민주 정부 수립을 요구하는 시위가 일어났다. 이 사건은 대한민국 민주주의 발전에 결정적인 계기가 되었고, 광주뿐만 아니라 대한민국의 모든 국민이 민주정부 수립 의지를 나타냈다. 또한 아시아 등지에서 일어난 여러 민주화 운동에도 영향을 주었다고 평가되는 사건이다.

26 한국에서는 부모를 공경하는 효를 중요시한다. 그래서 언제든 부모님을 기쁘게 해 드리고 챙겨 드리려고 노력한다. 명절이나 생신 때 부모님을 찾아뵙거나 제사를 지내는 것도 효에서 시작되었다.

27 한국의 위인들
• 안중근: 1909년 만주 하얼빈 역에서 조선 침략의 주범이었던 이토 히로부미를 사살했다.
• 안창호: 민족의 실력을 기르기 위한 교육 활동과 한국의 주권을 되찾기 위한 독립운동을 이끌었으며, 신민회와 대성학교, 흥사단 등을 세웠다.
• 김구: 일제 강점기에는 주로 대한민국 임시 정부에서 활동했으며, 8·15 광복 후에는 자주적인 통일 정부를 세우기 위해 노력했다.
• 유관순: 1919년에 3·1 운동이 일어나자 학생의 신분으로 만세 시위를 주도했다.
• 윤봉길: 1932년 상하이 훙커우 공원에서 일왕의 생일과 전쟁 승리를 기념하는 행사장에 폭탄을 던져 일제에게 피해를 입혔다.

28 의무표시제는 원산지, 유통 기한, 영양 성분 등 소비자의 안전과 관련된 중요한 정보를 반드시 표시하게 하는 제도이다.

29 〈보기〉에서 설명하는 도시는 '인천광역시'이다. 인천은 서울과 경기도의 서쪽 해안에 있다.

30 고려 광종은 인재를 등용하기 위해 국가적인 시험인 과거제를 시행하였다.
① 신분에 따라 사는 모습이 다른 신분제 사회였다.
③ 최승로의 '시무 28조'는 유교를 고려 정치의 중심으로 삼은 것으로, 고려 성종은 이를 수용하였다.
④ 대부분의 국민들이 불교를 믿은 것은 맞지만, 나중에는 많은 비용이 드는 불교 행사를 축소하였다.

31 ㄱ, ㄷ은 민법에 대한 설명이다.

형법
- 범죄와 형벌에 관한 법률이다.
- 형법에서 규정한 내용을 어기면 범죄를 저지른 것이므로 그에 따른 처벌을 받게 된다.
- 형법에는 한국인으로서 하지 말아야 할 행동과 그러한 행동을 했을 경우 받게 되는 형벌의 내용이 정해져 있다.

민법
- 개인의 권리와 관련된 법률이다.
- 민법은 분쟁 해결의 기능을 가지고 있다.
- 민법에는 사람들 사이에 권리의 다툼이 생겼을 때 문제를 해결하는 기준이 제시되어 있다.

32 〈보기〉의 내용은 모두 국민권익위원회에 신고해야 한다. 국민권익위원회는 국민의 권익보호와 권리구제 서비스를 제공하는 기관이다. 고충민원의 처리, 불합리한 행정제도 개선, 부패행위 규제 등 깨끗한 사회를 만들기 위하여 국민을 보호하는 업무를 수행하고 있다.

33 ① 민법 소송을 제기한 사람은 '원고'다.
② 범죄의 의심을 받고 있는 사람은 '용의자'다.
③ 수사기관으로부터 수사를 받고 있는 사람은 '피의자'다.

34 삼심제도는 한 사건에 대해 세 번의 판결을 받을 수 있는 제도이며, 1심은 지방법원, 2심은 고등법원, 3심은 대법원에서 이루어진다. 삼심제도는 국민의 자유와 권리를 보장하며, 재판의 공정성을 확보할 수 있는 제도이다.

35 박정희 정부(1961~1979년)는 1964년부터 1973년까지 베트남 전쟁에 한국의 전투 부대를 보냈고, 1970년부터 지역사회 개발 운동으로 새마을 운동을 실시하였다. 그리고 1972년에 유신체제를 선포하고 국민투표로 헌법을 확정하였다.

36 배우자가 살았는지 죽었는지 3년이 넘도록 알 수 없는 경우에 재판상 이혼 사유가 된다.

귀화용

01 4대 사회보험
- 국민연금: 소득이 있을 때 보험료를 납부하여 은퇴 이후 소득활동이 끊겼을 때 일정한 소득을 보장하는 제도이다.
- 건강보험: 질병·부상 등으로 발생하는 진료비의 부담을 방지하고, 정기적인 건강검진 서비스를 제공하는 제도이다.
- 고용보험: 실직자에게 일정 기간 동안 실업급여를 제공하고, 실직자가 직장을 구할 수 있도록 지원하는 제도이다.
- 산업재해보상보험: 업무 중 사고를 당했을 때 이에 대한 피해를 보상받을 수 있도록 하는 제도이다.

02 〈보기〉는 헌법재판소의 역할에 대한 설명이다.
① · ④ 입법부(국회)의 역할에 대한 설명이다.
③ 행정부(정부)의 역할에 대한 설명이다.

03 ㄴ. 남북통일을 하면 전쟁에 대한 불안감이 없는 평화로운 한국을 유지할 수 있고 세계 평화에도 기여할 수 있다. 주변 국가까지 영토를 넓히기 위해서라는 이유는 적절하지 않다.
ㄷ. 평화적인 분위기를 조성하는 것은 중요하지만, 모든 군사시설을 폐지할 수는 없다.

04 ㄱ. 피고인은 검사가 아닌 변호인을 통해 자신을 변호한다.
ㄷ. 형사재판에서 유죄인지 무죄인지를 판단하고, 유죄일 경우 형을 집행한다.

05 한국은 위생·영양 환경이 개선되고, 보건·의료 기술이 발달하는 등 생활수준이 향상되면서 고령화 사회로 진입하였다.

06 1972년 박정희 정부는 대통령에게 입법·사법·행정권이 집중되고 죽을 때까지 권력 유지가 가능하다는 내용의 유신 헌법을 발표하였다. 국민들은 이에 맞서 민주화 운동을 전개하였고, 박정희 대통령이 암살당하면서 유신 체제는 끝나게 되었다.

07 ① 배우자는 상속 1순위인 직계비속(자식, 손주 등)이나 상속 2순위인 직계존속(부모, 조부모 등)과 공동 상속인이 된다. 앞선 순위의 사람이 상속받고, 같은 순위의 사람이 여러 명이면 나누어 받는다.
③ 사람이 죽으면 친족이나 사망 장소의 통장 등이 병원에서 고인의 사망 진단서를 발급받아 구청이나 행정복지센터에 신고해야 한다.
④ 유언장은 유언 내용, 주소, 날짜 등 법이 정한 형식을 갖추어야 효력이 생긴다.

08 이혼소송 시 위법행위에 의해 발생한 정신적 고통에 대한 손해배상으로 위자료를 청구할 수 있다. 그리고 재산분할이나 위자료를 받아야 할 경우 상대방이 마음대로 재산을 처분하지 못하도록 가압류 신청을 할 수도 있다.

09 1997년 국제통화기금(IMF) 이후 비정규직 근로자가 증가하였고, 이들의 권익을 보호하기 위해 2007년 7월부터 비정규직보호법이 시행되었다. 비정규직 근로자는 시간직·임시직·계약직 등 근로계약기간이 단기간이거나 일정한 기간을 단위로 계약하여 일을 한다. 그러나 비정규직 근로자도 정규직 근로자와 동일하게 근로계약서를 작성하고 최저임금을 보장받는다.

10 1987년 6월 민주 항쟁의 결과로 국민이 직접 대통령을 선출할 수 있는 대통령 직선제로 바뀌었으며, 이로써 대통령은 중임을 할 수 없다는 원칙이 헌법에 명시되었다.

작문형

건강이 좋지 않으면 질병에 걸리기 쉽고, 일상생활이 힘들다. 아무리 돈이 많다고 해도 건강하지 않으면 아무런 소용이 없다. 그래서 건강을 지키기 위해서는 규칙적인 생활하기, 과식하지 않기, 금연과 금주하기 등의 좋은 습관을 가져야 한다. 좋은 습관을 꾸준히 실천하다 보면 살이 쉽게 찌지 않고, 아픈 일이 줄어들고, 집중력이 향상되고, 지치지 않고 일을 할 수도 있다.

구술시험

01 대한민국을 상징하는 꽃 무궁화는 영원히 피고 또 피어서 지지 않는 꽃이라는 의미를 가지고 있습니다.

02 무궁화는 7월부터 10월까지 매일 새로운 꽃이 피고 지며 어떠한 환경에서도 잘 자라고, 나쁜 공기에도 강하다는 특징 때문에 근면과 끈기를 상징하는 꽃이 되었습니다.

03 자동차 대신에 자전거나 대중교통을 이용하여, 환경을 지키고 기후 위기에 대처하기 위해 정부는 국민들에게 대중교통 이용을 권장하고 있습니다.

04 개인이나 집단이 교육, 건강, 양질의 노동 등의 기본적인 인권을 거부당했을 때 사회권이 침해됩니다. 사회권 침해는 차별부터 착취까지 다양한 형태가 있습니다. 예를 들어, 시각 장애인이 기술 교육을 받고 싶으나 시각 장애인을 위한 기술 교육 시설이 없어서 교육을 받을 수 없는 것은 교육받을 권리를 침해당한 것이라고 볼 수 있습니다.

05 제 고향과 비교하였을 때 한국은 경제적 자유 수준이 높은 편이라고 생각합니다. 왜냐하면 제 고향에서는 아직 농사를 지으며 살고 있는데 한국은 과학 기술이 굉장히 발달했고, 빠르게 디지털화되고 있습니다. 그래서 저의 고향보다 더 높은 자유 시장 경제 시스템에서 살고 있다고 생각합니다.

제2회 정답 및 해설

※ 작문형과 구술시험은 별도 표기하였습니다.

객관식 (01~36번)

01	02	03	04	05	06	07	08	09	10
④	②	①	④	②	③	②	①	③	②
11	12	13	14	15	16	17	18	19	20
①	④	④	④	①	②	②	④	④	②
21	22	23	24	25	26	27	28	29	30
④	②	②	②	④	③	①	②	②	①
31	32	33	34	35	36				
③	②	①	③	①	③				

귀화용 (01~10번)

01	02	03	04	05	06	07	08	09	10
②	③	④	③	②	②	④	①	③	①

※ (　) 안에 있는 어휘는 동사 또는 형용사의 기본형입니다. 학습에 참고하시기 바랍니다.

객관식

01 카메라로 촬영한 사진을 컴퓨터에 모아서 보관한다는 의미이므로 '물건이나 돈 등을 모아서 보관하다'라는 뜻을 지닌 '저장했다(저장하다)'가 가장 알맞은 단어이다.
① 접속했다(접속하다): 컴퓨터에서, 여러 개의 프로세서와 기억 장치 사이를 물리적으로 연결하다.
② 발급했다(발급하다): 기관에서 증명서 등을 만들어 내주다.
③ 가입했다(가입하다): 조직이나 단체에 들어가다.

02 매년 매운맛의 정도를 높인 라면이 나타나는 것을 의미하므로 '새 상품이 시장에 나타나다'라는 뜻을 지닌 '나오고(나오다)'가 가장 알맞은 단어이다.
① 맛있고(맛있다): 맛이 좋다.
③ 평가하고(평가하다): 사물의 값이나 가치, 수준을 헤아려 정하다.
④ 진화하고(진화하다): 일이나 사물 등이 점점 발달해 가다.

03 '5년이 되어 간다'는 5년이 조금 되지 않았다는 의미이므로 '전부에서 조금 모자라는 정도'라는 뜻을 지닌 '거의'가 가장 알맞은 단어이다.
② 대개: 거의 전부. 또는 일반적으로
③ 내내: 처음부터 끝까지 계속해서
④ 이따가: 조금 지난 뒤에

04 당일은 바로 그날을 뜻한다. 공연이 있는 당일에는 취소나 환불이 불가능하다는 뜻을 나타내므로 '안 된대요(안 되다)'가 가장 알맞은 단어이다.
① 못 간대요(못 가다): (목적지까지) 갈 수 없다.
② 안 준대요(안 주다): (주기로 하였으나) 주지 않다.
③ 못 한대요(못 하다): (어떤 일을) 할 수 없다.

05 그중에서 예외적임을 나타내야 하므로 '명사 + 치고'를 사용한 '외국인치고'가 가장 알맞다.
① 명사 + 처럼: 모양이나 정도가 서로 비슷하거나 같음을 나타내는 조사
  예 새처럼 하늘을 날고 싶어!
③ 명사 + 조차: 일반적으로 예상하기 어려운 극단의 경우까지 포함함을 나타내는 조사
  예 오늘은 구름 한 점조차 없는 맑은 날씨다.
④ 명사 + 대로: 앞의 내용에 근거하거나 달라짐이 없음을 나타내거나 따로따로 구별됨을 나타내는 조사
  예 네 말대로 나는 운이 좋은 편이야.
  돈은 돈대로 들고 고생은 고생대로 했어요.

06 과거에 하지 않은 일이나 과거에 했으면 좋았을 일에 대한 후회를 나타내야 하므로 '동사 + -(으)ㄹ 걸 그랬다'를 사용한 '할 걸 그랬어'가 가장 알맞다.
① 동사 + -아/어 버리다: 앞의 내용이 나타내는 행동이 완전히 끝났음을 나타낼 때 쓴다.
  예 어머! 통화하다가 생선이 다 타 버렸어!
② 동사/형용사 + -(으)ㄹ 뻔하다: 앞의 상황이 실제로 일어나지는 않았지만 그럴 가능성이 매우 높음을 나타낼 때 쓴다.
  예 길이 미끄러워서 넘어질 뻔했어요.
④ 동사/형용사 + -(으)ㄹ 수밖에 없다: 그것 말고는 다른 방법이나 가능성이 없음을 나타낼 때 쓴다.
  예 음악 공부는 돈이 너무 많이 들어서 포기할 수밖에 없었어요.

07 앞의 내용이 의미하는 정도가 심해지면 뒤에 오는 내용이 의미하는 정도도 그에 따라 변함을 나타내야 하므로 '동사/형용사 + -(으)ㄹ수록'을 사용한 '볼수록'이 가장 알맞다.
① 동사 + -(으)ㄹ 겸: 어떤 일을 하는 이유나 목적을 나타낼 때 쓴다.
  예 책도 읽을 겸 공부도 할 겸 도서관에 갈 거예요.

③ 동사 + -기(가) 무섭게: 앞의 내용이 나타내는 일이 끝나자마자 곧바로 다음 일이 일어남을 나타낼 때 쓴다.
　　예 학생들은 수업이 <u>끝나기가 무섭게</u> 운동장으로 달려갔다.
④ 동사/형용사 + -(으)ㄹ 뿐만 아니라: 앞의 내용에 더해 뒤에 오는 내용까지 작용함을 나타낼 때 쓴다.
　　예 이 죽은 <u>맛있을 뿐만 아니라</u> 효능도 좋다.

08 이유나 근거를 나타내야 하므로 '동사 + -아/어서'를 사용한 '아파서'가 가장 알맞다.
② 동사/형용사 + -(으)려면: 어떤 행동을 할 의도나 의향이 있는 경우 또는 미래에 일어날 일을 가정할 때 쓴다.
　　예 시청에 <u>가려면</u> 몇 번 버스를 타야 해요?
　　　 효과가 <u>나타나려면</u> 한 달은 기다려야 돼요.
③ 동사/형용사 + -던지: 뒤에 오는 말의 내용에 대한 막연한 이유나 판단을 나타낼 때 쓴다.
　　예 옆에서 소리를 얼마나 <u>지르던지</u> 귀가 너무 아팠어요.
④ 동사 + -느라고: 앞의 내용이 나타내는 행동이 뒤에 오는 말의 목적이나 원인이 됨을 나타낼 때 쓴다.
　　예 책을 <u>읽느라고</u> 밤을 새웠어요.

09 실제로 그렇지 않지만 어떤 행동이나 상태를 거짓으로 꾸밈을 나타내야 하므로 '동사/형용사 + -(으)ㄴ/는 척하다'를 사용한 '태연한 척했다'가 가장 알맞다.
① 동사/형용사 + -아/어야 하다: 앞의 내용이 어떤 일을 하거나 어떤 상황에 이르기 위한 의무적인 행동이거나 필수적인 조건임을 나타낼 때 쓴다.
② 동사/형용사 + -(으)ㄹ 뻔하다: 앞의 내용이 실제 일어나지는 않았지만 그럴 가능성이 매우 높음을 나타낼 때 쓴다.
④ 동사/형용사 + -(으)ㄹ 수도 있다: 새로운 사실이 생기거나 그 결과로 상황이 바뀔 수 있는 가능성이 있을 때 나타낼 때 쓴다.

10 명령의 의미를 나타내야 하므로 '동사/형용사 + -(으)세요'를 사용한 '달아주세요'가 가장 알맞다.
① 동사 + -(으)ㄹ까요: 아직 일어나지 않았거나 모르는 일에 대해서 말하는 사람이 추측할 때 또는 듣는 사람에게 의견을 묻거나 제안할 때 쓴다.
③ 동사/형용사 + -(으)ㄹ 줄 모르다: 어떤 행동을 하는 방법 또는 능력이 부족함을 나타낼 때 쓴다.
④ 동사/형용사 + -(으)ㄹ 것까지는 없다: 앞의 내용의 정도나 수준만큼 할 필요는 없음을 나타낼 때 쓴다.

11 집중호우와 폭염이 반복되어 과일값이 오르는 중이라고 이어지는 것이 자연스럽다. 그러므로 두 가지 이상의 동작이나 상태가 함께 일어남을 나타내는 '동사/형용사 + -(으)면서'와 앞의 내용이 나타내는 행동의 결과가 계속됨을 나타내는 '동사 + -고 있다'를 써서 '집중호우와 폭염이 반복되면서 과일값이 오르고 있어요.'가 가장 알맞다.
② 동사/형용사 + -(으)려면: 어떤 행동을 할 의도나 의향이 있는 경우를 가정할 때나 미래에 일어날 일을 가정할 때 쓴다.
   동사 + -(으)ㄹ 뻔하다: 앞의 내용이 실제 일어나지는 않았지만 그럴 가능성이 매우 높음을 나타낼 때 쓴다.
③ 동사/형용사 + -더라도: 앞의 내용을 가정하거나 인정하지만 뒤에 오는 말과 관계가 없거나 영향을 끼치지 않음을 나타낼 때 쓴다.
   동사 + -는 중이다: 어떤 일이 진행되고 있음을 나타낼 때 쓴다.
④ 동사 + -자마자: 앞의 내용이 의미하는 사건이나 상황이 일어나고 곧바로 뒤의 내용이 의미하는 사건이나 상황이 일어남을 나타낼 때 쓴다.
   동사/형용사 + -(으)ㄹ 수도 있다: 새로운 사실이 생기거나 그 결과로 상황이 바뀔 수 있는 가능성이 있을 때 나타낼 때 쓴다.

12 배가 너무 고파서 뷔페에서 이것저것 닥치는 대로 먹었다고 이어지는 것이 자연스럽다. 그러므로 앞의 내용이 나타내는 행위나 그런 상태가 된 결과로서 뒤의 내용을 이어 말할 때 쓰는 '동사/형용사 + -(으)ㄴ 나머지'와 앞의 내용이 나타내는 사건이나 상황이 일어나고 곧바로 뒤의 사건이나 상황이 일어남을 나타내는 '동사 + -자마자'를 써서 '배가 너무 고픈 나머지 뷔페에 가자마자 이것저것 닥치는 대로 먹었다.'가 가장 알맞다.
① 동사/형용사 + -아/어서: 일이 순차적으로 일어나거나 이유나 근거, 수단이나 방법을 나타낼 때 쓴다.
   동사 + -느니: 앞에 오는 말보다 뒤에 오는 말이 더 나을 때 쓴다.
② 동사/형용사 + -더라도: 앞의 내용을 가정하거나 인정하지만 뒤에 오는 말에 관계가 없거나 영향을 끼치지 않음을 나타낼 때 쓴다.
③ 동사/형용사 + -기 때문에: 이유나 원인을 나타낼 때 쓴다.
   동사/형용사 + -아/어도: 앞의 내용을 가정하거나 인정하지만 뒤에 오는 말에 관계가 없거나 영향을 끼치지 않음을 나타낼 때 쓴다.

13 빈칸 앞에는 전동 킥보드가 대표적인 개인형 이동장치라는 긍정적인 평가가 나오지만, 빈칸 뒤에는 전동 킥보드 안전사고 증가 및 이용 시 주의할 점에 대해 설명하고 있다. 따라서 빈칸에는 전동 킥보드의 '장점'을 이야기하는 ④가 가장 알맞다.

14 진행 방법은 '기타'에서 온라인(비대면)과 오프라인 동시 진행임을 알 수 있고, 모집 인원의 수는 '대상'에서 서울시민 30명임을 알 수 있으며, 신청 기간과 비용은 '기간'과 '비용'에서 8월 매주 월요일 정해진 시간에 무료로 진행됨을 확인할 수 있다. 그러므로 ④가 알 수 없는 내용이다.

15 탄소 발생을 억제해야 하는 이유와 일상생활에서 실천할 수 있는 탄소중립 활동을 설명하고 있으므로 '탄소중립의 필요성과 실천 방법'이 제목으로 가장 알맞다.

16 쓰레기의 전체 양을 줄이면 매립하거나 소각할 폐기물의 양도 같이 줄어들 것이므로 '쓰레기의 양을 줄임으로써'가 들어가는 것이 가장 알맞다.

17 ㄴ. 훈민정음의 의미는 '백성을 가르치는 바른 소리'이다. '널리 인간을 이롭게 함'은 단군의 건국 이념인 홍익인간(弘益人間)의 뜻이다.
ㄹ. 태극기의 '감, 이'는 각각 '물, 불'을 의미한다.

18 ㄱ. 다가구 주택은 단독 주택에 포함된다.
ㄷ. 월세는 매달 집주인에게 돈을 내고 집을 빌리는 것이다. 전세는 집주인에게 일정한 돈을 보증금으로 맡기고 계약한 기간 동안 집을 빌리는 것이다.

19 ① 흥정을 하여 물건 값을 깎을 수 있는 곳은 전통시장이다.
② 온라인에서는 사진이나 영상만 보고 구매할 수 있다.
③ 상설 시장은 전통시장, 슈퍼마켓, 대형 마트, 백화점, 편의점 등과 같이 날마다 열리는 시장이다.

20 모든 분야에서 외국인과 한국인이 동등한 권리를 가지는 것은 아니다. 외국인은 정치적 권리나 경제활동의 자유, 복지 혜택 등과 관련된 권리가 일부 제한된다.

21 권리나 자유를 침해받았을 때 소송을 통한 재판으로 문제를 해결할 수는 있지만, 그것이 항상 최선이 될 수는 없다.

22 ① 삼국 통일을 이룬 것은 신라이다.
③ 삼국 중 백제가 가장 먼저 4세기에 전성기를 맞이했다.
④ 삼국 통일 후 신라는 오늘날의 경주를 수도로 삼았다.

23 경상 지역
- 경상 지역 즉, 영남지방은 한국의 동남쪽에 위치하고 있으며 동쪽과 남쪽에 바다가 있어 항만이 발달하였다.
- 국내 최대의 과일 재배 지역이며, 낙동강을 중심으로 벼농사가 발달했다.
- 국내 어업 생산량의 약 60% 이상을 차지할 정도로 어업도 발달했다.
- 제1무역항 부산, 분지 지형의 대구, 조선업 중심의 공업도시 울산, 신라 도읍 경주가 대표적인 도시이며, 부산 국제영화제, 안동 하회마을, 통영 한산대첩축제 등이 유명하다.
- ① 충청 지역: 호서지방, 과학도시 대전, 행정 중심 복합도시 세종, 백제 도읍 공주와 부여, 보령 머드축제, 금산 인삼축제, 단양팔경

③ 강원 지역: 영동지방, 태백산맥, 오대산, 고랭지농업·목축업·해수욕장 발달, 평창 동계올림픽, 강릉 단오제, 화천 산천어축제, 정동진 해돋이
④ 전라 지역: 호남지방, 호남평야와 나주평야 벼농사, 새만금 간척지구, 5·18 민주화 운동, 전주 한옥마을, 세계문화유산 고인돌

24 ① 제주도는 돌, 바람, 여자가 많아 '삼다도'라고 불리기도 했다.
③ 제주도의 한라산은 지금은 휴화산으로, 활동하지 않는다.
④ 제주도 중앙에 있는 산은 한라산으로, 한라산은 남한에서 가장 높은 산이다.

25 관혼상제는 관례·혼례·상례·제례의 4가지 예법을 의미한다. 그중 법적으로 부부가 될 때 치르는 의식을 혼례라고 한다. 오늘날에는 서양의 영향으로 대부분 양복과 드레스를 입고 진행하지만, 전통혼례에서 신랑은 사모관대를, 신부는 족두리를 착용하였다.
① 장례: 사람이 죽어 장례를 지낼 때 지켜야 할 의식
② 관례: 15~20세의 아이가 어른이 되는 것을 기념하는 의식
③ 제례: 조상님을 위로하는 의식인 제사를 지내는 절차

26 ①·② 정월 대보름에 대한 설명이다.
④ 추석에 대한 설명이다.

27 한국은 동쪽은 높고 서쪽은 낮은 동고서저의 지형이다.

28 ㄴ. 출산 이후에 정부에서 영유아 보육비를 지원해 준다.
ㄷ. 취학 전 자녀를 집에서 양육하게 되면 양육수당이 지급된다.

29 세종대왕은 집현전(궁궐 안 연구 기관)에 학자들을 등용하여 다양한 분야의 연구를 하게 했으며, 농사법이 정리된 《농사직설》, 훈민정음을 사용하여 쓴 《용비어천가》 등 많은 책을 펴냈다. 또한 신분의 높고 낮음을 떠나 능력이 있다면 누구나 등용하였는데, 대표적인 인물이 바로 장영실이다. 그가 만든 발명품인 앙부일구(해시계), 자격루(물시계), 측우기(우량계), 혼천의(하늘과 별의 움직임을 관측하는 기구)는 당시 농사에 많은 도움을 주었고, 조선의 과학기술 발전에도 큰 영향을 끼쳤다.

30 이주민을 위한 교육
- 법무부의 사회통합프로그램: 한국어 교육과 한국 사회 이해 교육으로 구성되어 있다.
- 여성가족부의 다문화가족지원센터: 한국 사회 적응 교육, 취업 지원 교육, 자녀 교육 지원 서비스 등이 있다.
- 그 외에 고용노동부의 직업 교육, 교육방송의 강좌, 민간업체에 의한 위탁 교육 등이 있다.

31 신사임당은 글 솜씨와 그림 실력이 뛰어났던 조선 중기의 예술가로서 한국 화폐에 실린 인물 중 최초의 여성이다. 십만양병설을 주장했던 율곡 이이의 어머니이기도 하다.
① 서희: 고려의 장군으로 거란과 외교 담판을 통해 전쟁 없이 거란을 물러가게 했다.
② 유관순: 3·1 운동을 주도하다 고문을 당하고 감옥에서 목숨을 잃었다.
④ 허난설헌: 조선을 대표하는 시인으로, 여성이 글을 쓰며 문인으로 활약하기 어려운 시기였음에도 글을 써서 많은 사랑을 받았다.

32 ① 수출입물품의 통관 및 밀수 단속에 관한 일을 하는 기관은 '관세청'이다.
③ 검사가 담당하는 범죄를 수사하여 법원에 재판을 청구하고, 재판의 집행을 지휘하는 기관은 '검찰청'이다.
④ 국방부 소속 기관으로, 국가의 병무 행정을 하는 기관은 '병무청'이다.

33 국가나 기업, 은행 등이 국민으로부터 돈을 빌리고 일정 기간 동안 이자를 제공하고 만기에 원금을 갚겠다는 증서는 채권이다. 주식보다는 비교적 안전한 투자 방법이며, 채권에는 회사에서 발행하는 회사채와 국가에서 발행하는 국채가 있다.

34 2007년에 아시아인 최초로 유엔(UN) 사무총장으로 취임한 사람은 반기문이다.

35 '(가) 이익 집단'은 특수한 이해관계를 같이 하는 사람들이 공동의 이익을 실현하기 위해 정부의 정책에 영향력을 행사하는 집단이다. 그러나 집단의 이익이 아니라 사회와 국가의 발전을 위해 자발적으로 모여 활동하는 단체는 '(다) 시민 단체'라고 한다. 사회가 발전하고 복잡해지면서 더욱 다양한 시민 단체들이 생겨나고 있다. 마지막으로 신문, 텔레비전, 인터넷 등 대중 매체를 통해 사회 현상에 대한 의견이나 정보를 전달하는 곳은 '(나) 언론'이다.

36 1993년부터 금융 거래를 할 때 다른 사람의 이름이 아니라 실제 자기 이름으로만 거래를 할 수 있도록 금융실명제를 실시하였다.

귀화용

01 ㄱ은 국방의 의무, ㄷ은 납세의 의무에 대한 설명이다.
ㄴ. 근로의 의무: 대한민국은 시장경제체제이며 모든 국민은 정당한 근로를 통해 경제활동에 참여할 의무가 있다.
ㄹ. 교육의 의무: 대한민국 국민은 자녀에게 최소한의 초등교육과 법률이 정하는 교육을 받게 할 의무가 있다.

02 6·25 전쟁
- 1950년 6월 25일 소련의 지원을 받은 북한이 남침을 했다.
- 3일 만에 서울을 빼앗기고 낙동강 아래로 후퇴했다.
- UN군의 도움으로 서울을 되찾고 압록강 유역까지 전진했다.
- 중국군이 북한을 지원했고, 남한군은 후퇴하여 38도선에서 남북이 대치하게 되었다.
- UN군, 북한, 중국 대표가 정전협정에 서명을 했다.

6·15 남북 공동 선언
- 2000년 최초로 남북정상회담이 개최되었다.
- 당시 남한의 김대중 대통령과 북한의 김정일 국방위원장이 6·15 남북 공동 선언을 했다.
- 서로의 체제를 인정했다는 특징이 있다.

03
대통령 중심제에서는 대통령을 배출한 정당이 여당이 되고, 의원내각제에서는 국회의 정당별 의석수를 기준으로 다수 의석을 차지한 정당이 여당이 된다. 한국은 대통령 중심제이므로 대통령이 소속된 정당이 여당이 되고, 그 외 정당은 야당이 된다.
① 선거관리위원회에서는 선거법 위반 행위를 단속하고, 선거 관련 정보를 제공하며, 투표 참여 홍보 등도 담당한다.
② 선거 공영제란 선거관리위원회에서 선거 과정을 관리하는 범위 내에서 국가나 지방자치단체가 선거 비용의 일부를 지원하는 제도이다.
③ 한국에서는 헌법으로 복수 정당제를 보장하여 야당의 활동 자유를 보장하고 있다.

04
한국은 국제사회에서 최초로 EU와 3대 주요협정(기본협정, FTA, 위기관리참여기본협정)을 모두 체결한 국가다.
① 한국은 한국전쟁이 끝난 후 미국과 한미상호방위조약을 맺고 군사적으로 밀접한 관계를 유지해 왔다.
② 한·아세안 특별정상회의는 한국과 동남아시아국가연합(ASEAN) 10개국이 개최하는 정상회담이다. 한국은 아세안과 공식 대화 관계를 맺은 국가들 중 유일하게 세 번의 특별정상회의를 모두 본국에서 개최한 나라다. 회의는 2009년 제주, 2014년 부산, 그리고 2019년 다시 한번 부산에서 열렸다.
④ 중국은 아주 오래전부터 유교, 불교, 한자, 무역 등을 통해 한국과 서로 많은 영향을 주고받았다.

05
ㄴ. 권력자나 법관이 범죄와 형벌을 자유롭게 결정하는 것은 죄형전단주의에 관련된 내용이다. 근대 이후에는 개인의 자유와 인권을 보호하고자 범죄와 형벌을 미리 법률로써 규정해야 한다는 죄형법정주의를 기본 원칙으로 채택하고 있다.
ㄷ. 형법에 규정되지 않은 부분은 처벌할 수 없다.

06 1860년에 최제우가 민간 신앙과 유교, 불교, 도교를 융합하여 '동학(천도교)'이라는 새로운 종교를 만들었다. 이 종교는 '사람이 곧 하늘'이라는 인내천(人乃天) 사상을 중심으로 하고 있다. 양반 중심의 신분 제도를 반대하였고, 1894년에는 조선 정부를 상대로 동학 농민 운동을 전개할 정도로 세력이 크게 확장되었다.

07 **공공부조의 종류**
- 긴급복지지원제도: 가구의 주 소득자가 사망, 행방불명, 구금시설 수용 등의 사유로 생계 유지가 어려운 경우에 지원한다. 저소득층은 생계, 의료, 주거비 등도 지원받을 수 있다.
- 국민기초생활보장제도: 최저생계비 이하의 가정은 국가에서 급여를 수급한다.
- 기초의료보장제도: 생활유지능력이 없거나 경제 능력을 상실한 사람을 대상으로 정부가 의료 서비스를 제공한다.

08 한국은 개인과 기업의 자유와 창의를 존중하는 시장경제체제이다. 시장경제체제는 개인의 자유로운 이익 추구를 인정하기 때문에 개인이나 기업의 소득에 차이가 발생할 수 있다. 그리고 한국의 시장경제체제는 개인과 기업 사이에서 해결할 수 없는 문제에 정부가 개입하여 문제를 해결할 수도 있다.

09 평등권은 모든 국민은 법 앞에 평등하며, 국가로부터 차별을 받지 않을 기본 권리를 말한다. 성차별은 성별(남자와 여자)에 의한 차별이고, 사회적 불평등은 교육 수준, 권력, 명예 등에 대한 사회 문화적 자원이 평등하지 않게 분배되어 격차가 발생하는 것을 말한다. 마지막으로 교육 접근성 부족은 국민이라면 당연하게 받아야 하는 교육을 받을 수 없는 환경에 처한 것을 말한다.

10 고려가 옛 고구려 땅을 되찾기 위하여 북진 정책을 추진하고 있을 때 거란이 80만 대군을 이끌고 고려를 침략했다. 이때 서희는 거란의 장군과 외교 담판을 벌여 전쟁 없이 거란 군사를 물러가게 했다.

작문형

나는 매달 식비에 많은 생활비를 지출하고 있다. 특히 퇴근 후에 요리하기가 힘들어서 배달 음식을 시켜 먹곤 한다. 그런데 배달 음식은 일정 금액 이상 주문을 해야 하기 때문에 내가 먹는 양보다 더 많은 양의 음식을 주문할 수밖에 없다. 돈도 많이 들고, 음식도 많이 남아서 외식과 배달은 줄이고, 집에서 요리를 하면서 식비를 절약하기 위해 노력하고 있다.

구술시험

01 동호회는 취미나 관심사가 같은 사람들이 모이는 모임입니다. 동호회는 서로 모여 정보를 교환하거나 직접 만나서 친목을 쌓을 수 있다는 장점이 있습니다. 그리고 동창회는 학교의 발전과 친목을 목적으로 같은 학교를 나온 사람들이 모이는 모임입니다. 체육대회나 개교기념일 등 정기적인 축제나 행사를 개최하여 학교 발전에 힘을 쓰고, 같은 학교를 나온 사람들과 친목을 다질 수 있다는 장점이 있습니다.

02 저의 고향에도 한국처럼 동호회와 동창회가 모두 있습니다. 그런데 제 고향에서 특히 동창회는 돈이 많아야 갈 수 있다는 사회적 분위기가 있어서 고향 사람들이 부정적으로 생각하는 모임입니다. 그리고 한 학년에 학생들이 많아 동창회를 해도 사람들의 얼굴이나 이름을 모르는 경우가 대부분입니다.

03 국민의 5대 권리 중 참정권에 대해 말해보겠습니다. 참정권은 만 19세부터 민주주의 국가의 주인으로서 국가의 정치에 참여할 수 있는 권리를 말합니다. 대한민국 헌법 제1조 제2항에도 대한민국의 주권은 국민에게 있고, 모든 권력은 국민으로부터 나온다고 했습니다. 대표적인 정치 참여 방법에는 선거가 있습니다. 선거를 할 수 있는 권리, 즉 선거권은 국민이 대통령, 국회의원, 지방 자치 단체장 등 국가를 대표하는 사람을 뽑을 수 있는 권리입니다.

04 1980년 5월 18일 광주에서 일어난 민주화 운동입니다. 전두환 정부가 들어서고 군사 세력이 권력을 잡으며 12·12 사태를 일으키자 민주화를 요구하는 시위가 일어나기 시작했습니다. 이에 전두환 정부는 계엄령을 확대하여 시위를 벌이는 대학생과 시민들을 진압했습니다. 그 과정에서 많은 시민이 다치거나 목숨을 잃었고, 민주화 운동은 끝을 맺었습니다.

05 제 고향인 베트남과 비교하면 한국은 생활 물가가 높은 국가입니다. 최근 자료에 따르면 식료품, 외식비, 소비자 물가 등 베트남 물가는 한국보다 약 47% 정도 더 저렴합니다.

제3회 정답 및 해설

※ 작문형과 구술시험은 별도 표기하였습니다.

객관식 (01~36번)

01	02	03	04	05	06	07	08	09	10
①	④	②	②	①	③	①	④	③	④
11	12	13	14	15	16	17	18	19	20
③	①	②	①	③	①	③	①	②	③
21	22	23	24	25	26	27	28	29	30
①	②	④	②	①	①	③	③	①	①
31	32	33	34	35	36				
③	④	③	②	③	①				

귀화용 (01~10번)

01	02	03	04	05	06	07	08	09	10
②	③	③	④	③	①	④	④	③	③

※ ( ) 안에 있는 어휘는 동사 또는 형용사의 기본형입니다. 학습에 참고하시기 바랍니다.

객관식

01 미역국을 만든다는 의미이므로 '물이나 액체에 음식을 넣고 뜨겁게 하여 음식을 만들다'라는 뜻을 지닌 '끓였다(끓이다)'가 가장 알맞은 단어이다.
② 담갔다(담그다): 김치, 술, 장, 젓갈 등 음식이 익거나 발효되도록 재료를 섞어 그릇에 넣어 두다.
③ 부쳤다(부치다): 기름을 두른 프라이팬에 반죽이나 달걀 등을 넓적하게 펴서 익히다.
④ 마셨다(마시다): 물이나 액체 등을 목구멍으로 넘어가게 하다.

02 물건이 조각 난 것을 다시 떨어지지 않게 하는 것을 의미하므로 '무엇에 닿아서 떨어지지 않게 하다'라는 뜻을 지닌 '붙일(붙이다)'이 가장 알맞은 단어이다.
① 보낼(보내다): 사람이나 물건 등을 다른 곳으로 가게 하다.
② 배울(배우다): 새로운 지식이나 기술을 익히다.
③ 받을(받다): 다른 사람이 주거나 보내온 것을 가지다.

03 노폐물 배출은 몸속에 남은 찌꺼기를 밖으로 내보낸다는 의미이므로 '빛깔 등이 흐리지 않고 맑다'라는 뜻을 지닌 '깨끗하게(깨끗하다)'가 가장 알맞은 단어이다.
① 활발하게(활발하다): 생기가 있고 힘차다.
③ 따뜻하게(따뜻하다): 아주 덥지 않고 기분이 좋은 정도로 온도가 알맞게 높다.
④ 재미있게(재미있다): 즐겁고 유쾌한 느낌이 있다.

04 날씨가 어떨지 알 수 없지만 추측하여 말하는 것이므로 '확실하지 않은 내용을 추측하거나 짐작하여 말하다'라는 뜻을 지닌 '모르니까(모르다)'가 가장 알맞은 단어이다.
① 보니까(보다): 눈으로 대상의 존재나 겉모습을 알다.
③ 도와주니까(도와주다): 다른 사람의 일을 거들거나 힘을 보태 주다.
④ 생각하니까(생각하다): 머리를 써서 판단하거나 인식하다.

05 앞의 내용이 의미하는 행동에 이어서 또는 그 행동을 계기로 그것과 관련된 다른 행동도 함께 함을 나타내야 하므로 '동사 + -(으)ㄴ/는 김에'를 사용한 '간 김에'가 가장 알맞다.
② 동사 + -(으)ㄴ 다음에: 앞의 내용이 가리키는 일이나 과정이 끝난 뒤임을 나타낼 때 쓴다.
예 저는 고등학교를 졸업한 다음에 바로 취직을 하고 싶어요.
③ 동사 + -는 동안: 앞의 내용이 나타내는 행동이나 상태가 계속되는 시간만큼을 나타낼 때 쓴다.
예 지원 씨가 청소하는 동안 제가 설거지를 할게요.
④ 동사 + -는 바람에: 앞의 내용이 나타내는 행동이나 상태가 뒤에 오는 말에 원인이나 이유가 됨을 나타낼 때 쓴다.
예 비가 오는 바람에 소풍이 취소되었다.

06 의문의 의미를 나타내야 하므로 '동사/형용사 + -(으)세요'를 사용한 '괜찮으세요'가 가장 알맞다.
① 동사/형용사 + -았/었-: 사건이 과거에 일어났거나 과거에 완료된 사건의 결과가 현재까지 지속되는 상황을 나타낼 때 쓴다.
예 어제 본 영화는 정말 재미있었다.
　 사고 싶은 가방이 있어 용돈을 열심히 모았다.
② 동사/형용사 + -(으)ㄹ까요: 아직 일어나지 않았거나 모르는 일에 대해서 말하는 사람이 추측할 때나 듣는 사람에게 의견을 묻거나 제안할 때 쓴다.
예 지금 출발하면 약속 시간에 늦을까요?
　 원지 씨, 같이 음악 들을까요?
④ 동사/형용사 + -(으)ㄹ 거예요: 어떤 행동에 대한 자신의 의지나 추측을 나타낼 때 쓴다.
예 지금 집에 갈 거예요.
　 아마 지금쯤 도착했을 거예요.

07 앞의 내용을 가정하거나 인정하지만 뒤에 오는 말에는 관계가 없거나 영향을 끼치지 않음을 나타내야 하므로 '동사/형용사 + -아/어도'를 사용한 '좋아도'가 가장 알맞다.
- ② 동사/형용사 + -(으)면: 뒤에 오는 말에 대한 근거나 조건이 됨을 나타낼 때 쓴다.
  - 예 밤이 <u>되면</u> 모두 돌아가 주세요.
- ③ 동사 + -지만: 앞의 내용을 인정하면서 그와 반대되거나 다른 사실을 덧붙일 때 쓴다.
  - 예 나는 노래는 <u>못 부르지만</u> 춤은 잘 춘다.
- ④ 동사/형용사 + -더니: 과거의 사실이나 상황에 뒤이어 어떤 사실이나 상황이 일어남을 나타낼 때 쓴다.
  - 예 오랫동안 컴퓨터를 <u>했더니</u> 머리가 아프다.

08 어떤 일을 하는 목적을 나타내야 하므로 '동사 + -기 위해서'를 사용한 '줄이기 위해서'가 가장 알맞다.
- ① 동사/형용사 + -(으)면: 뒤에 오는 말에 대한 근거나 조건이 됨을 나타낼 때 쓴다.
  - 예 열두 시만 넘지 <u>않으면</u> 괜찮아요.
- ② 동사/형용사 + -(으)ㄹ/는 수밖에 (없다): 그것 말고는 다른 방법이나 가능성이 없음을 나타낼 때 쓴다.
  - 예 공부를 안 하면 시험에 <u>떨어질 수밖에 없어요</u>.
- ③ 동사 + -는 바람에: 앞의 내용이 나타내는 행동이나 상태가 뒤에 오는 말의 원인이나 이유가 됨을 나타낼 때 쓴다.
  - 예 늦게 <u>자는 바람에</u> 지각했어요.

09 어떤 행동을 하려고 해도 다른 상황 때문에 도저히 할 수가 없음을 나타내야 하므로 '동사 + -(으)ㄹ 수가 없다'를 사용한 '멈출 수가 없어요'가 가장 알맞다.
- ① 형용사 + -(ㄴ/는)대요: 어떤 사람이 말한 내용을 다른 사람에게 전할 때 쓴다.
- ② 동사/형용사 + -(으)ㄹ 뻔하다: 앞의 내용이 나타내는 일이 일어나지는 않았지만 일어나기 직전의 상태까지 갔을 때 쓴다.
- ④ 동사/형용사 + -(으)려던 참이다: 어떤 행동을 할 의도나 의지가 있었으나 그렇게 하지 못하거나 마음이 바뀌었을 때 쓴다.

10 어떤 일이 일어나거나 어떤 상태가 되는 것이 당연함을 나타내야 하므로 '동사/형용사 + -기 마련이다'를 사용한 '익숙해지기 마련이에요'가 가장 알맞다.
- ① 동사 + -(으)ㄹ걸요: 말하는 사람의 생각이나 추측임을 나타낼 때 쓴다.
- ② 동사/형용사 + -(으)ㄴ/는 셈이다: 앞의 근거로 볼 때 결국 어떤 결과에 해당한다는 것을 나타낼 때 쓴다.
- ③ 동사/형용사 + -(으)ㄹ 줄 모르다: 어떤 사실에 대해 모르고 있음을 나타낼 때 쓴다.

11 지금까지 발표했던 글을 모아 하나의 책으로 만든다고 이어지는 것이 자연스럽다. 그러므로 어떤 일이 순차적으로 일어남을 나타내는 '동사/형용사 + -아/어서'와 앞의 내용이 나타내는 행동을 할 것을 결심하거나 약속함을 나타내는 '동사 + -기로 하다'를 써서 '지금까지 발표했던 글을 모아서 책을 내기로 했다.'가 가장 알맞다.

① 동사/형용사 + -(으)면: 뒤에 오는 말에 대한 근거나 조건이 됨을 나타낼 때 쓴다.
   동사/형용사 + -(으)ㄹ 뻔하다: 앞의 내용이 나타내는 일이 일어나지는 않았지만 일어나기 직전의 상태까지 갔음을 나타낼 때 쓴다.
② 동사/형용사 + -지만: 앞의 내용을 인정하면서 그와 반대되거나 다른 사실을 덧붙일 때 쓴다.
   동사 + -고 있다: 앞의 내용이 나타내는 행동이 계속 진행되고 행동의 결과가 계속됨을 나타낼 때 쓴다.
④ 동사/형용사 + -더니: 과거의 사실이나 상황에 뒤이어 어떤 사실이나 상황이 일어남을 나타낼 때 쓴다.
   동사/형용사 + -(으)면 좋겠다: 말하는 사람의 소망이나 바람을 나타내거나 현실과 다르게 되기를 바람을 나타낼 때 쓴다.

12 자신의 행복을 찾아가는 인생을 그린 드라마 내용을 이야기하고 있다. 그러므로 두 가지 이상의 동작이나 상태가 함께 일어남을 나타내는 '동사/형용사 + -(으)면서'와 앞의 내용이 관형어의 기능을 하게 만들고 사건이나 동작이 현재 일어남을 나타내는 '동사/형용사 + -는'을 써서 '이 드라마는 인생을 살면서 자신의 행복을 찾아가는 모습을 그리고 있다.'가 가장 알맞다.

② 동사/형용사 + -(으)려면: 어떤 행동을 할 의도나 의향이 있는 경우나 미래에 일어날 일을 가정할 때 쓴다.
   동사/형용사 + -(으)ㄹ수록: 앞의 내용이 나타내는 정도가 심해지면 뒤 내용의 정도도 그에 따라 변할 때 쓴다.
③ 동사/형용사 + -아/어도: 앞의 내용을 가정하거나 인정하지만 뒤에 오는 말에는 관계가 없거나 영향을 끼치지 않음을 나타낼 때 쓴다.
④ 동사 + -지만: 앞의 내용을 인정하면서 그와 반대되거나 다른 사실을 덧붙일 때 쓴다.
   동사 + -기 위해서: 어떤 일을 하는 목적을 나타낼 때 쓴다.

13 빈칸 앞의 '다시 말해서'는 앞 문장의 내용을 반복하여 말할 때 사용할 수 있는 표현이다. 따라서 빈칸에는 '탄소 배출을 낮추어 지구 온난화를 막고, 쓰레기 처리 비용을 줄여 자원도 절약'하여 '환경을 보호하고 경제적 이익을 얻을 수 있다'는 내용인 ②가 가장 알맞다.

14 마지막에 박물관 관람도 일정에 포함된다는 설명이 있다. 그러므로 ①이 가장 알맞다.

15 한국의 공공 기관인 구청과 행정복지센터, 보건소, 소방서를 소개하고 있으므로 '한국의 공공 기관'이 제목으로 가장 알맞다.

16 이사를 해서 주소가 달라지면 행정복지센터에 주소가 변경된 것을 알려야 하는데 이를 전입신고라고 한다.

17 ㄱ. 엄마의 여동생은 '이모'라고 부른다.
ㄷ. 아빠의 누나는 '고모'라고 부른다.

18 다른 사람과 돈을 주고받는 거래를 할 때는 계약서를 작성하는 것이 좋다. 계약서는 나와 상대방이 약속한 사실을 확인해 주는 문서이다. 차용증은 계약서에 해당되는데 돈을 거래할 때는 차용증을 작성하는 것이 좋다. 차용증에는 돈을 빌리는 사람과 빌려주는 사람의 이름과 서명, 빌린 돈의 액수, 이자, 돈을 갚을 날짜 등이 기록된다.

19 ① 빈소에 들어갈 때 방명록에 이름을 쓰고 조의금을 낸다.
③ 장례식장에 갈 때는 검은색 옷을 입고 가는 것이 예의이다.
④ 유족을 위로하기 위해 내는 것은 조의금이다.

20 ① 한글은 소리글자이며, 자음과 모음으로 이루어져 있다.
② 한글이 만들어지기 전에는 고유 문자가 없어서 한자를 빌려 썼다.
④ 하늘, 땅, 사람의 모양을 바탕으로 만든 것은 모음자이고, 자음자는 발음 기관의 모양을 본떠 만들었다.

21 허난설헌은 조선 중기 선조 때의 시인으로 남성 중심적인 시대를 살아가는 여성으로서 불행한 자신의 처지에 대해 섬세하게 노래했다. 가정사는 물론 사회적 문제까지 소재로 다루며 여성 한시 문학의 범주를 확장하였으며 훗날 중국, 일본의 문인들에게 칭송받았다. ≪홍길동전≫을 지은 허균의 누나이다.
② 김홍도는 조선 후기 화가이다. 서민들의 생활 모습을 해학적으로 그린 풍속화가 유명하다.
③ 세종대왕은 역사상 가장 훌륭했던 조선 전기 왕이다. 정치·경제·사회·문화의 전반적인 기틀을 잡고 백성들을 위해 한글을 만들었다.
④ 김정호는 조선 후기 지리학자이다. 각종 지리서를 연구하여 대동여지도를 제작했다.

22 ① 집안의 중요한 일을 가족이 함께 결정하는 것은 핵가족이다. (확)대가족은 집안의 중요한 일을 어른이 결정했다.
③ 부모님을 모시고 살며 가족 간의 유대가 깊은 것은 (확)대가족이다. 핵가족은 부모님을 모시고 살지 않으며 각자의 생활을 존중한다.
④ 남편과 아내 모두 일을 해서 돈을 버는 부부는 맞벌이 부부이다. 핵가족은 부부와 아이만 있는 가족이다.

23 ① 집을 계약할 때에는 등기부 등본을 꼭 확인해야 한다.
② 집을 계약할 때에는 집주인과 직접 계약하는 것이 좋다. 부동산 중개업자가 대신 계약하는 경우 사고가 발생할 수 있기 때문이다.
③ 집을 계약하면 이사하는 날 잔금을 지불하고 집 열쇠를 받는다.

24 고조선은 청동기 문명이 발달하면서 만주 지방과 한반도 북쪽의 부족들을 합하여 만든 국가이다.
① 고조선은 기원전 2333년에 단군왕검이 세운 나라이다.
③ ≪삼국유사≫에 고조선의 건국 신화가 전해져 내려오고 있다.
④ 8조법으로 보아 아주 엄격한 사회였음을 짐작할 수 있다.

25 고등학교 과정은 3년으로 무상교육이지만, 의무교육은 아니다. 초등학교와 중학교 과정이 의무교육이다.

26 탄생이나 죽음, 결혼 등 일생에서 중요한 순간에 대하여 특별히 예를 갖추고 기억하기 위해 결혼식, 장례식, 제사, 생일잔치 등의 의례를 치른다.

27 한국에서 프로야구나 프로축구는 대중적으로 인기 있는 운동이다. 경기가 있는 날이면 다양한 도구와 방법으로 응원하는 모습을 볼 수 있다.
① 한류의 인기는 1990년대 말 아시아를 중심으로 시작되었다.
② 한국의 청소년들이 가장 즐겨 듣는 음악 장르는 힙합이나 댄스 음악이다. 반면, 중장년층은 트로트나 발라드를 좋아하는 사람이 많다.
④ 한국은 과거는 물론 오늘날에도 미국, 홍콩, 일본, 중국 등 다양한 나라의 대중문화를 활발하게 수용하고 있다.

28 유교는 조선 시대의 국가 통치 이념이었으며 현재 한국 사회에도 많은 영향을 주고 있다.
① 한국에서 만들어진 고유한 종교는 원불교와 천도교이다.
② 불교는 한국에서 가장 오래된 외래 종교이다.
④ 조선 후기에 한국에 유입된 기독교는 가톨릭과 개신교로 나누어졌다.

29 ② 추석은 음력 8월 15일이며 한가위라고도 불린다. 한 해 동안 농사를 잘 짓게 해 준 것에 대해 조상님께 감사하는 날이다. 햇곡식으로 송편을 만들어 먹고 햇과일도 먹는다. 또 보름달을 보며 소원을 빌기도 한다.
③ 설날은 음력 1월 1일로 새해 첫날이다. 설날에는 떡국을 먹는데, 떡국을 먹으면 나이를 한 살 더 먹는다고 생각한다. 가족과 함께 윷놀이를 하거나 연날리기, 제기차기 같은 놀이를 한다.
④ 정월 대보름은 음력으로 첫 보름달이 뜨는 날이다. 오곡밥과 호두, 땅콩 같은 부럼을 깨문다.

30 〈보기〉의 설명에 해당하는 것은 '선거'이다. 민주주의 국가에서는 선거로 자신의 주권을 행사하는 것이 가장 기본적인 정치 참여 방법 중 하나이다.

31 ㄱ. 한국은 경공업부터 시작하여 중화학공업으로 발전을 이루었다.
ㄹ. 한국의 산업 구조는 제조업과 서비스업이 주축을 이루고 있는 선진국형 구조이다.

32 이사한 날로부터 14일 이내에 새로운 거주지의 행정복지센터에 방문하여 전입 신고를 해야 한다.

33 실업급여는 고용보험의 제도 중 하나로, 직장을 잃은 사람의 생활안정과 원활한 구직 활동을 위해 일정기간 동안 지급되는 급여를 말한다.

34 '이것'은 정당을 말한다. 정당은 정치적 의견이나 주장이 같은 사람들이 모여 정치적 이상을 실현하기 위해 만든 단체이다. 국회의원이나 정치인 외에 일반 국민들도 생각이 같은 정당에 가입하여 활동할 수 있다. 정당은 여론을 형성하고, 국민의 의견을 모아 국회나 정부에 전달하는 일을 한다. 그리고 국민들이 정치에 관심을 가질 수 있도록 선거 운동에 참여하는 등의 역할을 한다.

35 경범죄는 장난전화, 무임승차, 쓰레기 무단 투기 등 다른 죄와 비교했을 때 비교적 가벼운 위법행위를 말한다. 한편 학교폭력은 가해자의 신분이나 장소에 상관없이 학생을 대상으로 하는 모든 신체적·정신적 폭력행위를 의미하므로 경범죄가 아니다.

36 산업재해보상보험은 근로자가 업무상 재해를 입었을 때 이를 보상하기 위해 운영되는 사회보험이다.

귀화용

01 ① 청구권에 대한 설명이다.
③ 사회권에 대한 설명이다.
④ 평등권에 대한 설명이다.

02 한국의 복지 제도
- 사회보험: 평소 보험료를 내고 그 대가를 지급받는 것으로 전 국민을 대상으로 한다. 건강보험, 고용보험, 국민연금, 산업재해보상보험 등이 있다. 그중 고용보험에 가입한 근로자가 실직하여 구직 활동을 하면 지급되는 급여를 실업급여라고 한다.
- 공공부조: 생계가 어려운 국민에게 국가가 최저생활을 보장해 주는 제도이다. 국민기초생활보장제도, 의료급여제도 등이 있다. 그중 '국민기초생활보장제도'에서 기초생활보장대상자에게 현금으로 지급되는 급여를 생계급여라고 한다.

03 ① 예금: 은행에 돈을 맡기고 이자를 받는 것으로, 가장 안전한 자산 관리 방법이다.
② 채권: 정부나 기업이 돈이 필요할 때 발행하는 증서를 구입하는 것으로, 일정 기간이 지난 후에 원금과 약속된 이자를 받을 수 있다.
④ 부동산: 상가나 아파트, 땅 등을 구입하는 것으로, 자신이 산 부동산을 다른 사람에게 빌려주어 임대료를 받거나 부동산의 가격이 올랐을 때 부동산을 팔아 이익을 얻을 수 있다.

04 **인권의 보호**
- 고문의 금지: 피고인을 고문·협박·폭행해서는 안 된다.
- 적법 절차의 원칙: 형사 절차를 진행할 때 정당한 절차에 따라 이루어져야 한다.
- 무죄 추정의 원칙: 피의자나 피고인이 유죄 판결이 나기 전까지는 무죄로 추정한다.
- 변호인의 도움을 받을 권리: 모든 국민은 체포나 구속을 당하는 경우 변호인의 도움을 받을 수 있다. 피고인이 경제적으로 어려워 변호인을 구할 수 없을 때에는 법원이 국가 비용으로 국선 변호인을 선정해 준다.

05 경제적 약자들이 소외되지 않도록 복지 정책을 펼치는 것은 정부의 역할이다.

06 혼인 중 취득한 재산만 법원에 재산 분할을 청구할 수 있다.

07 대안적 분쟁 해결 제도(ADR, Alternative Dispute Resolution)는 법원 소송이 아닌 그 외 갈등해결방법을 통칭한다. 즉, 공정하고 중립적인 제3자의 도움을 받아 소송을 하지 않고 분쟁이나 갈등을 해결하는 제도이다. 대안적 분쟁 해결 제도는 활용 기법에 따라 협상, 조정, 중재로 구분할 수 있는데, 먼저 협상은 갈등 당사자들의 자발적인 합의와 대화로 갈등을 해결한다. 반면 조정은 제3자인 조정자가 갈등 해결에 참여해 조언자 또는 자문의 역할을 수행하며, 최종 결과는 당사자들의 합의로 결정이 난다. 마지막으로 중재는 당사자들의 직접적인 갈등 해결이 아닌 제3자가 당사자들의 동의를 얻어 협상에 개입한 후 해결점에 도달할 수 있도록 도와준다.

08 환율이 하락하면 수출하는 상품의 가격이 상승하여 수출이 감소하고, 수입하는 상품의 가격이 하락하여 수입은 증가한다.

09 공정거래위원회는 시장에 공정한 경쟁 질서를 만들고, 소비자의 주권을 확립하고, 소비자들의 권리를 지키기 위한 활동을 하는 기관이다.

10 한국은 1970년대 경제개발계획으로 급격히 발전하기 시작하였으며, 특히 화학, 석유, 기계 등의 중화학공업의 비중이 매우 높은 편이었다.

작문형

나는 아이들과 자주 국악 공연을 보러 간다. 특히 현악기 소리를 좋아해서 가야금 소리를 들을 때 마음이 편안하다. 사실, 한국에 처음 왔을 때 사람들과 말이 통하지 않아서 오해가 생긴 적이 있었다. 그때 많이 힘들었었는데 우연히 본 국악 공연이 내 마음을 치료해 주었다. 요즘도 힘든 일이 있으면 국악 공연을 보러 간다. 음악은 말이 통하지 않아도 느낄 수 있는 예술이다.

구술시험

01 비정규직이란 사용자와 근로자가 일정한 기간 동안 계약하여 일하는 고용 형태입니다. 대부분의 경우 정규직에 비해 열악한 대우를 받으며 불안정한 고용 환경에 놓여 있습니다.

02 비정규직 문제를 합리적으로 해결하기 위한 정책에는 임금불평등의 개선, 다양한 기업복지 프로그램 개발, 공공 산업복지의 확대, 정규직과 차별하지 않는 환경조성 등이 있습니다.

03 노동삼권이란 근로자의 인간다운 생활을 보장하기 위하여 헌법이 보장하는 세 가지 권리입니다. 노동조합을 결성할 수 있는 단결권, 근로자 단체가 사용자와 교섭을 할 수 있는 단체교섭권, 근로자가 사용자에 대항하여 행동할 수 있는 단체 행동권이 있습니다.

04 국민이 국가에 대해 가져야 하는 기본적인 의무 중 국가나 공공 기관의 유지에 필요한 경비를 보충하기 위해 국민이 세금을 납부하는 의무가 납세의 의무입니다. 세금을 납부하는 것은 국가를 운영하는 데 필수적이며 국가의 안전과 발전을 위해 필요합니다. 만약 국민들이 세금을 내지 않아서 국가가 운영되지 못하면 경찰관, 소방관, 군인 등 국민의 안전을 책임지는 직업들이 사라지게 됩니다. 납세의 의무는 국가와 사회에 대한 책임감을 가지도록 만들어 주기 때문에 납세의 의무를 반드시 이행해야 합니다.

05 청년 실업이 지속되면 청년들의 취업 시기가 늦어지게 됩니다. 그렇게 되면 결혼 시기가 늦어지거나 결혼을 하지 않는 문제도 발생하게 됩니다. 이는 아이를 낳지 않는 저출산 문제로 이어질 수도 있습니다. 결국 일을 할 수 있는 청년 인구가 계속 감소한다면 국가적으로 큰 경제 손실을 얻을 수 있습니다.

부록

제1장 귀화 면접심사 안내
제2장 귀화 면접심사 최신 기출문제

제1장 귀화 면접심사 안내

※ 귀화 면접심사와 관련된 사항은 변동될 수 있습니다. 반드시 사회통합정보망(www.socinet.go.kr)과 하이코리아(www.hikorea.go.kr) 홈페이지에서 관련 정보를 확인해 주시기 바랍니다.

1. 면접심사의 목적

- 외국인 또는 동포들이 대한민국의 일원으로 정착할 수 있도록 돕습니다.
- 대한민국 국민으로서의 자세와 자유·민주적 기본질서에 대한 신념 등의 기본소양과 국어능력을 갖추고 있는지 심사합니다. (국적법 시행규칙 제4조 제4항)

2. 면접심사 방법

- 보통 면접관 2명이 1조로 진행합니다.
- 면접 시간은 짧게는 5~10분, 길게는 20분 정도 걸립니다.
- 면접심사 유형에 따라 당사자뿐만 아니라 가족도 함께 면접심사에 참석하여 질문에 답해야 할 수 있습니다.

---

1. 일반귀화 신청자
   신청자 본인만 출석하여 면접심사에 응하면 됩니다.
2. 간이귀화 신청자(혼인귀화 포함)
   - 혼인을 통한 귀화 신청의 경우 가급적 배우자와 함께 참석합니다. 혼인관계가 위장이 아닌 것을 확인하는 것에 주안점을 두므로 배우자와 동반 출석하여 정상적인 혼인관계임을 적극적으로 진술해야 합니다. 배우자 미동반 시 혼인관계 확인 등의 추가 절차로 처리 기간이 늘어날 수도 있습니다.
   - 혼인을 통한 귀화 신청 시 자녀가 있거나 신청 후에라도 자녀를 출산하여 그 자녀가 입적된 호적등본을 제출한 경우에는 혼인관계가 정상적이라는 사실을 강하게 입증할 수 있으므로 보다 간단하게 허가 여부에 대한 결정이 내려질 수 있습니다.
3. 특별귀화 신청자(아버지 혹은 어머니가 대한민국 국민인 경우)
   특별귀화 신청자는 부모님과 함께 출석해야 하며, 병원 입원 등으로 부모님과 함께 출석할 수 없는 경우에는 불참 사유를 알 수 있는 병원 진단서 등의 서류와 주민등록증을 가지고 출석합니다.
4. 수반취득(부모의 귀화허가 신청 시 미성년 자녀의 동반 국적취득)
   부 또는 모가 귀화허가를 신청할 때 그 자녀가 외국인이고 대한민국 민법에 의해 미성년인 경우, 귀화허가를 신청한 부 또는 모와 함께 국적취득 신청 및 취득이 가능합니다.

3. 면접심사 평가 구성과 본보기 문제

※ 공개되는 면접심사 본보기 문제는 질문의 수준과 범위를 제시하는 가이드입니다. 실제 면접시험에서는 다른 문제가 출제될 수 있습니다.

1. 애국가
   ▶ 애국가 4절 중 1절은 정확히 부를 줄 알아야 합니다.
     (애국가 1절~4절 중 무작위로 부르도록 요구할 수 있습니다.)

2. 한국어 능력
   ▶ 면접관이 제시하는 한국 생활, 전통 문화, 사회적 이슈 등에 대한 지문을 읽고 내용과 관련한 면접관의 질문에 답변합니다.

3. 대한민국 국민의 자세
   ▶ 국경일의 종류와 제정 의의
     예 대한민국에는 많은 국경일이 있습니다. 그중 삼일절은 언제이고, 그 날을 기념하는 이유는 무엇인가?
   ▶ 일상생활에서 지켜야 할 예절
     예 일상생활에서 지켜야 할 예절은 어떤 것이 있는가?
   ▶ 권리와 의무
     예 대한민국 국민의 기본 권리와 의무는 무엇인가?
   ▶ 국가 상징
     예 대한민국을 상징하는 것은 무엇인가?
   ▶ 한국인으로서의 자부심
     예 대한민국 내에서 역사적으로 중요한 장소(유적지)에 대해 설명해 보세요.
   ▶ 대한민국 헌법
     예 헌법 제1조를 말해 보세요.

4. 자유민주적 기본질서의 신념
   ▶ 민주주의의 의미
     예 민주주의 사회에서 국가의 주권은 국민과 정부 중 어디에 있다고 생각하는가?
   ▶ 민주주의의 실현
     예 민주주의를 실현하기 위해 국민들이 정치에 참여할 수 있는 방법으로 무엇이 있는가?
   ▶ 국가 기관의 종류와 역할
     예 범죄를 예방·진압하고 치안을 유지하는 국가 기관은 어디인가?
     예 대한민국의 중앙 행정 기관 중 방역·검역 등 감염병에 관한 사무 및 각종 질병에 관한 조사를 하는 행정 기관은 어디인가?
   ▶ 국민의 의무
     예 다른 나라의 침략을 받을 경우 대한민국 국민이라면 어떻게 행동해야 하는가?

5. 국민으로서 기본소양
   - ▶ 대한민국의 풍습
     - 예 배우자의 부모 등 가족을 부르는 호칭은 무엇인가?
   - ▶ 대한민국의 전통 의식주
     - 예 추석·설날 등 한국 명절을 대표하는 음식이나 전통놀이에 대해 말해 보세요.
   - ▶ 대한민국의 역사
     - 예 독립운동가 유관순에 대해 말해 보세요.
   - ▶ 대한민국의 전통가치와 연고
     - 예 우리나라 대표적인 놀이, 노래, 무예 등에 대해 설명해 보세요.
   - ▶ 생활 상식
     - 예 치아가 아플 때는 어느 병원에 가야 하는가?
6. 예의 및 태도
   - ▶ 단정한 복장 및 면접심사에 임하는 자세, 성실하고 진지한 태도 등을 평가합니다.

4. 면접심사 예상문제

1. 애국가

질문 애국가는 누가 작곡했습니까?
답변 안익태가 작곡했습니다.

질문 애국가 1절을 불러 보세요.
답변 동해물과 백두산이 마르고 닳도록 / 하느님이 보우하사 우리나라 만세 / 무궁화 삼천리 화려 강산 / 대한 사람 대한으로 길이 보전하세.

2. 한국어 능력

※ 이 서약서를 읽어 보세요.

> 나는 대한민국에 귀화함에 있어 대한민국에 충성을 다하고 대한민국의 헌법과 법률이 정한 내용을 준수하여 자유민주적 기본 질서를 수호하고, 평화통일을 지향하며 대한민국 국민으로서의 의무와 책임을 다할 것을 엄숙히 서약합니다.

질문 읽은 서약서의 내용을 이해합니까?
답변 이해했습니다. / 이해하지 못했습니다.

질문 질서, 의무, 책임 등 단어의 뜻은 무엇입니까?
답변 예 질서란 어떤 일의 순서나 차례를 말합니다. 의무는 꼭 해야 하는 업무나 일을 의미합니다. 책임은 맡아서 해야 할 임무나 의무입니다.

질문 서약서에 본인의 성명, 국적, 생년월일, 서명을 직접 하세요.
답변 _____
도움말 한글로 이름, 태어난 곳, 생일을 쓸 수 있어야 합니다.

질문 남편(또는 아내)의 이름도 작성해 보세요.
답변 _____
도움말 한글로 남편(또는 아내)의 이름을 쓸 수 있어야 합니다.

3. 대한민국 국민의 자세

질문 남자가 만 18세 이후 나라를 지키기 위해 가야 하는 곳은 어디입니까?
답변 군대입니다.

질문 나라가 침략을 당했을 때 국민으로서 이행해야 하는 의무는 무엇입니까?
답변 국방의 의무입니다.

질문 전쟁이 일어나면 어떻게 해야 합니까?
답변 나라를 지키기 위해 같이 싸워야 합니다.

질문 한국의 의무교육은 언제까지입니까?
답변 중학교 과정까지입니다.

질문 자녀가 유치원을 졸업하고 꼭 가야 하는 학교는 어디입니까?
답변 초등학교입니다.

질문 다른 사람과 갈등을 겪을 경우에 자기의 생각과 다르면 무조건 반대하는 것이 맞다고 생각합니까?
답변 아니요. 무조건 반대하는 것은 옳지 않고 상대방의 입장도 존중해야 한다고 생각합니다.

질문 삼일절을 국경일로 제정한 이유는 무엇입니까?
답변 3·1 운동의 정신을 계승하여 국민의 애국심을 함양하기 위해 제정한 것입니다.

질문 7월 17일 제헌절은 어떤 날입니까?
답변 헌법을 만든 것을 기념하는 날입니다.

질문 한국이 일본의 식민지에서 벗어나 국권을 회복한 날은 언제이며 뭐라고 부릅니까?
답변 8월 15일, 광복절입니다.

질문 단국이 최초의 민족국가인 고조선을 건국했음을 기념하는 10월 3일의 이름은 무엇입니까?
답변 개천절입니다.

질문 10월 9일 한글날은 어떤 날입니까?
답변 세종대왕이 한글을 만드신 것을 기념하는 날입니다.

질문 대한민국 헌법 제1조를 말해 보세요.
답변 대한민국은 민주공화국이며, 대한민국의 주권은 국민에게 있고 모든 권력은 국민으로부터 나옵니다.

4. 자유민주적 기본질서의 신념

질문 민주주의 사회에서 국가의 주권은 국민과 정부 중 어디에 있다고 생각합니까?
답변 국민에게 있다고 생각합니다.

질문 민주주의 체제에서는 개인의 자유가 허용되는데, 이 자유는 책임이 따르지 않는 무제한적인 자유라고 생각합니까?
답변 아니요. 자유에는 반드시 책임이 따른다고 생각합니다.

질문 민주주의가 무엇입니까?
답변 국민이 나라의 주인인 국가 지도 체제를 말합니다.

질문 한국이 다른 나라의 침략을 받을 경우 어떻게 하시겠습니까?
답변 같이 힘을 합쳐서 싸우겠습니다. 국방의 의무가 국민의 4대 의무 중 하나인 만큼 나라가 위기에 처하면 저의 작은 힘이라도 보태야 한다고 생각합니다.

질문 자유민주주의를 부정하고 무너뜨리려는 행동이 허용된다고 생각합니까?
답변 아니요. 허용되지 않는다고 생각합니다.

5. 국민으로서 기본소양

질문 공공장소에서 아이가 뛰어다니면 어떻게 해야 합니까?
답변 뛰지 못하도록 해야 합니다.

질문 긴급전화 1339는 어디 전화번호입니까?
답변 질병관리청의 전화번호입니다.

질문 2018년 한국에서 동계 올림픽이 열린 장소는 어디입니까?
답변 평창입니다.

질문 한국의 보물 1호와 국보 1호는 무엇입니까?
답변 보물 1호는 흥인지문(동대문), 국보 1호는 숭례문(남대문)입니다.

질문 112는 어디 긴급전화번호입니까?
답변 도둑이나 강도를 만났을 때 신고하는 긴급전화 또는 범죄 신고 전화입니다.

질문 119는 어디 긴급전화번호입니까?
답변 불이 났을 때와 구조를 요청할 때 필요한 긴급전화입니다.

질문 한국에서 올림픽이 처음 열린 연도는 언제입니까?
답변 1988년입니다.

6. 대한민국 국기(태극기)

질문 한국 국기의 이름은 무엇입니까?
답변 태극기입니다.

질문 태극 문양의 의미는 무엇입니까?
답변 민족의 화합과 통일을 의미합니다.

질문 태극기에서 건, 곤, 감, 이의 의미는 무엇입니까?
답변 '건'은 하늘, '곤'은 땅, '감'은 물, '이'는 불의 의미가 있습니다.

7. 대한민국 국화(무궁화)

질문 한국 국화의 이름은 무엇입니까?
답변 무궁화입니다.

질문 무궁화의 뜻은 무엇입니까?
답변 영원히 피고 또 피어서 지지 않는다는 뜻입니다.

8. 대한민국 화폐(돈)

질문 만 원짜리 지폐에 있는 사람은 누구입니까?
답변 세종대왕입니다.

질문 신사임당은 몇 원권에 있습니까?
답변 오만 원권입니다.

질문 십 원짜리 동전에 그려진 탑의 이름은 무엇입니까?
답변 다보탑입니다.

질문 한국의 지폐는 몇 가지입니까?
답변 네 가지입니다. / 오만 원, 만 원, 오천 원, 천 원 총 네 종류가 있습니다.

9. 기타

① 지명

질문 한국의 수도는 어디입니까?
답변 서울입니다.

질문 한국에서 가장 큰 섬은 어디입니까?
답변 제주도입니다.

질문 독도는 어느 나라 땅입니까?
답변 한국 땅입니다.

질문 독도는 어디에 있습니까?
답변 동해에 있습니다.

질문 한국의 서쪽, 남쪽, 동쪽의 바다 이름은 무엇입니까?
답변 서해, 남해, 동해입니다.

② 음식
질문 한국을 대표하는 음식은 무엇입니까?
답변 김치입니다. / 불고기입니다.

질문 된장찌개의 된장은 무엇으로 만듭니까?
답변 콩으로 만듭니다.

질문 밥에 고추장과 각종 채소를 넣고 비벼 먹는 음식은 무엇입니까?
답변 비빔밥입니다.

③ 설날과 추석 그리고 전통 문화
질문 한국의 명절 중 두 가지를 말해 보세요.
답변 설날과 추석입니다.

질문 설날과 추석은 각각 몇월 며칠입니까?
답변 음력 1월 1일, 음력 8월 15일입니다.

질문 설날에 먹는 대표적인 음식은 무엇입니까?
답변 떡국입니다.

질문 추석에 먹는 떡의 이름은 무엇입니까?
답변 송편입니다.

질문 명절에 입는 한국의 전통 의상은 무엇입니까?
답변 한복입니다.

④ 6·25 전쟁(한국전쟁)
질문 6·25 전쟁은 어느 나라가 한국을 침략한 전쟁입니까?
답변 북한입니다.

질문 6·25 전쟁에 대해서 말해 보세요.
답변 1950년 6월 25일에 북한이 남침하여 일어난 전쟁입니다.

⑤ 관공서와 주요 기관

질문 법을 어긴 사람들을 가려 판결하는 기관은 어디입니까?
답변 법원입니다.

질문 물건을 줍게 되면 어디에 알려야 합니까?
답변 경찰서에 알려야 합니다.

질문 주민등록등본, 가족관계등록부 등의 서류를 떼는 곳은 어디입니까?
답변 행정복지센터입니다.

질문 통장을 만들어 돈을 저금하고 전기요금 등을 낼 수 있는 곳은 어디입니까?
답변 은행입니다.

⑥ 그 외

질문 한국에는 어떤 계절이 있습니까?
답변 사계절(봄, 여름, 가을, 겨울)이 있습니다.

질문 유치원과 초·중·고등학교를 갈 수 있는 나이는 각각 언제입니까?
답변 만 3세(유치원), 만 6세(초등학교), 만 12세(중학교), 만 15세(고등학교)입니다.

질문 좋아하는 TV 프로그램이 있습니까?
답변 드라마를 좋아합니다.
도움말 단순히 "모르겠어요.", "TV 안 봐요."라고 대답하는 것보다 뉴스, 음악 프로그램, 한국 연예인 등과 관련하여 구체적으로 말하는 것이 좋습니다.

질문 한국 역사 속 나라 이름을 시대 순으로 말해 보세요.
답변 고조선, 삼국 시대의 신라·고구려·백제, 남북국 시대인 통일 신라와 발해, 고려, 조선입니다.

질문 한국에서 가장 빠른 기차는 무엇입니까?
답변 고속철도인 KTX와 SRT입니다.

⑦ 개인 신상 질문

질문 가족의 이름은 무엇입니까?
답변 남편(또는 아내)의 이름은 ○○○, 아이의 이름은 ○○○입니다.

질문 아기의 출생 신고를 한 곳과 신고한 사람은 누구입니까?
답변 민원센터(읍·면·동 행정복지센터 / 또는 온라인)에서 했고, 남편이 신고했습니다.

질문 시부모님(또는 처부모님)은 계십니까?
답변 네, 계십니다. 성함은 ○○○, ○○○입니다. / 아니요, 안 계십니다.

질문 모국(베트남, 캄보디아 등)에 친정 부모님이 살아계십니까?
답변 네, 살아계십니다. / 아니요, 돌아가셨습니다.

질문 모국(베트남, 캄보디아 등)에서 어디까지 공부를 했습니까?
답변 중학교까지 공부했습니다.

질문 남편의 직업은 무엇입니까?
답변 회사원입니다. / 농부입니다.

5. 기본 질문

한국 국적을 얻으려는 이유를 판단하는 데 목적이 있으므로 한국과 관련된 가장 기본적인 사항을 묻거나, 시험에 출제되었던 내용 중 비교적 짧게 대답할 수 있는 내용에 대해 질문합니다. 앞서 나온 예상문제를 충분히 반복하여 익힌 후 기본 질문에 답해 봅시다.

질문 애국가 1절을 불러 보세요.
답변 _____

질문 국기에 대한 맹세를 외워 보세요.
답변 _____

질문 한국 국기의 이름은 무엇입니까?
답변 _____

질문 한국 국화의 이름은 무엇입니까?
답변 _____

질문 한국에서 사용하는 글자는 무엇입니까?
답변 _____

질문 한국 국적을 얻으려고 하는 이유는 무엇입니까?
답변 _____

질문 가족관계는 어떻게 됩니까?
답변 _____

질문 한국에 온 지는 얼마나 되었습니까?
답변 _____

질문 한국에 들어오기 전 모국에서 하던 일은 무엇입니까?
답변 _____

질문 한국의 어디어디를 여행해 본 적이 있습니까?
답변 _____

질문 한국에 머물면서 가장 어려웠던 점은 무엇입니까?
답변 _____

질문 한국에 머물면서 가장 즐거웠던 점은 무엇입니까?
답변 _____

질문 이순신 장군이 임진왜란 때 만든 배의 이름은 무엇입니까?
답변 _____

질문 주로 이용하는 교통수단은 무엇입니까?
답변 _____

6. 일반 귀화

질문 한국에 온 목적은 무엇입니까?
답변 _____

질문 현재의 직업에 만족하고 있습니까?
답변 _____

질문 한국에 살면서 가장 기억에 남는 것은 무엇입니까?
답변 _____

질문 결혼을 한다면 언제쯤 할 생각입니까?
답변 _____

질문 지금 살고 있는 곳은 어디입니까?
답변 _____

질문 가장 친한 사람은 누구입니까?
답변 _____

질문 가족관계는 어떻게 됩니까? 가족은 어디에 살고 있습니까?
답변 _____

질문 모국으로 돌아가고 싶은 생각이 있습니까?
답변 _____

7. 간이 귀화(혼인의 경우)

혼인관계가 사실인지 거짓인지 판단하는 것이 목적이므로 배우자와 함께 참석하는 것이 좋습니다. 두 명에게 같은 질문을 하는 경우가 많습니다. 배우자 미동반 시 혼인관계 확인 등 추가 절차로 처리 기간이 늘어날 수 있습니다.

질문 배우자의 이름은 무엇입니까?
답변 _____

질문 배우자를 언제, 어디서, 어떻게 만났습니까?
답변 _____

질문 배우자의 생일은 언제입니까?
답변 _____

질문 배우자의 부모님 성함은 무엇입니까?
답변 _____

질문 배우자의 가족관계를 말해 보세요.
답변 _____

질문 배우자의 연봉 혹은 월급은 얼마입니까?
답변 _____

질문 직업이 있다면 무슨 일을 하고 있습니까?
답변 _____

질문 결혼기념일은 언제입니까?
답변 _____

질문 신혼여행은 어디로 다녀왔습니까?
답변 _____

질문 오늘 아침에는 무엇을 먹었습니까?
답변 _____

질문 배우자가 가장 좋아하는 음식은 무엇입니까?
답변 _____

질문 배우자가 담배를 피웁니까? 혹은 주량은 얼마입니까?
답변 _____

질문 지금 살고 있는 집의 주소를 말해 보세요.
답변 _____

질문 결혼 후 계속 함께 생활했습니까?
답변 _____

질문 가족계획은 어떻게 됩니까?
답변

질문 자녀가 있습니까? 몇 명입니까?
답변

질문 주말에는 주로 무엇을 합니까?
답변

8. 간이 귀화(동포 1, 2세 배우자의 경우)

질문 배우자가 한국 국적을 취득한 시기는 언제입니까?
답변

질문 배우자의 직업은 무엇입니까?
답변

질문 배우자의 이름을 말해 보세요.
답변

질문 집의 주소를 말해 보세요.
답변

질문 직업이 있습니까? 무슨 일을 하고 있습니까?
답변

질문 가족관계는 어떻게 됩니까?
답변

질문 자녀가 있습니까? 자녀의 이름은 무엇입니까?
답변

질문 신혼여행은 어디로 다녀왔습니까?
답변

9. 특별 귀화(성년 또는 미성년 친자의 경우)

특별 귀화 신청자는 부모님과 함께 참석해야 합니다. 병원 입원 등으로 부모님과 함께 출석할 수 없는 경우에는 불참 사유를 알 수 있는 병원 진단서 등의 서류와 주민등록증을 가지고 출석해야 합니다.

질문 부모님의 성함은 무엇입니까?
답변 _____

질문 부모님의 직업은 무엇입니까?
답변 _____

질문 부모님의 휴대 전화 번호를 말해 보세요.
답변 _____

질문 학교를 다니고 있다면 몇 학년입니까?
답변 _____

질문 지금 다니고 있는 학교의 이름을 말해 보세요.
답변 _____

질문 가족관계는 어떻게 됩니까?
답변 _____

제2장 귀화 면접심사 최신 기출문제

최신 기출문제는 수험생들의 후기를 바탕으로 사회통합교육연구회에서 복원한 문제입니다. 실제 문제와 다소 차이가 있을 수 있으며, 본 저작물의 무단 전재 및 복제를 금지합니다.

※ 애국가를 부르는 것과 서약서를 읽는 것은 매번 묻는 기본적인 질문이므로 반드시 준비해 두시기 바랍니다.

1. 2011년

- 시어머니는 계십니까?
- 자녀는 있습니까?
- 최종 학력은 어떻게 됩니까?
- 누구와 같이 살고 있습니까?
- 도둑이 집 안에 들어왔을 때 어디에 전화해야 합니까? - 112
- 집에 불이 나면 어디에 전화해야 합니까? - 119
- 삼일절은 무슨 날입니까? - 전 세계에 우리 민족의 자주독립을 선언한 날
- 광복절은 언제입니까? - 8월 15일
- 10월 3일은 무슨 날입니까? - 개천절
- 서쪽에 있는 바다는 서해이고, 남쪽에 있는 바다는 남해라 부릅니다. 그럼 동쪽에 있는 바다는 뭐라고 부릅니까? - 동해
- 가족과 식당에 갔습니다. 내 아이가 식당에서 뛰어 다니면 어떻게 해야 합니까?
- 가족 중 한 사람이 밤 12시에 크게 노래를 부르면 어떻게 해야 합니까?
- 만약 한국에 전쟁이 난다면 어떻게 하겠습니까?
- 6 · 25 전쟁은 어느 나라가 침략한 것입니까? - 북한
- 추석에 먹는 떡의 이름은 무엇입니까? - 송편
- 명절에 입는 한국 고유의 의상을 뭐라고 부릅니까? - 한복
- 밥에 고추장과 야채를 넣고 비벼 먹는 음식은 무엇입니까? - 비빔밥

- 된장찌개에 들어가는 재료는 무엇입니까? - 된장, 고추, 마늘, 두부 등
- 옷을 다림질하는 도구는 무엇입니까? - 다리미
- 독도는 어느 해안에 있습니까? - 동해
- 투표는 왜 해야 합니까?
- 한국 남자는 만 18세 이후 국가를 위해 어디에 갑니까? - 군대
- 은행에 가서 돈을 저금하면 주는 것은 무엇입니까? - 통장
- 한국에서 무슨 일을 합니까?
- 한국 국적을 왜 가지려고 합니까?
- 등본과 같은 서류를 떼는 곳은 어디입니까? - 주민센터
  ※ 2016년부터 주민센터가 행정복지센터로 명칭이 변경되었으므로 참고하여 주시기 바랍니다.
- 외국에서 친구가 한국을 방문한다면 소개하고 싶은 문화재나 유적지는 무엇입니까?

2. 2012년

- 한국에 목화씨를 들여온 인물은 누구입니까? - 문익점
- 병원에서 의사 선생님을 돕는 사람은 누구입니까? - 간호사
- 도봉산은 서울의 어느 구에 있습니까? - 도봉구
- 4·19와 5·18, 그리고 6월 항쟁은 정부가 주도한 운동입니까? 아니면 민주주의 발전을 위한 국민들의 투쟁입니까? - 민주주의 발전을 위한 국민들의 투쟁입니다.
- 귀화하게 된다면 어떤 일을 할 생각입니까?
- 가족관계와 결혼 동기를 말해 보세요.
- 국민의 4대 의무는 무엇입니까? - 납세의 의무, 국방의 의무, 교육의 의무, 근로의 의무
- 3·1 운동의 배경과 의의는 무엇입니까?

참고 3·1 운동

〈배경〉
① 일제 강점기 독립 운동의 지속: 19세기 말 이후 전개된 국권 수호 운동의 연장
② 국내 민족 운동의 변화
    ㉠ 개항 이후: 여러 방향으로 민족 운동 전개 → 민족의 역량을 통합하지 못함
    ㉡ 국권침탈: 민족 내부의 이해 대립에서 벗어나 강력한 민족의 응집력 표출 → 전 민족적인 독립 운동의 여건 마련
③ 해외 독립 운동의 발생
    ㉠ 국제 정세의 변화: 윌슨이 민족 자결주의 제창 → 민족의 독립 운동 자극
    ㉡ 해외 독립 운동 단체: 파리 강화 회의에 대표 파견 → 김부식, 독립운동 자금 모금
    ㉢ 2·8 독립선언: 도쿄에 있는 한국인 유학생들이 조선 청년 독립단을 조직하고 독립선언서와 결의문 발표(1919년)

〈의의〉
① 민족이 하나 되어 전개한 최대 규모의 독립 운동
② 민족의 목표가 완전한 자주 독립이라는 것을 확인시켜 줌
③ 민족을 하나로 묶는 정신적 바탕이 됨

〈영향〉
① 대한민국 임시 정부의 수립: 조직적이고 체계적인 독립 운동의 기틀 마련
② 아시아 각지의 민족 운동에 영향: 중국과 인도에서 대규모 민족 운동 전개

- 개천절의 의의를 말해 보세요. – 우리나라의 건국을 기념하기 위한 날

- 광복절의 의의를 말해 보세요. – 우리나라의 광복을 기념하기 위한 날

- 귀화를 한 뒤 한국이 전쟁 등으로 외부의 침략을 받으면 어떻게 하겠습니까?

- 오만 원권에 있는 초상화의 인물은 누구입니까? – 신사임당

- 북한과 전쟁이 난다면 어떻게 하시겠습니까?

- 한라산이 자리 잡고 있고, 우리나라에서 제일 큰 섬은 어디입니까? – 제주도

- 만 원짜리 지폐에 그려져 있으며, 한글을 만든 인물은 누구입니까? – 세종대왕

- 누가 자신을 계속 때린다면 112에 신고해야 합니까, 같이 때려야 합니까?

- 박물관에 있는 문화재를 만져도 됩니까?

- 아이가 밤 12시에 피아노를 치려고 하면 어떻게 하시겠습니까?

- 한국의 수도는 어디입니까? – 서울

- 대한민국 동해에 위치한 섬으로, 천연보호구역으로 지정된 곳은 어디입니까? – 독도

- 한국이 일본의 식민지에서 벗어난 8월 15일은 무슨 날입니까? - 광복절
- 차를 가지고 왔는데 회식 자리에서 술을 마셨다면 어떻게 하시겠습니까? - 차를 두고 택시를 타거나 대리운전 기사를 부르겠습니다.
- 국가의 주인은 누구입니까? - 국민
- 한국의 의무교육은 몇 년입니까? - 초등학교 6년, 중학교 3년, 총 9년
- 놀이동산에 갔다가 아이를 잃어버렸을 때 어디에 신고해야 합니까?
- 한국의 선거는 어떤 원칙을 기본으로 합니까? - 보통 선거, 평등 선거, 직접 선거, 비밀 선거
- 친척들이 한국에 놀러온다면 어떤 명소를 보여 주고 싶습니까?
- 한국의 국경일에 해야 하는 일은 무엇입니까? - 태극기를 창가나 문가에 답니다.
- 개인과 개인의 다툼을 해결하는 기관이 있는데 그 기관의 이름은 무엇입니까? - 법원

3. 2013년

- 현재 한국의 대통령은 누구입니까?
- 한국은 어떤 나라라고 생각합니까?
- 제헌절이 어떤 날인지 설명해 보세요. - 7월 17일, 대한민국 헌법의 제정과 공포를 기념하는 국경일
- 국민의 4대 의무 중 납세의 의무에 대해 설명해 보세요. - 국가 또는 공공단체의 유지에 필요한 경비를 부담하여야 할 국민의 기본의무
- 한국 국기의 이름은 무엇입니까? - 태극기
- 1950년에 한국은 어느 나라와 전쟁을 했습니까? - 북한
- 민주주의 체제에서 개인의 자유는 책임이 따르지 않는 무한한 자유라고 생각합니까?
- 고향의 국가(國歌)를 불러 보세요.
- 한반도 최초의 국가인 고조선을 세운 인물은 누구입니까? - 단군
- 고향은 어디입니까?
- 전화번호를 안내해 주는 전화번호는 무엇입니까? - 114
- 긴급전화 112와 119의 차이에 대해 설명해 보세요. - 112는 범죄 관련 신고 전화이고, 119는 구조·구급 관련 전화입니다.

- 한국이 일본의 식민지에서 벗어나 국권을 회복한 날은 언제입니까? – 1945년 8월 15일
- 자유민주주의를 부정하고 무너뜨리려는 행동을 해도 됩니까? – 안 됩니다.
- 한국이 다른 나라의 침략을 받는다면 어떻게 해야 합니까?
- 다른 사람의 생각이 자신의 생각과 다르면 무조건 반대하는 것이 맞습니까?
- 박물관이나 극장에서 담배를 피워도 됩니까? – 안 됩니다.

4. 2014년

- 지금은 무슨 계절입니까?
- 한국 돈의 단위는 무엇입니까? – 원(WON)
- 국민의 4대 의무는 무엇입니까? – 국방의 의무, 납세의 의무, 교육의 의무, 근로의 의무
- 설날과 추석에 먹는 음식은 무엇입니까? – 설날: 떡국, 추석: 송편
- 남편의 아버지를 뭐라고 부릅니까? – 시아버지
- 독도는 어디에 있습니까? – 동해 끝에 있는 섬입니다. 울릉도의 동쪽 아래에 있습니다.
- 한국의 광역시는 몇 개입니까? 이름을 말해 보세요. – 총 6개, 부산광역시, 대구광역시, 인천광역시, 광주광역시, 대전광역시, 울산광역시
- 한국 음식 중에서 국물이 있는 음식은 무엇입니까? – 미역국, 김치찌개, 북엇국 등
- 길을 갈 때 무거운 짐을 들고 가는 노인을 발견하면 어떻게 하겠습니까?
- 한국이 통일이 되기를 원합니까? 통일은 어떻게 이루어져야 한다고 생각합니까?
- 한국의 초등학교, 중학교, 고등학교, 대학교 학제는 어떻게 됩니까? – 초등학교 6년, 중학교 3년, 고등학교 3년, 대학교 4년
- 한국은 언제까지 의무교육입니까? – 중학교
- 전쟁이 일어나면 어떻게 할 것입니까?
- 선거의 4원칙은 무엇입니까? – 보통 선거, 평등 선거, 비밀 선거, 직접 선거
- 돈이 많다면 무엇을 하겠습니까?
- 한국을 상징하는 꽃은 무엇입니까? – 무궁화
- 민주주의에 대해 어떻게 생각합니까?
- 아파트에서 밤 10시 이후에 피아노를 쳐도 됩니까? – 안 됩니다.
- 제헌절은 언제입니까? – 7월 17일

- 제헌절은 무엇을 기념하는 날입니까? - 한국의 헌법을 만든 것을 기념하는 날
- 혼인 신고는 어디에서 합니까? - 신고인의 관할 시(구)·읍·면사무소

5. 2015년

- 한국의 교육기관인 초·중·고등·대학교는 각각 몇 년씩입니까? - 초등학교 6년, 중학교 3년, 고등학교 3년, 대학교 4년
- 한국의 독립운동가를 3명 말해 보세요. - 유관순, 안중근, 김구
- 한국을 위해 공을 세운 장군을 2명 말해 보세요. - 김유신, 이순신
- 한라산 국립공원이 있는 섬의 이름은 무엇입니까? - 제주도
- 한국의 문화재 3가지를 말해 보세요. - 숭례문, 불국사, 경복궁
- 한국의 4대 보험은 무엇입니까? - 국민연금, 건강보험, 고용보험, 산업재해보상보험
- 북한의 정치 체제는 무엇입니까? - 일당 독재 체제
- 한국에서 평야가 많은 도는 어디입니까? - 전라도
- 통일 시 남한 정치 체제와, 북한 정치 체제 중 어느 쪽으로 통일이 되어야 합니까?
- 주위에서 북한을 찬양할 때 동조할 것입니까? - 아니요.

6. 2016년

- 한국에 온 지 몇 년 되었나요?
- 2018년 동계 올림픽이 열리는 장소는 어디입니까? - 강원도 평창
- 북한 사람들이 남한으로 오는 이유가 무엇이라고 생각합니까? - 자유로운 민주주의 생활의 기회를 얻기 위해
- 파업에 대해 어떻게 생각합니까?
- 고구려, 신라, 백제가 함께 있던 시기를 무엇이라고 부릅니까? - 삼국 시대
- 6월 6일 현충일의 의미를 말해 보세요. - 나라를 위해 목숨 바친 분들을 추모하는 날
- 한국 국화는 무엇입니까? - 무궁화
- 한국의 4대 보험을 말해 보세요. - 국민연금, 건강보험, 고용보험, 산업재해보상보험
- 한국 최고 법원으로, 최종 판결을 내리는 곳은 어디입니까? - 대법원

- 위안부에 대해 일본은 지금 어떠한 태도를 취하고 있습니까?
- 국민의 4대 의무를 말해 보세요. - 국방의 의무, 납세의 의무, 교육의 의무, 근로의 의무
- 의무교육은 총 몇 년입니까? - 초등학교 6년, 중학교 3년, 총 9년
- 독도는 어느 바다에 있습니까? - 동해
- 대성학교를 지은 독립운동가는 누구입니까? - 안창호
- 고려를 세운 왕은 누구입니까? - 태조 왕건
- 매년 음력 8월 15일인, 한가위라고도 불리는 명절은 무엇입니까? - 추석

7. 2017년

- 월급에 따라 내는 세금은 무엇입니까? - 소득세
- 한국 법이 제정되는 곳은 어디입니까? - 국회
- 국민의 4대 의무를 말해 보세요. - 국방의 의무, 납세의 의무, 교육의 의무, 근로의 의무
- 남북이 평화통일이 될 경우 좋은 점은 무엇입니까?
- 한국 4대문을 말해 보세요. - 흥인지문(동대문), 숭례문(남대문), 숙청문(북대문), 돈의문(서대문)
- 친척들이 한국에 놀러온다면 어디를 소개하겠습니까?
- 지금 무슨 일을 하고 있습니까?
- 학교는 어디까지 다녔습니까?
- 요즘 환경 오염이 심각해지고 있는데 환경 오염을 줄이기 위해서 가정에서 할 수 있는 일은 무엇입니까? - 일회용품 줄이기, 분리수거하기 등
- 10월 9일은 무슨 날입니까? - 한글날
- 조선 시대에 왕에게 알리기 위해서 백성들이 두드린 것은 무엇입니까? - 신문고
- 1960년에 일어난 민주주의 운동은 무엇입니까? - 4·19 혁명
- 목민심서의 저자는 누구입니까? - 정약용
- 결혼을 했다면 아이가 있습니까? 아이는 몇 명입니까?
- 한국을 대표하는 운동으로, 몸과 마음을 단련할 수 있으며 올림픽 종목으로도 채택된 운동은 무엇입니까? - 태권도
- 독도가 있는 바다는 어디입니까? - 동해

- 3월 1일에 한 독립운동을 기념하는 날은 무엇입니까? - 삼일절
- 광복절은 어떤 날입니까? - 1945년 8월 15일 일본으로부터 독립한 것을 기념하는 날
- 외국인들이 한국에 오면 출입국·외국인청에서 발급받는 것은 무엇입니까? - 외국인등록증
- 한국에 공을 세운 장군을 말해 보세요. - 이순신 장군, 강감찬 장군 등
- 한국에 와서 좋은 점을 말해 보세요.
- 한국의 4대 사회보험을 말해 보세요. - 국민연금, 건강보험, 고용보험, 산업재해보상보험
- 국경일을 아는 대로 말해 보세요. - 삼일절, 제헌절, 광복절, 개천절, 한글날
- 국적을 따려고 하는 이유는 무엇입니까?
- 서울을 지나가는 강의 이름은 무엇입니까? - 한강
- 은행에서 많은 금액을 찾을 때 부피와 무게를 줄이기 위해 지폐 대신 주는 것은 무엇입니까? - 수표
- 한국의 6개 광역시는 무엇입니까? - 부산광역시, 인천광역시, 대구광역시, 대전광역시, 광주광역시, 울산광역시

8. 2018년

- 5년에 한 번 선거를 통해 선출하는 한국의 국가원수는 누구입니까? - 대통령
- 대통령이 임기 중에 자리를 비웠을 때 사무를 대신하는 사람은 누구입니까? - 국무총리
- 지하철과 버스를 이용할 때 주의해야 할 점을 말해 보세요. - 사람이 내리면 탑니다. 내릴 곳을 잘 보고 내립니다. 노약자가 있으면 자리를 양보합니다. 시끄럽게 떠들지 않습니다.
- 남편의 여동생을 뭐라고 부릅니까? - 아가씨
- 오천 원권의 인물은 누구입니까? - 율곡 이이
- 전화로 이름, 주민번호 등을 묻고 이를 악용하여 범죄 행위를 하는 것을 무엇이라고 합니까? - 보이스피싱
- 1953년 7월에 정전협정을 체결한 장소는 어디입니까? - 판문점
- 중국 상하이에 대한민국 임시 정부를 세운 인물은 누구입니까? - 김구
- 조선을 세운 왕은 누구입니까? - 태조 이성계
- 경복궁에서 고기를 구워먹거나 나무에 올라타는 행동이 옳다고 생각합니까?
- 세종 때 만들어진 것으로 비의 양을 측정할 수 있는 기구는 무엇입니까? - 측우기

- 한국을 위해 목숨을 바친 분들을 추모하는 날은 언제입니까? - 6월 6일 현충일
- 10월 3일은 무슨 날입니까? - 개천절
- 통장을 다른 사람에게 빌려줘도 됩니까? - 안 됩니다.
- 본인의 집 주소를 말해 보세요.
- 유교사상, 한문 등으로 한국에 큰 영향을 준 나라는 어디입니까? - 중국
- 수능이나 중요한 시험이 있을 때 선물하는 것들에는 무엇이 있습니까? - 찹쌀떡, 엿, 휴지, 포크 등
- 청동기 시대 우두머리의 무덤으로 세계문화유산에 등록된 것은 무엇입니까? - 고인돌
- 안전을 지키고 안전의식을 독려하기 위한 안전점검의 날은 언제입니까? - 매월 4일
- 한국의 명절과 공휴일을 4개 이상 말해 보세요. - 명절: 설날, 추석, 정월 대보름, 단오 / 공휴일: 삼일절, 어린이날, 현충일, 광복절, 개천절 등
- 민주선거의 4대 원칙 중 국민이 뽑고 싶은 입후보자에게 직접 투표하는 선거 원칙은 무엇입니까? - 직접 선거
- 국가 기관을 입법부, 행정부, 사법부 3개로 나누어 상호 간 견제를 통해 균형을 유지하고, 권력의 집중과 남용을 방지하는 제도는 무엇입니까? - 삼권분립

9. 2019년

- 고대 삼국을 통일한 나라는 어디입니까? - 신라
- 1919년 4월에 중국 상하이에서 이승만, 김구 등을 중심으로 대한민국 광복을 위해 임시로 조직한 정부의 명칭은 무엇입니까? - 상해(상하이) 임시 정부
- 한국에서 특별자치도인 지역은 어디입니까? - 제주특별자치도
- 세종 때 만든 세계 최초의 우량계 이름은 무엇입니까? - 측우기
- 조기를 게양하는 날은 언제입니까? - 현충일, 국장 기간, 국민장일 등
- 임신, 출산, 아이 돌봄 등 정부에서 지원하는 국가 바우처를 한 장으로 이용할 수 있는 카드는 무엇입니까? - 국민행복카드
- 신체, 거주의 이전, 종교 선택, 사유 재산권을 행사할 수 있는 권리는 무엇입니까? - 기본권
- 현재 한국 최대 교역국은 어디입니까? - 중국

- 경기도 파주의 군사 분계선에 걸쳐 있는 마을로, 1953년 정전협정이 조인된 곳의 이름은 무엇입니까? - 판문점
- 애국가를 1절부터 4절까지 부를 때, 반복하여 등장하는 한국의 상징은 무엇입니까? - 무궁화
- 일자리와 복지, 서민금융의 상담과 지원을 한 곳에서 편리하게 받을 수 있는 고용노동부 산하 공공 기관의 이름은 무엇입니까? - 고용복지센터
- 고구려가 멸망한 이후 대조영이 고구려 유목민들을 이끌고 옛 고구려 땅인 만주에 건국한 나라의 이름은 무엇입니까? - 발해
- 만 18세가 되면 누구나 선거에 참여할 수 있는 선거 원칙은 무엇입니까? - 보통 선거
- '코리아'라는 이름이 세계에 널리 알려지게 된 시기는 언제입니까? - 고려 시대(고려 시대에 다른 나라와 교류를 활발히 하면서 고려라는 이름이 알려지게 됨)
- 대한민국의 4대 명절을 말해 보세요. - 설날, 한식, 단오, 추석

10. 2020년

- 지금 어디에 살고 있는지 말해 보세요.
- 대중교통을 이용할 때 사용하는 카드를 뭐라고 합니까? - 교통카드
- 국민의 기본권을 4가지만 말해 보세요. - 평등권, 자유권, 참정권, 청구권, 사회권
- 3·1 운동을 이끈 여성 독립운동가의 이름을 말해 보세요. - 유관순
- 결혼식에 축하하는 의미로 내는 돈은 무엇입니까? - 축의금
- 개천절은 언제이며 무슨 날입니까? - 10월 3일이고 고조선의 건국 기념일입니다.
- 부동산에 관한 권리 관계가 적힌 공적인 문서는 무엇입니까? - 등기부 등본
- 남편의 아이와 남편 형제의 아이는 몇 촌입니까? - 사촌
- 조선의 첫 번째 왕은 누구입니까? - 이성계
- 대학 입학을 위해 학생들이 보는 시험은 무엇입니까? - 수능(대학수학능력시험)
- 조선 시대 발명품으로 비의 양을 측정하는 것은 무엇입니까? - 측우기
- 국가 권력을 나누어 갖는 3개 기관을 말해 보세요. - 입법부, 행정부, 사법부
- 소송 과정에서 법률 전문가의 도움을 받기에는 금전적으로 어려움이 있을 때 어디에 도움을 요청할 수 있습니까? - 대한법률구조공단
- 대통령이 속한 당은 여당이라고 합니다. 여당 외의 당을 통틀어 뭐라고 합니까? - 야당

- 샅바나 띠, 바지의 허리춤을 잡고 상대를 먼저 넘어뜨리면 이기는 운동 경기는 무엇입니까?
  - 씨름
- 해인사 장경판전에 보존된, 세계에서 가장 오래된 대장경판은 무엇입니까? - 팔만대장경

11. 2021년

- 아이를 낳을 계획이 있습니까? 아이를 낳는다면 몇 명이나 낳고 싶습니까?
- 일제 강점기 독립운동을 했던 독립운동가 3명을 말해 보세요. - 유관순, 김구, 안중근, 이봉창, 윤봉길 등
- 한국에서 쓰이는 지폐로 무엇이 있습니까? - 천 원권, 오천 원권, 만 원권, 오만 원권
- 남북통일이 되면 좋은 점은 무엇이 있습니까?
- 독도는 어느 나라의 영토입니까? - 대한민국의 영토입니다.
- 한국에서 노벨평화상을 받은 사람은 누구입니까? - 김대중 전 대통령
- 훈민정음을 만들고 여러 가지 과학 발명품을 만든 왕은 누구입니까? - 세종대왕
- 한국에서 가 본 여행지 중에서 부모님을 모시고 가고 싶은 곳이 있습니까?
- 한국 전통 옷의 이름은 무엇입니까? - 한복
- 김치에 대해 설명해 보세요.

12. 2022년

- 흥선 대원군은 프랑스와 미국 두 나라와 전쟁을 치른 다음, 서양과는 절대 외교를 맺지 않겠다는 내용을 알리는 비석을 세웠습니다. 이 비석의 이름은 무엇입니까? - 척화비
- 지용이가 산에 가서 쓰레기를 함부로 버리지 않았습니다. 이는 어떤 의무에 해당됩니까?
  - 환경보전의 의무
- 업무상으로는 독립된 행정부의 최고 감사 기관이자 국민이 낸 세금이 제대로 쓰이는지 조사하고 행정 기관 및 공무원의 직무를 감찰하는 기관은 어디입니까? - 감사원
- 날씨가 무더운 여름 중 삼복(초복, 중복, 말복)에 먹는 한국 음식은 무엇입니까? - 삼계탕
- 한국전쟁이 일어난 연, 월, 일을 말해 보세요. - 1950년 6월 25일
- 장애인을 위해 만든 주차구역은 무엇입니까? - 장애인 주차구역

- 어린이날을 만든 사람은 누구입니까? - 방정환
- 삼국 중 한강 유역에서 가장 빨리 발전한 나라는 어디입니까? - 백제
- 만 6세가 되면 반드시 학교에 가야 하는 것은 어떤 의무에 해당됩니까? - 교육의 의무
- 대중교통 이용 시 지켜야 할 질서에는 무엇이 있습니까? - 줄 서기, 노약자 배려하기, 큰 소리로 떠들지 않기 등
- 선거에 참여할 수 있는 외국인의 조건은 무엇입니까? - 영주권을 얻은 지 3년이 지난 외국인으로서 해당 지방자치단체의 외국인 등록대장에 올라있는 외국인은 체류지가 있는 지방자치단체에서 투표할 수 있음
- 국민 주거생활의 안정을 보호하기 위해서 제정된 법률로, 주거 목적의 건물 임대차에 적용되는 법은 무엇입니까? - 주택임대차보호법
- 한 사건에 대하여 세 번 재판받을 수 있는 제도는 무엇입니까? - 삼심제도
- 알고 있는 한국의 신문사 이름을 모두 말해 보세요. - 조선일보, 동아일보, 중앙일보, 매일경제
- 인적자원개발 및 학교교육 등의 업무를 보는 행정부처는 무엇입니까? - 교육부
- 개인 간의 분쟁을 해결해 주는 재판은 무슨 재판입니까? - 민사재판
- 지리학자이며, 대동여지도를 만든 사람은 누구입니까? - 김정호
- 함경남도·함경북도와 중국의 길림성이 접하는 국경에 걸쳐 있는, 우리나라에서 가장 높은 산의 이름은 무엇입니까? - 백두산
- 다른 사람의 죽음에 대하여 슬퍼하는 뜻을 드러내기 위하여 장례식장에 가는 것을 무엇이라고 합니까? - 조문, 문상
- 한 명의 소리꾼이 고수(북치는 사람)의 음악에 맞추어 이야기를 풀어내는 한국 전통 음악이자 연극은 무엇입니까? - 판소리

13. 2023년

- 헌법 제1조 제1항과 제2항을 말해 보세요. - 제1항 대한민국은 민주공화국이다. / 제2항 대한민국의 주권은 국민에게 있고, 모든 권력은 국민으로부터 나온다.
- 6·25와 관련된 것을 3가지 말해 보세요. - 비무장지대(DMZ), 휴전선, 현충일
- 사대문의 옛 이름은 무엇입니까? - 흥인지문(동대문), 돈의문(서대문), 숭례문(남대문), 숙정문(북대문)

- 임진왜란의 3대 대첩을 이끈 장군의 이름과 3대 대첩의 이름을 모두 말해 보세요. - 이순신 장군, 권율 장군, 김시민 장군 / 한산도대첩, 행주대첩, 진주대첩
- 선거와 국민투표의 공정한 관리 및 정당에 관한 사무를 관장하기 위하여 설치된 헌법기관의 이름은 무엇입니까? - 선거관리위원회
- 나와 아버지 형제자매의 아들이나 딸과의 촌수는 몇 촌입니까? - 사촌
- 신문고와 관련된 악기는 무엇입니까? - 북
- 대학 입학을 위해 치르는 시험은 무엇입니까? - 대학수학능력시험(수능)
- 국가기관과 국민 사이에 분쟁 발생 시 헌법을 수호하고 국민의 기본권을 보호하는 기관은 무엇입니까? - 헌법재판소
- 대한민국에서 가장 높은 산이며, 제주도에 있는 이 산의 이름은 무엇입니까? - 한라산
- 남북관계가 개선된 것과 약화된 것을 1가지씩 말해 보세요. - 남북정상회담 개최, 개성공단 폐쇄로 경제 협력 약화
- 한국에서는 생일 때 이것으로 국을 끓여 먹습니다. 이것은 무엇입니까? - 미역
- 정약용이 집필한 책으로, 공직자가 가져야 할 올바른 마음가짐과 자세에 대한 내용을 담은 책의 이름은 무엇입니까? - 목민심서
- 전라도에 음식 문화가 발달한 이유는 무엇입니까? - 기름진 평야와 해산물 및 농산물이 풍부한 지리적 위치이기 때문입니다.
- 혼인 신고를 하기 위해서는 어디에 가야 합니까? - 신고인의 등록기준지 또는 주소지 관할 시(구)·읍·면의 사무소나 가족관계등록사무소에서 할 수 있습니다.
- 대한민국 국민의 국적 취득과 자격 상실을 규정한 법률은 무엇입니까? - 국적법
- 현재 한국과 남북국 시대의 공통점은 무엇입니까? - 분단 시대
- 한국의 세계문화유산 3가지를 말해 보세요. - 수원화성, 한국의 서원, 한국의 갯벌
- 한국의 사회보험 3가지를 말해 보세요. - 국민연금, 건강보험, 산업재해보상보험(산재보험)
- 민주주의 사회에서 중요한 기본 권리로 어떤 일에 대한 반대나 지지를 나타내는 시위와 함께 여러 사람이 어떤 목적을 위해 일시적으로 모이는 모임은 무엇입니까? - 집회
- 삼흥학교를 세우는 등 인재양성에 힘을 썼으며, 이토 히로부미를 사살한 독립운동가의 이름은 무엇입니까? - 안중근 (의사)

- 법원의 판결에 따라 집행을 담당하고, 판결을 받고 들어온 범죄자들을 교정하는 등의 업무를 수행하는 중앙행정기관은 어디입니까? - 법무부
- 성별, 학력 등에 관계없이 누구나 똑같이 한 표씩 행사할 수 있는 선거 제도는 무엇입니까? - 평등 선거
- 국민의 기본 의무 중 부지런히 일을 해야 하는 의무는 무엇입니까? - 근로의 의무
- 김구가 한인 애국단을 조직하여 양성한 독립운동가의 이름은 무엇입니까? - 이봉창 (의사), 윤봉길 (의사)
- 저소득층이 기본적인 생활을 보장받도록 하고, 자활을 돕는 것을 목적으로 하는 사회보장제도는 무엇입니까? - 국민기초생활보장제도
- 의사 결정을 할 때 다수의 의견에 따라 전체 의사를 결정하는 민주 정치의 원리는 무엇입니까? - 다수결의 원리(원칙)

14. 2024년

- 유치원이나 초등학교 등 주변 도로에 어린이를 보호하기 위하여 필요하다고 지정하는 것은 무엇입니까? - 어린이 보호 구역
- 1919년 중국 상하이에서 독립운동가들이 세운 정부는 무엇입니까? - 대한민국 임시정부
- 예기치 못한 사고가 발생했을 때 의료서비스를 제공받을 수 있는 사회보험은 무엇입니까? - 건강보험
- 국가로부터 불합리한 차별을 받지 않을 권리는 어떤 권리입니까? - 평등권
- 국가의 통치 조직과 운영 원리를 정하고, 국민의 기본권을 보장하는 최고기본법은 무엇입니까? - 헌법
- 8월 15일 일본으로부터 해방되어 대한민국 정부수립을 축하하는 날은 어떤 날입니까? - 광복절
- 국가기관과 국민 사이에 분쟁 발생 시 헌법을 수호하고 국민의 기본권을 보호하는 기관은 무엇입니까? - 헌법재판소
- 1980년 5월 18일 광주 시민들이 군사독재와 통치를 반대하고 민주화를 요구하는 시위와 투쟁을 한 운동은 무엇입니까? - 5·18 민주화 운동
- 어린이들이 바르고 씩씩하게 자라날 수 있도록 만든 기념일은 무엇입니까? - 어린이날
- 왕건이 후삼국을 통일하고 세운 나라는 무엇입니까? - 고려

- 모든 금융거래 시 실제 본인의 이름으로 거래하도록 만든 제도는 무엇입니까? - 금융실명제
- 신라 시대 때 세워진 천문대로 동양에서 가장 오래된 천문대의 이름은 무엇입니까? - 첨성대
- 각종 경제·사회 통계 및 분석, 통계 정보의 처리와 관리 등에 관한 일을 담당하는 기관은 어디입니까? - 통계청
- 개인 간의 분쟁이 잘 해결되지 않을 때 법을 통해 분쟁을 해결해야 합니다. 이 방법은 무엇입니까? - 소송
- 세계기록유산이란 무엇을 말합니까? - 역사서나 책 등 세계적으로 귀중한 기록물
- 유명한 한국의 방송사 이름을 3개 말해 보세요. - KBS, MBC, SBS
- 아내와 남편이 모두 직장생활을 하는 것을 무엇이라고 부릅니까? - 맞벌이 부부
- 목이나 귀, 코가 아프면 어떤 병원을 가야 합니까? - 이비인후과
- 집주인에게 매달 일정한 돈을 내고, 집이나 방을 빌려 쓰는 형태는 무엇입니까? - 월세
- 운전하고 있는데 신호등의 불이 빨간색으로 바뀌면 어떻게 해야 합니까? - 차를 멈춥니다.

15. 2025년

- 박혁거세가 세운 나라이며, 삼국 중 가장 발전이 늦었던 나라지만 후에 고구려, 백제를 통일한 나라의 이름은 무엇입니까? - 신라
- 의사 결정 시 다수의 의견에 따라 전체 의사를 결정하는 민주 정치의 원리는 무엇입니까? - 다수결의 원리
- 선거의 4대 원칙 중 성별, 학력, 교육 수준 등에 관계없이 누구나 똑같이 한 표씩 행사해야 한다는 선거 원칙은 무엇입니까? - 평등 선거
- 상하이 훙커우 공원에서 열린 기념식에 폭탄을 던진 독립운동가는 누구입니까? - 윤봉길 (의사)
- 모든 국민은 법 앞에 성별, 종교 등을 이유로 정치·경제·사회·문화 생활 전반에서 차별받지 않을 권리를 지닙니다. 이 기본권은 무엇입니까? - 평등권
- 은행에서 모든 금융거래 시 실제 본인의 이름으로 거래하도록 만든 제도는 무엇입니까? - 금융실명제
- 국민의 건강과 삶의 질 제고를 위한 정책 및 사무를 관장하는 중앙행정기관은 어디입니까? - 보건복지부
- 한국전쟁이 일어난 연도와 월, 일을 모두 말해 보세요. - 1950년 6월 25일

- 한국의 의무교육은 언제까지입니까? – 중학교까지
- 현충일은 언제입니까? – 6월 6일
- 고려를 세운 왕은 누구입니까? – 태조 왕건
- 1485년 성종 때 완성되었으며, 조선 시대 국가 통치의 기준이 된 최고 법전은 무엇입니까? – 경국대전
- 장애를 이유로 한 차별을 금지하고 장애로 인해 차별받은 사람의 권익을 구제하는 법은 무엇입니까? – 장애인차별금지법
- 남의 돈이나 물건을 빌리는 것을 증명하는 문서는 무엇입니까? – 차용증
- 조선 시대 백성이 억울하게 당한 일을 해결하기 위해 대궐 밖에서 치던 북은 무엇입니까? – 신문고
- 3심의 마지막 판결을 내리는 곳은 어디입니까? – 대법원
- 한 세대가 하나의 건축물 안에서 독립된 주거 생활을 하는 구조로 된 주택을 무엇이라고 합니까? – 단독주택
- 한 가문의 계통과 혈통 관계를 적어 기록한 것은 무엇입니까? – 족보
- 고조선에서 남에게 상처를 입힌 자는 곡식으로 갚아야 한다는 법은 무엇입니까? – 8조법
- 한인 애국단의 일원으로 일본 국왕이 탄 마차에 폭탄을 던졌으나 실패하고 검거되어 순국한 독립운동가는 누구입니까? – 이봉창 (의사)
- 남의 죽음에 대하여 슬퍼하는 뜻을 드러내어 상주를 위문하는 것은 무엇입니까? – 문상
- 만 18세가 되면 누구나 투표에 참여할 수 있는 선거 제도는 무엇입니까? – 보통 선거
- 문학·예술 등 창작물에 대해 그것을 만든 이가 가지는 권리는 무엇입니까? – 저작권
- 노동 삼권이 필요한 이유는 무엇입니까? – 노동자의 인간다운 생활을 보장하기 위해서
- 저소득층의 생계를 보장해 주고, 자립을 돕는 것을 목적으로 하는 사회보장제도는 무엇입니까? – 국민기초생활보장제도
- 국가의 공권력에 의해 국민의 기본권이 침해된 경우 헌법재판소에 기본권의 구제를 청구하는 제도는 무엇입니까? – 헌법소원
- 대통령과 국무총리의 지휘를 받아 법무부, 교육부, 외교부 등 각 부처에서 일을 맡아 보는 책임자는 누구입니까? – 장관

- 안창호는 독립운동가로서 청년의 교육과 민족정신을 기르는 데 힘쓰며 학교를 설립하였는데 이 학교의 이름은 무엇입니까? - 대성학교
- 국민이 국가에 내는 모든 세금이 잘 쓰이고 있는지 관리하고 확인하는 기관은 어디입니까? - 감사원
- 개인이나 법인이 국가나 지방 공공단체에 세금을 내야 하는 의무는 무엇입니까? - 납세의 의무
- 범죄 사건을 수사하고, 범죄 여부를 판단하기 위해 피의자를 법원에 기소하는 일을 담당하는 사람은 누구입니까? - 검사
- 국민의 대표로 구성한 입법 기관으로, 법을 만들거나 고치는 일을 하는 곳은 어디입니까? - 국회
- 어떤 사건에 대해 이미 판결이 확정되면 그 사건을 다시 재판할 수 없다는 원칙은 무엇입니까? - 일사부재리 원칙
- 집을 계약한 문서가 해당 날짜에 완전한 증거력이 있다고 법률에서 인정하는 일자는 무엇입니까? - 확정일자
- 휴전선을 중심으로 군인이나 무기를 배치하지 않도록 약속한 곳은 어디입니까? - 비무장지대
- 3·1 운동 후 중국 상하이 임시 정부 조직에 참여했고, 1944년 임시 정부 주석으로 선임되었던 인물은 누구입니까? - 김구
- 임진왜란 때, 수군을 이끌고 한산도 대첩과 명량 대첩, 노량 해전에서 왜군을 물리친 공을 세우고 전사한 인물은 누구입니까? - 이순신 장군
- 국민의 질병·부상에 대한 예방·진단·치료·재활과 출산·사망 및 건강 증진에 대하여 보험 급여를 지급하는 기관은 어디입니까? - 국민건강보험공단

**2026 시대에듀 사회통합프로그램
종합평가 영주용 · 귀화용 한 권으로 끝내기**

개정8판1쇄 발행	2026년 01월 05일 (인쇄 2025년 10월 01일)
초 판 발 행	2018년 04월 05일 (인쇄 2018년 02월 21일)
발 행 인	박영일
책 임 편 집	이해욱
편 저	사회통합교육연구회
편 집 진 행	구설희 · 곽주영
표지디자인	조혜령
본문디자인	김휘주 · 최미림
발 행 처	(주)시대고시기획
출 판 등 록	제10-1521호
주 소	서울시 마포구 큰우물로 75 [도화동 538 성지 B/D] 9F
전 화	1600-3600
팩 스	02-701-8823
홈 페 이 지	www.sdedu.co.kr
I S B N	979-11-383-9909-8 (13300)
정 가	22,000원

※ 이 책은 저작권법의 보호를 받는 저작물이므로 동영상 제작 및 무단전재와 배포를 금합니다.
※ 잘못된 책은 구입하신 서점에서 바꾸어 드립니다.

70,949
사회통합프로그램 참여자 현황
- 법무부 출입국 통계(2024년 기준)

CBT 모의고사, 이제 선택이 아닌 필수!

※ CBT 모의고사는 쿠폰 등록 후 30일 이내에 사용 가능합니다.

| CBT 모의고사 | 사회통합프로그램 종합평가 한 권으로 끝내기 | 3회 무료쿠폰 | 영주용 ZZQI-00000-D577A
귀화용 ZZQJ-00000-4B1EA |

응시 방법
- 01 시대에듀 합격시대 — www.sdedu.co.kr/pass_sidae_new
- 02 쿠폰 입력하고 모의고사 받자 — 우측 상단배너 클릭!
- 03 쿠폰 등록하기 — 쿠폰 번호 입력!

시대에듀 www.sdedu.co.kr/pass_sidae

진정한 한국인이 되기 위한
합격의 공식

POINT 1 어휘력 향상을 위한 가장 효율적인 방법

어휘로 기초 다지기 + **문법으로 실력 다지기**

- 체계적으로 익히는
  쏙쏙 한국어 어휘왕 TOPIK Ⅰ·Ⅱ

- 한국어 선생님과 함께하는
  TOPIK 한국어 문법 Ⅰ·Ⅱ

POINT 2 출제 경향에 맞추어 공부하는 똑똑한 학습법

핵심 이론 + **실전 모의고사** + **최신 기출문제 수록**

- 영역별 무료 동영상 강의로 공부하는
  TOPIK Ⅰ·Ⅱ 한 번에 통과하기, 실전 모의고사, 쓰기, 말하기 표현·읽기 전략·쓰기 유형 마스터, 기출 유형 문제집

- 저자만의 특별한 공식 풀이법으로 공부하는
  TOPIK Ⅰ·Ⅱ 단기완성

검색창에 **시대에듀** 를 검색해 보세요.

당신이 진정한 한국인이 되기까지 항상 함께하겠습니다.

POINT 3 빠른 국적 취득을 위한 남다른 전략

실전 모의고사 ➕ 최신 기출 유형 반영

- 법무부 공인 교재를 완벽 반영한
  사회통합프로그램 사전평가·중간평가·종합평가 실전 모의고사

- 1단계부터 3단계까지 빠르게 합격하는
  사회통합프로그램 단계평가 1·2·3 단계별 실전 모의고사

POINT 4 목적에 따라 공부하는 특별한 학습법

핵심 이론 실전 모의고사 최신 기출 유형 반영

- 법무부 공인 교재를 완벽 반영한
  사회통합프로그램 사전평가 단기완성, 종합평가 한 권으로 끝내기

- 어려운 면접심사·구술시험·작문시험의 완벽 대비를 위한
  귀화 면접심사 & 사회통합프로그램 구술시험 기출분석,
  사회통합프로그램 중간평가·종합평가 작문시험 완전 정복

※ 도서의 이미지 및 구성은 변경될 수 있습니다.

사각사각 매일 쓰는 한국어 일기 한 조각

지루한 한국어 글쓰기는 이제 그만!

매일 다양한 주제를 읽으며,
선생님의 글쓰기 Tip을 따라 꾸준히,
매일 조금씩 딱 10분만!

배워서 바로 써먹는 찰떡 한국어 시리즈

한국에서의 생존을 위한
필수 회화

재미있는 한국 생활을 위한
꿀잼 회화

한국에서의 자아실현을 위한
맞춤 회화
(출간 예정)